K线②实战分析

金浩 著

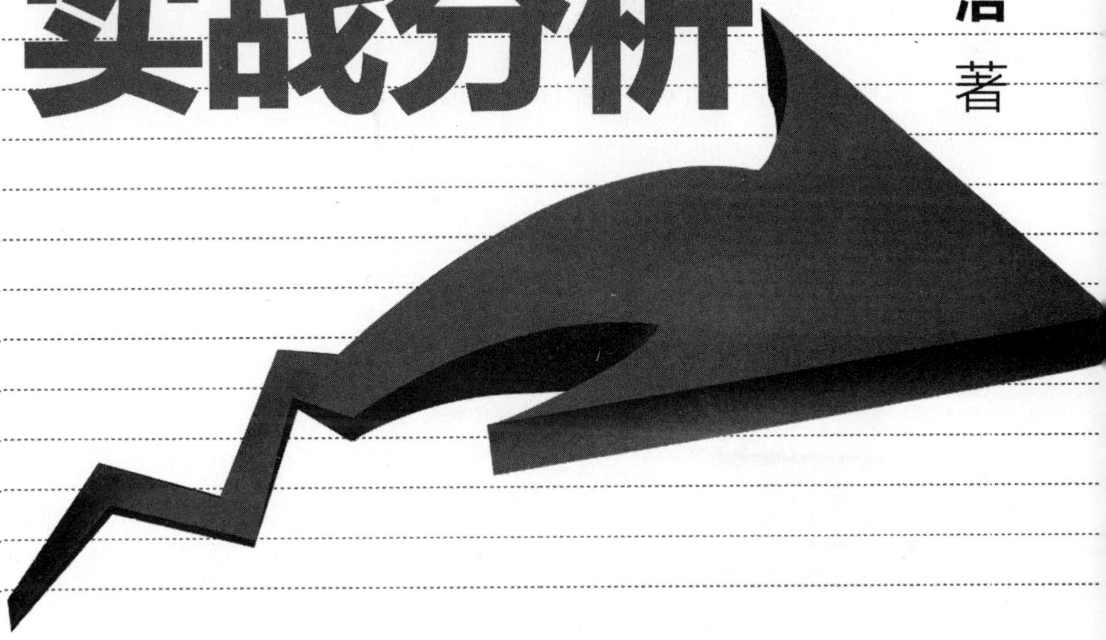

廣東省出版集團
广东经济出版社

图书在版编目（CIP）数据

K线实战分析. 2 / 金浩著. —广州：广东经济出版社，2012.11

ISBN 978－7－5454－1565－0

Ⅰ. ①K… Ⅱ. ①金… Ⅲ ①股票交易—基本知识 Ⅳ. ①F830.91

中国版本图书馆CIP数据核字（2012）第248925号

出版发行	广东经济出版社（广州市环市东路水荫路11号11～12楼）
经销	全国新华书店
印刷	广东省新闻出版高级技工学校河东联营彩印厂 （佛山市南海区盐步河东管理区联胜村）
开本	730毫米×1020毫米 1/16
印张	16
字数	204 000字
版次	2012年11月第1版
印次	2012年11月第1次
印数	1～5 000册
书号	ISBN 978－7－5454－1565－0
定价	36.00元

如发现印装质量问题，影响阅读，请与承印厂联系调换。

发行部地址：广州市环市东路水荫路11号11楼

电话：(020) 38306055 38306107 邮政编码：510075

邮购地址：广州市环市东路水荫路11号11楼

电话：(020) 37601950 营销网址：http：//www.gebook.com

广东经济出版社新浪官方微博：http：//e.weibo.com/gebook

广东经济出版社常年法律顾问：何剑桥律师

前 言

K 线图是股价的晴雨表，它向我们展示了股票价格走势的过去和现在，同时也暗含股票价格未来走势的信息，股票所有内在的故事都蕴含在这一根接一根的 K 线图中。当今市场上盛行的各种股票分析技术，例如平均线、牛熊线、MACD、KDJ 等，都源于 K 线。可以毫不夸张地说，K 线分析是股票技术分析之母。

很多人都知道，K 线代表开盘价、收盘价、最高价、最低价，大阳线代表多头强势，后市可能继续上涨，大阴线则代表空头弱势，后市可能会继续下跌……事实上，K 线所蕴含的内容是远远不只这些。在实际交易中，我们需要了解一些关键 K 线的来龙去脉，了解它们处在不同的位置时所代表不同的含义，了解它们本身代表的意义，或者它们与其他 K 线组合在一起所形成的“势”。除此之外，我们还要了解 K 线图中各个阶段包含的故事，这些故事向我们讲述了股价走势形成的原因，并很可能预示了股价未来的走势。

在本套丛书中，笔者将向各位投资者介绍一些颇具价值的 K 线技术，以及这些技术的运用方法。在书中，笔者对每一项 K 线分析技术进行了详细的拆解，给出直观易懂的招式图解，进而总结出每种招式的操作要点，再根据这些要点展开实战解析，通过这一系列的行为，向读者朋友一一剖析 K 线图中蕴含的奥秘，并提炼出操作要点，方便读者重点记忆。同时，书中引用了大量的实例，颇具实战参考价值，期望能为读者的学习和实战操作提供参考范例。在此需要特别提醒的是，读者们在学习的过程中一定要保持思维的活跃性，千万别陷入照猫画虎、依瓢画葫芦的呆板思维，要弄清前因后果，懂得正反对照，学会举一反三，这样方可把握正确的方法。

当然，要想成为成功的投资者，除了掌握K线的奥秘之外，还有很多东西需要学习，例如一些基础的投资理论、基本面的研究和其他的技术分析方法等。本套丛书的目的是向投资者传授K线技术分析理论，帮助投资者打好学习技术分析的基础，因为K线毕竟是一切技术分析方法的源头，投资者在学习各种炒股技术的时候，无论如何也不能绕开K线技术。

尽管笔者潜心研究K线多年，也不代表能参透其中的全部玄机，只能尽力而为，将自己的研究心得与大家共享，并期待与投资者共同进步。希望本套丛书能受到投资者的欢迎，同时也感谢读者朋友们一贯的支持！愿大家在股票市场上取得更上一层楼的好成绩！

金 浩

2012年8月

目 录

Contents

第1章 预警信号——大阴线

大阴线是股价大幅下跌的符号。某些处于特定位置的大阴线具有特殊的指向意义，比如本章介绍的顶部大阴线、突破大阴线、持续下跌大阴线具有看空的指向意义，而加速见底大阴线却具有看多的指向意义。

第2章 墙头草——摇摆十字线

十字线是一种特殊的K线，通常代表多空双方战成平手，实力均衡。十字线出现的地方往往是一个关键的价位，股价是上涨还是下跌，或许将要立见分晓，值得重点关注。用“墙头草”来比喻，或用“十字路口”来形容十字线，再贴切不过。

第3章 看涨K线组合

在国内股市只能做多的机制下，股民朋友最喜闻乐见的就是股价不断地上涨，因此本章特地介绍了一些常被视为看涨信号的K线组合。不过，这些看涨K线组合出现之后，股价上涨的几率很大，但不是百分之百，这一点需要注意。

第4章 泰山压顶——见顶形态

见顶形态表现为与见底形态相反的几何图形形状，如M顶与W底、头肩顶与头肩底、圆弧顶与圆弧底等。见顶形态的确认方法和幅度测量方法与见底形态相同，读者在学习完前一本书中的见底形态后，相信对这一章不难理解。

第5章 真空区域——缺口

K线图中有一些十分特殊的K线或者现象，如前面介绍过的十字线，以及本章介绍的缺口。缺口的特殊之处在于价格直接越过诸多价位，形成一个成交真空区域，研判这种异常的现象产生的原因，对实战有很重要的指导价值。

第6章 亦步亦趋——K线与移动平均线

移动平均线通常被视为某一时段内大众的平均持股成本。在技术分析中，移动平均线既可作为支撑线，亦可作为压力线，K线是否跌破或突破移动平均线成为关注的焦点。除此之外，移动平均线参数的选取也是一门学问。

第1章

预警信号——大阴线

大阴线，是指收盘价明显低于开盘价的K线，通常要求K线实体振幅超过4%、跌幅超过7%，意味着盘中空头占据绝对优势，投资者应特别警惕。当然，也不能简单的一发现大阴线，就推断后市看跌。大阴线所处的具体位置不一样，所产生的作用也是不一样的，以下我们来进行逐一分析。

一、山雨欲来风满楼——顶部大阴线

1. 招式图解

顶部大阴线，是指经过一波明显的上涨后出现的大阴线。出现顶部大阴线，意味着此前的涨势告一段落，可能会就此转入筑顶行情中。一旦筑顶成功，后市将进入下跌趋势中，见图1－1；否则，筑顶不成反成腰，后

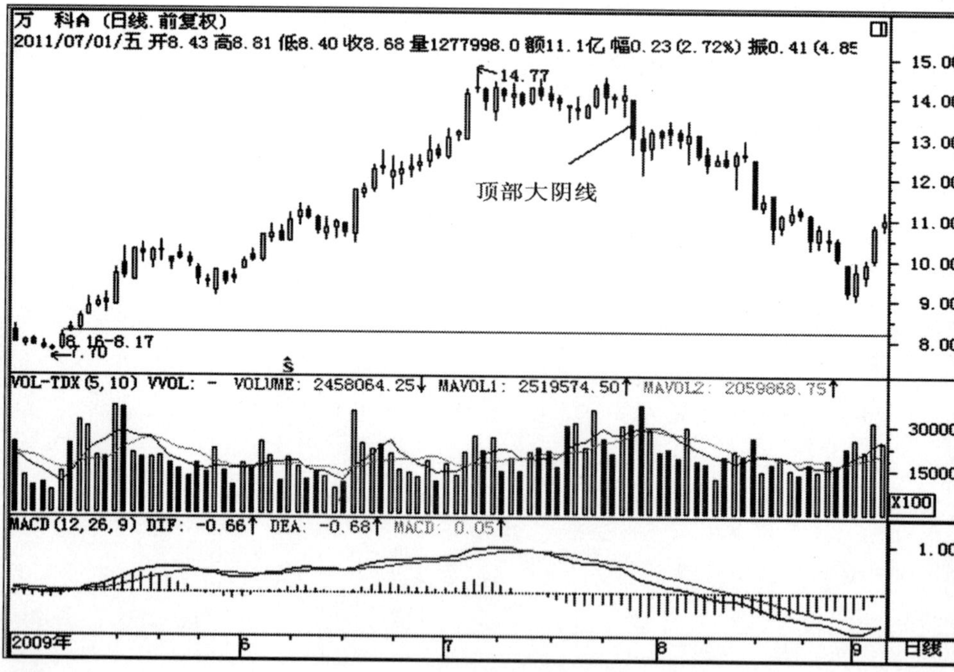

图1－1　万科A　000002

市仍有较大的上涨空间，见图1-2。

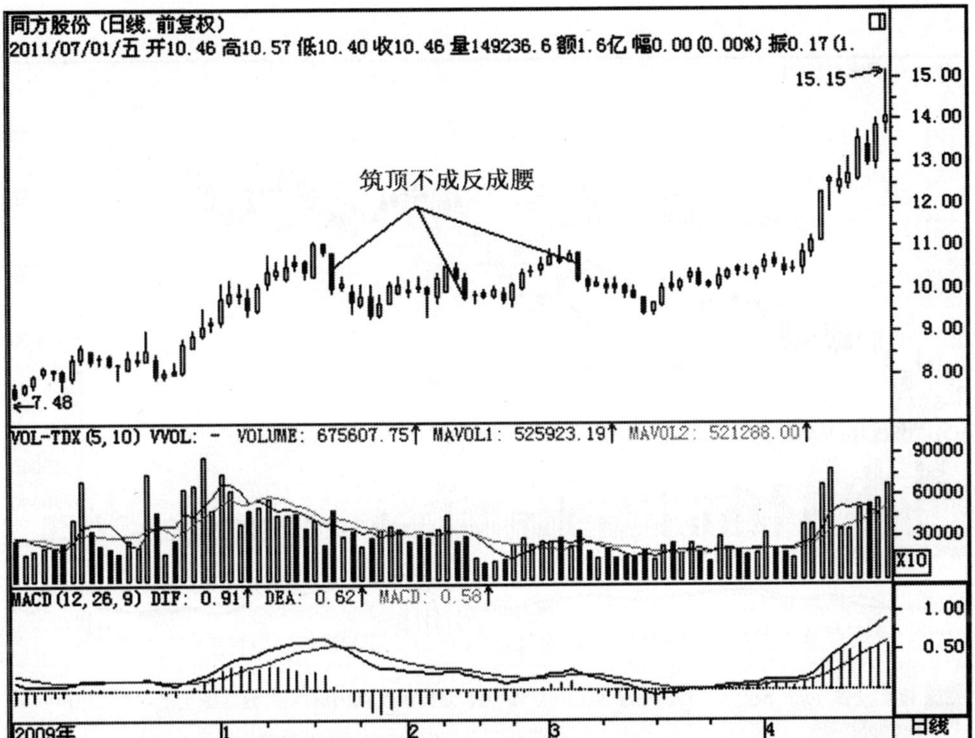

图1-2　同方股份　600100

2. 操作要点

顶部大阴线属于警示性K线，提醒投资者应该注意防范风险，股价可能就此筑顶。但要注意，顶部大阴线并不完全是出场信号，它只是反映此位置空方力量强劲，多方可能面临威胁，投资者还需多观察其他的信息。

如果顶部大阴线出现之后，个股成功筑顶，则要择机卖出；如果顶部大阴线之后，个股经过一段时间整理之后再次向上突破，那说明只是主力的洗盘行为，可以继续持股，等待新一轮的上涨。

如图1-3所示，2009年4月22日，深振业A出现一根大阴线，跌幅达到 6.21%，振幅达到 11.26%，显示见顶迹象。然而，这根提示见顶的大阴线出现之后，股价并没有继续下跌，反而很快重新回归涨势。

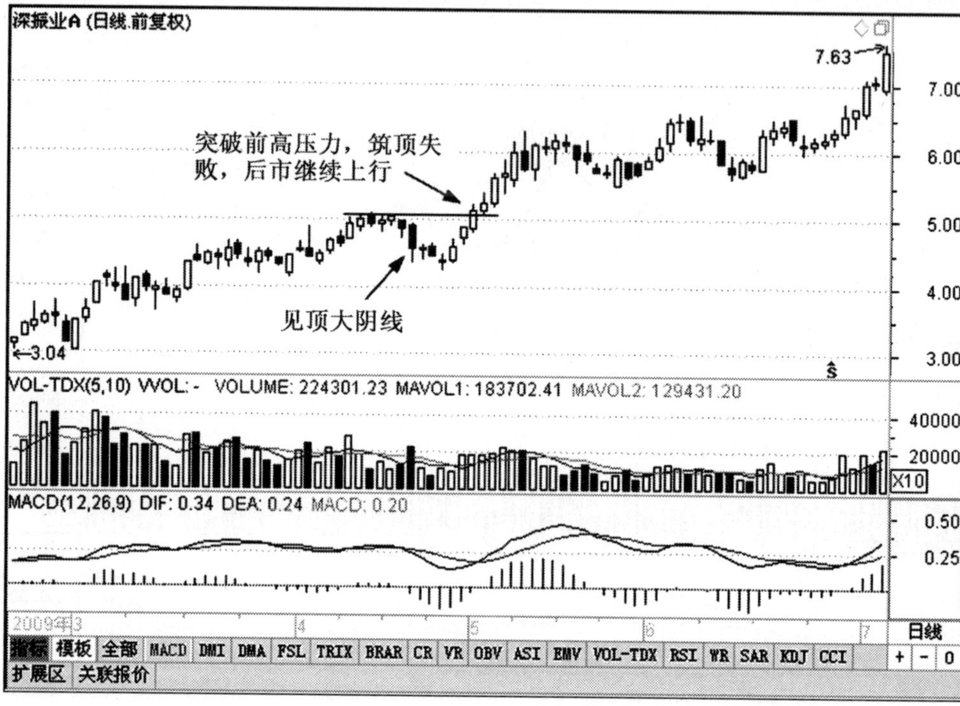

图 1-3 深振业A 000006

2009 年 5 月 4 日，该股出现一根中阳线，向上突破了前期高点形成的压力位，筑顶行情以失败告终，后市仍有上行的空间。既然股价见顶的判断失效，投资者应该抓紧转换思路，择机重新入场做多。

如图 1-4 所示，2009 年 8 月 4 日，南玻 A 出现一根涨停大阳线，向上突破了前高压力，后市看涨。

然而，好景不长，2009 年 8 月 7 日，在创出 11.94 元的新高点之后，该股出现一根大阴线，将股价重新打回到突破位之下。由此可以推断，此前的向上突破为假突破，股价很可能就此见顶。换言之，这根大阴线属于见顶大阴线，投资者应该据此及时撤出。

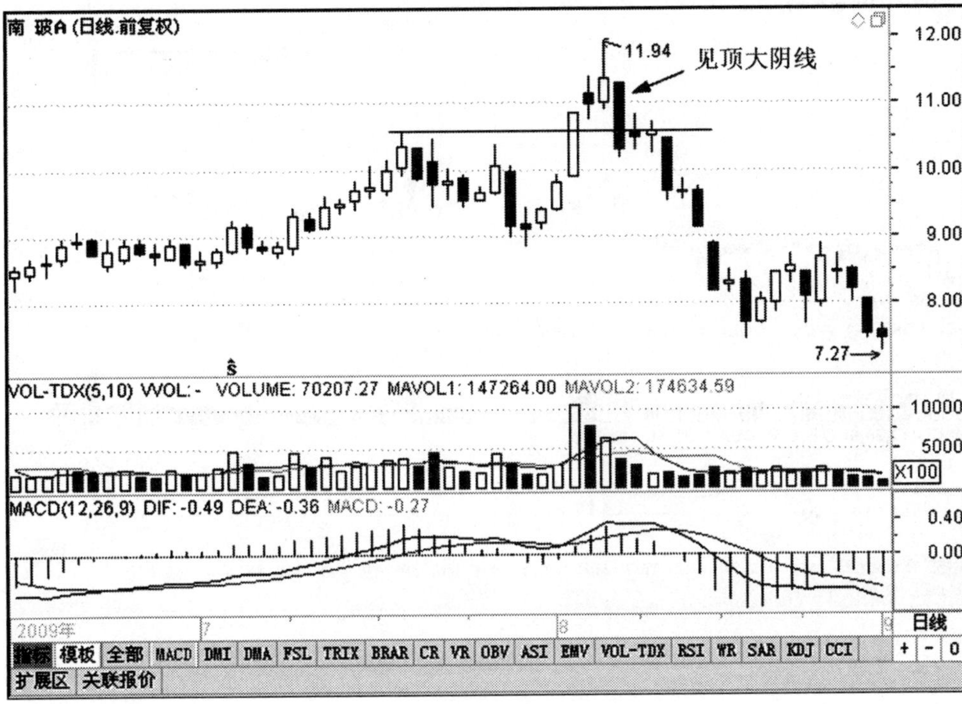

图 1-4　南玻 A　000012

3. 实战解析

如图 1-5 所示，2009 年 7 月 13 日，经过连续两个一字涨停之后，深天地 A 出现了一根大阴线，显示见顶迹象。与此同时，深证成指依然保持良好的上涨势头（见图 1-6），可见个股的走势具有独立性。因此，投资者应该轻大盘重个股，根据个股的分时走势择机离场避险。

如图 1-7 所示，顶部大阴线出现之后，深天地 A 进入了多个交易日的横盘窄幅振荡整理行情中。在此期间，无法清晰判断行情未来的走势，投资者应该耐心在场外观望。2009 年 7 月 29 日，该股出现一根大阴线，跌破了窄幅横盘整理区间的下边线，指明了后市发展的方向，短期之内没有做多的机会了，投资者继续耐心持币。

如图 1-8 所示，跌破窄幅横盘整理的支撑线之后，深天地 A 稍作反弹

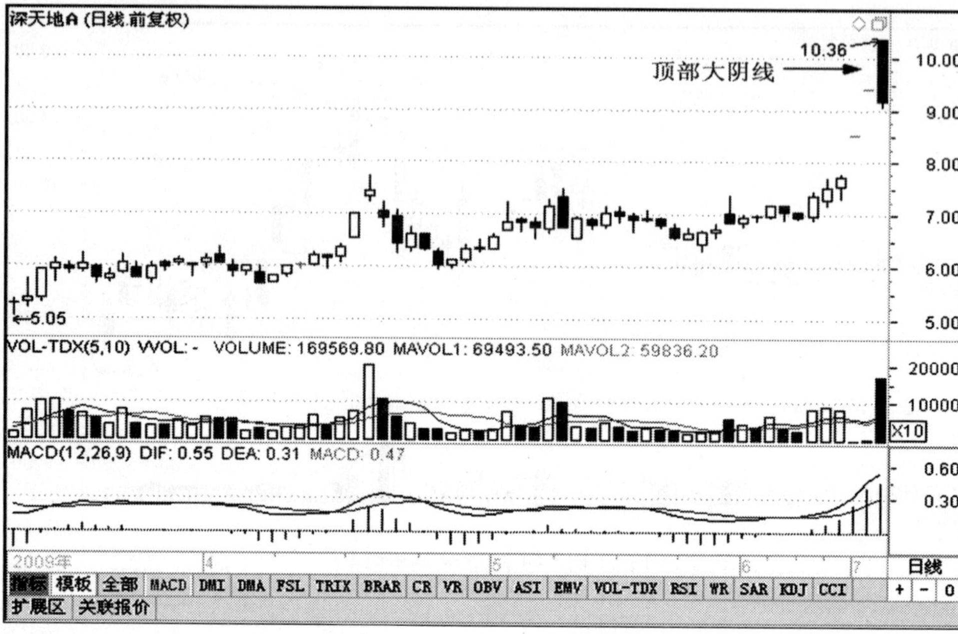

图1－5　深天地A　000023

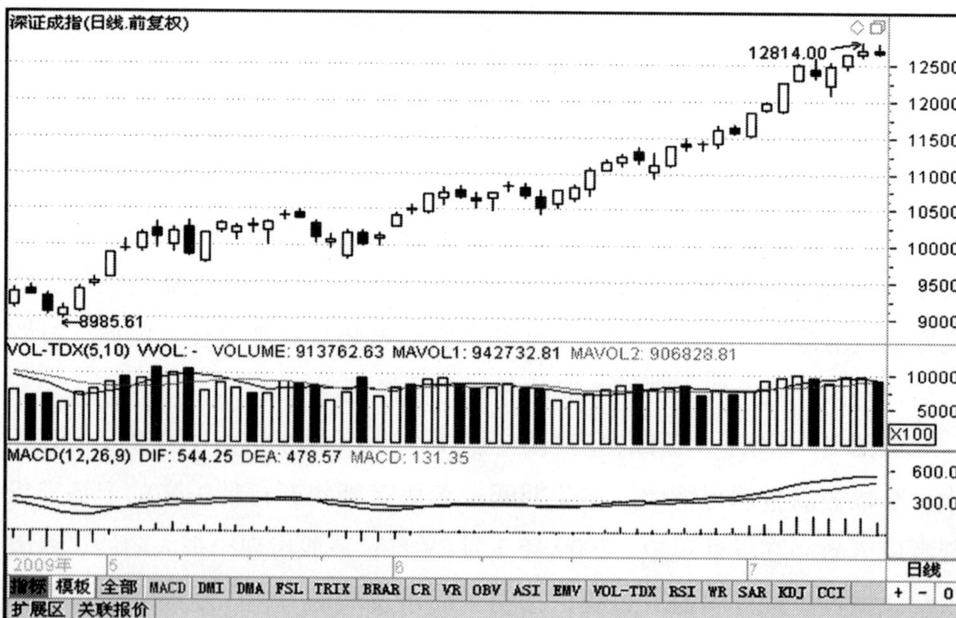

图1－6　深证成指　399001

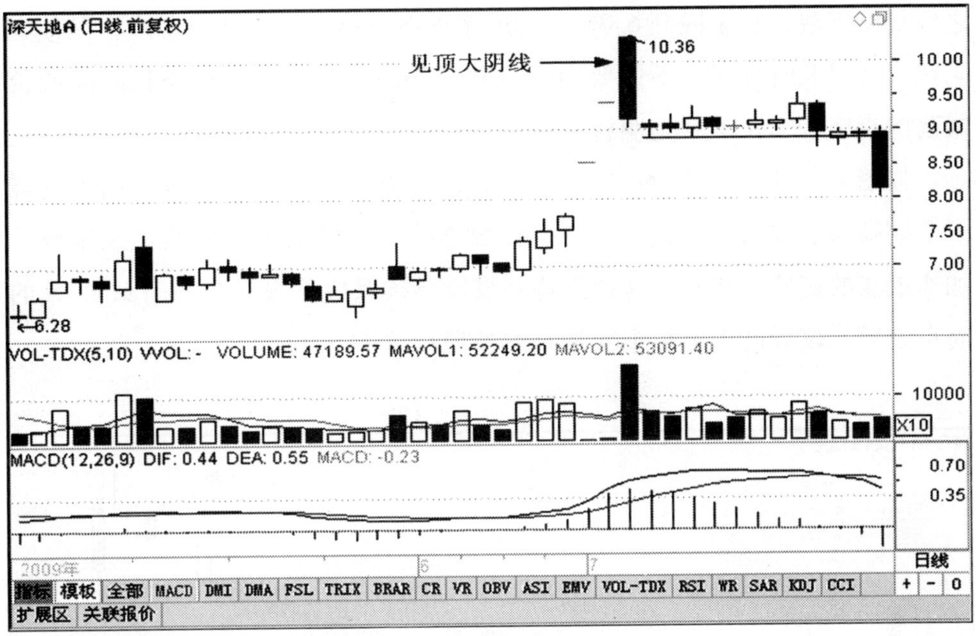

图1－7　深天地A　000023

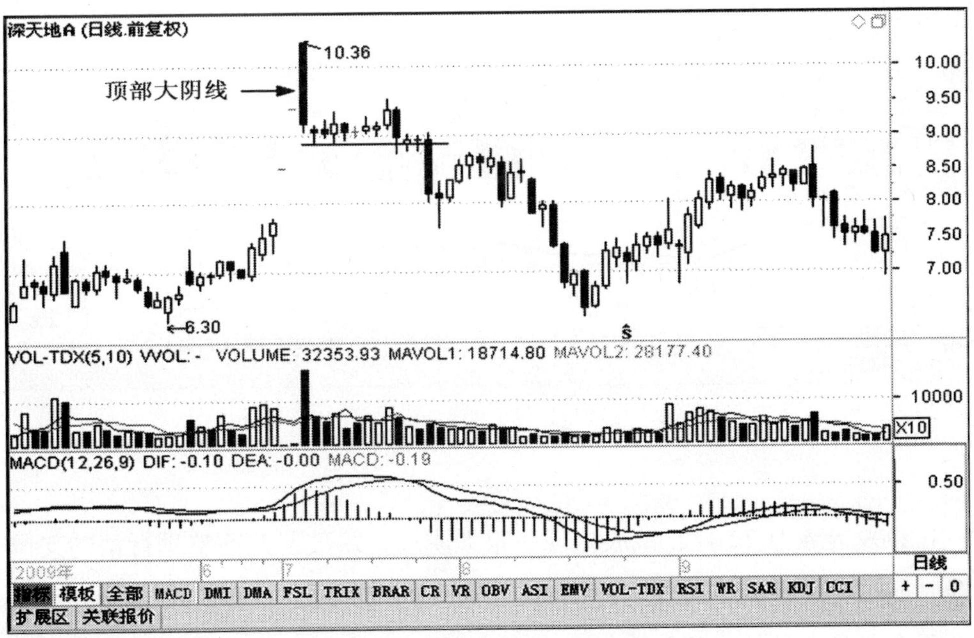

图1－8　深天地A　000023

之后继续下跌，直至回到6.30元附近才止跌企稳。如果投资者没在见顶大阴线出现时及时离场，不但要回吐大部分账面利润，还要经受长时间股价振荡的折磨，实在不算是明智的选择。

如图1－9所示，2009年4月13日，特力A出现一根阳线，向上突破了前期高点形成的压力线。随后，该股连续出现了两根大阳线，呈现股价加速上涨的迹象。然而，这种强势并没能继续保持下去。在创出6.35元的高点之后，该股进入了数个交易日的整理行情中。

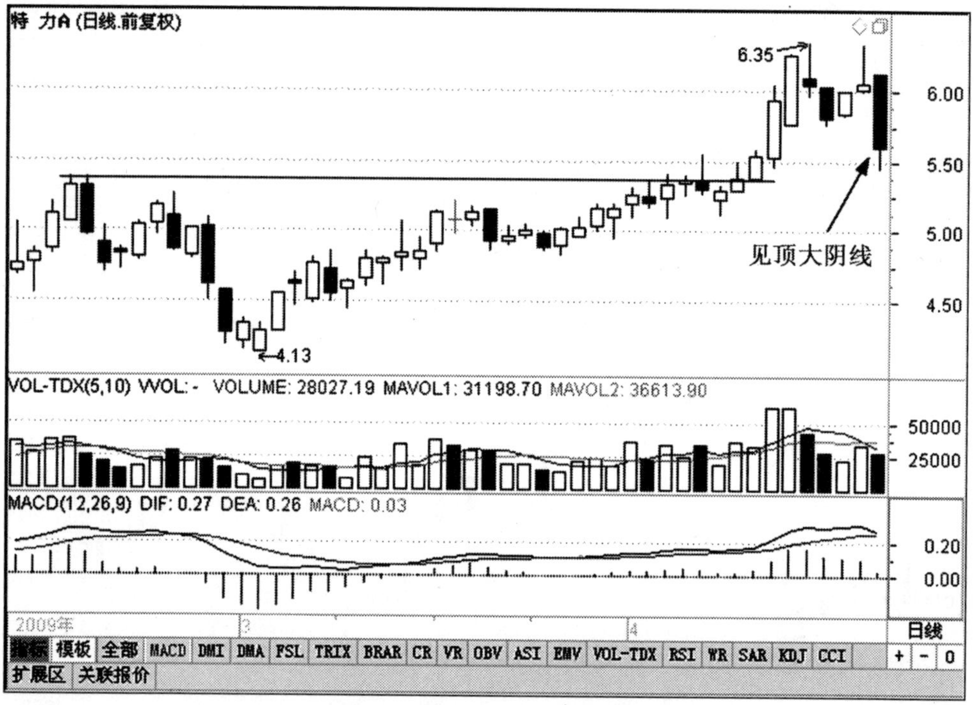

图1－9 特力A 000025

2009年4月22日，该股出现一根大阴线，跌破了此前整理行情的支撑线，显示见顶迹象。对比与此同时的深证成指走势图（见图1－10），可以发现个股与大盘的走势具有一定的相似性，相对而言个股走势具有一定的延迟。因此，投资者应该结合大盘和个股的走势进行综合观察，此时可以

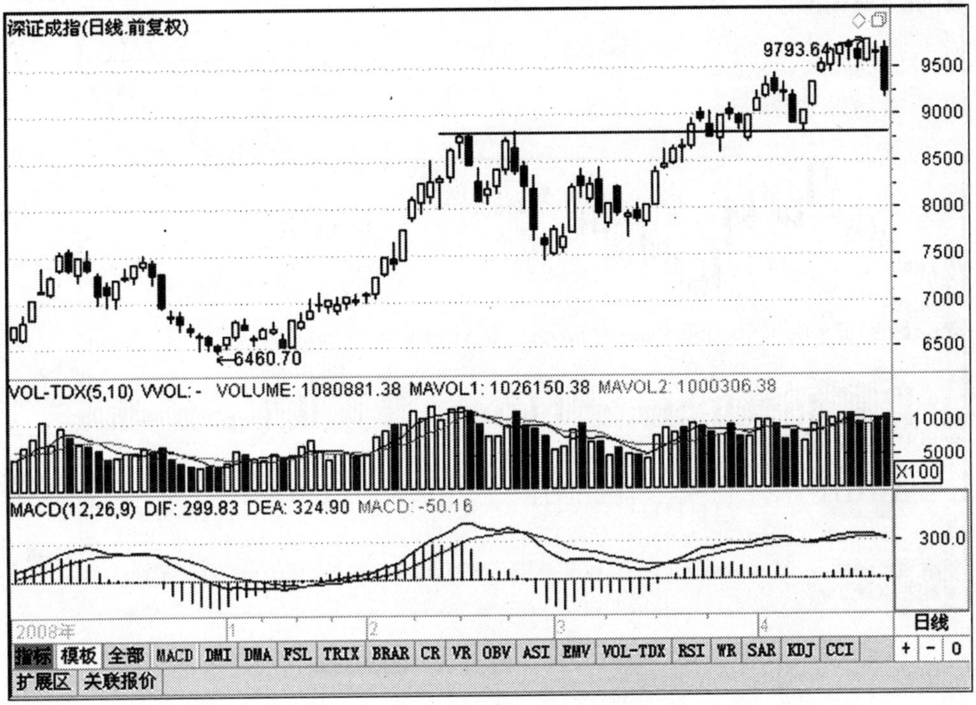

图1－10　深证成指　399001

考虑先离场避险。

如图1－11所示，见顶大阴线出现之后，特力A顺势又下滑了数个交易日，不过下跌的幅度并不大。随后，该股止跌企稳，进入反弹行情中。2009年5月14日，该股向上突破了前期高点形成的压力位，后市看涨。至此，可以推断此前的见顶大阴线失效，股价后市还有上行的空间。

如图1－12所示，突破前高压力之后，特力A并没有直接进入涨势，而是围绕这条压力线振荡整理了多个交易日。2009年6月1日，该股出现了一根涨停大阳线，宣告一波涨势正式拉开序幕。如果投资者在见顶大阴线出现后离场，又没有及时对该股进行回补，将错过这段波澜壮阔的行情。

炒股讲究动态操作，如果投资者无法灵活地应对市场的变动，很难在股市中获利。

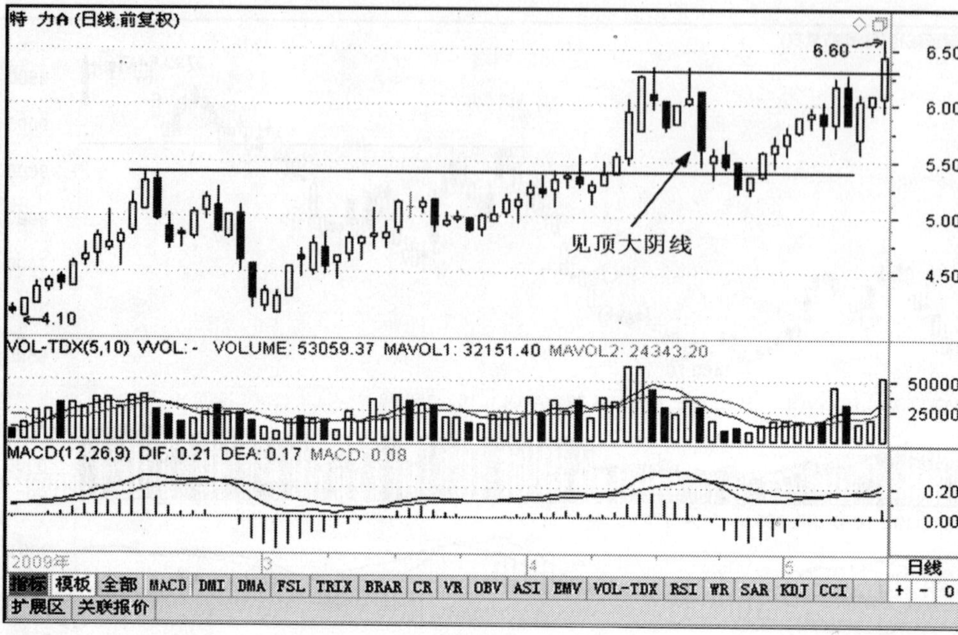

图 1-11　特力 A　000025

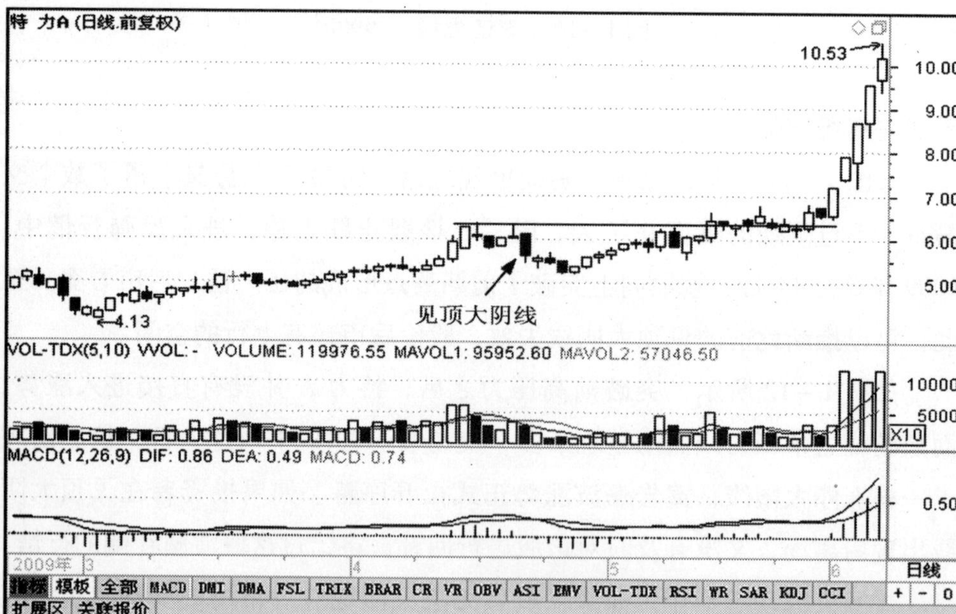

图 1-12　特力 A　000025

二、防线告急——突破大阴线

1. 招式图解

突破大阴线，是指向下突破的大阴线，见图1－13。向下突破，就是具有看跌性质的突破，既可以是跌破上升趋势线、重要支撑位，也可以是突破移动平均线、布林通道线，见图1－14。

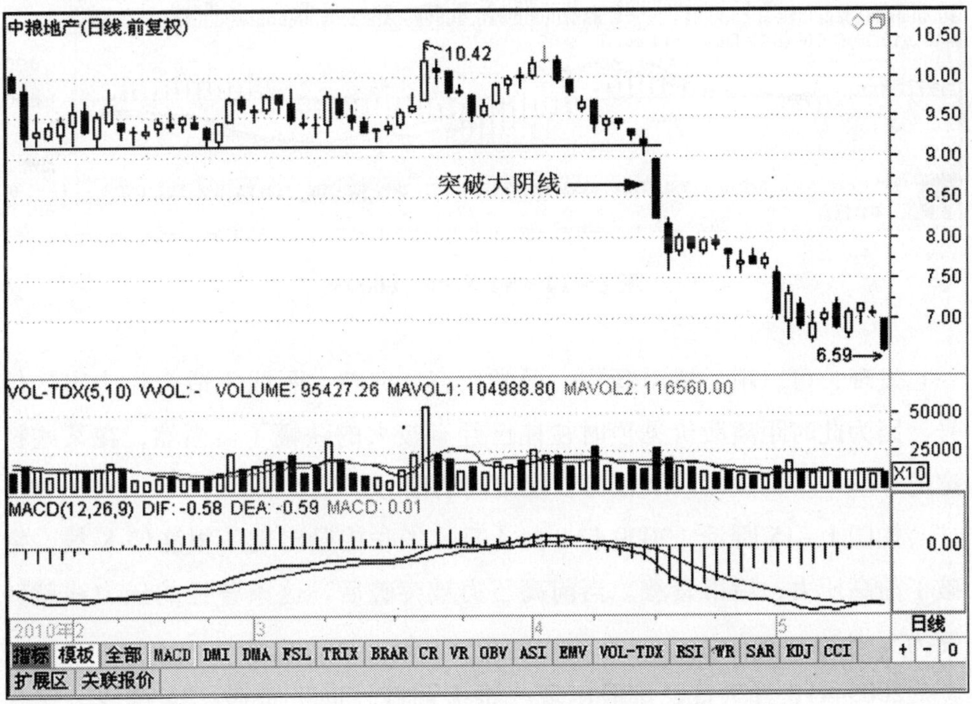

图1－13　中粮地产　000031

2. 操作要点

突破大阴线属于强烈看空信号，意味着后市将继续下行趋势。投资者

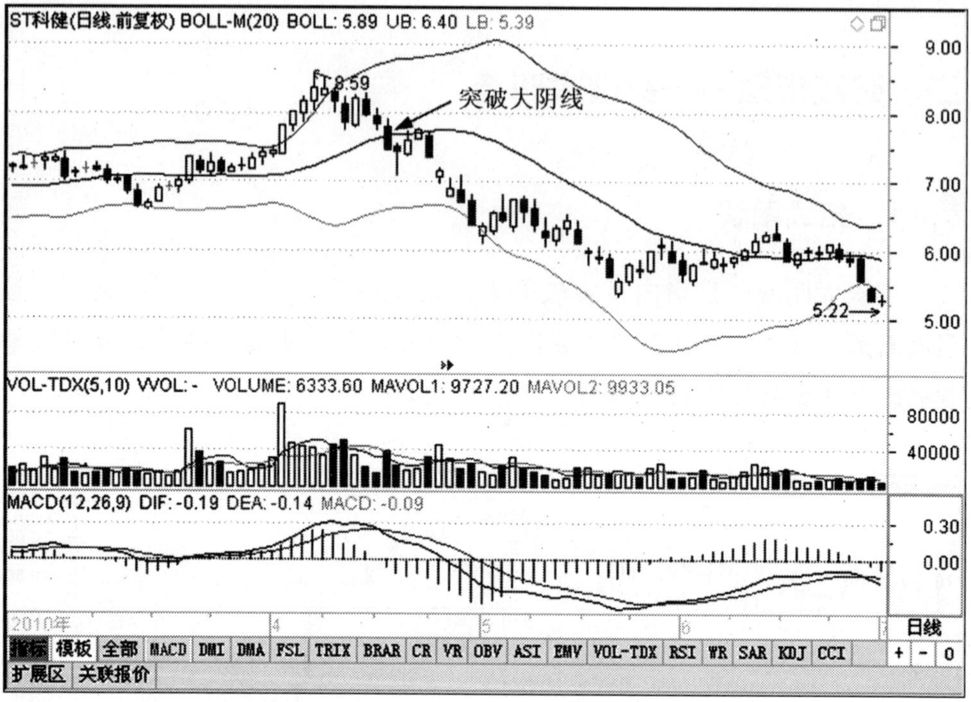

图 1－14　ST 科健　000035

一旦发现，可以耐心持币观望。通常而言，突破大阴线不适合作为出场信号，因为此时距离股价见顶时往往已经有较大的跌幅了。当然，在某些特定的环境中，突破大阴线也可以发出离场信号。

如图 1－15 所示，2009 年 8 月 4 日，华联控股出现一根涨停 K 线，突破了前高压力，后市看涨。当前高压力被突破后，这条曾经的压力线就转变为支撑线。

2009 年 8 月 7 日，该股出现一根大阴线，向下突破了支撑线。这根大阴线具有双重性质，既提示了股价可能就此见顶，同时提醒股价有可能进入加速下滑通道。由此可以推断，8 月 4 日的向上突破属于假突破，后市将转入跌势。此时，投资者应该及时离场，避免陷入跌势之中不可自拔。

如图 1－16 所示，2011 年 7 月 21 日，宝安地产出现一根大阴线，跌破

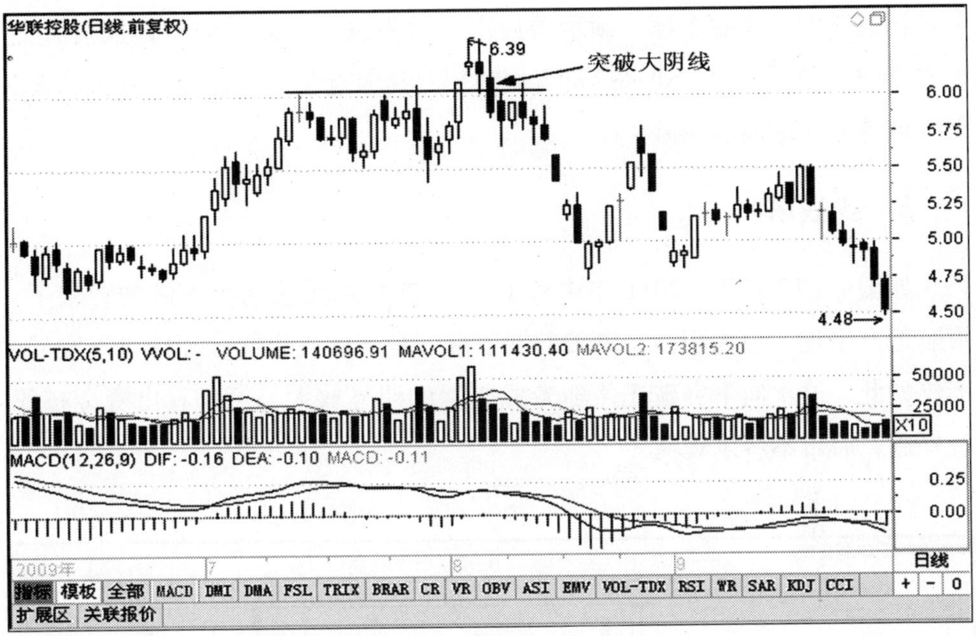

图1－15　华联控股　000036

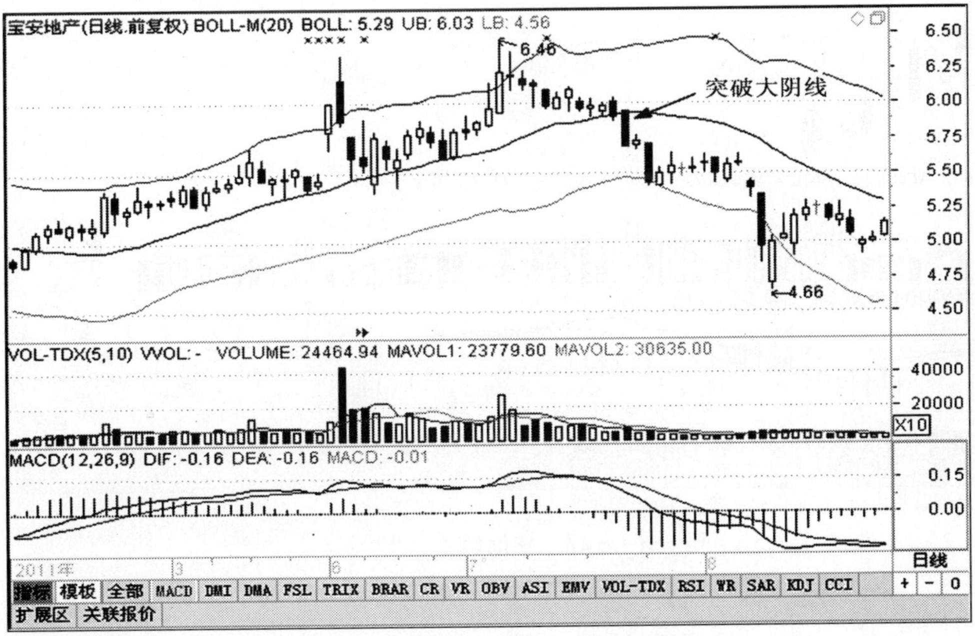

图1－16　宝安地产　000040

了布林通道中轨线的支撑，预示着后市股价将进入下降趋势中，投资者应该继续耐心持币旁观。如果投资者此时仍然持有仓位，即使处于亏损状态，也应该首先考虑离场避险。

3. 实战解析

如图1－17所示，2011年4月14日，在始终无法向上突破的背景下，中航地产出现一根大阴线，跌破前期下降三角形的支撑线，开始向下发展。不仅如此，这次向下突破还伴随着成交量的明显放大，可以看出资金在积极外逃，后市不容乐观啊！

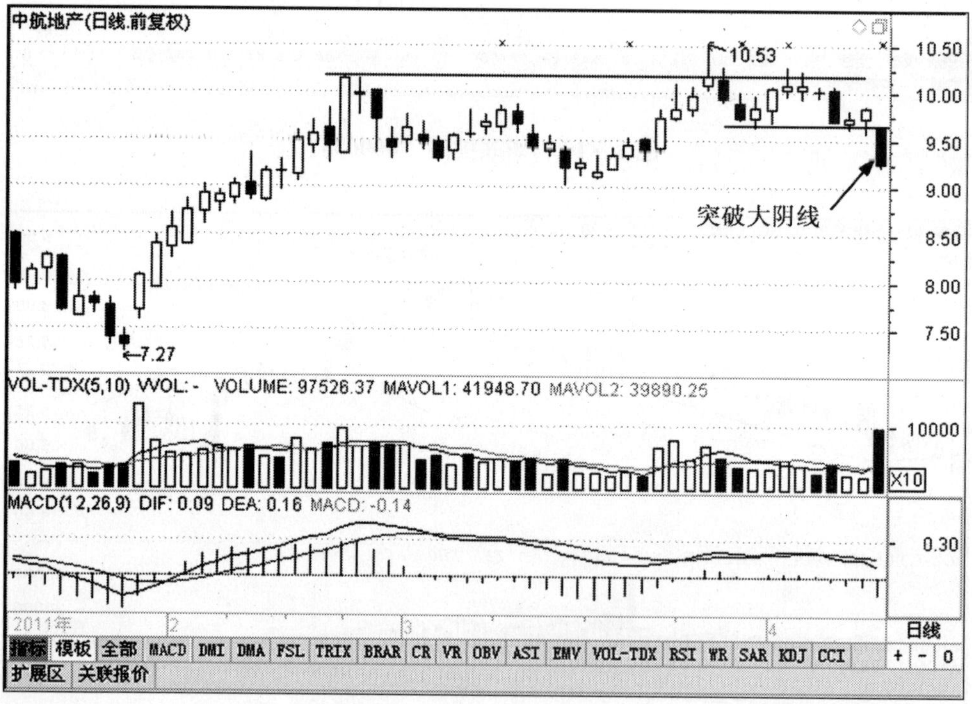

图1－17 中航地产 000043

翻看与此同时的深证成指走势图（见图1－18），可以看出大盘处于高位横盘整理过程中，而且处于第四次冲击13000点位的关键时刻。通常而言，如果连续四次冲击某一压力线无法通过，后市转而下跌的可能性很高。因此，尽管此时行情依然不明朗，但潜在的风险已经积聚，离场观望应该是明智的选择。

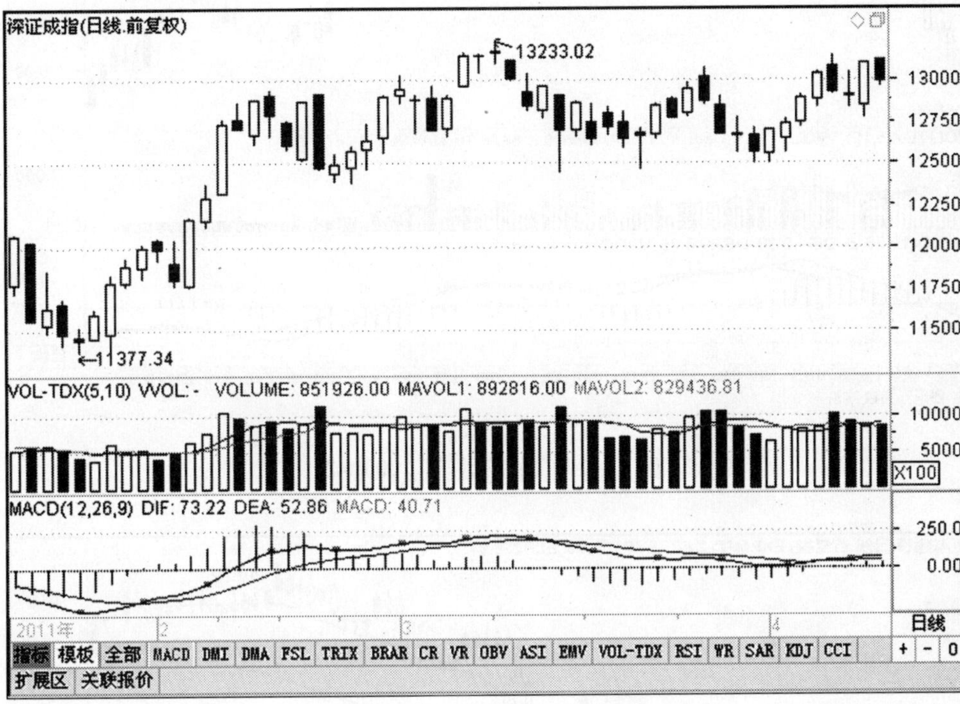

图1－18　深证成指　399001

如图1－19所示，这根放量突破的大阴线出现之后，中航地产进入了一波明显的下跌行情中。利用这根突破大阴线，投资者可以轻松回避这波跌势，然后静等见底信号出现后再入场即可，炒股赚钱便不再是遥不可及的事情了。

如图1－20所示，2009年7月29日，泛海建设出现一根大阴线，不仅结束了此前多个交易日的窄幅整理行情，而且跌破了EXPMA长期曲线的支撑，后市进入下跌行情中是顺理成章的事情了。

再看看当时的深证成指（见图1－21），同样出现一根大阴线，而且同

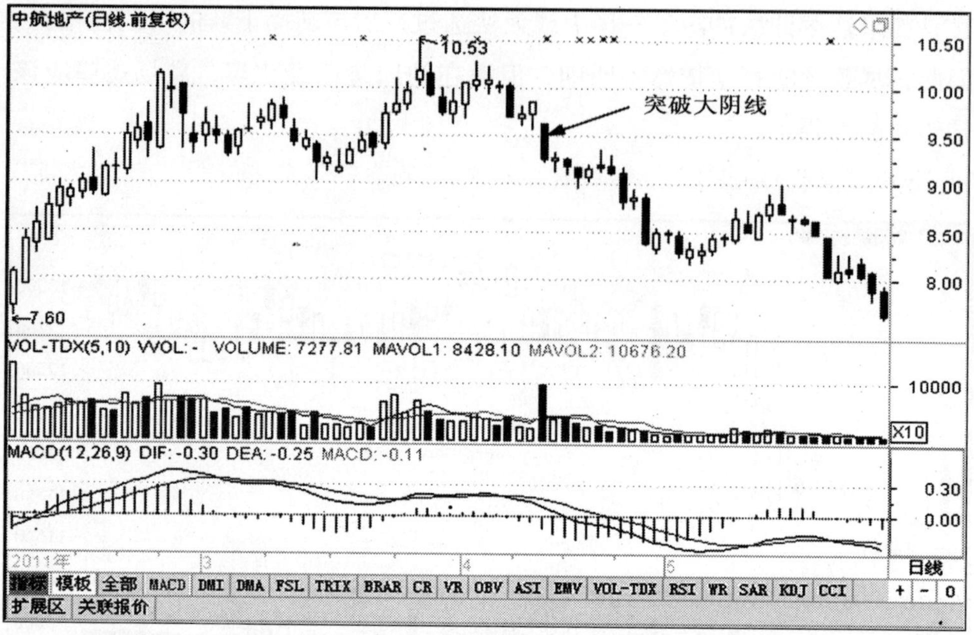

图 1－19　中航地产　000043

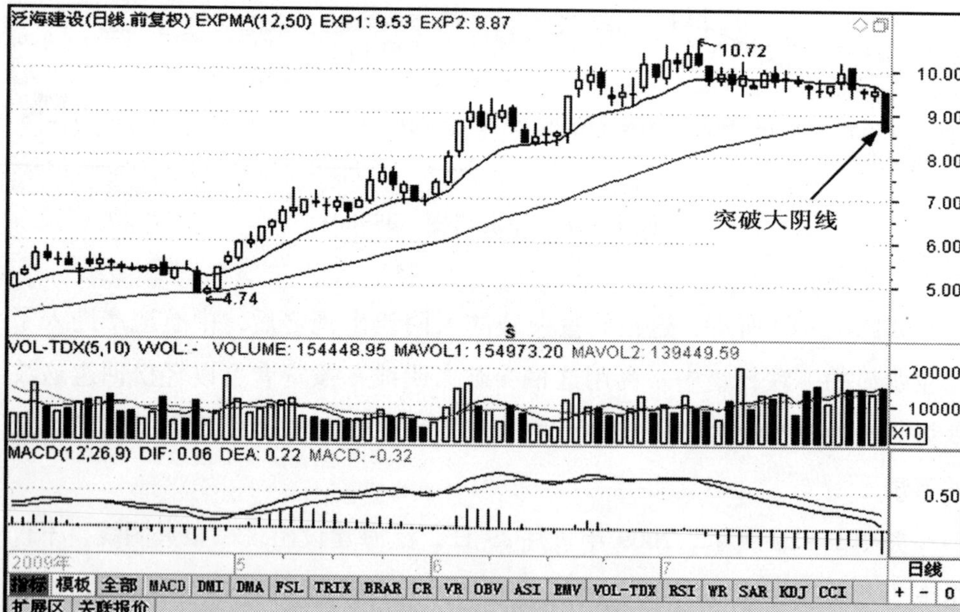

图 1－20　泛海建设　000046

样是跌破了EXPMA曲线的支撑（个股跌破长期EXPMA曲线，大盘跌破短期EXPMA曲线），预示着大盘的涨势也接近终点了。

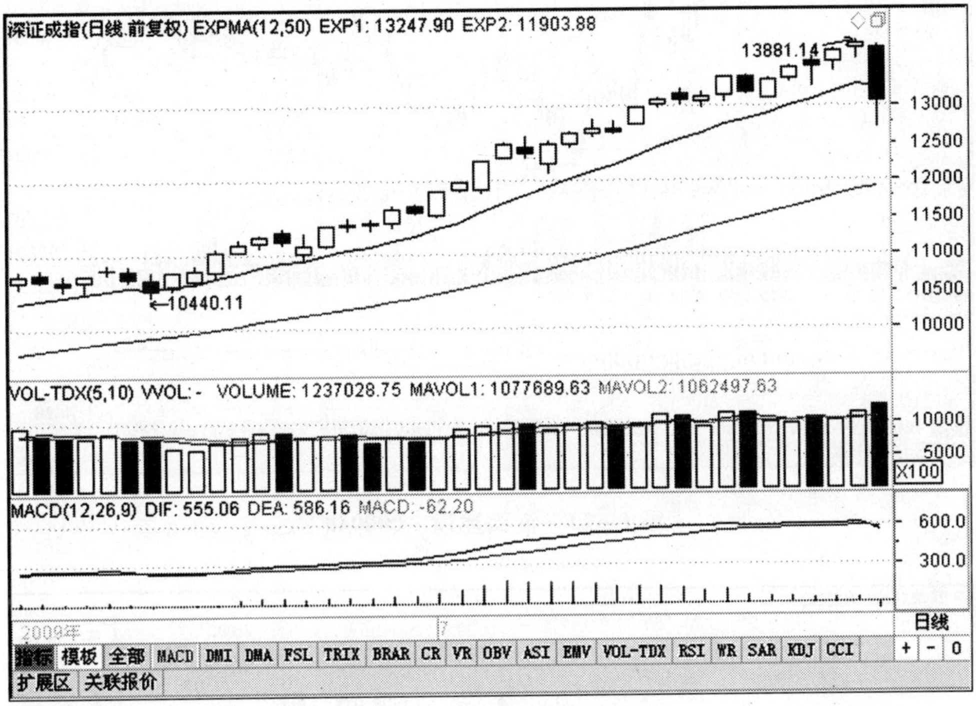

图1-21 深证成指 399001

在大盘和个股同时看空的背景下，投资者应该毫不犹豫地清仓离场，切莫恋战。

如图1-22所示，突破大阴线出现之后，泛海建设进入一波快速下跌行情中。在创出5.82元的低点之后，该股开始反弹行情。不过，反弹的高度明显受制于这个突破大阴线，可见该股仍然处于弱势行情中。

如图1-23所示，2011年7月22日，深国商出现一根大阴线，跌破前期高点形成的支撑线，提示股价可能会就此见顶。由于这根大阴线的收盘价并没有明显跌破支撑线，有些投资者可能会心存疑虑，认为股价可能会就此止跌。那么，2011年7月25日，即下一个交易日，该股再次出现大阴

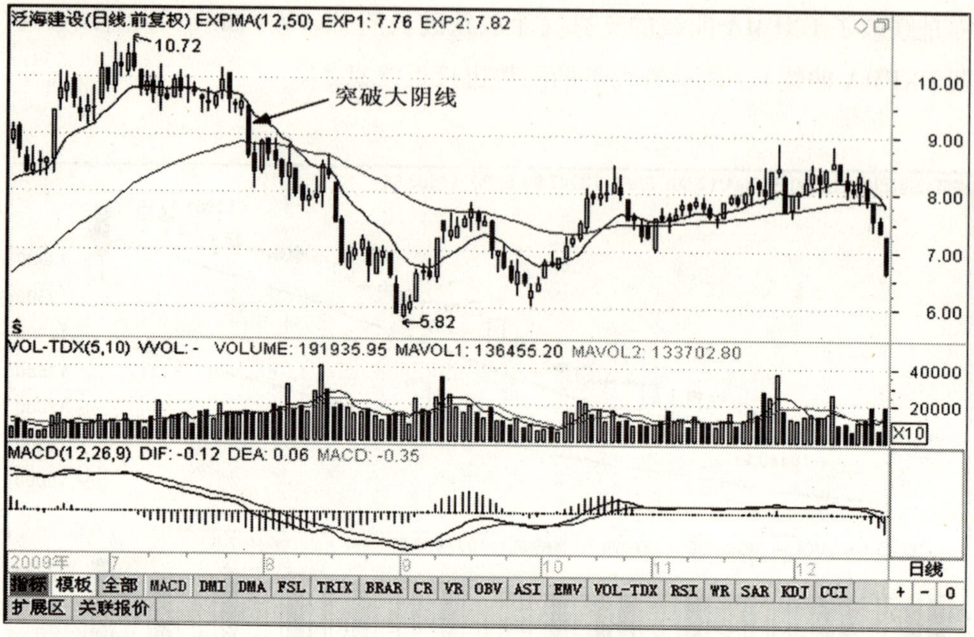

图1－22　泛海建设　000046

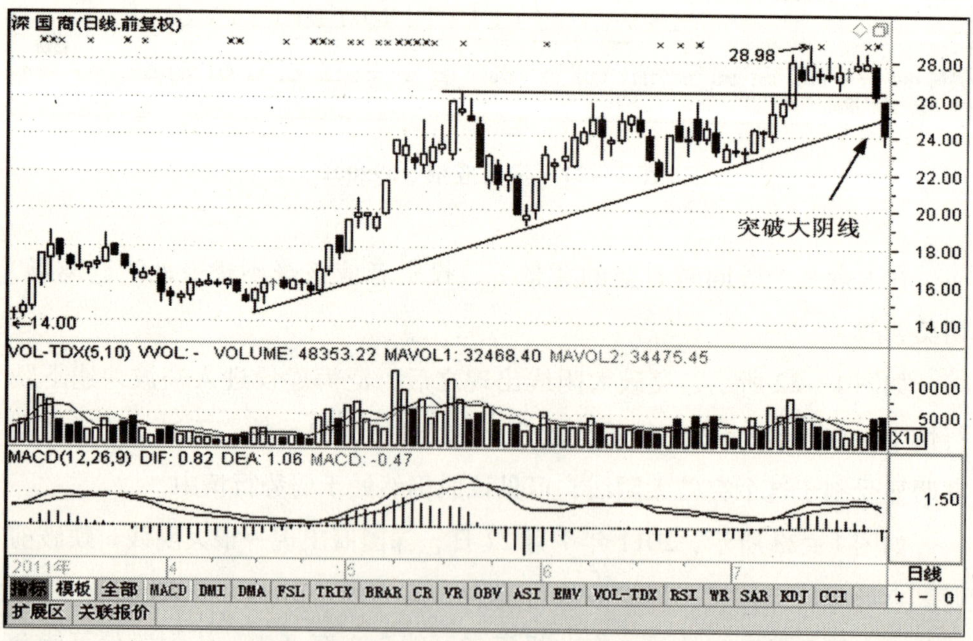

图1－23　深国商　000056

线，不但明确跌破了前期高点形成的支撑线，而且跌破了数个重要低点形成的上升趋势线，可以打消投资者的疑虑了。

研究完个股的走势，自然就是翻看当时的大盘走势。如图 1－24 所示，从中可以看出，深证成指于 7 月 25 日也出现了一根大阴线，跌破了前期整理区的下边线，形成看空信号。既然没有任何值得留恋的理由，投资者还是赶快离场比较稳妥。

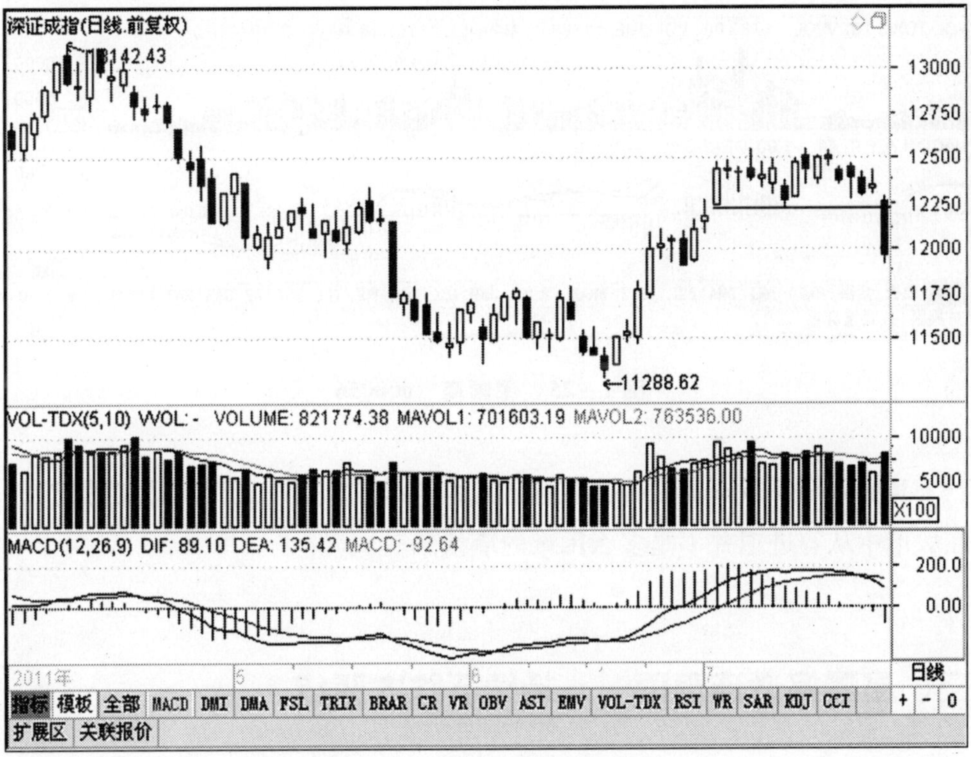

图 1－24　深证成指　399001

如图 1－25 所示，连续两根突破大阴线改变了股价的发展格局，随后深国商就陷入到跌势之中。在这样浩浩荡荡的下跌行情中，持币稳坐钓鱼台是一件令人很开心的事情；相反，如果此时还持股在其中，所遭受的折磨有些投资者应该非常熟悉了。

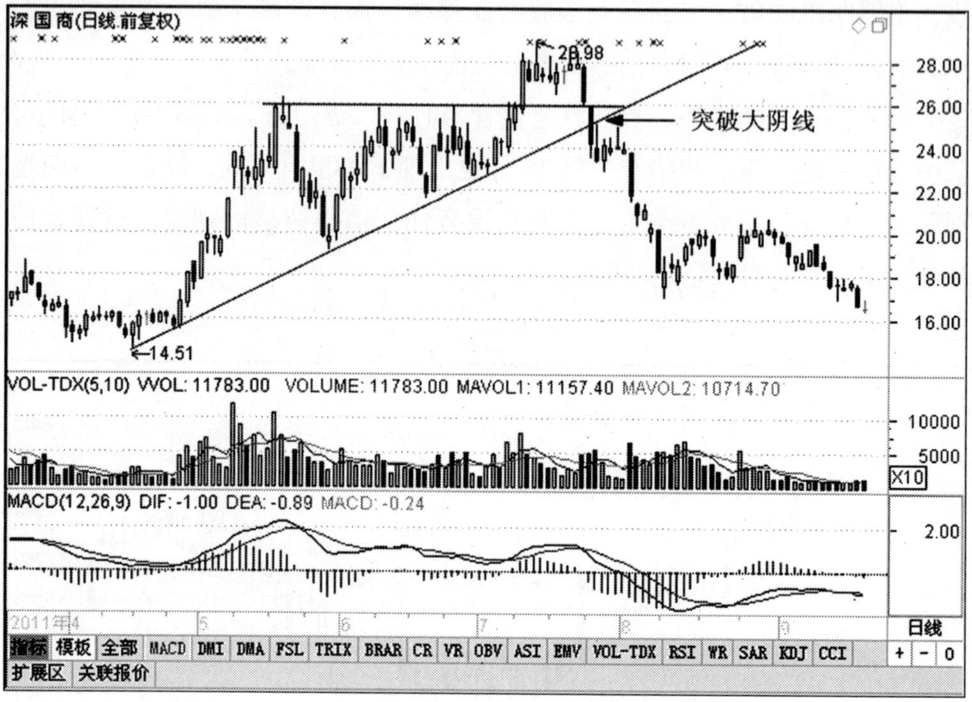

图 1－25　深国商　000056

其实，只要投资者进行扎实的研究和学习，掌握一套简单的交易规则，在股市中从容进退并不是多么困难的事情。

三、屋漏偏逢连夜雨——持续下跌大阴线

1. 招式图解

持续下跌大阴线，是指经过一波缓慢下跌之后突然出现一根大阴线，通常意味着跌势加速，见图 1－26。

如果在一波上涨之后连续出现多根大阴线，则意味着股价就此见顶，后市将进入整理行情中或者直接进入跌势，见图 1－27。

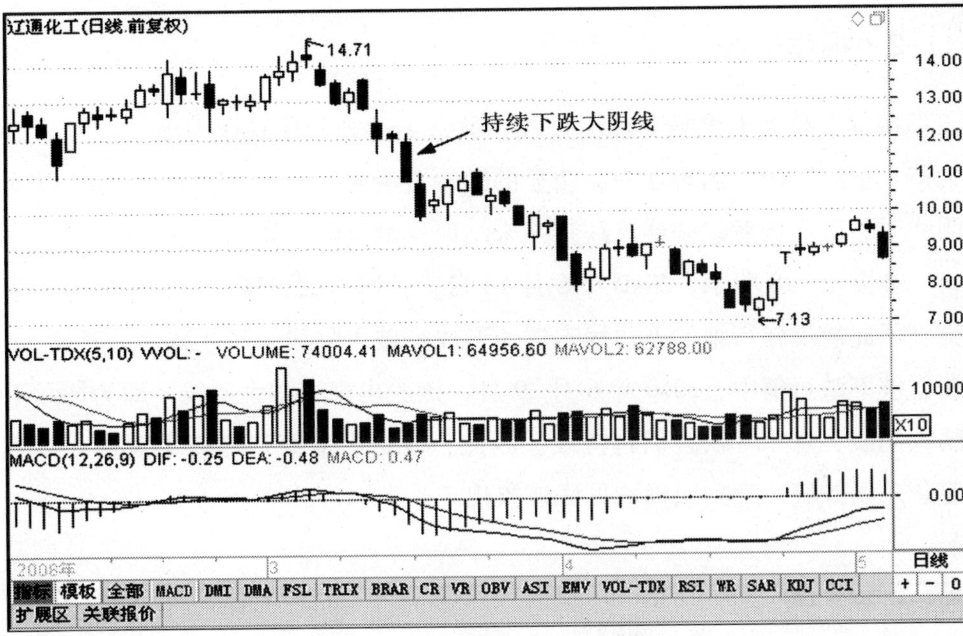

图 1－26　辽通化工　000059

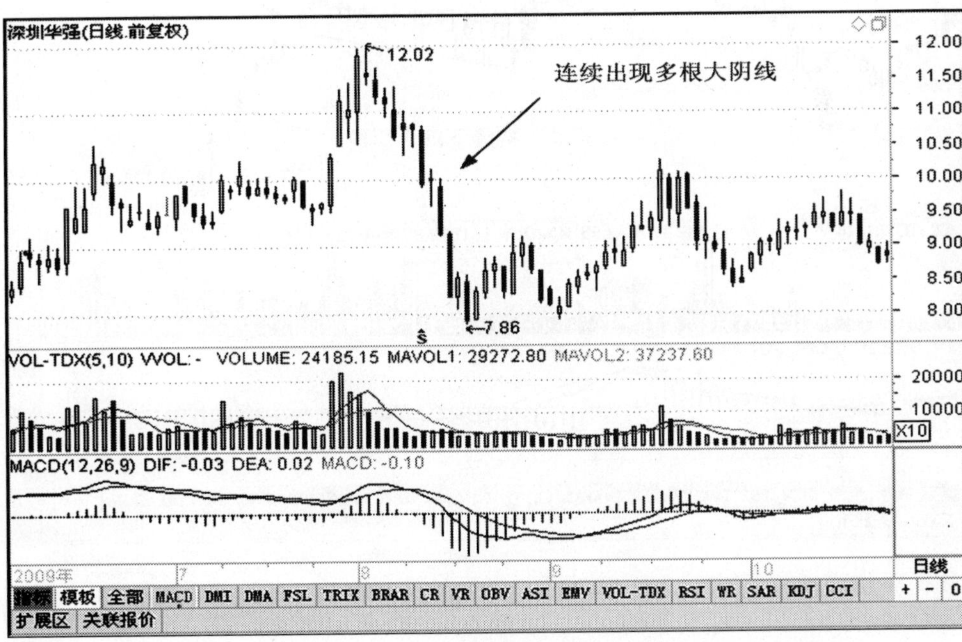

图 1－27　深圳华强　000062

2. 操作要点

持续下跌大阴线属于看跌K线，通常不适合利用其作为出场信号（因为持续下跌大阴线出现在一波明显的跌幅之后）。当投资者发现持续下跌大阴线时，就应该意识到这波跌势并未结束，继续耐心持币旁观即可。

如图1－28所示，2010年6月18日，长城电脑出现一根大阴线，向下突破了此前反弹行情的下边线支撑，形成突破大阴线，又一波跌势开始了。在这波下跌行情中，2010年6月29日，该股出现一根大阴线，即为持续下跌大阴线，意味着跌势仍将持续。因此，投资者应该耐心持币观望，切莫着急入场抄底，直到明确的见底迹象出现。

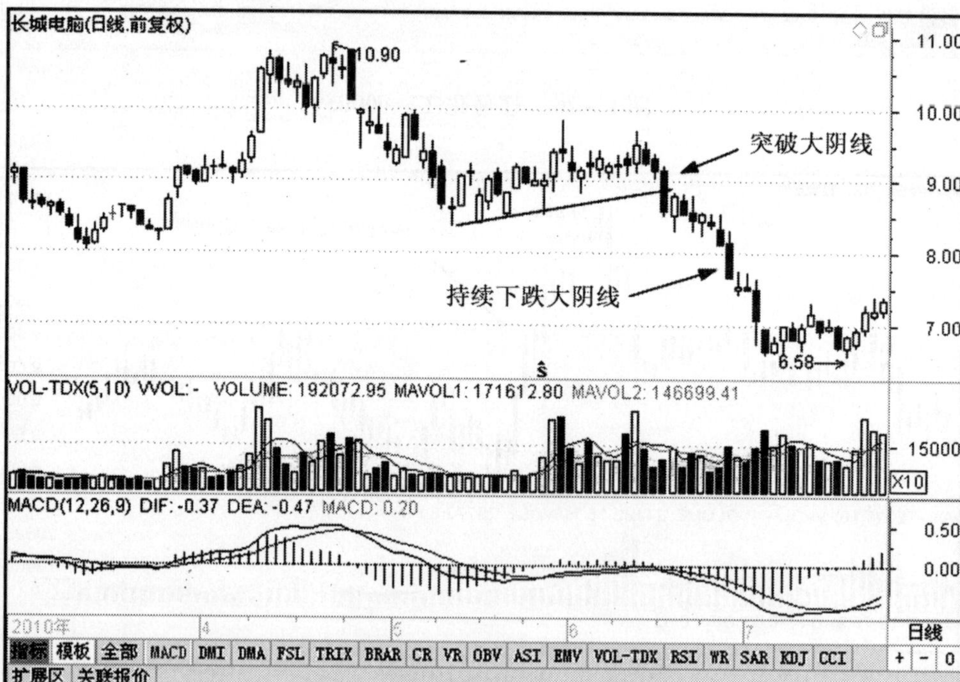

图1－28　长城电脑　000066

如图1－29所示，2011年4月21日，经过一段时间的上涨之后，特发信息出现一根大阴线，显示股价见顶迹象，投资者应该引起重视。下一个交易日，2011 年 4 月 22 日，该股又出现一根大阴线，即为持续下跌大阴线，显示股价将会继续下滑。结合这两根大阴线，可以推断股价就此见顶的可能性很大，投资者应该抓紧离场。

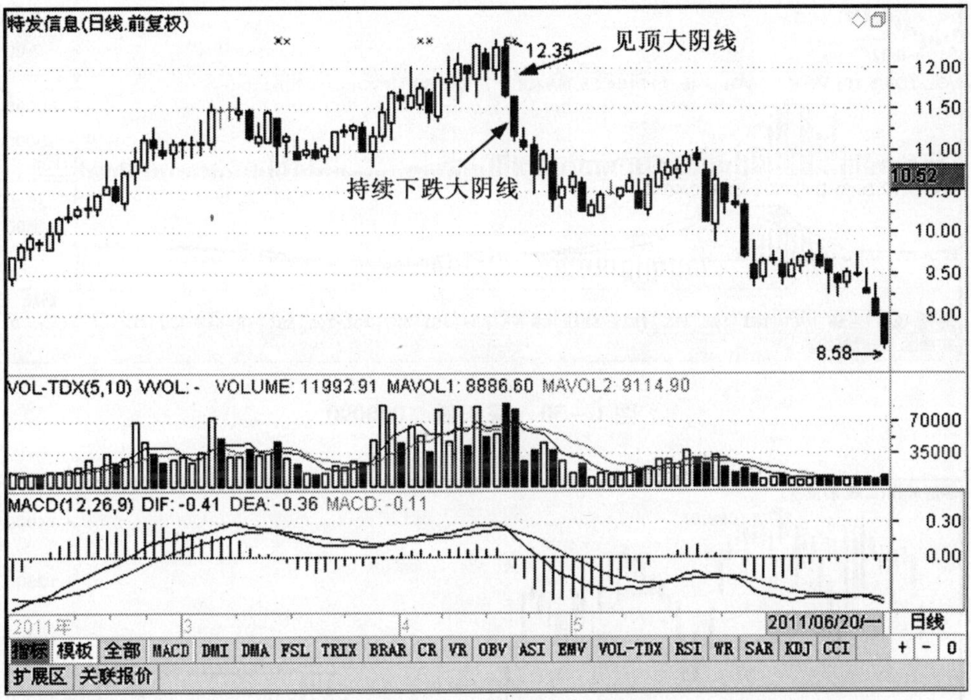

图 1－29　特发信息　000070

3. 实战解析

如图 1－30 所示，2010 年 4 月 6 日，深天健出现一根阴线，无力突破前高压力，显示见顶迹象。2010 年 4 月 12 日，经过三个交易日的震荡下滑，该股出现一根大阴线，意味跌势初步形成，后市仍有下降空间。

看看与此同时的深证成指走势（见图 1－31），深证成指同样是在突破重要压力位时受阻，后市很可能需要向下寻找支撑位，即短期之内下跌的

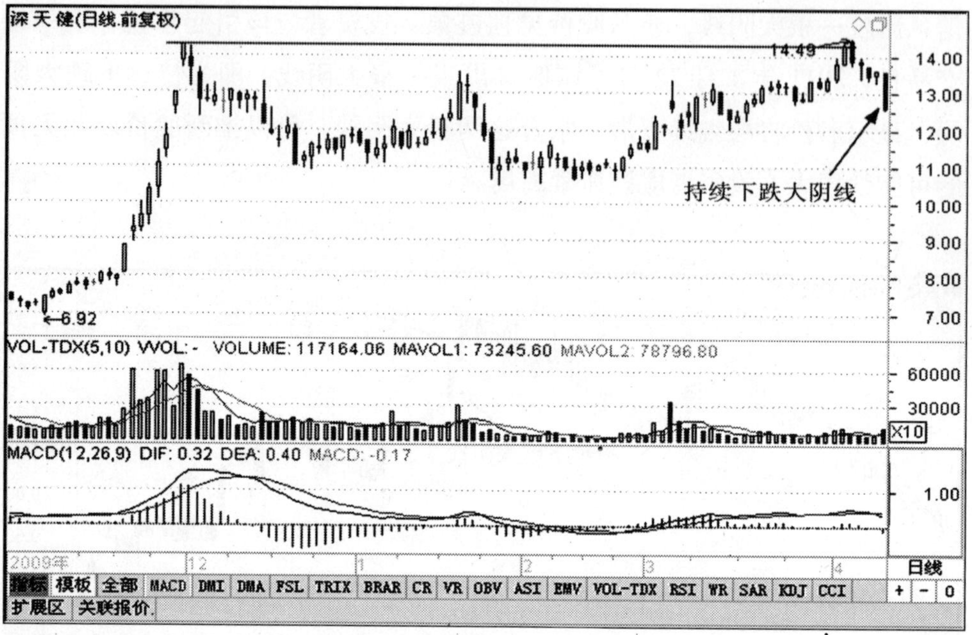

图 1－30　深天健　000090

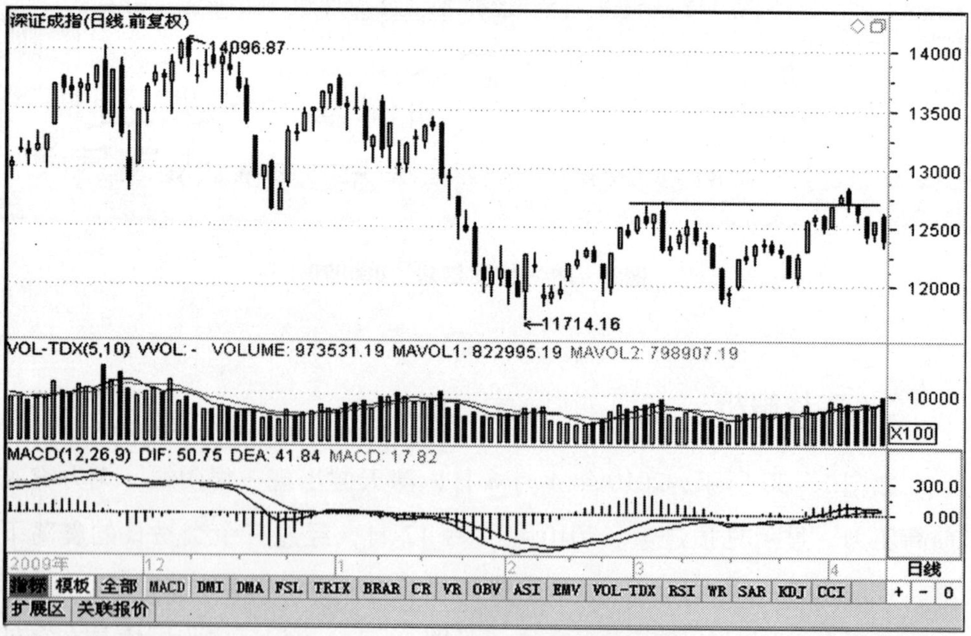

图 1－31　深证成指　399001

可能性较大。在大盘走弱的背景下，个股的跌势很容易被放大，尤其是深天健此前的走势强于大盘，而且已经长时间高位整理。

综合上述分析，此时仍然持股的投资者应该考虑择机离场了。

如图1－32所示，持续下跌大阴线出现之后，深天健正式转入下降通道中。在这波下跌行情中，该股又出现了多根持续下跌大阴线，将股价快速压低，展现了其股价杀手的风采。面对这种倾泻而下的行情，投资者耐心持币即可，短期之内股价不会见底的。

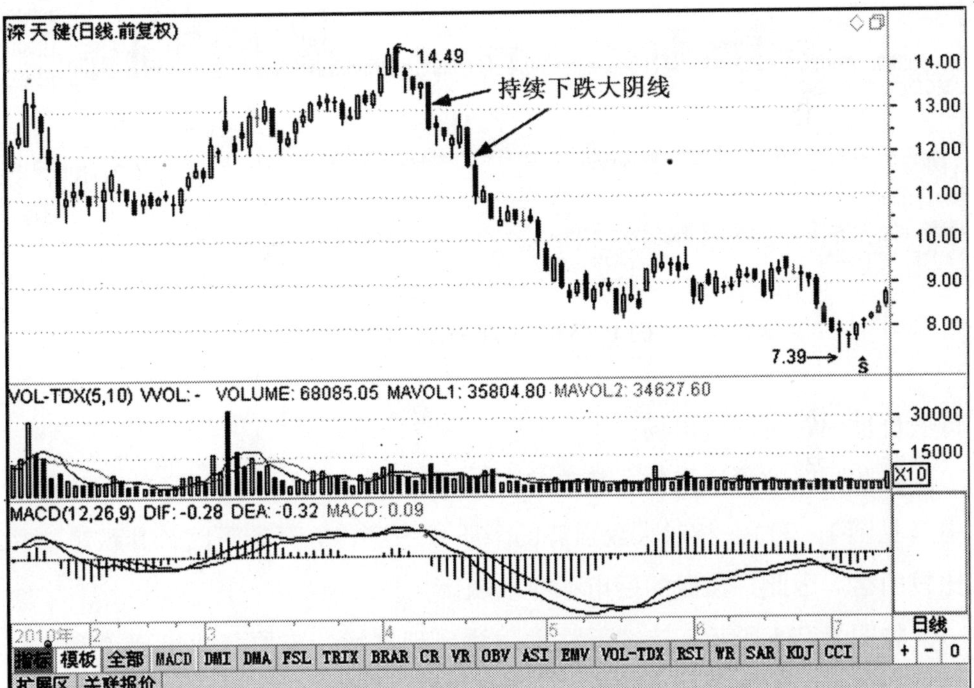

图1－32　深天健　000090

如图1－33所示，2010年4月30日，在一波下跌行情中，丰原药业出现一根持续下跌大阴线，后市应该还有下行的空间。不过，此时股价刚好下滑至前期高点形成的支撑线附近，而且此前的跌势中没有明显的反弹，那么股价有可能就此形成一波反弹。如果投资者此时还持有该股，可以等

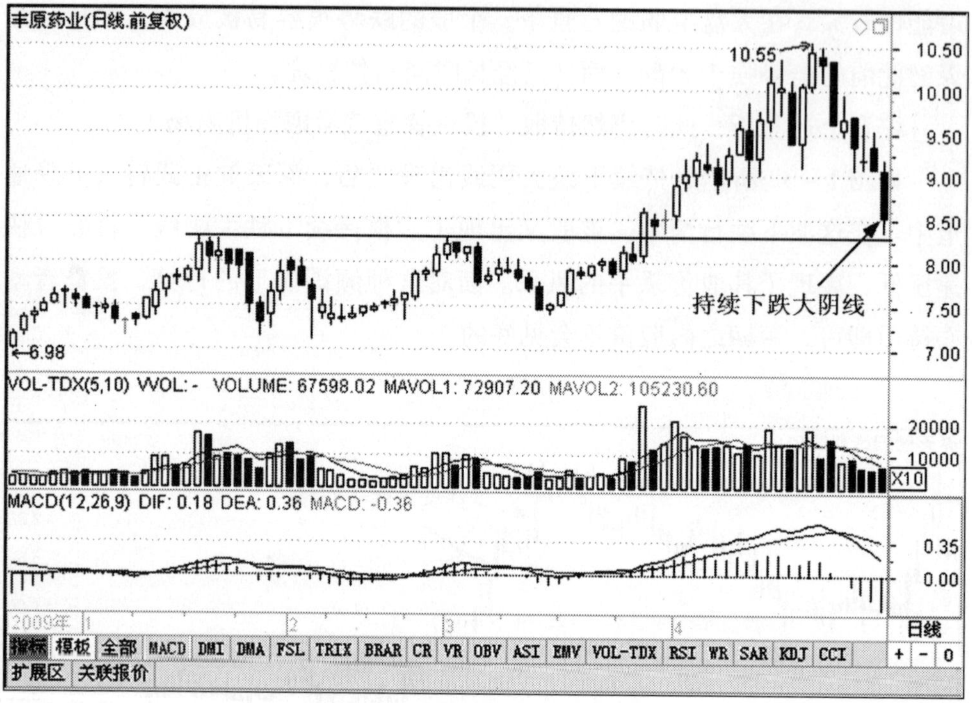

图 1－33　丰原药业　000153

待股价反弹时再择机出场。

与此同时的深证指数，其走势更加糟糕，正处于一波明显的下跌行情中（见图 1－34）。相对大盘强势的个股，一旦转势开始下跌，其跌势往往比较凶猛。因此，该股的后市不容乐观。

如图 1－35 所示，持续下跌大阴线出现之后，丰原药业出现了两个交易日的反弹。不过，反弹的高度非常有限，始终没有突破持续下跌大阴线的最高点。反弹结束后，该股继续快速下滑，直至 6.00 元附近才出现像样的反弹走势。

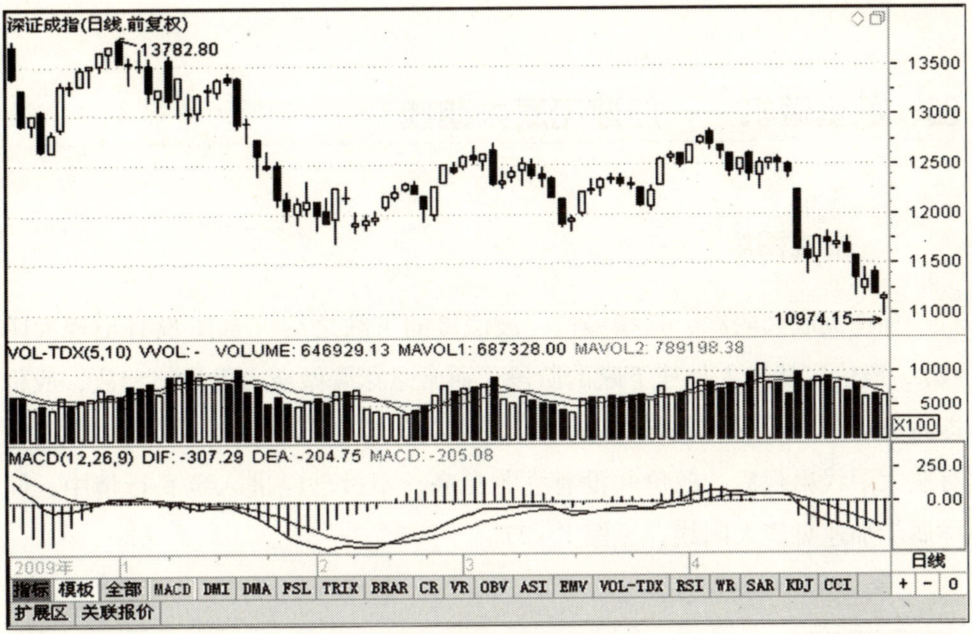

图1－34　深证成指　399001

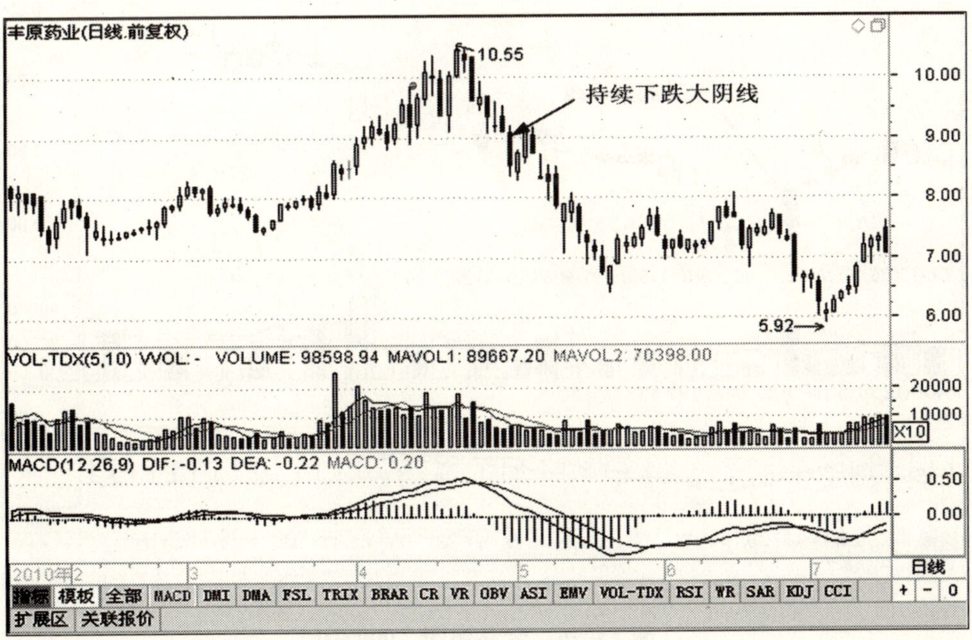

图1－35　丰原药业　000153

四、危里藏机——加速见底大阴线

1. 招式图解

加速见底大阴线，是指经过一波缓慢的下跌之后（基本没有出现大阴线），股价突然进入加速下跌的阶段，通常意味着做空力量快速释放，股价即将见底企稳，后市将转入整理行情中甚至直接转入涨势，见图 1－36。有些大阴线出现后，股价并没有立刻见底，不过已经进入筑底行情中，同样属于加速见底大阴线，见图 1－37。

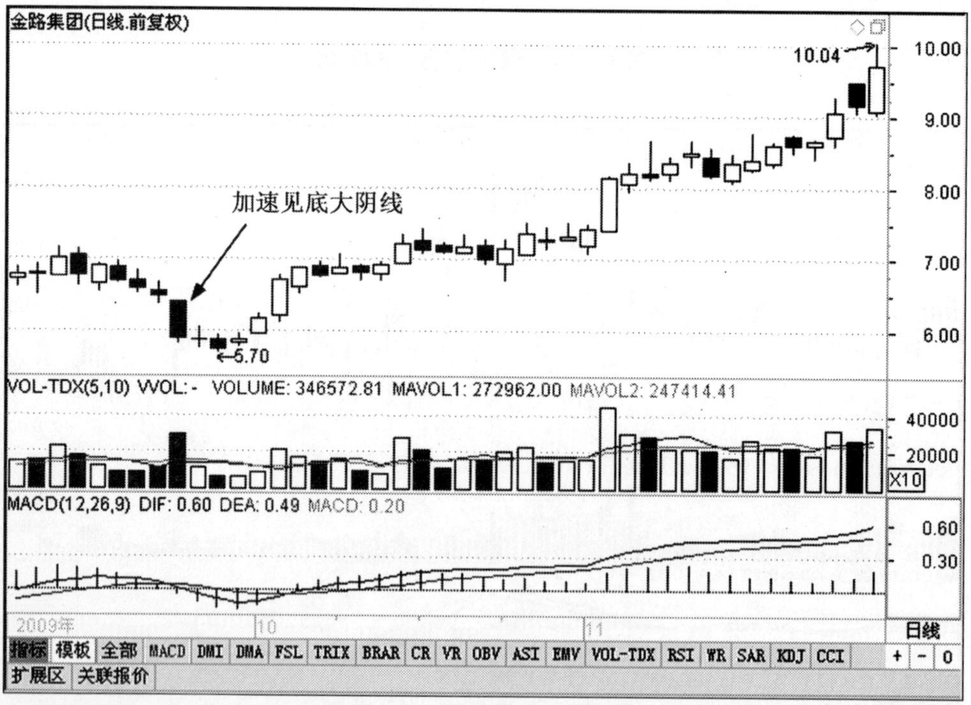

图 1－36　金路集团　000510

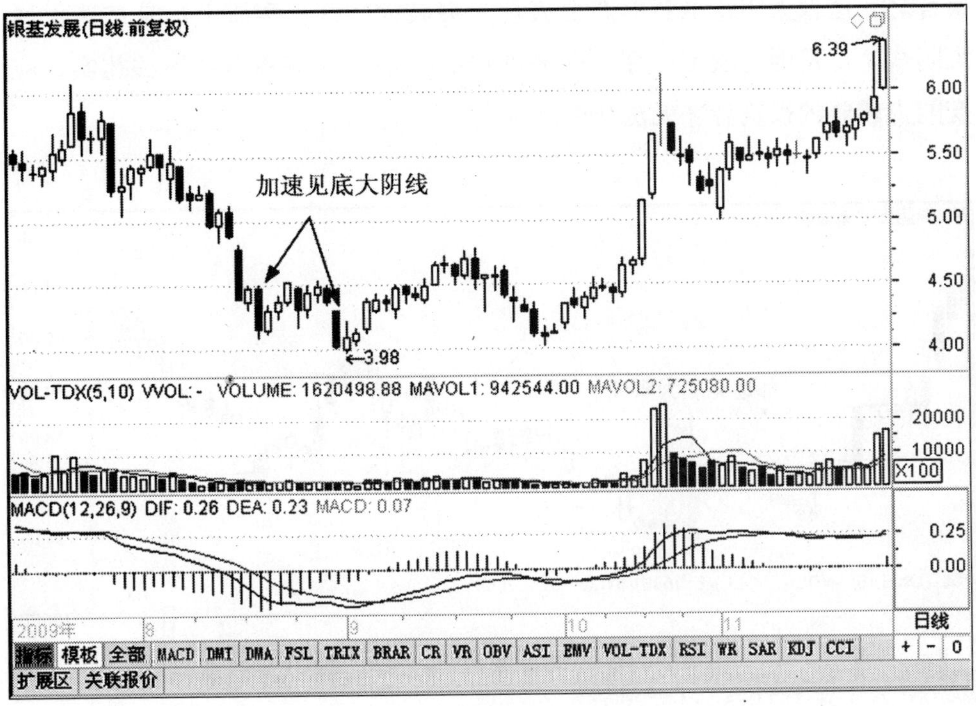

图1－37 银基发展 000511

2. 操作要点

加速见底大阴线属于警示性K线，提醒投资者应该密切关注股价走势，警惕股价见底企稳。注意，加速见底大阴线通常不作为交易信号，不可以据此开仓做多。

如果加速见底大阴线出现后，个股出现了更多的见底迹象，可以考虑择机进行建仓；否则，继续耐心持币。假设加速见底大阴线出现后股价进入一波反弹行情中，不过经过反弹后很快又重新进入跌势，应结合实际情况决定是否止损离场。

如图1－38所示，2010年7月13日，丽珠集团出现一根大阴线，跌破了此前横盘整理区的支撑线，后市看空。然而，随后的走势并未像预期的一样，继续大幅度下跌，反而就此见底，接着进入了一波明显的涨势中。

换言之，这根大阴线虽然形态上表现为突破大阴线，实质上却是加速见底大阴线。正是因为股市中存在许多这样的变数，许多基本功不够扎实、应变能力较弱的投资者才无法从中赢利。

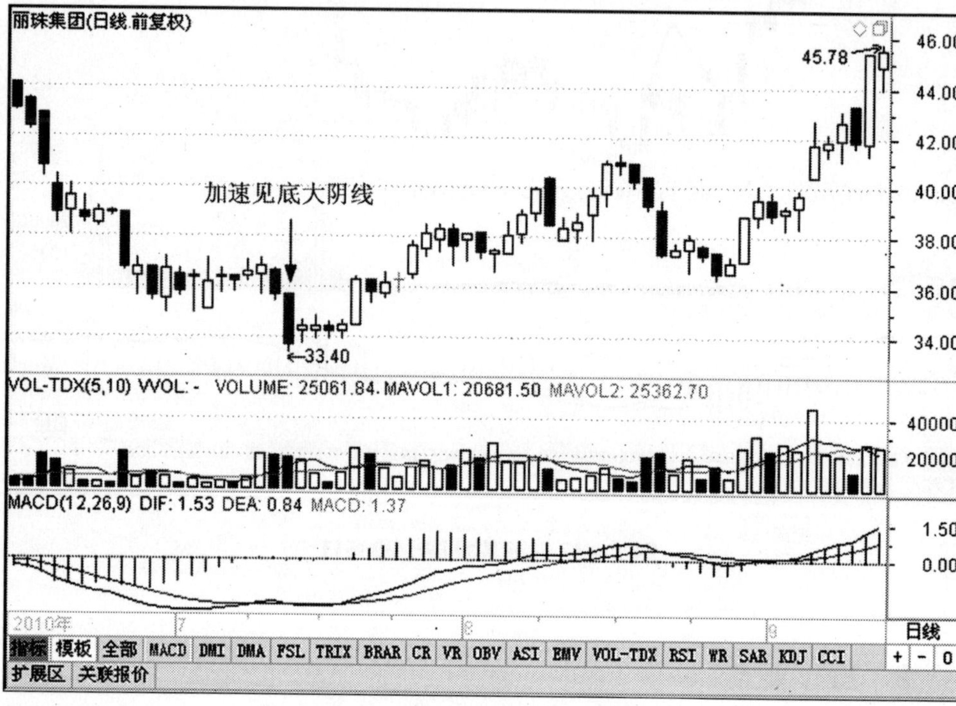

图 1 – 38　丽珠集团　000513

如图 1 – 39 所示，2011 年 7 月 25 日，经过一波缓慢下跌之后，渝开发出现一根大阴线。由于这根大阴线恰好出现在前低支撑位上方，反弹可期，因此将其定义为加速见底大阴线。然而，随后数个交易日的反弹力度实在孱弱，股价就此见底的可能性明显降低。当股价跌破前低支撑位时，下行空间被打开了，由此可以断定此前的大阴线为持续下跌大阴线。如果投资者在大阴线出现后入场抄底，此时该止损出场了。

2011 年 8 月 8 日，跌破前低支撑后仅一个交易日，该股又出现了一根大阴线。这根大阴线的性质是什么呢？继续耐心观察。随后的一个交易日，

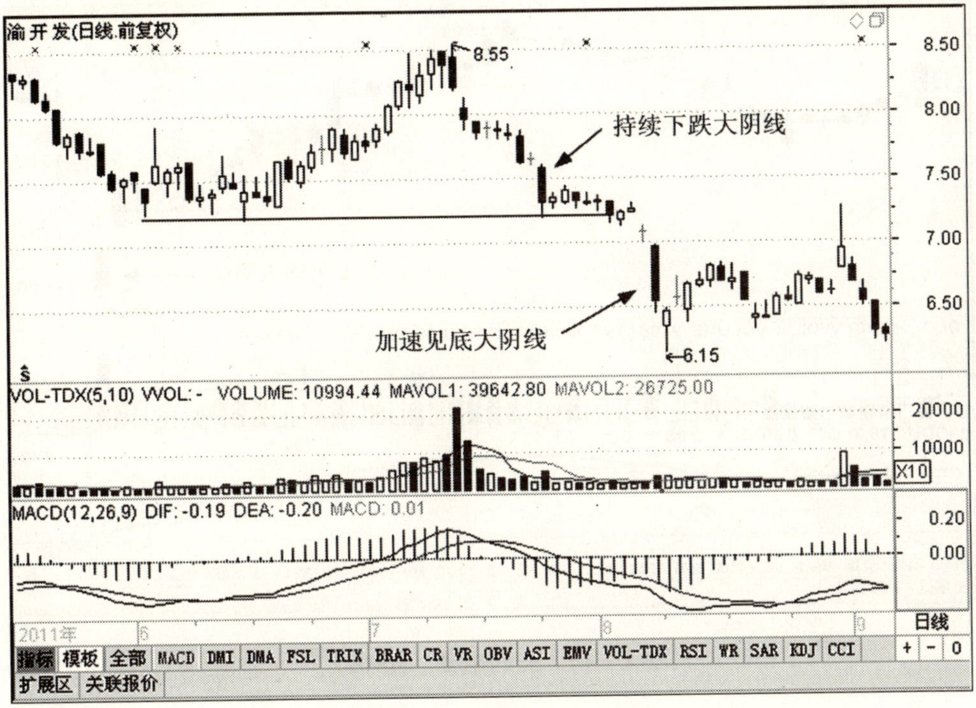

图1－39 渝开发 000514

该股出现一根长下影线的阳线，大阴线带来的杀跌势头被终止，显示见底迹象，又一波反弹行情将出现，那么这根大阴线就是加速见底大阴线。至于该股是否能就此筑底转势，还要等待行情进一步发展才能判断。

3．实战解析

如图1－40所示，2010年5月6日，美的电器出现一根大阴线，结束了此前三个交易日的小阳线反弹。接下来的一个交易日，该股再次出现一根大阴线，加速压低股价。在这两根大阴线出现之前，该股始终处于阴跌的状态中。在一波缓慢下跌之后突然出现大阴线，这具有明显的加速见底大阴线的特征。因此，投资者应该提高警惕，关注可能会到来的整理行情。

再看看当时的深证成指，同样处于明显的下跌行情中（见图1－41）。在大盘和个股都处于下降趋势中的背景下，抄底要慢，要等待明确的见底

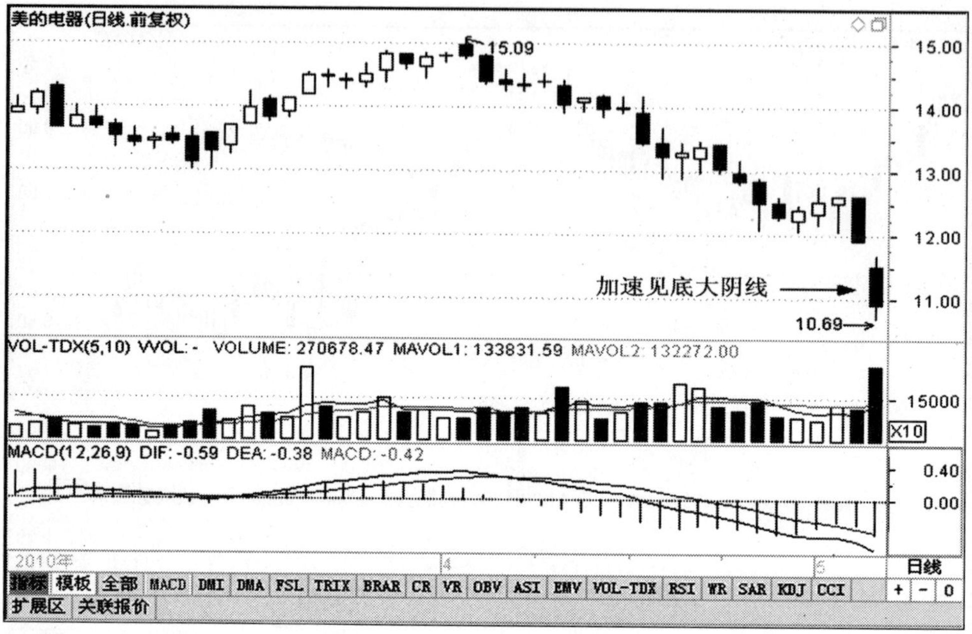

图 1－40　美的电器　000527

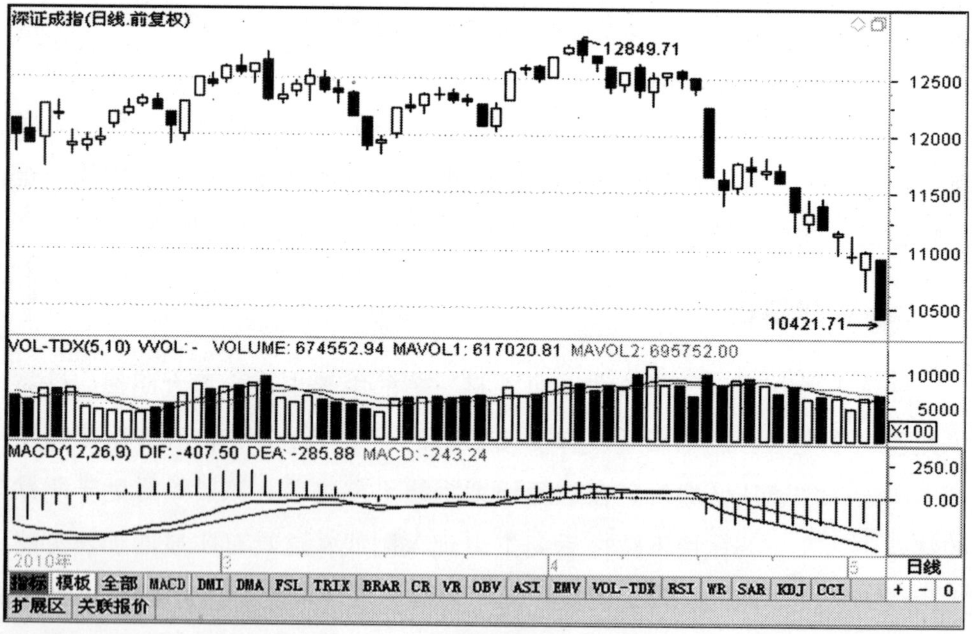

图 1－41　深证成指　399001

信号出现后再择机入场做多。

如图 1－42 所示，加速见底大阴线出现之后，美的电器的跌势开始明显放缓，筑底行情开始了。2010 年 5 月 24 日，该股出现一根大阳线，属于见底大阳线，筑底行情正式确认。

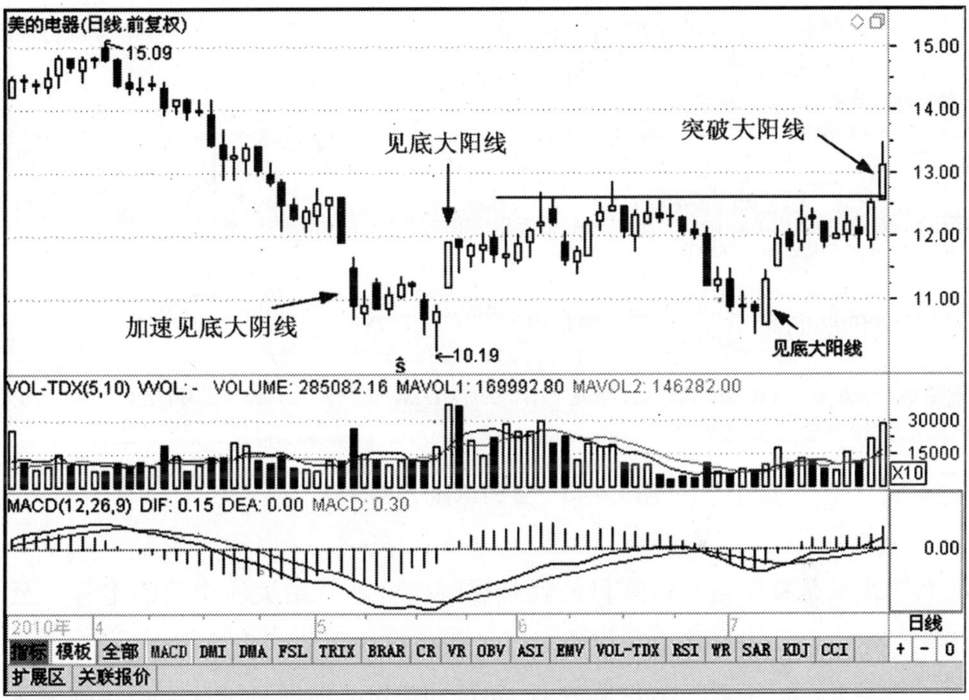

图 1－42　美的电器　000527

如图 1－43 所示，2010 年 7 月 6 日，美的电器在前低 10.19 元上方出现一根大阳线，底部结构基本形成，投资者可以考虑入场了。如果投资者风险控制能力有限，可以继续等待。2010 年 7 月 20 日，该股出现一根长上影线的大阳线，伴随着成交量的放大，突破了前期高点形成的压力线，后市应该还有一定的上行空间，投资者应该把握这个机会了。

突破大阳线出现之后，美的电器正式由下跌趋势转为上涨趋势，投资者的操作策略也就由持币为主转变为持股为主。从本例可以看出，加速见

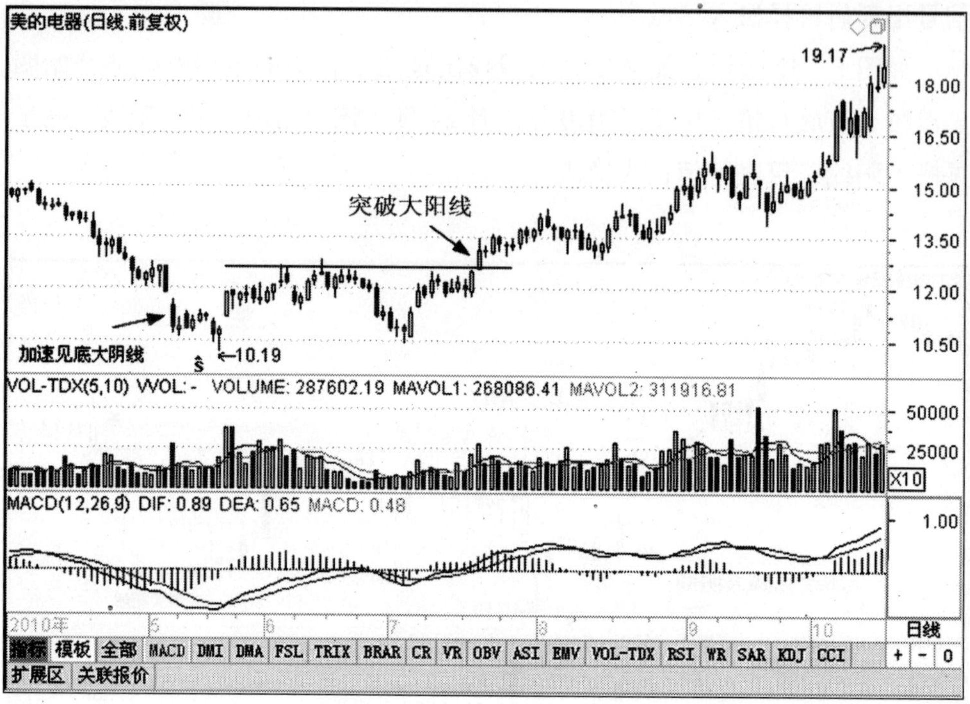

图1-43　美的电器　000527

底大阴线只是警示信号，其目的就是提醒投资者开始关注个股的走势。至于能否建仓以及何时建仓，投资者还是需要寻找其他的交易信号。

如图1-44所示，2008年6月19日，经过一波缓慢下跌之后，柳工出现一根跌停大阴线，呈现加速下跌迹象。此时，投资者应该注意了，该股可能已经进入加速筑底行情中。加速见底大阴线再次提醒，这是警示信号，投资者切莫此时抄底介入。

至于与此同时的深证成指，其走势也非常糟糕，处于明显的下降通道中（见图1-45）。因此，投资者要捂好自己的口袋，千万不要此时入场接飞刀。

如图1-46所示，加速见底大阴线出现之后，柳工很快就见底企稳了。2008年6月25日，该股出现一根涨停大阳线，宣告该股进入筑底行情中。经过一段时间的振荡整理之后，2008年8月11日，该股出现一根阴线，跌

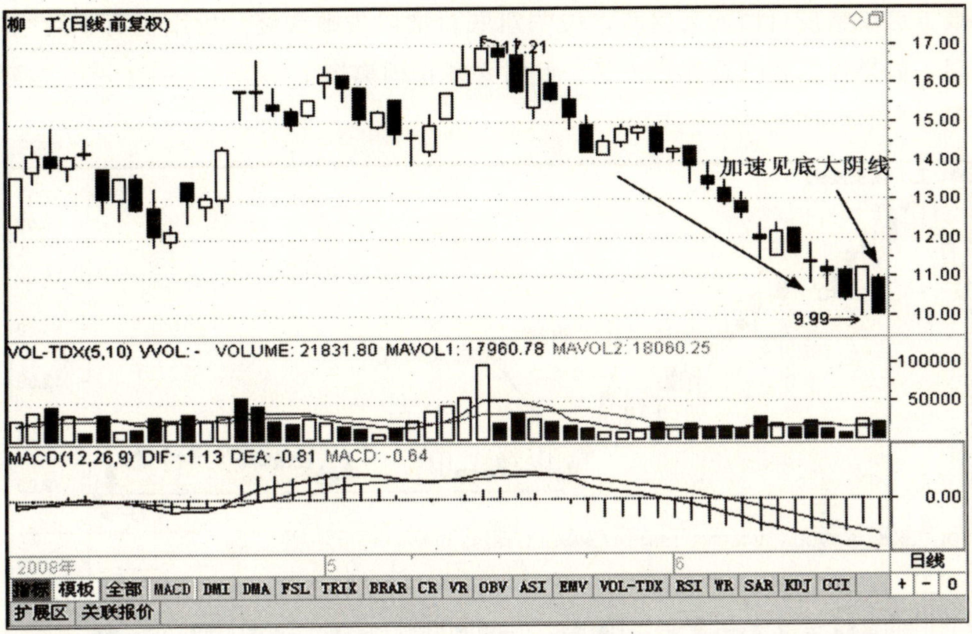

图1－44　柳工　000528

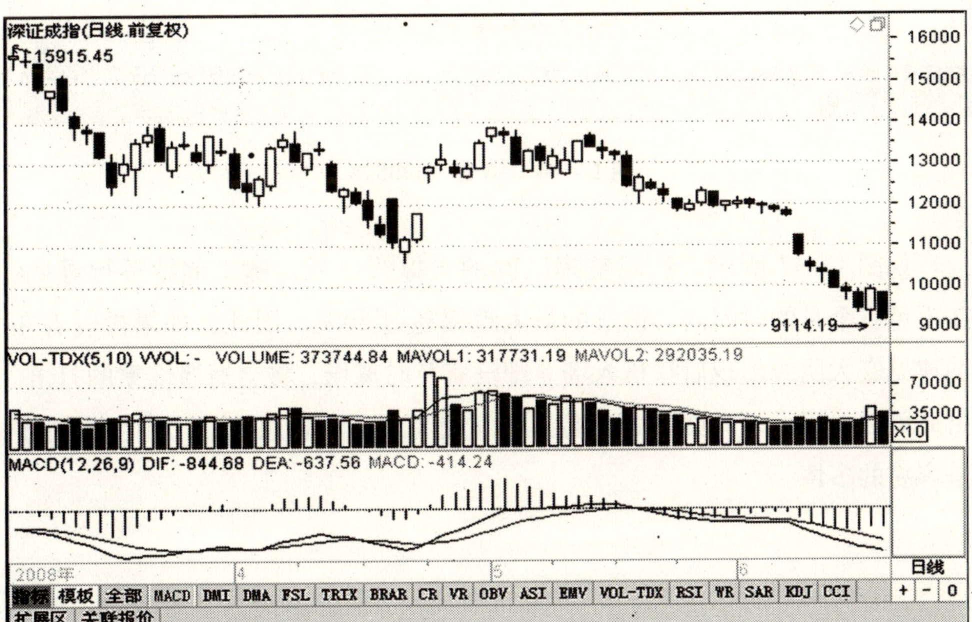

图1－45　深证成指　399001

破了这段整理行情的支撑线，说明筑底行情以失败告终，后市仍有下行空间。如果投资者已经建仓入场，此时必须止损离场了。

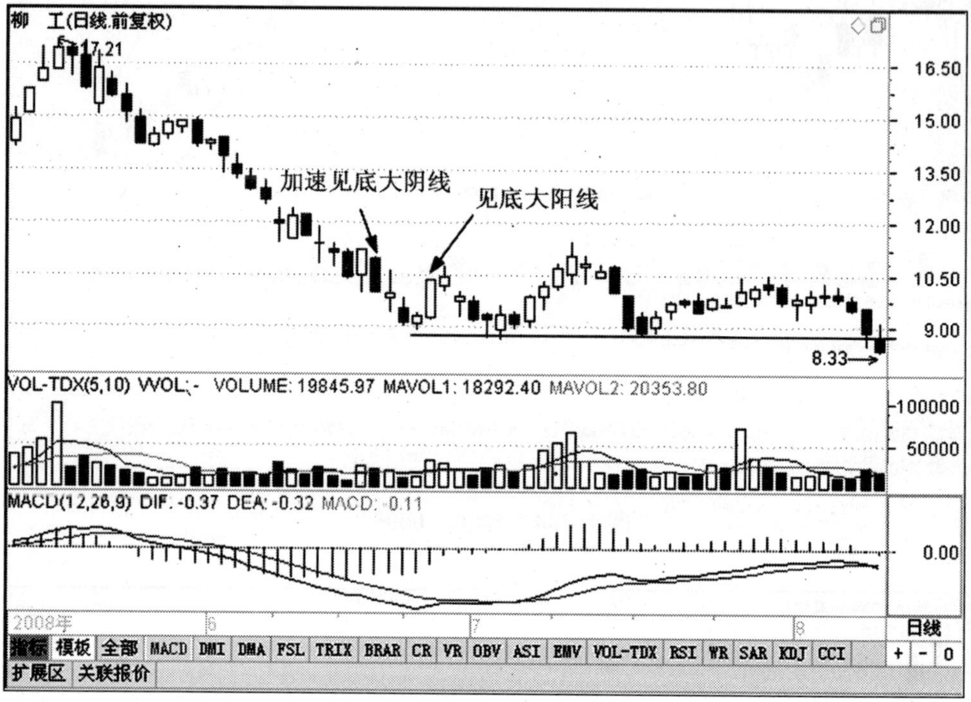

图 1－46　柳工　000528

如图 1－47 所示，跌破整理区间的支撑线之后，柳工继续下行寻底。在不足三个月的时间内，该股的最大跌幅超过 50%。因此，如果投资者在加速见底大阴线出现后择机入场，却没有及时离场，将会遭遇惨重的打击。由此可以看出，没有良好的交易技术和交易纪律，要想在股市中生存可不是容易的事情。

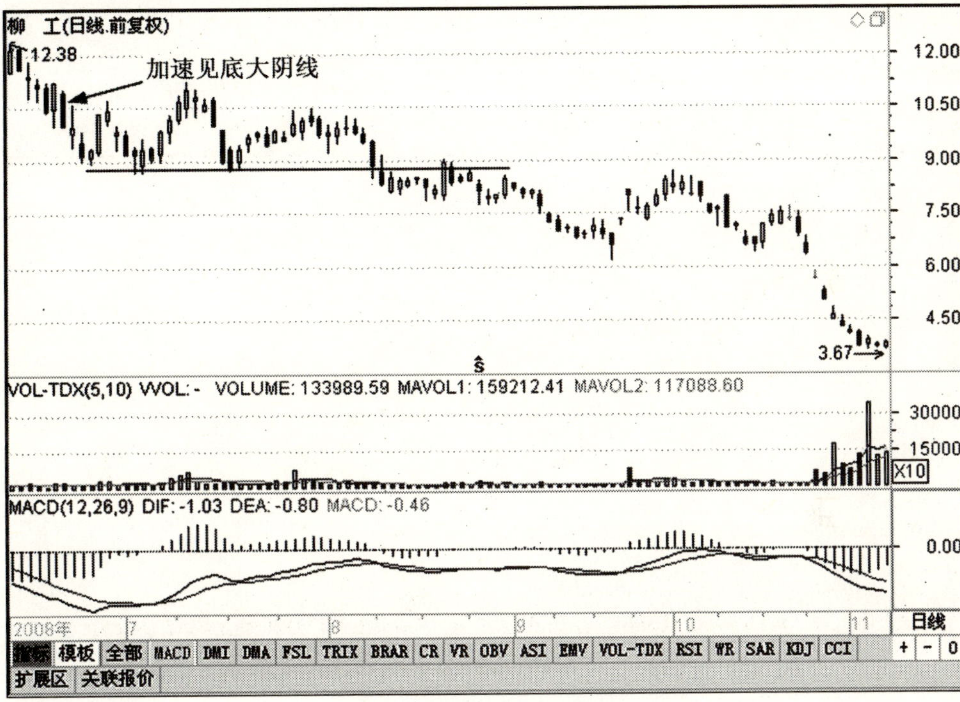

图1-47 柳工 000528

第2章

墙头草——摇摆十字线

十字线，是指收盘价与开盘价基本相同的K线，意味着盘中多空双方实力均衡，后市发展方向要取决于随后多空双方的力量对比，如同墙头草，哪边风大哪边倒。当然，根据十字线所处的具体位置，投资者可以提前预判出多空双方的力量对比，从而推断出后市的发展方向，具体让我们分情况来进行逐一研究。

一、中场休息——持续十字线

1. 招式图解

持续十字线，是指在一波明显的趋势中出现的十字线，通常其上下影线较短，而且长度类似。出现持续十字线，意味着此前的趋势发生停顿，后市很可能会继续沿着原有的趋势发展。根据原有趋势的方向，持续十字线可以分为上涨持续十字线（见图2－1）和下跌持续十字线（见图2－2）。

2. 操作要点

持续十字线属于警示性K线，提醒投资者原有的趋势将继续延伸。那么，对于上涨持续十字线，投资者可以据此入场做多；对于下跌持续十字线，投资者应该继续耐心持币旁观。

如图2－3所示，2010年3月17日，在前高压力位附近，光华控股出现一根十字线。由于这根十字线出现在一波缓慢的涨势中，而且其上下影线较短，后市向上突破的可能性较大，因此可以将其定义为上涨持续十字线。面对这根十字线，投资者可以考虑适度入场做多，也可以等待向上突破压力位时再择机入场。

如图2－4所示，2008年6月11日，在一波明显的下跌行情中，江铃汽车出现一根十字线。由于这根十字线的振幅很小，即上下影线很短，根

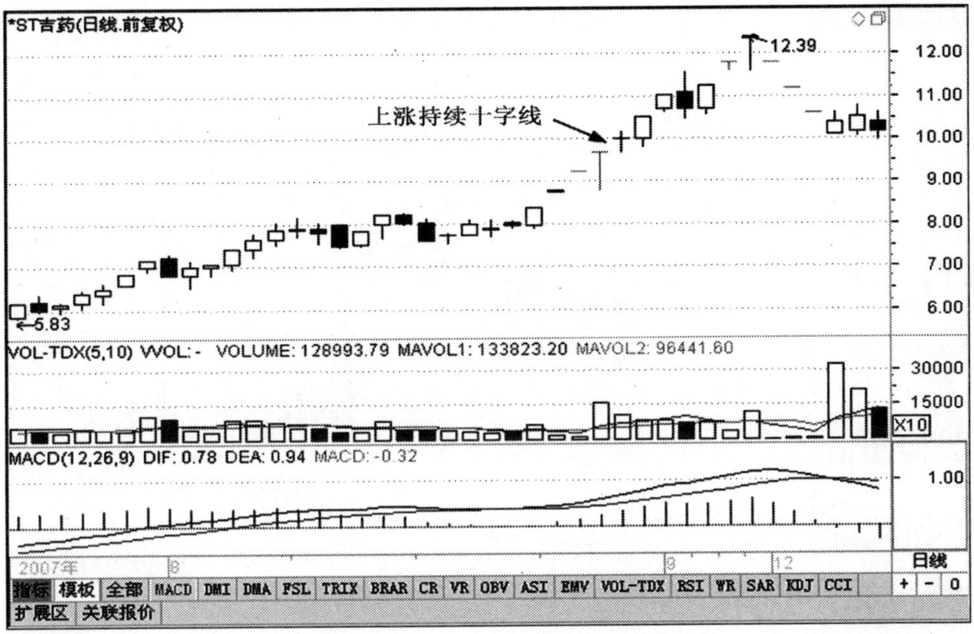

图2－1　＊ST吉药　000545

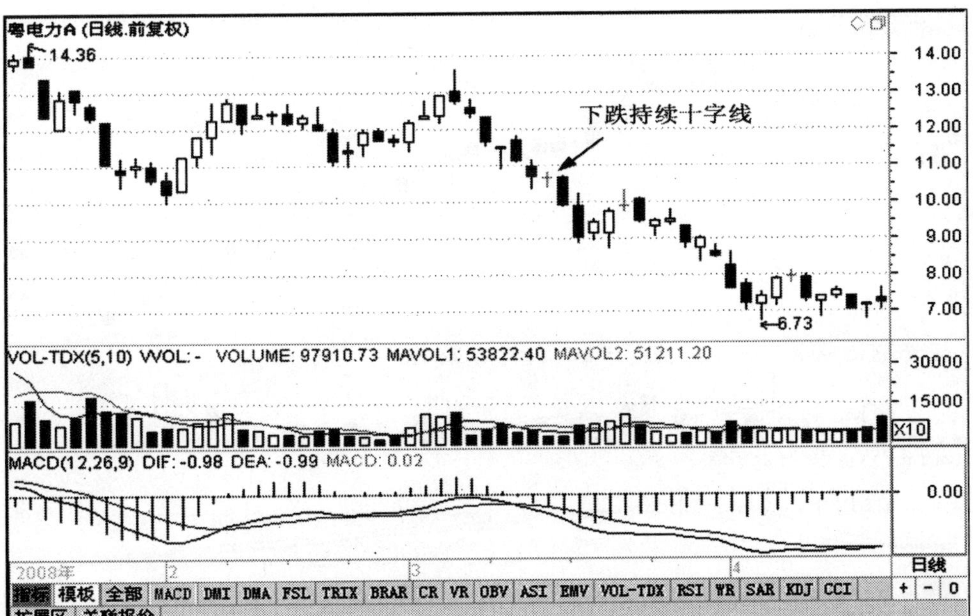

图2－2　粤电力A　000539

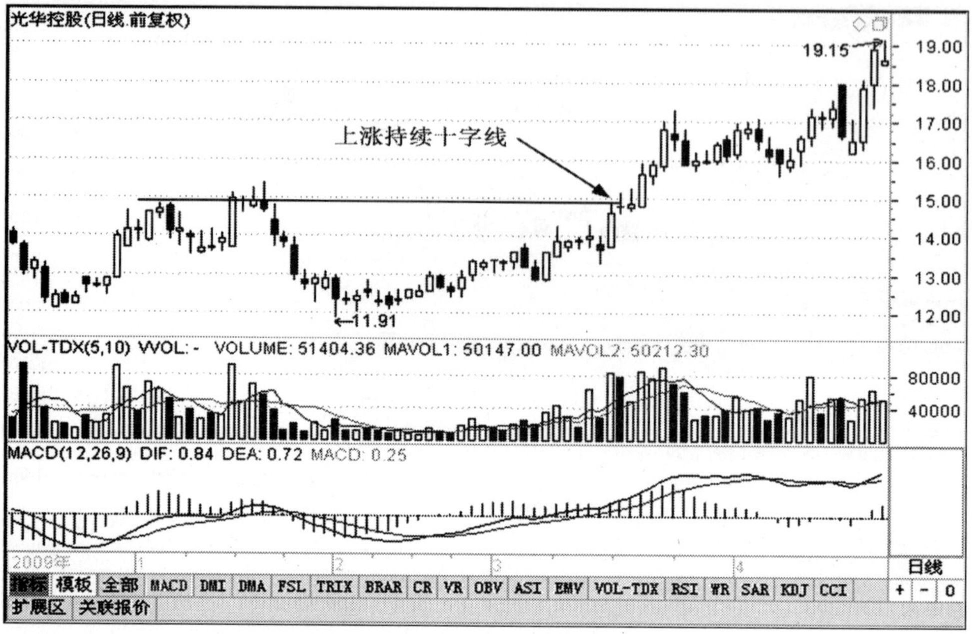

图 2－3　光华控股　000546

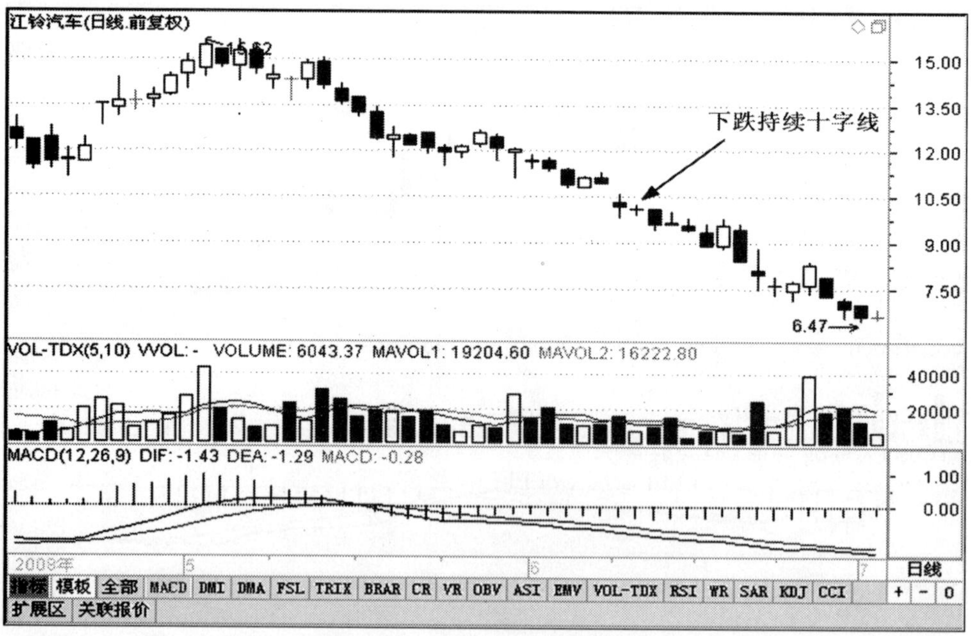

图 2－4　江铃汽车　000550

本无力扭转此前汹涌澎湃的跌势，因此可以将其定义为下跌持续十字线。面对这样的十字线，投资者继续耐心持币等待吧！

3. 实战解析

如图2－5所示，2009年7月3日，经过数个交易日的拉升之后，ST太光出现一根十字线，涨势出现停顿。在上涨趋势中，只要没有扭转趋势的力量出现，股价继续冲高的可能性就很高。另外，这根十字线的下影线较长，显示多方依然占据优势。因此，可以将这根十字线定义为上涨持续十字线，后市仍有上行空间。

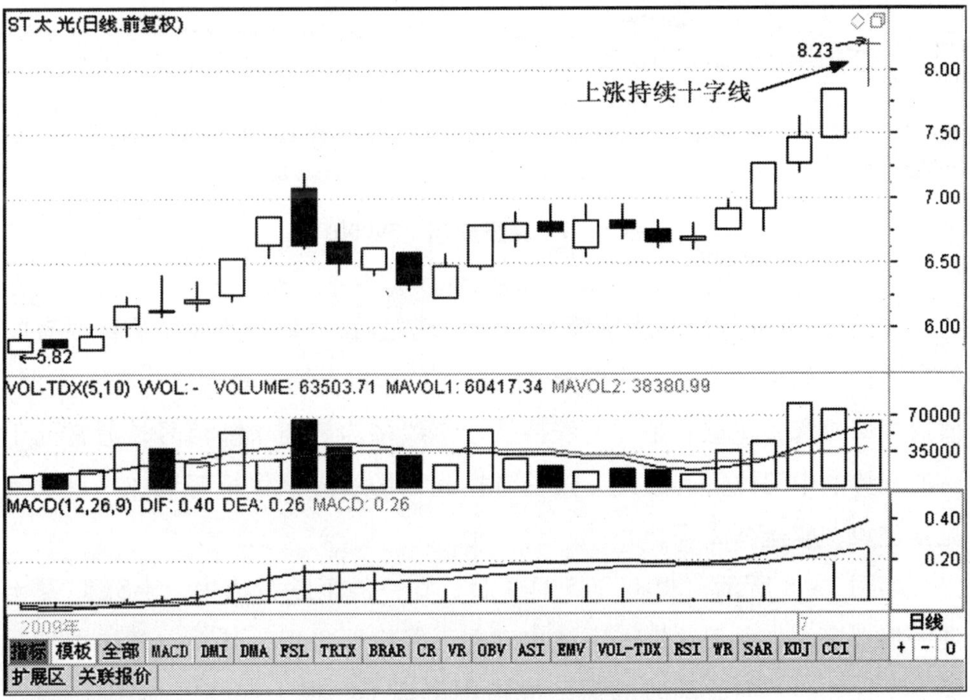

图2－5　ST太光　000555

至于与此同时的深证成指，同样处于强势上扬的行情中（见图2－6）。既然个股和大盘都处于涨势中，做多就是唯一的选择，投资者该择机介入了。

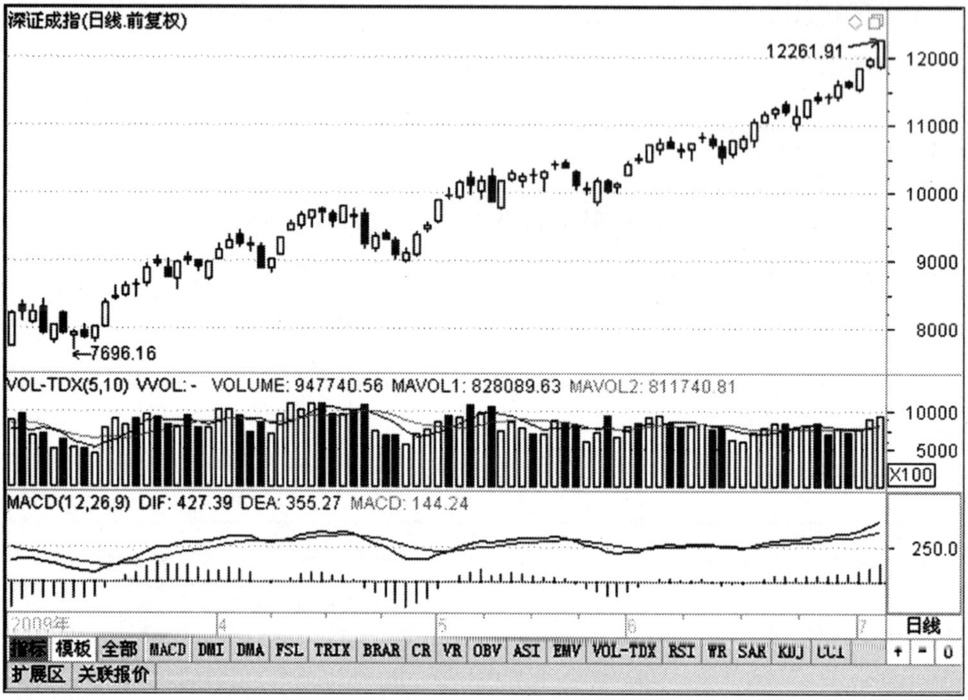

图 2－6　深证成指　399001

如图 2－7 所示，上涨持续十字线出现之后，ST 太光继续沿着原有的斜率上行。如果投资者在这根十字线出现后择机入场，短期之内获益丰厚。值得提请投资者注意的是，上涨持续十字线多为短期看涨信号，通常处于一波涨势的中间位置。因此，投资者据此入场后应该保持警惕，一旦发现见顶迹象，应逢高离场。

如图 2－8 所示，2010 年 5 月 7 日，在一波下跌行情中，＊ST 广夏出现一根十字线。由于这根十字线出现在下降旗形之后，其看空意味更加浓厚。不仅如此，与此同时的深证成指也出现了一根十字线（见图 2－9）。不用分析，单凭第一感觉就可以明确感受到大盘也要继续下跌。因此，投资者就应继续耐心待在场外看好戏吧！

如图 2－10 所示，下跌持续十字线出现之后，＊ST 广夏稍作停留就继续其下跌之旅。通过计算可知，从 6.53 元的高点开始跌至 4.01 元的低点

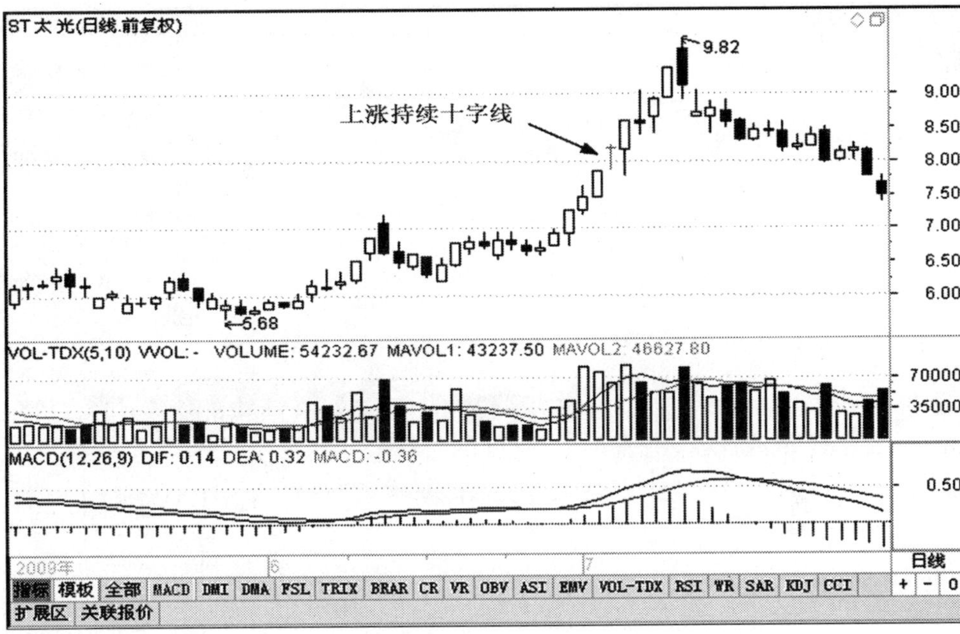

图2－7　ST太光　000555

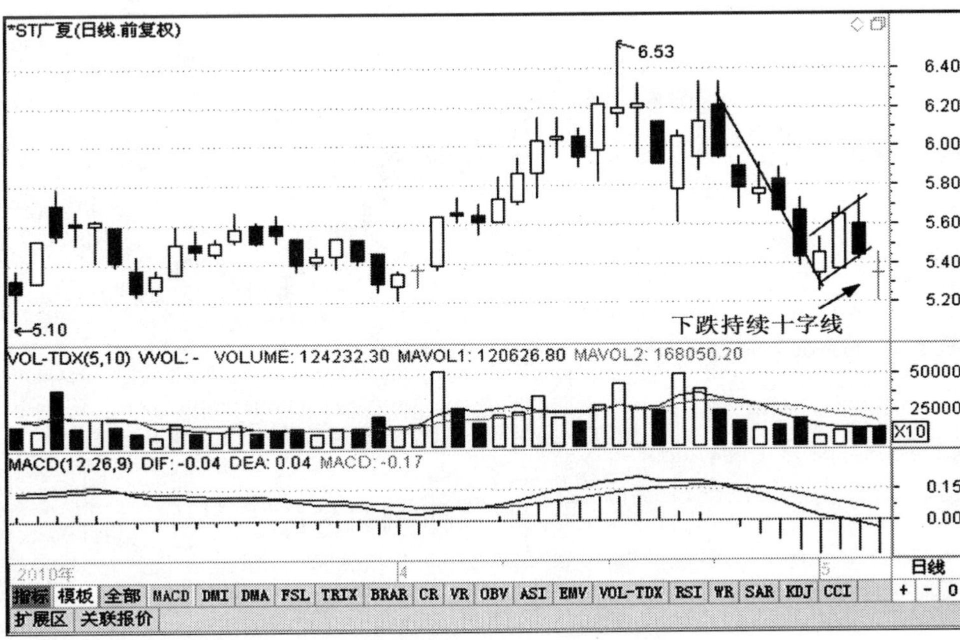

图2－8　*ST广夏　000557

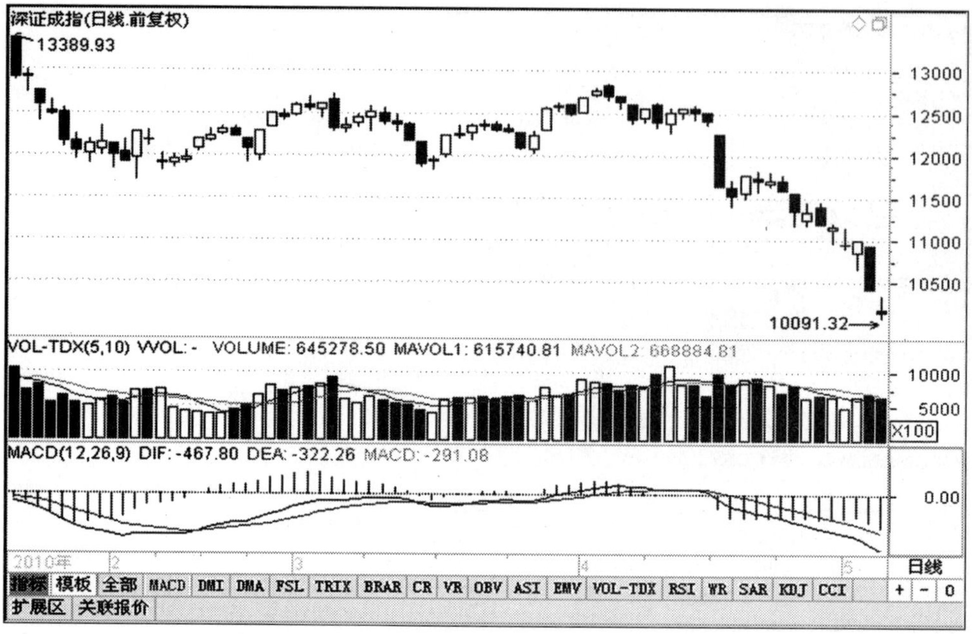

图 2－9　深证成指　399001

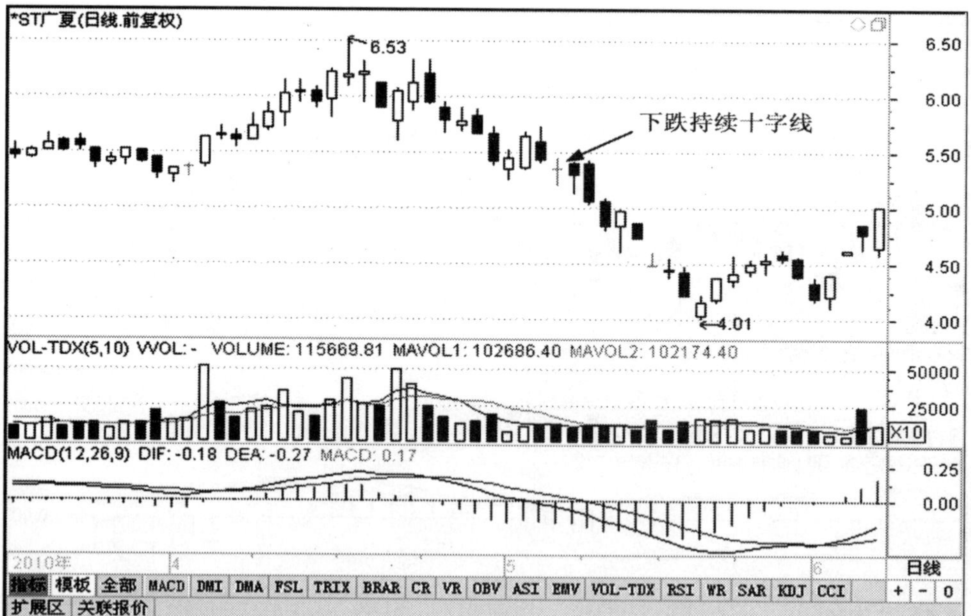

图 2－10　*ST 广夏　000557

结束，这波行情的下跌幅度为2.52元。至于其中的下跌持续十字线，基本上处于整个下跌过程的中间位置。

二、强弩之末——反转十字线

1. 招式图解

反转十字线，是指在一波明显趋势的末期出现的十字线，通常其上影线或下影线较长。出现反转十字线，意味着此前的趋势就此终结，后市将进入整理行情中或者直接转势。根据原有趋势的方向，反转十字线可以分为见顶十字线（通常上影线较长，见图2－11）和见底十字线（通常下影线较长，见图2－12）。

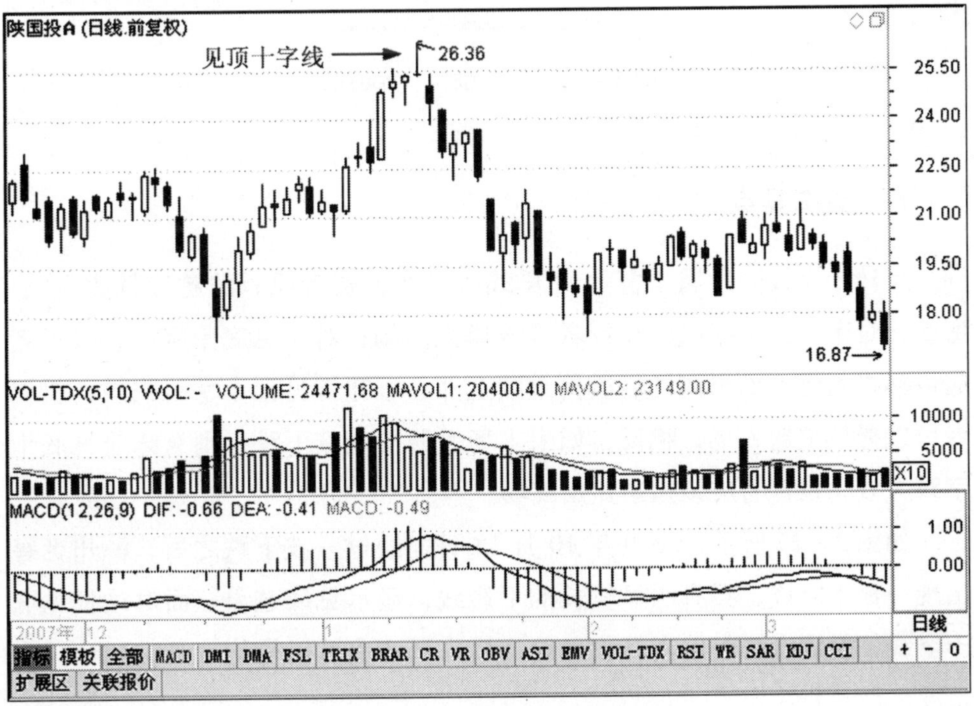

图2－11　陕国投A　000563

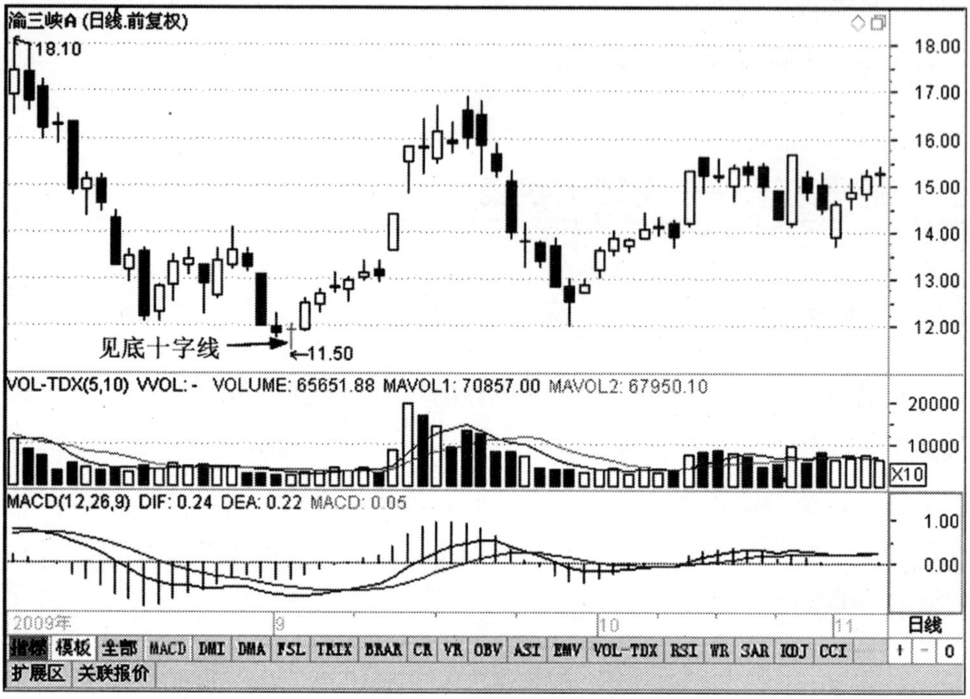

图2－12　渝三峡A　000565

2. 操作要点

反转十字线同样属于警示性K线，提醒投资者原有的趋势就此终结。那么，对于见顶十字线，投资者应该择机离场；对于见底十字线，投资者应该择机入场。如果离场后股价继续上涨，意味着见顶十字线失效，投资者可以择机重新入场；相反，如果入场后股价继续下跌，则意味着见底十字线失效，投资者应该抓紧止损离场。

如图2－13所示，2010年10月18日，经过一波下跌之后，泸州老窖出现一根十字线，具有明显较长的下影线，显示见底迹象。面对这根见底十字线，投资者既可以当日收盘前择机入场，也可以等待次日进一步观察情况之后再行决定。

如图2－14所示，2010年4月21日，苏常柴A出现一根十字线。由于

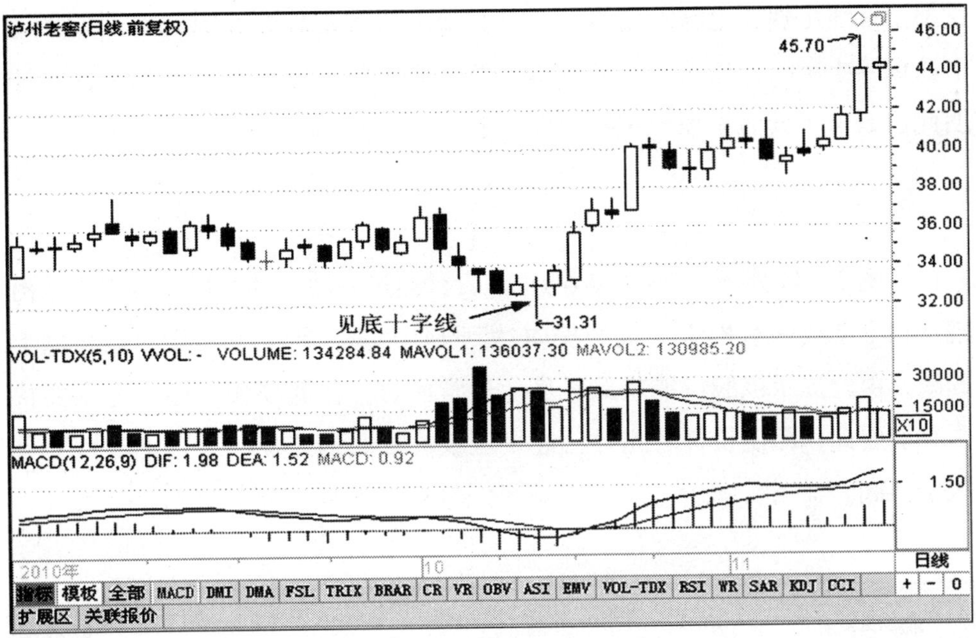

图 2－13　泸州老窖　000568

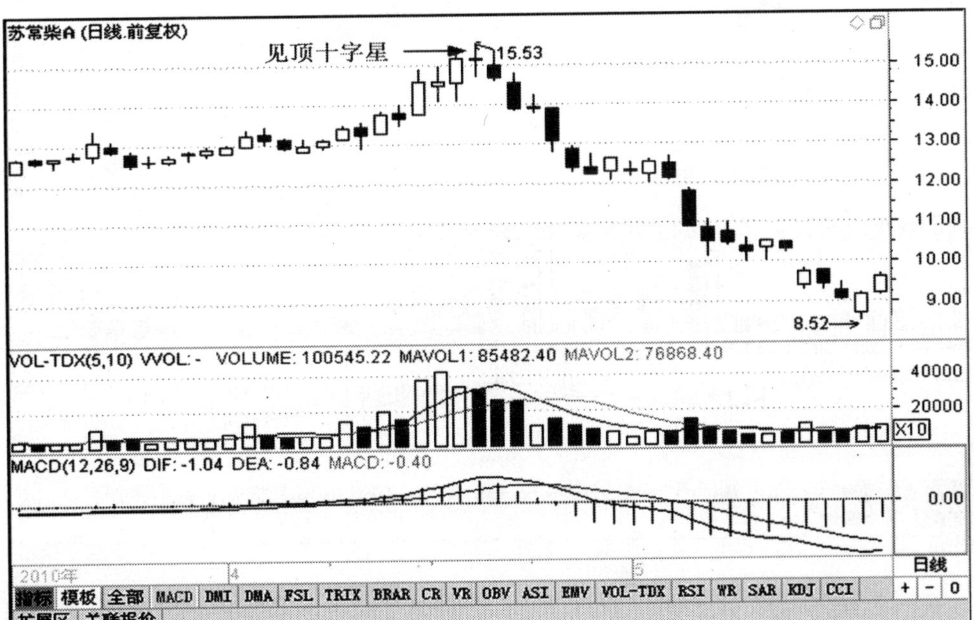

图 2－14　苏常柴 A　000570

这根十字线出现在上涨行情中，而且其上下影线都较短，因此将其定义为上涨持续十字线。然而，次日股价没有继续上涨，随后股价开始下滑，证明此前的十字线为见顶十字线，投资者应该赶快离场了。

3. 实战解析

如图2－15所示，2008年6月20日，经过一波下跌之后，海马汽车出现一根十字线。这根十字线的振幅达到14.04%，其中下影线明显长过上影线，由此提示该股可能就此见底。通常而言，抄底要慢一些，逃顶要快一些。因此，即使投资者此时已经发现股价见底的迹象，还是不适宜立刻入场抄底。

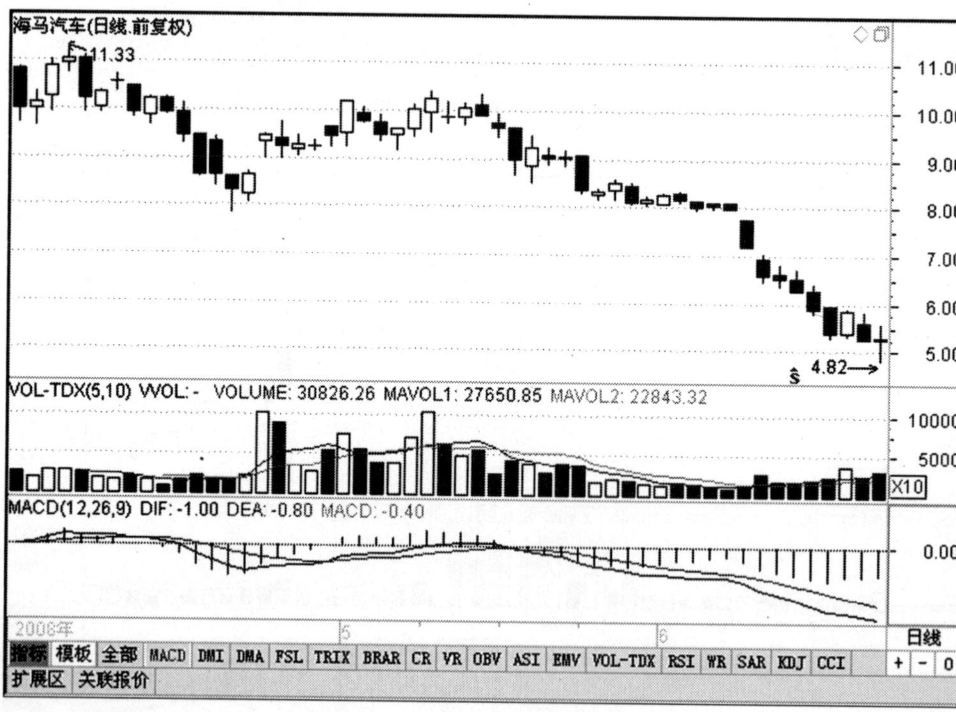

图2－15 海马汽车 000572

再看与此同时的深证成指，虽然指数下滑的速度明显趋缓了，但还没有明确的见底信号出现（见图2－16）。由此进一步确认，此时还不到入场抄底的时候。

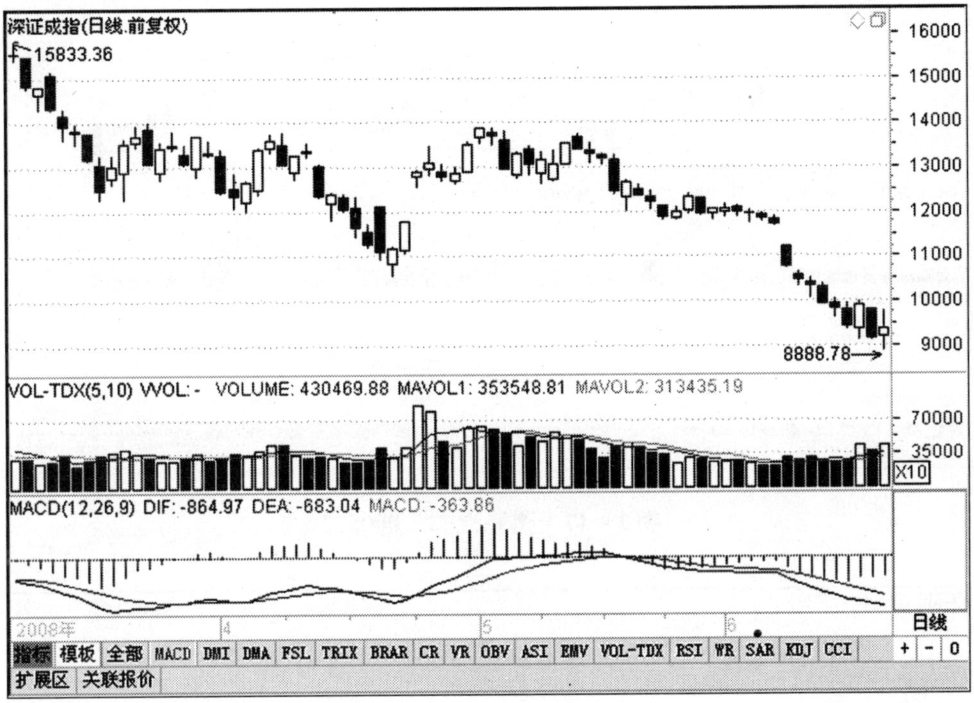

图2－16　深证成指　399001

如图2－17所示，见底十字线出现之后，海马汽车进入横盘整理行情中。2008年7月29日，经过一段时间的振荡整理，该股出现一根大阳线，向上突破了前高压力，后市看涨。然而，次日该股又出现一根大阴线，将股价重新打回原形从而证明此前的突破为假突破，整理行情还将继续。

2008年8月8日，该股出现一根突破大阴线，跌破这波整理区的支撑线，即见底十字线的最低点。至此，见底十字线引发的整理行情结束，后市将继续下行探底。

如图2－18所示，突破大阴线的出现，彻底破坏了海马汽车的筑底架构，导致股价只能继续下行探底。随后的这波跌势看似并不起眼，实则最

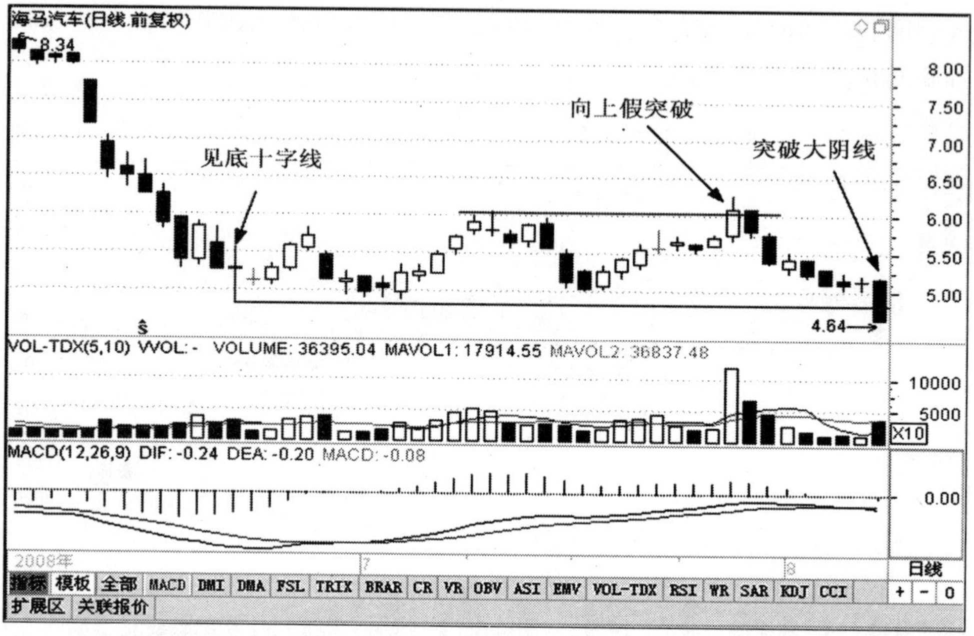

图 2-17　海马汽车　000572

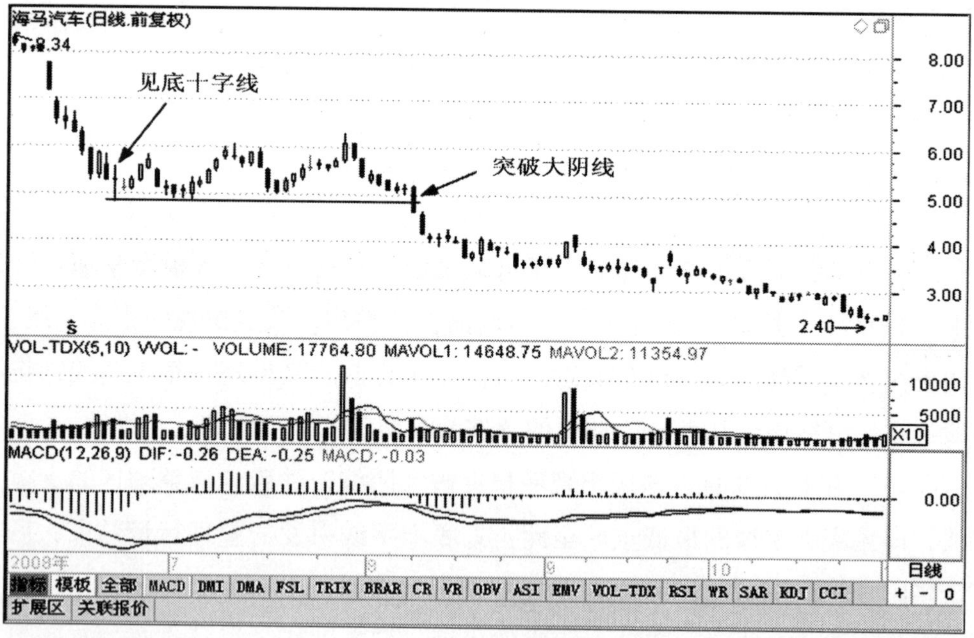

图 2-18　海马汽车　000572

大跌幅超过50%。如果投资者在见底十字线出现后入场抄底，却没有在突破大阴线出现之前及时离场，将陷入严重套牢的困境中。

如图2－19所示，2010年11月3日，在一波上涨途中，紫光古汉出现一根十字线。由于这根十字线的上影线明显较长，故将其定义为见顶十字线。与此同时的深证成指，已经走出M头的雏形，当然还没有最后确认，处于行情不明朗期（见图2－20）。在大盘走势模糊、个股出现见顶迹象的背景下，投资者还是先离场比较安全。

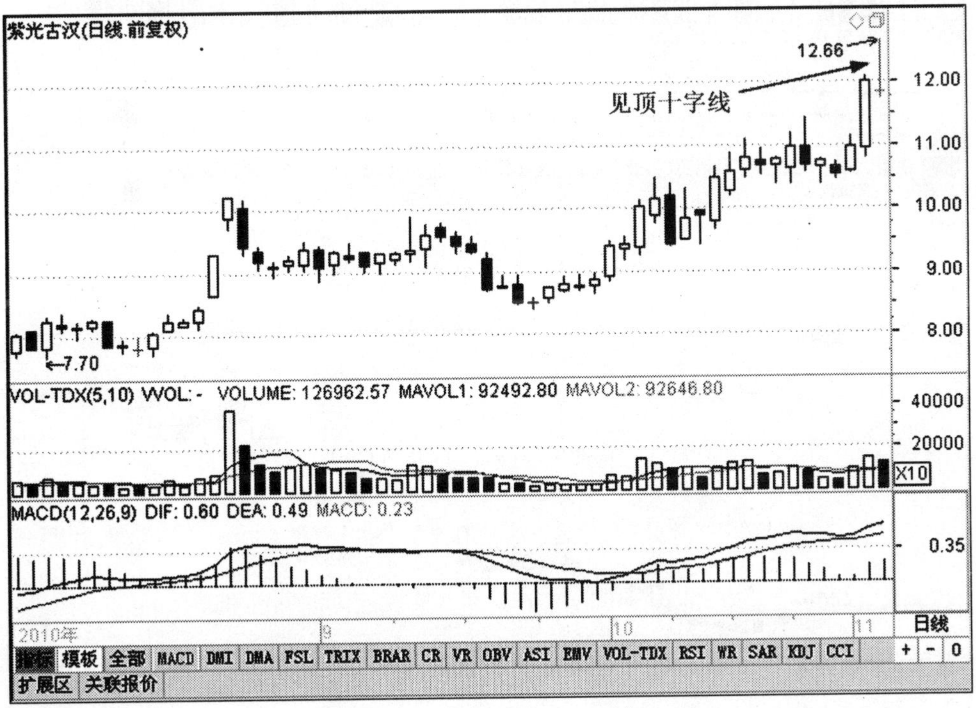

图2－19 紫光古汉 000590

如图2－21所示，见顶十字线出现之后，紫光古汉连续出现两根小阳线，期间的股价绝大部分时间都活动于见顶十字线的上影线部分。至此就已经可以推断，股价就此见顶的可能性降低，后市仍有上行空间。2010年11月8日，该股出现一根涨停大阳线，正式打开上涨空间。

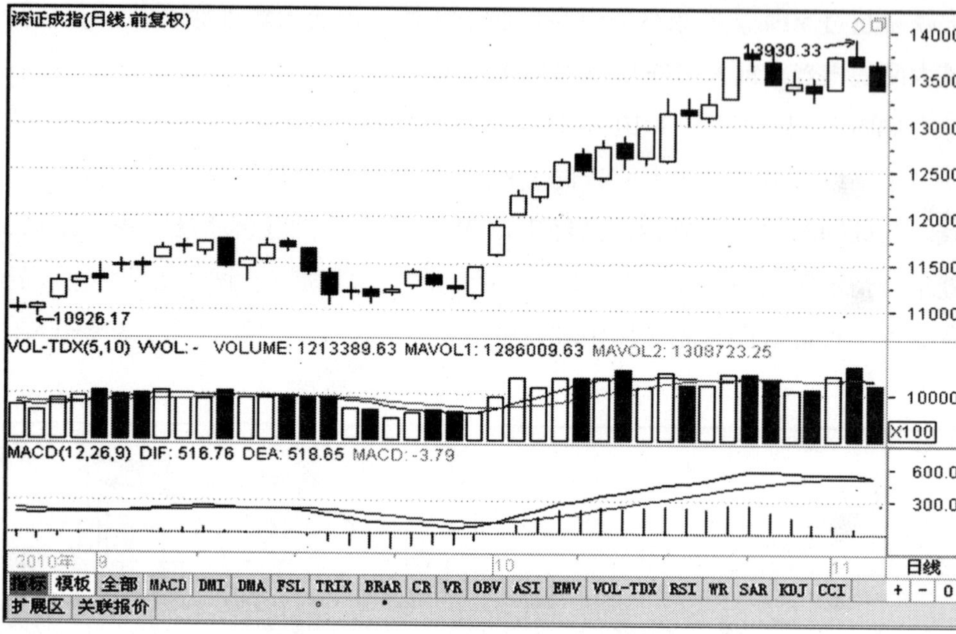

图 2－20　深证成指　399001

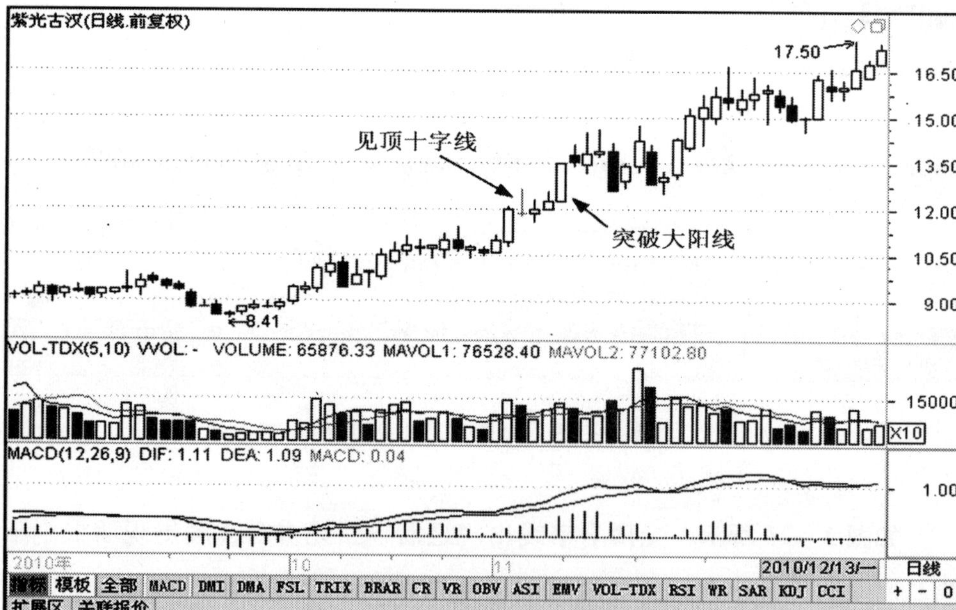

图 2－21　紫光古汉　000590

如图2-22所示，至于同期的深证成指，M头雏形构成之后，并没有直接下行确认M头。又经过数个交易日的高位盘整，2010年11月12日，大盘出现一根大阴线，跌破高位整理区，从此进入跌势之中。

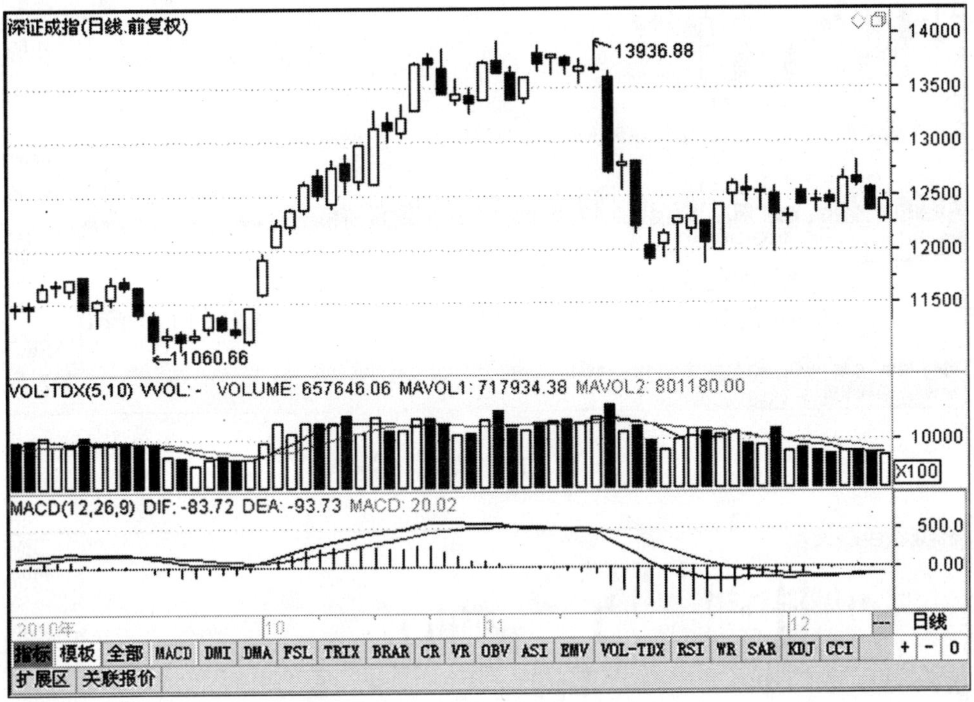

图2-22　深证成指　399001

对比大盘和个股的走势，可以明显看出个股的强势。在大盘走低的同时，如果投资者可以把握住强势的个股，无疑是一笔非常成功的交易。要想把握住这支强势股，就不能在此前的虚假见顶十字线出现时乱了手脚，否则就会被彻底清洗出场。

如图2-23所示，2010年2月23日，经过一段时间的下跌之后，古井贡酒出现一根十字线。由于这根十字线具有很长的下影线，而且恰好出现在前低29.58元附近，股价就此见底的可能性很大。当然，与此同时的深证成指还处于筑底行情中，尚未真正筑底完成（见图2-24）。在这种情况

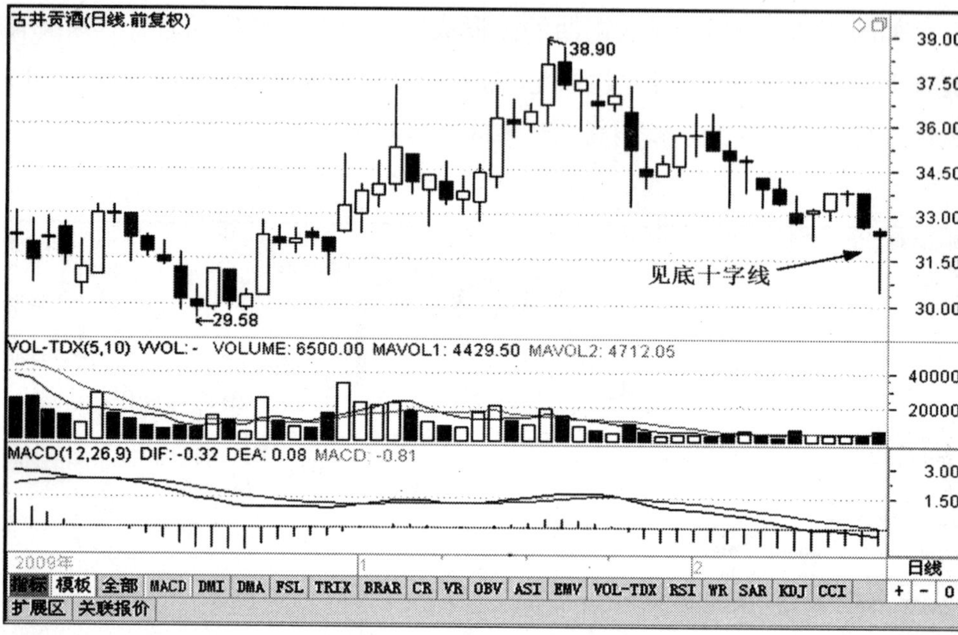

图 2－23　古井贡酒　000596

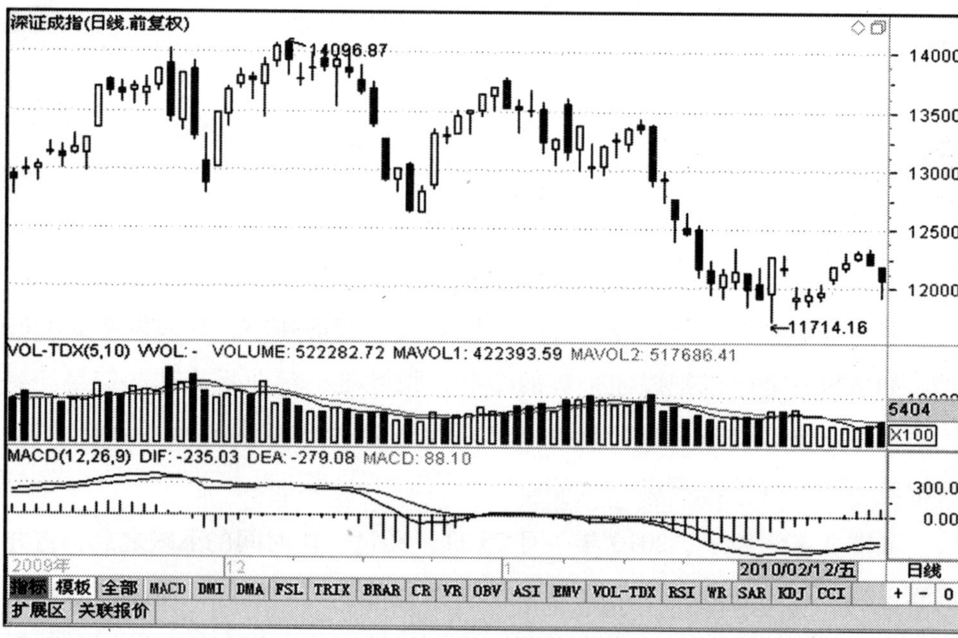

图 2－24　深证成指　399001

下，投资者可以根据自己的风险偏好决定实际操作。如果投资者风险承受能力强，见底十字线出现时就可以适度入场了；如果投资者风险承受能力弱，不妨多等几个交易日，等待更安全的入场点出现。

如图 2-25 所示，见底十字线出现之后，古井贡酒成功止跌企稳。随后，经过多个交易日的底部震荡，该股形成了 W 底形态。2010 年 3 月 8 日，该股出现一根大阳线，向上突破了 W 底颈线，筑底结构正式完成。对于保守型的投资者而言，这就是比较安全的入场点了。

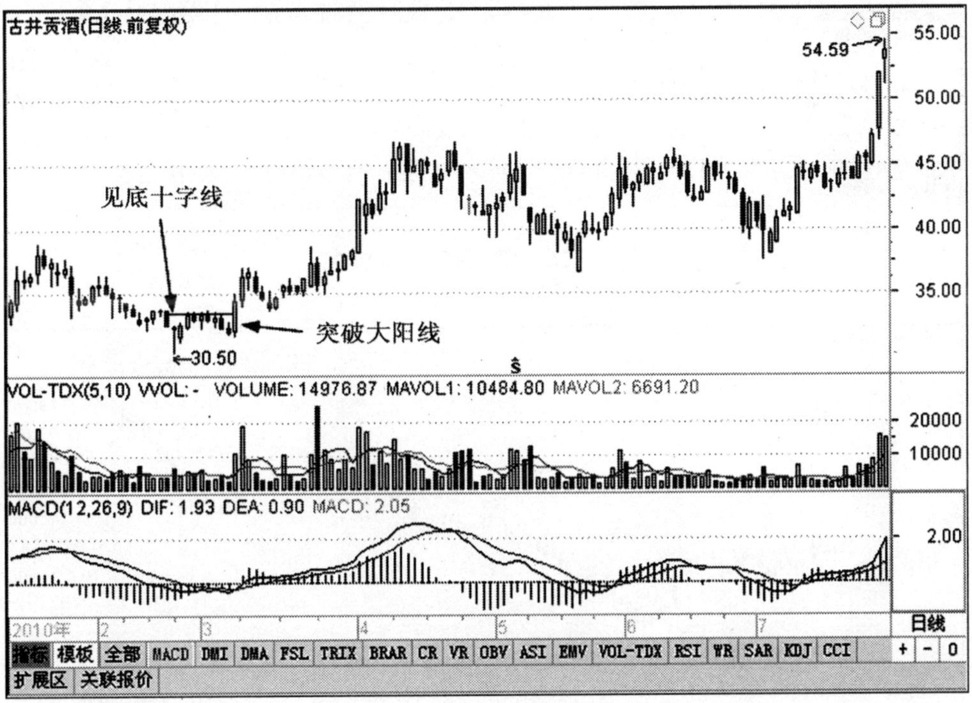

图 2-25　古井贡酒　000596

如图 2-26 所示，2010 年 10 月 27 日，ST 四环出现一根十字线。这根十字线出现在一波涨势之后，其上影线明显长于下影线，而且伴随着明显的成交量放大。由此可以推断，股价就此见顶的可能性较高。不过，与此同时的深证成指走势依然良好（见图 2-27）。在大盘走势稳定的背景下，

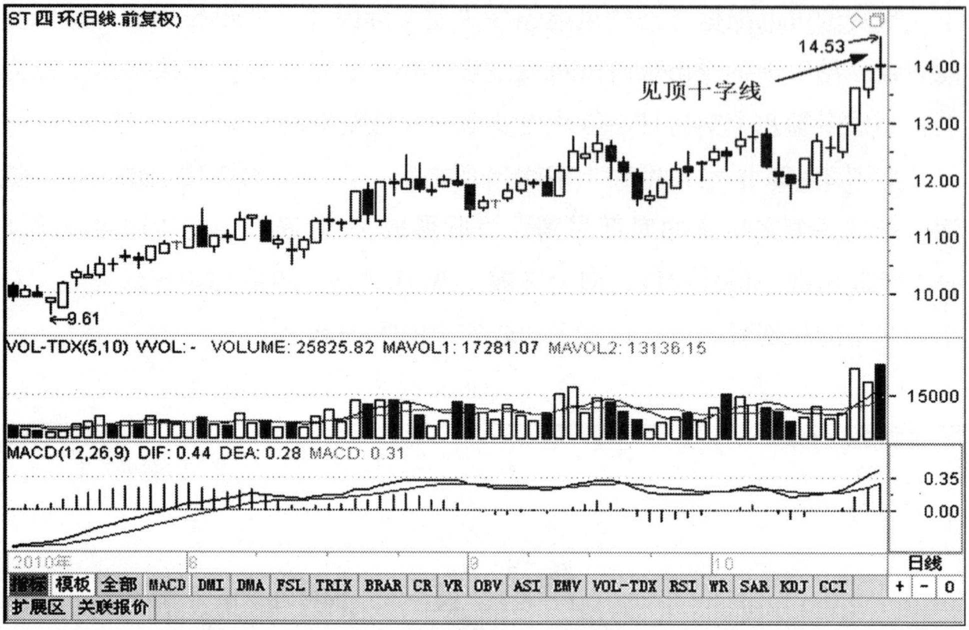

图 2-26 ST 四环 000605

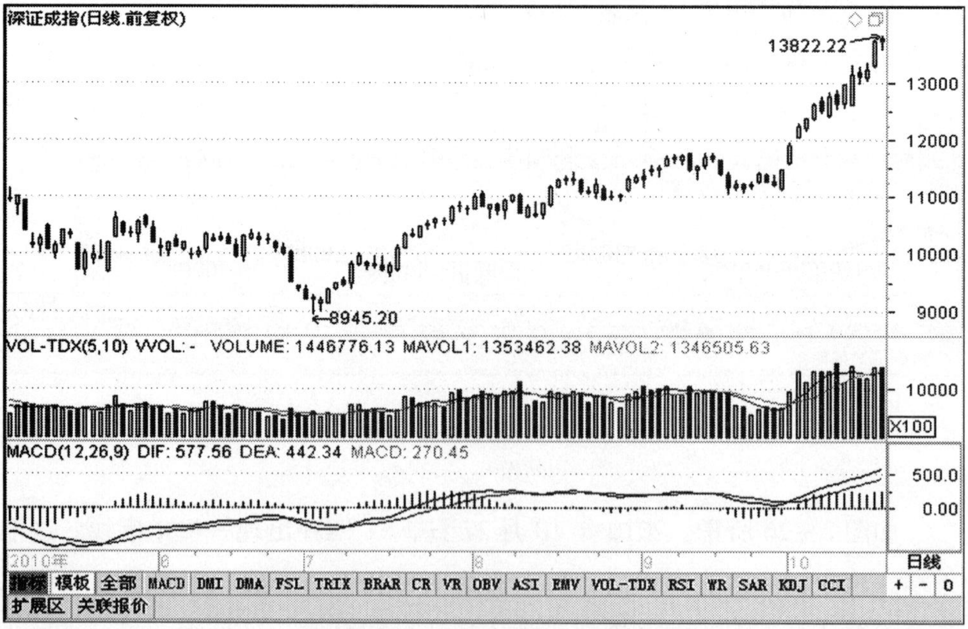

图 2-27 深证成指 399001

个股如果提前筑顶，其行情走势也往往会相对平稳。因此，投资者也可以等待行情进一步明朗之后再决定去留。

如图2-28所示，2010年10月28日，见顶十字线出现后的下一个交易日，ST四环出现一根长下影线的十字线，主要活动于见顶十字线的收盘价下方，显示多头只有抵抗之力。2010年10月29日，该股出现一根阴线，继续创出新低，多头在节节败退，可以确认股价就此见顶了。

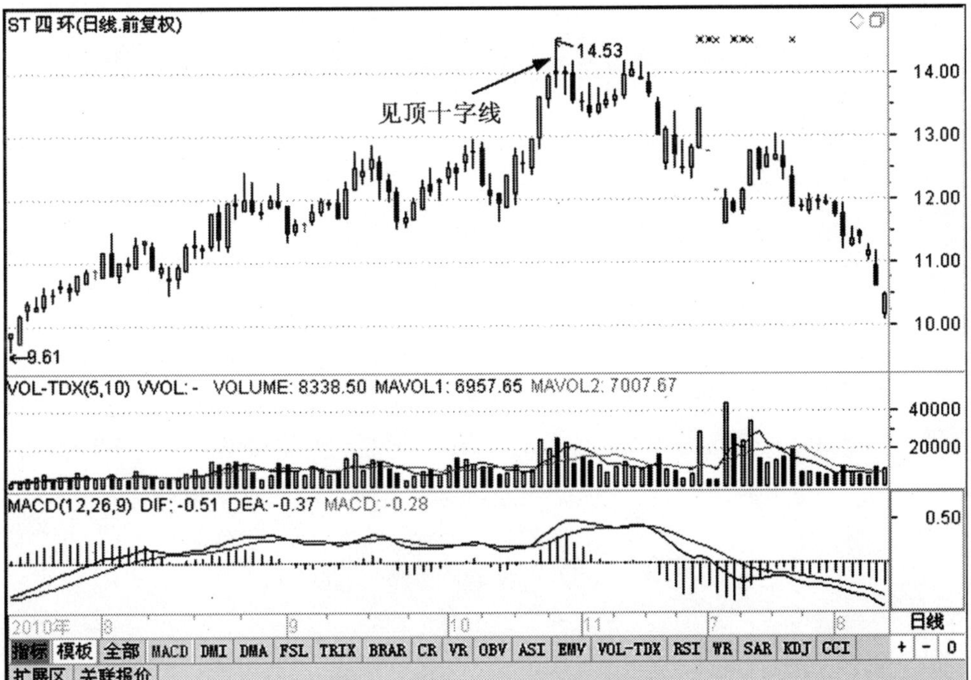

图2-28　ST四环　000605

第3章

看涨 K 线组合

一、红三兵

1. 招式图解

红三兵，是指在一波整理行情的末期或者说一波涨势的初期，出现三根连续创出新高的中小阳线，意味着做多力量刚刚积聚，随着做多力量的进一步释放，将会进入真正的涨势中，见图3－1。

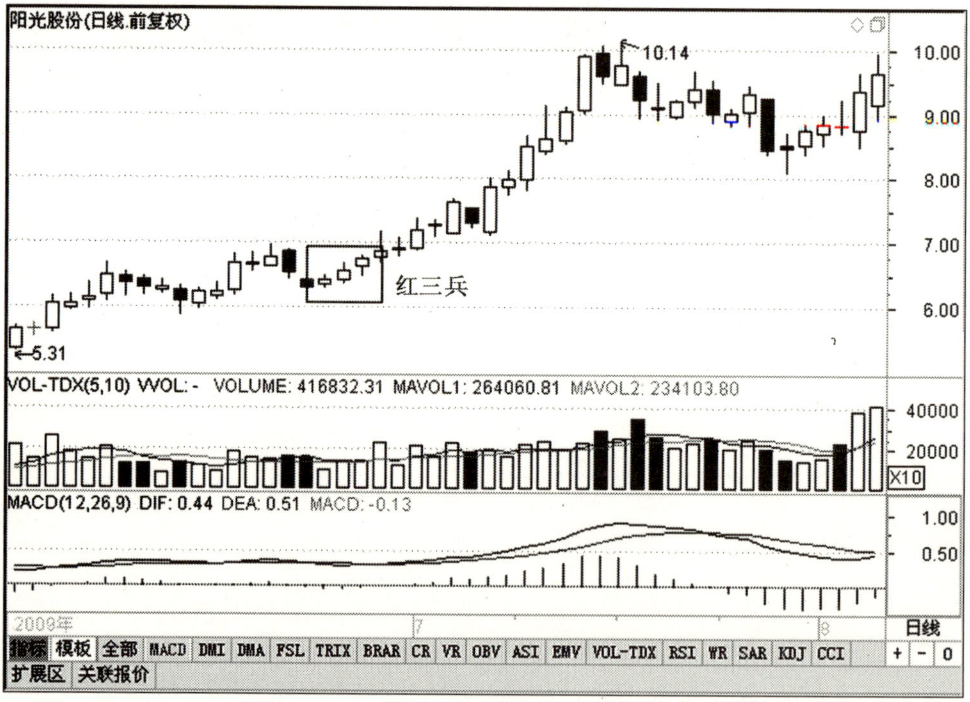

图3－1　阳光股份　000608

如果三根阳线均收盘于最高价附近，且日内涨幅逐渐增大，则其看涨效果更加强烈，为便于区分，常将其称为三个白武士，见图3－2。

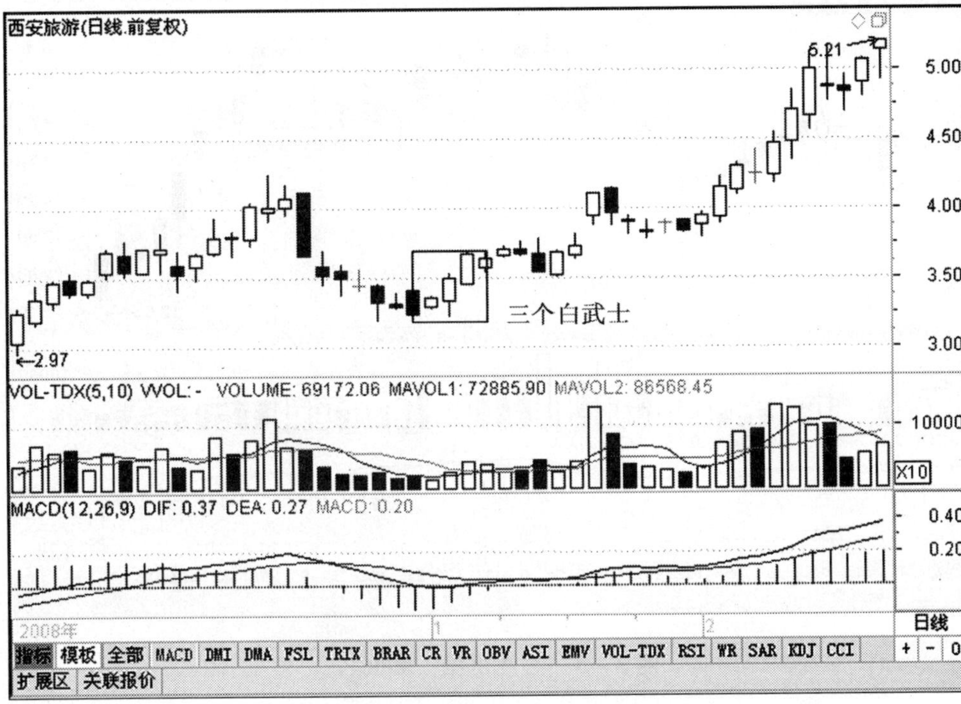

图3-2　西安旅游　000610

如果三根阳线的涨幅逐渐缩小，意味着股价上行的动能趋弱，一波涨势可能接近尾声，这常被称为升势停顿，见图3-3。

如果在三根阳线的涨幅缩小的同时，最后一根阳线的上影线特别长，则意味着空头已经开始行动，股价就此见顶的可能性很高，这常被称为升势受阻，见图3-4。

2. 操作要点

红三兵和三个白武士属于看涨信号，可以据此入场做多。

建仓时机：对于红三兵而言，可以在其确认当日进行建仓，也可以等待次日根据分时走势介入；对于三个白武士而言，由于其整体涨幅已经较大，如果介入不慎就会追高，因此投资者应该结合自己的风险偏好和实际走势决定操作方式。

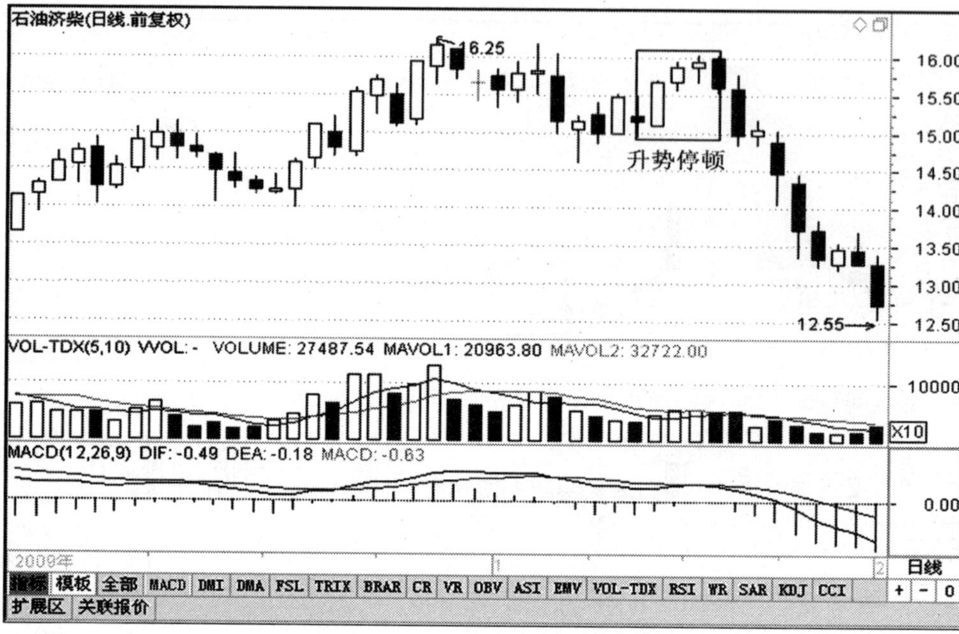

图3－3 石油济柴 000617

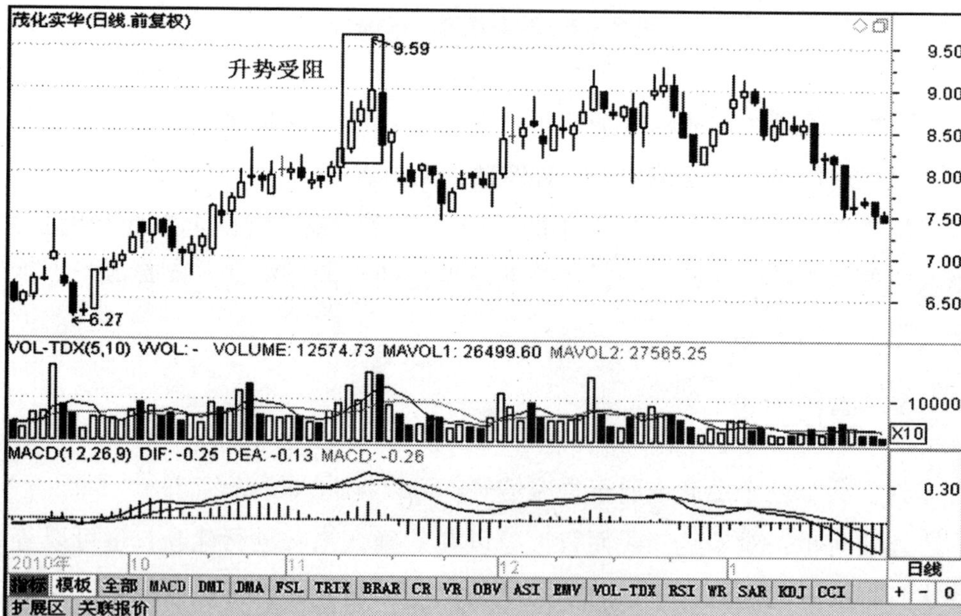

图3－4 茂化实华 000637

止损点：如果根据红三兵建仓后股价不涨反跌，当股价跌破红三兵组合的最低点时，确认交易失败，投资者应该止损离场。至于三个白武士，由于建仓介入的点位并不确定，止损位的设置应该随机应变。

升势停顿和升势受阻属于看空警示信号，其目的仅仅是提醒投资者注意。至于是否离场，通常需要借助其他技术分析手法来判断，或者等待行情进一步明朗之后再决定。

如图3－5所示，2008年11月7日，仁和药业出现一根中阳线，与此前的两根阳线构成红三兵组合，后市看涨。投资者根据这个组合入场做多，短线、中线均有不错的获利空间。

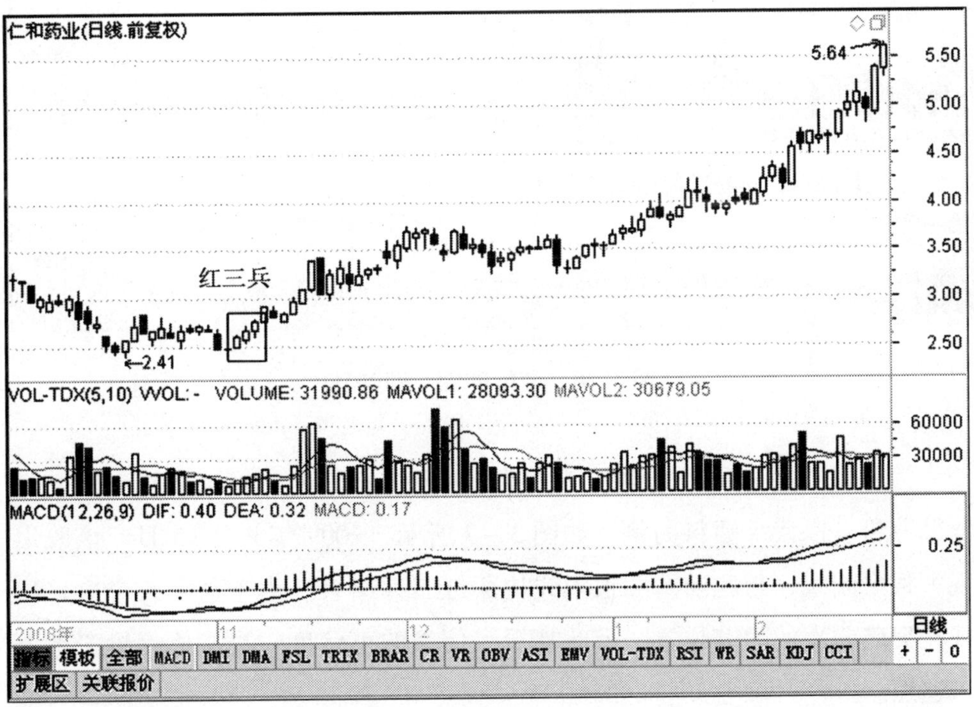

图3－5 仁和药业 000650

如图3－6所示，2009年12月2日，金岭矿业出现一个红三兵组合，后市看涨。然而，这个红三兵出现之后股价仅是顺势冲高，随后就转入下跌行情中。当股价跌破红三兵组合的最低点时，如果投资者还没有离场，此时必须止损撤退了。

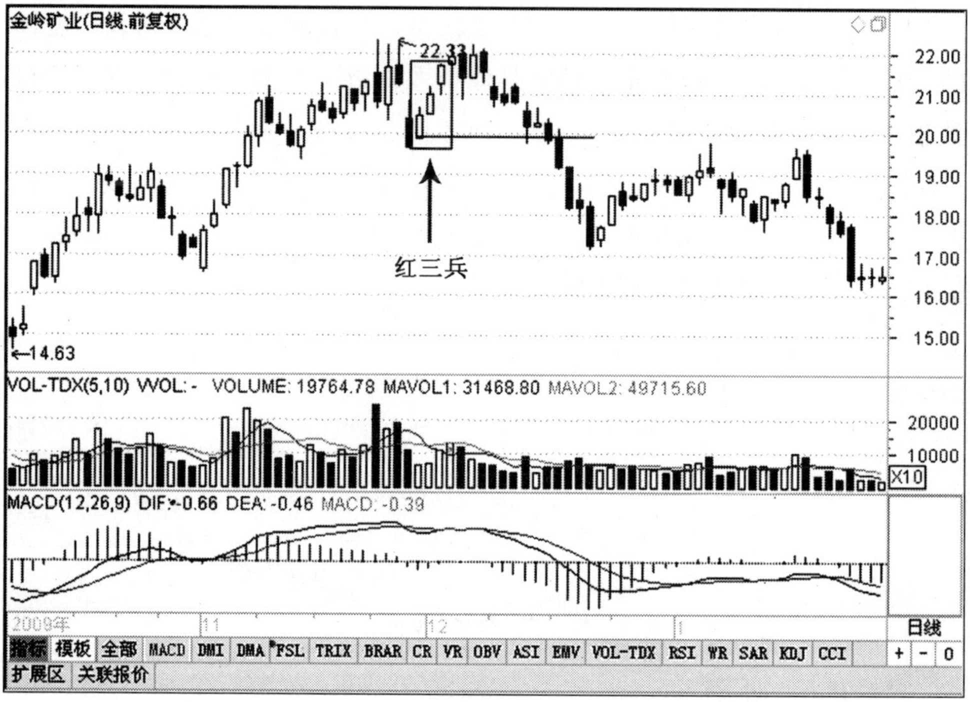

图3－6 金岭矿业 000655

为了提高红三兵的成功率，投资者需要结合其他的技术分析手段进行辅助分析。以武汉塑料为例，如图3－7所示，2009年9月15日，该股出现一根中阳线，与此前的两根阳线构成红三兵组合。由于这个组合恰好出现在突破前高的关键位置，因此其看涨信号的可信度较高，值得投资者介入追涨。

如图3－8所示，2009年1月23日，经纬纺机出现一根近似十字线的小阳线，与此前的两根阳线构成升势停顿组合，提醒投资者股价有可能需要调整。然而，次日该股跳空高开，并快速在前一交易日的高点之上企稳，预示股价仍有上行空间，升势停顿组合的看空信号失效，投资者不需要离场。

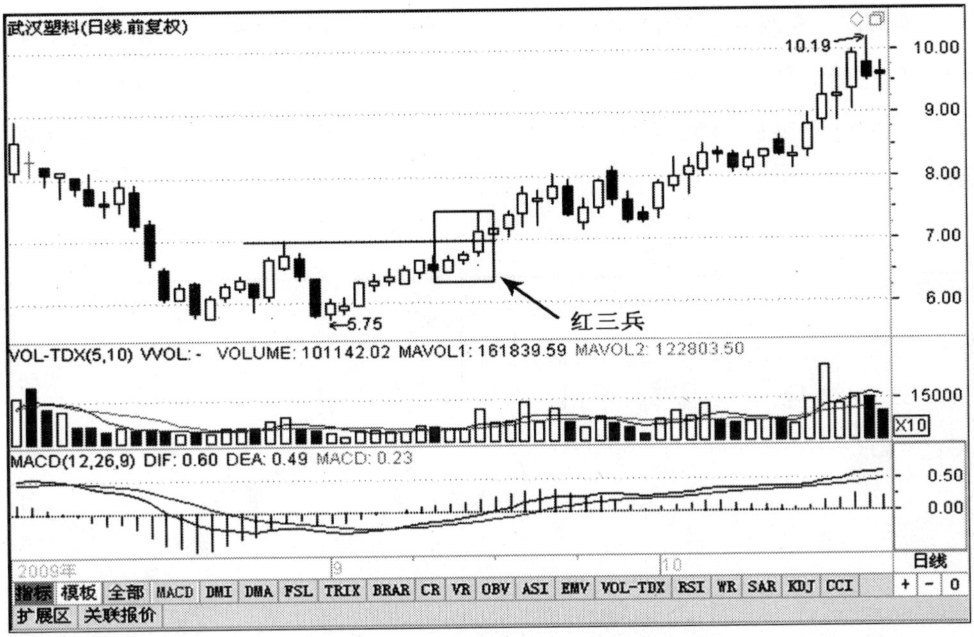

图3－7 武汉塑料 000665

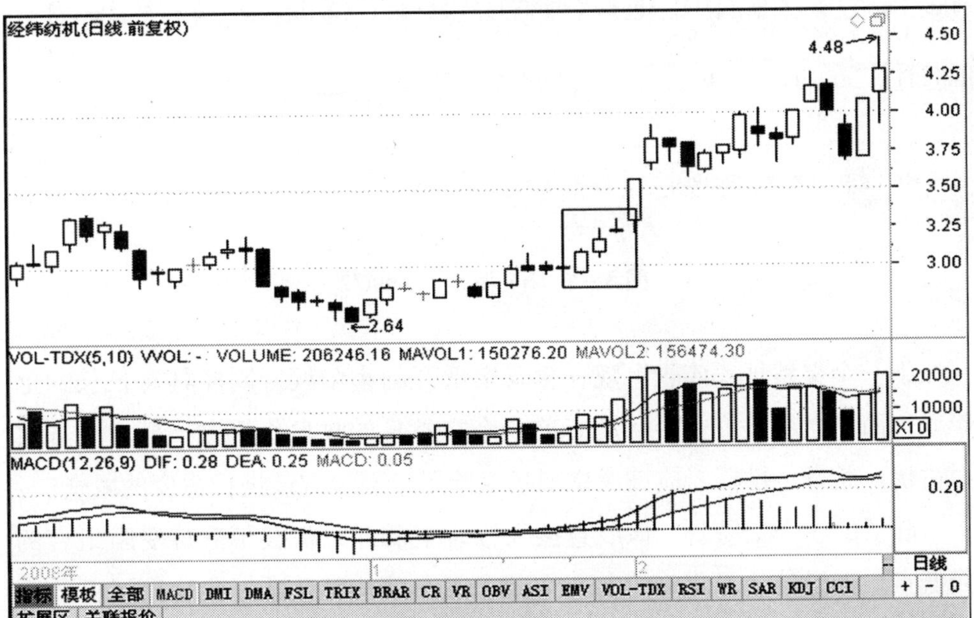

图3－8 经纬纺机 000666

如图3－9所示，2011年4月20日，ST海龙出现一根长上影线的小阳线，与此前的两根阳线构成升势受阻组合。尽管该组合属于看空信号，不过其恰好处于突破前高压力的关键位置上，投资者可以多等几个交易日观察一下。

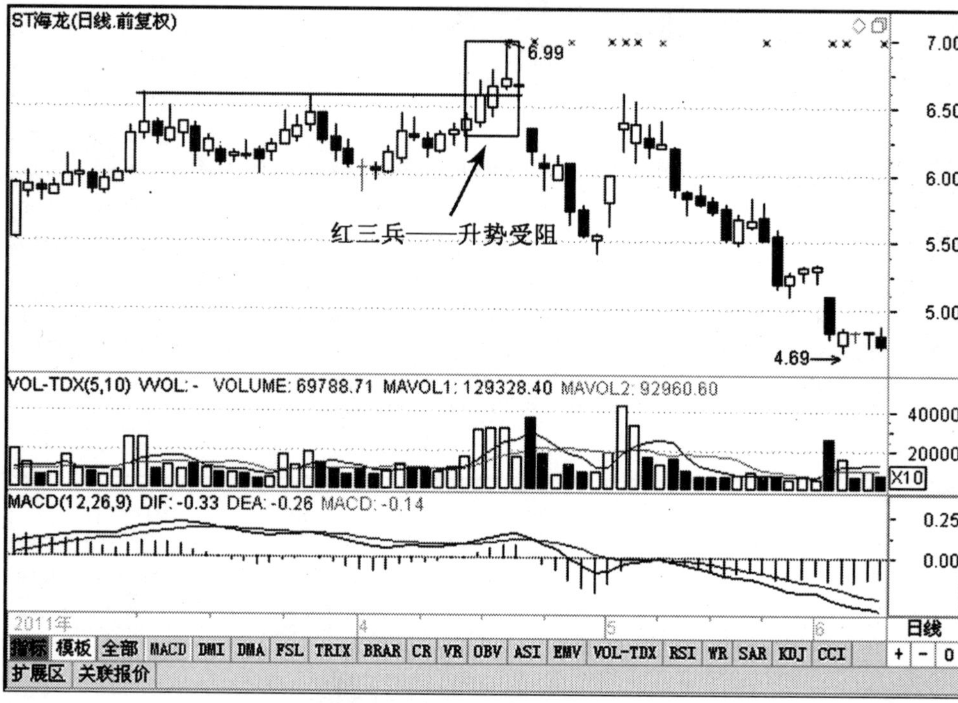

图3－9　ST海龙　000677

下一个交易日，该股出现一根跳空低开的小阳线，同样具有长长的上影线，而且当日股价主要活动于前一个交易日的收盘价下方，显示空方实力占优。此时，投资者应该考虑离场避险了，至少应该进行适度的减仓。

随后的一个交易日，该股直接大幅跳空低开，跌破了升势受阻组合的最低点。不仅显示了此前的向上突破为假突破，而且进一步确认了升势受阻的看空信号，还没有出场的投资者应该抓紧撤退了。

3. 实战解析

如图3－10所示，2010年7月21日，襄阳轴承出现一个红三兵组合，伴随着连续三个交易日的逐渐放量。再观察该组合所处的位置，其处于一波明显的下跌行情中，下方是前低支撑位，上方是前高压力位，暂时处于筑底整理行情中。仅从个股的角度看，未来的走势尚不明朗，那么投资者应该再多等一个交易日。

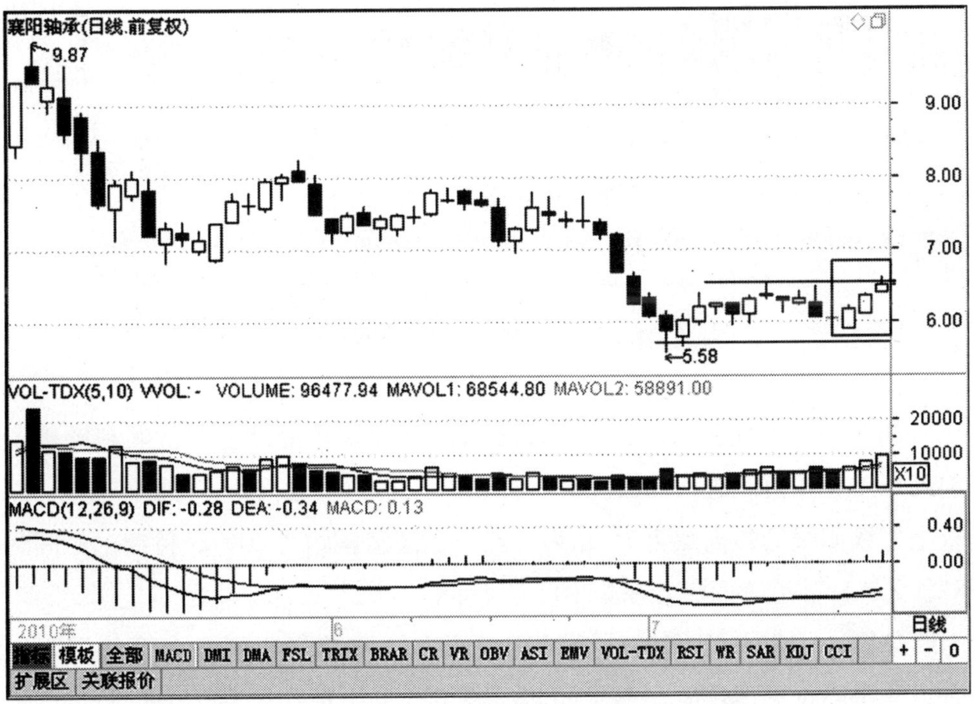

图3－10　襄阳轴承　000678

翻看与此同时的深证成指，可以发现大盘已经完成了筑底行情，后市至少可以期待一波反弹行情（见图3－11）。在大盘走强的背景下，个股买入信号的可信度明显提升。因此，综合上述分析，投资者可以在红三兵组合确认时入场做多。

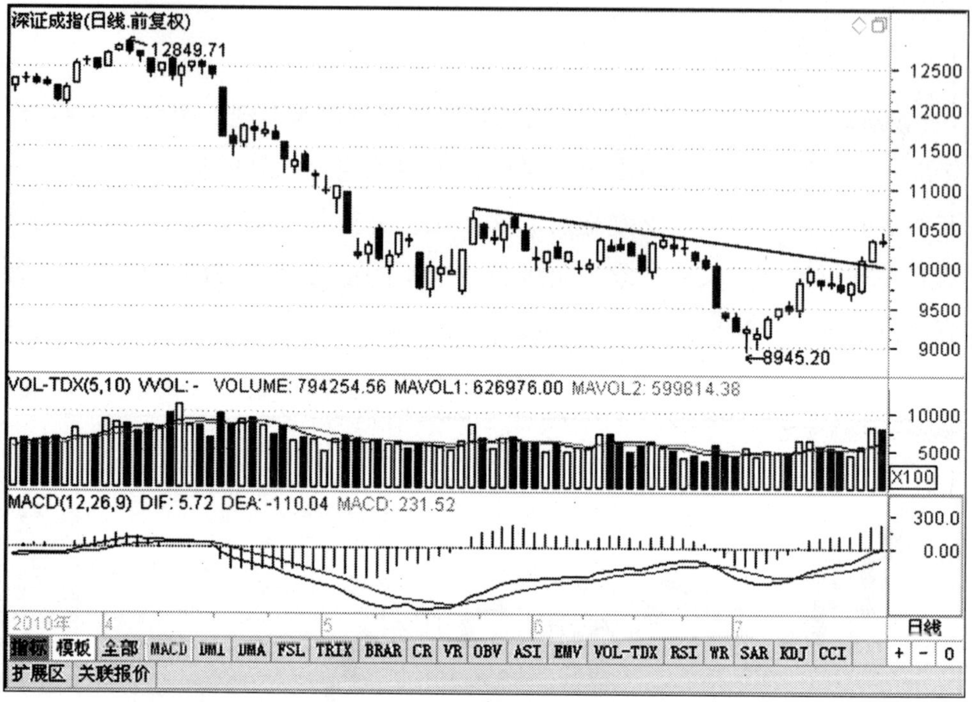

图 3－11　深证成指　399001

如图 3－12 所示，红三兵出现之后，襄阳轴承继续上攻，顺利突破了前高压力，并由此进入一波涨势中。以红三兵的收盘价 6.50 元为起点，以长上影线阳线的最高点 7.75 元为终点，这波涨幅约为 20%，持续的时间为 8 个交易日，足够投资者在其中活动了。

如图 3－13 所示，2008 年 12 月 9 日，大冶特钢出现一个升势受阻组合，显示股价见顶迹象。不仅如此，该组合还出现在前高压力位附近，进一步加大了股价见顶的可能性。再看与此同时的深证成指，在完成重要的筑底行情之后，同样在前期重要压力位附近出现见顶迹象（见图 3－14）。由此综合推断，个股短线就此见顶的可能性较高，但中长线依然有上行空间。

如图 3－15 所示，升势受阻出现之后，大冶特钢进入了一波短线下跌行情中。不过，这波跌势并不凶猛，在前期重要低点附近顺利止跌。随后，

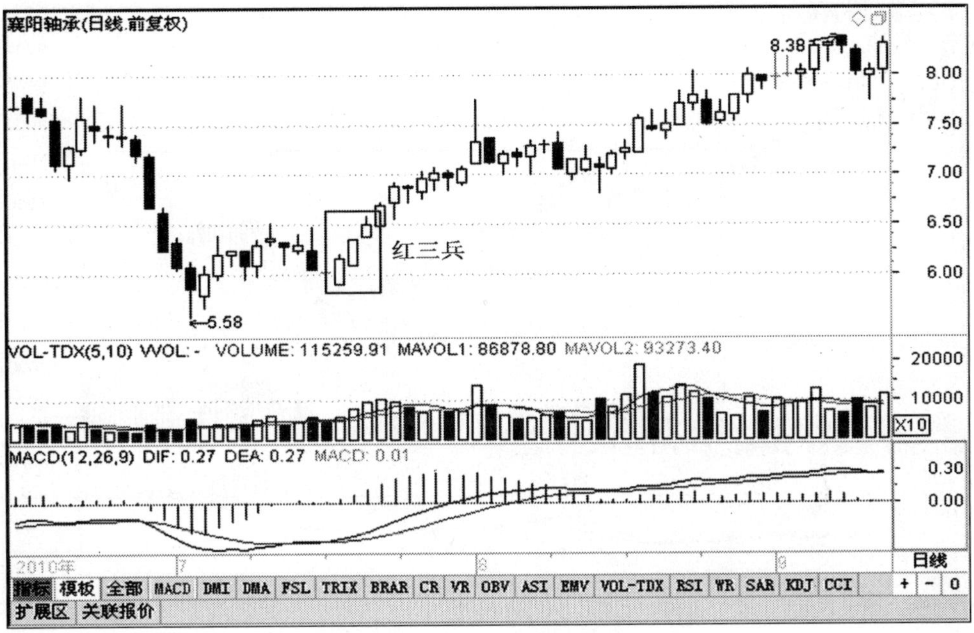

图3－12　襄阳轴承　000678

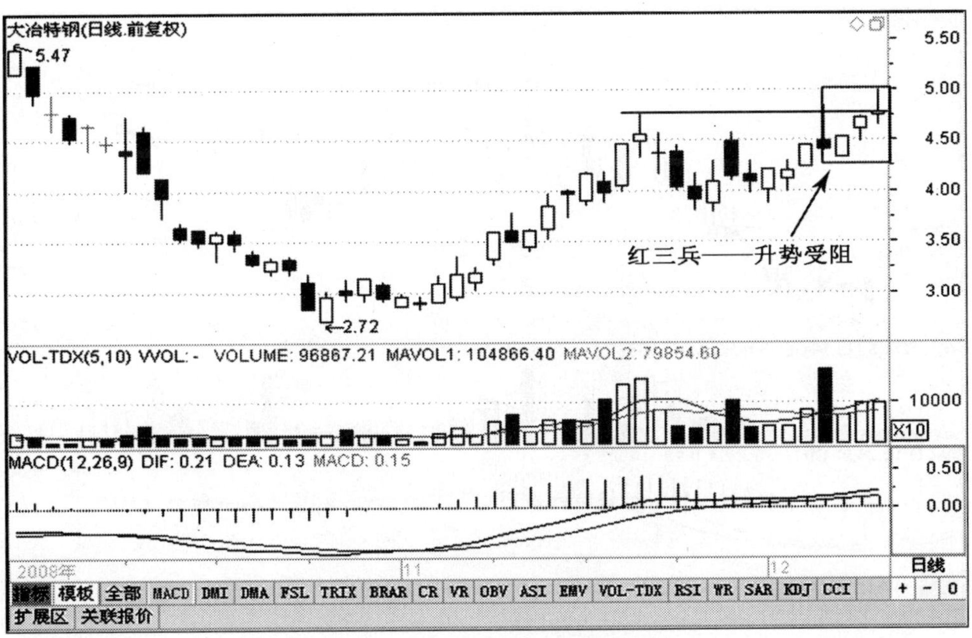

图3－13　大冶特钢　000708

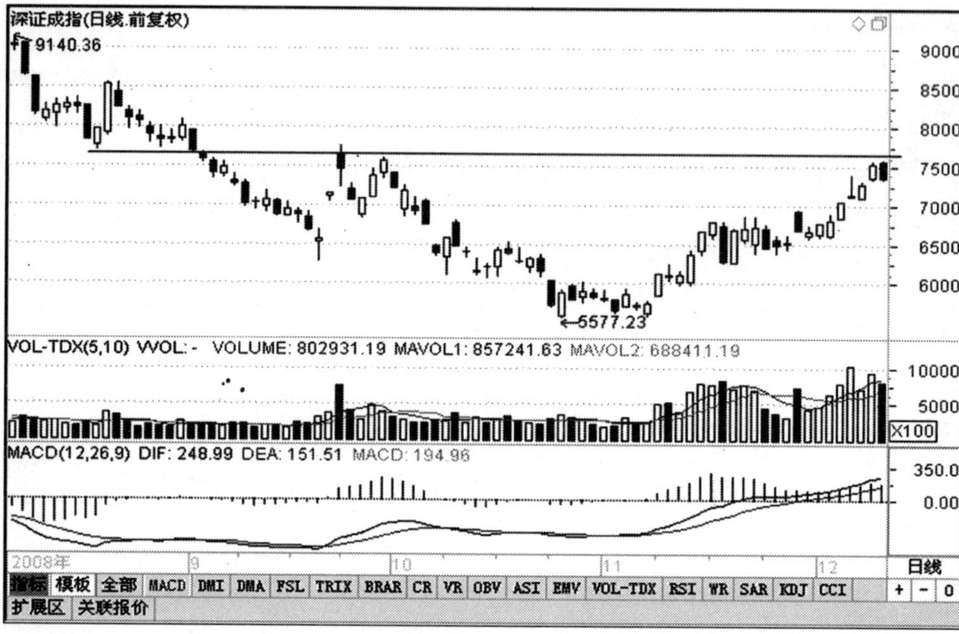

图3－14　深证成指　399001

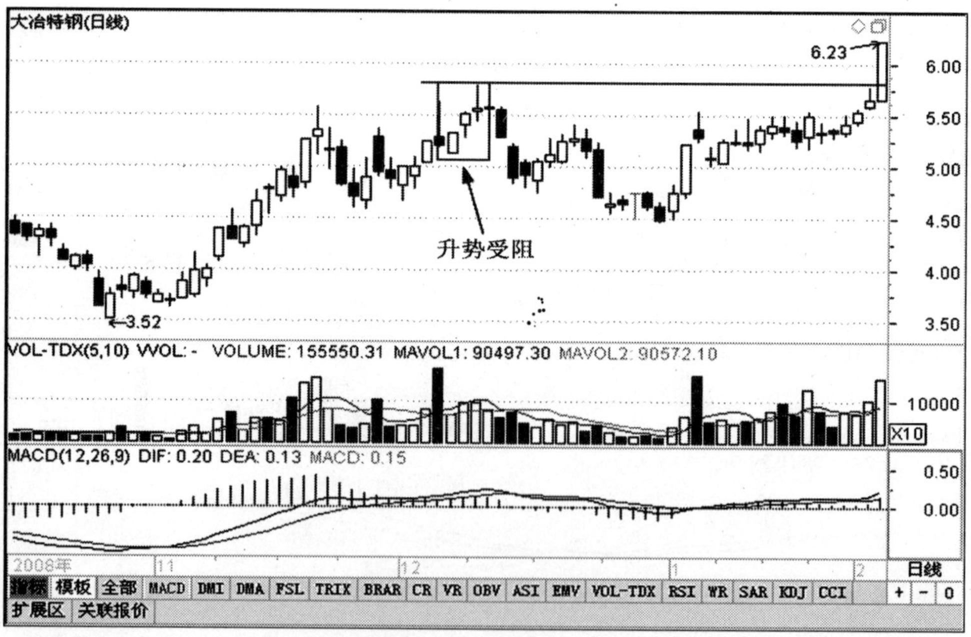

图3－15　大冶特钢　000708

该股恢复涨势，逐渐回升至升势受阻的最高点附近。2009 年 2 月 4 日，该股出现一根涨停大阳线，顺利突破了升势受阻最高点的压力，新的一波涨势开始。

如图 3－16 所示，突破升势受阻的最高点压力之后，该股进入一波加速拉升行情中。从突破位开始计算，在九个交易日的时间内，该股的最大涨幅就超过 30%。由此可以看出，在底部附近出现的升势受阻组合，通常只会导致股价进入整理振荡行情中。一旦整理行情结束，股价会突破升势受阻组合的压力，继续上行。

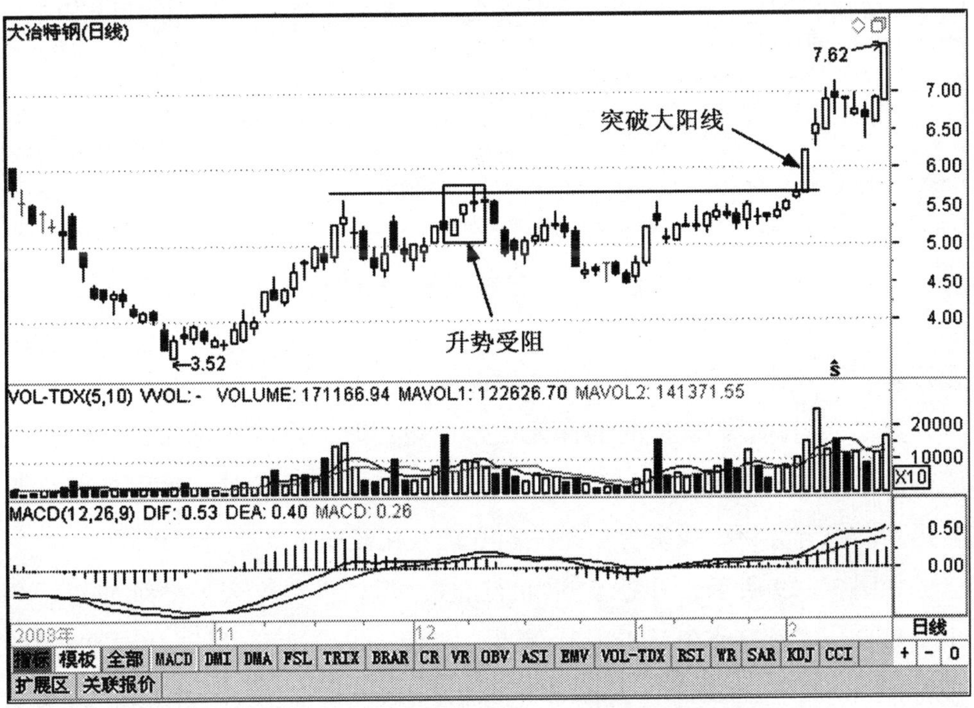

图 3－16 大冶特钢 000708

如图 3－17 所示，2009 年 9 月 17 日，经过一波明显的上涨之后，天兴仪表出现一个升势停顿组合，伴随着成交量的逐渐萎缩，显示见顶迹象。当然，这个组合出现在突破前高压力之后，其看空意味有所减弱。为此，

图3－17　天兴仪表　000710

投资者应该等待行情进一步明朗之后再行动。

然而，当翻看与此同时的深证成指走势图时，可以发现大盘已经呈现明确的见顶迹象（见图3－18）。在此背景下，个股见顶信号的可信度将明显提高。综合分析，投资者还是先离开该股比较安全。

如图3－19所示，升势停顿组合出现之后，天兴仪表又继续冲高了两个交易日，不过最终仍是以下跌报收。随后，该股进入了长时间的振荡整理行情中。直至2010年1月6日，该股才出现了一根涨停大阳线，结束了此前的横盘整理，进入到一波涨势中。

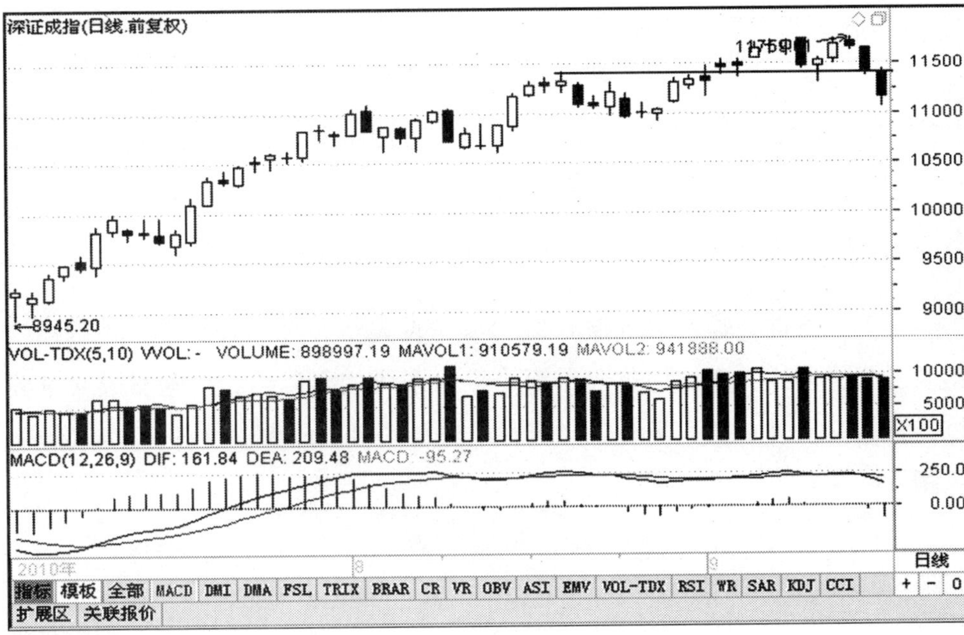

图3－18　深证成指　399001

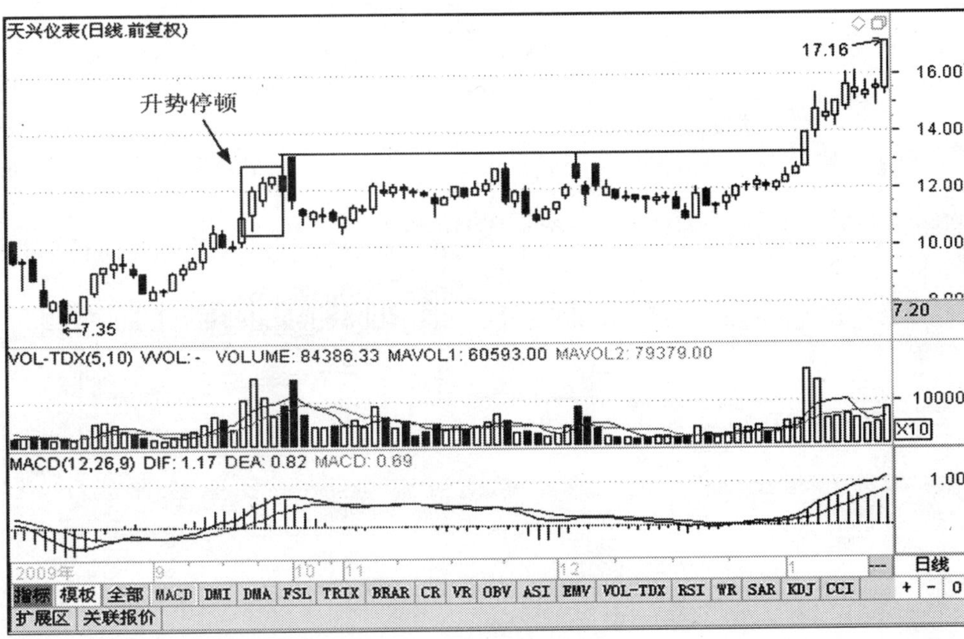

图3－19　天兴仪表　000710

二、上升三部曲

1. 招式图解

上升三部曲，通常由五根K线构成，首先是一根急升长阳，随后连续出现三根小阴线，实体均包含在第一根大阳线的实体内，伴随着成交量萎缩，最后又出现一根大阳线，伴随着成交量的再次放大，收盘价创出新高，见图3－20。

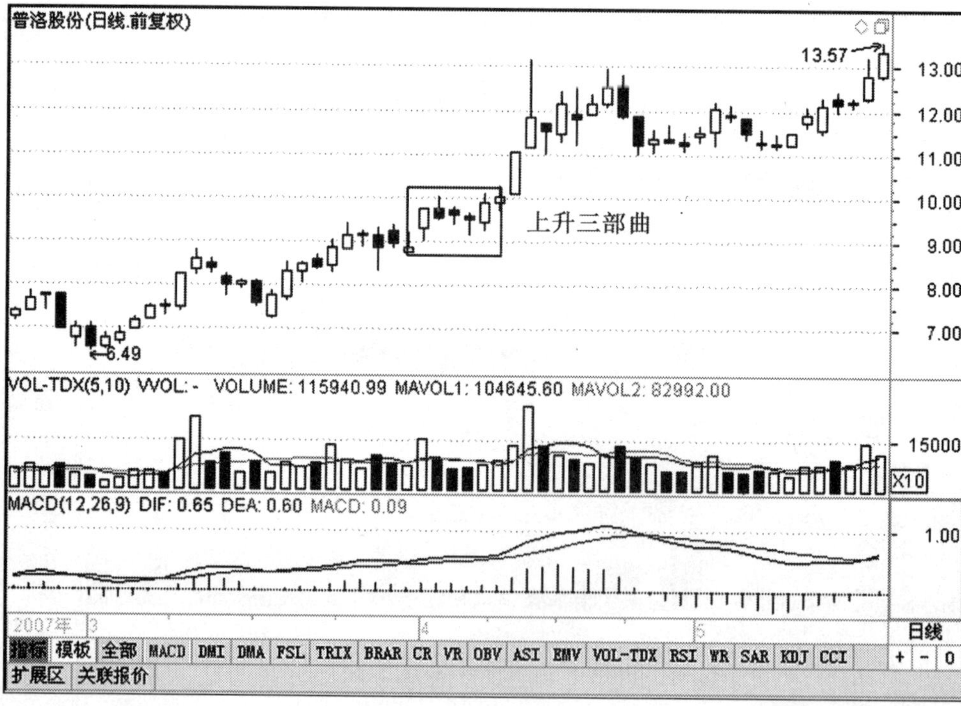

图3－20　普洛股份　000739

2. 操作要点

上升三部曲属于持续看涨信号，是典型的振荡洗盘手法，通常预示着后市仍有上行空间。面对上升三部曲组合，投资者可以考虑跟随入场做多。

建仓点：确认上升三部曲的当日。

止损点：如果建仓后股价不涨反跌，当股价跌破上升三部曲最后一根阳线的最低点时，确认交易失败，投资者应该止损离场。

如图3－21所示，2011年6月28日，在一波反弹行情中，中色股份出现一根阳线。随后，接连出现三根阴线，伴随着成交量的逐渐萎缩。最后，该股又出现一根阳线，创出收盘价新高，伴随着成交量略微放大。至此，上升三部曲确认，投资者可以在最后一根大阳线收盘前择机介入。由于此时该股处于反弹行情中，上升三部曲出现后的涨幅有限。不过，以上升三

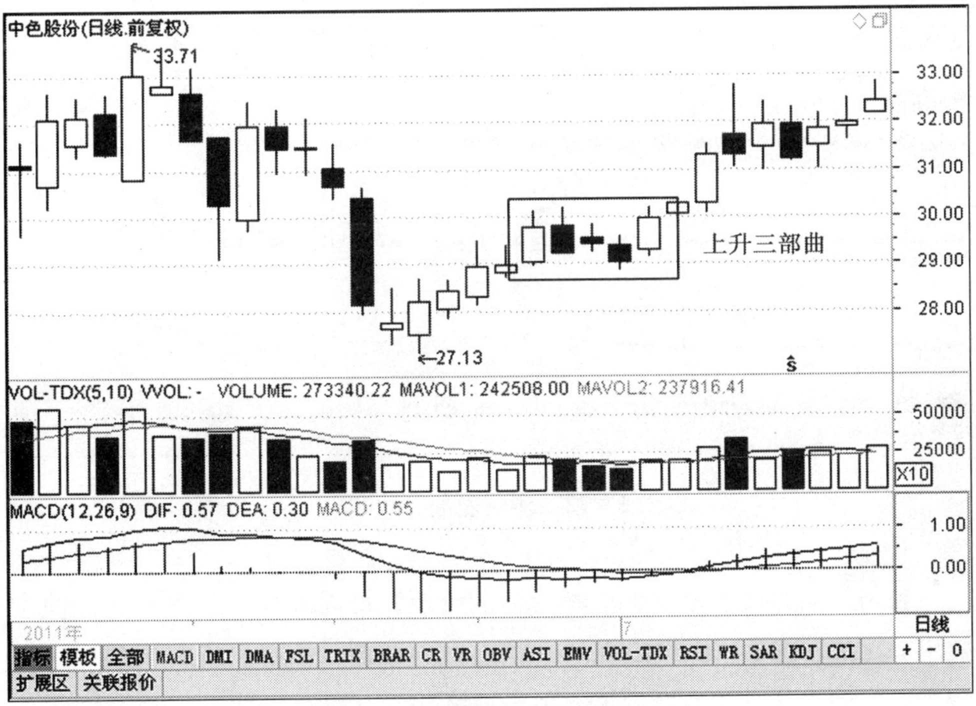

图3－21　中色股份　000758

部曲确认时的收盘价计算，介入后的最大涨幅接近10%，足够短线客抢反弹了。

如果在两根阳线之间的回调K线多于3根，只要回调的幅度有限，也可以将其看作上升三部曲对待。比如，2010年2月22日，漳州发展出现一根涨停阳线，结束了此前4个交易日的回调整理行情，见图3－22。由于这4根回调K线的振幅很小，完全包含于此前的一根涨停大阳线的实体范围内，因此可以将这6根K线看作上升三部曲组合。

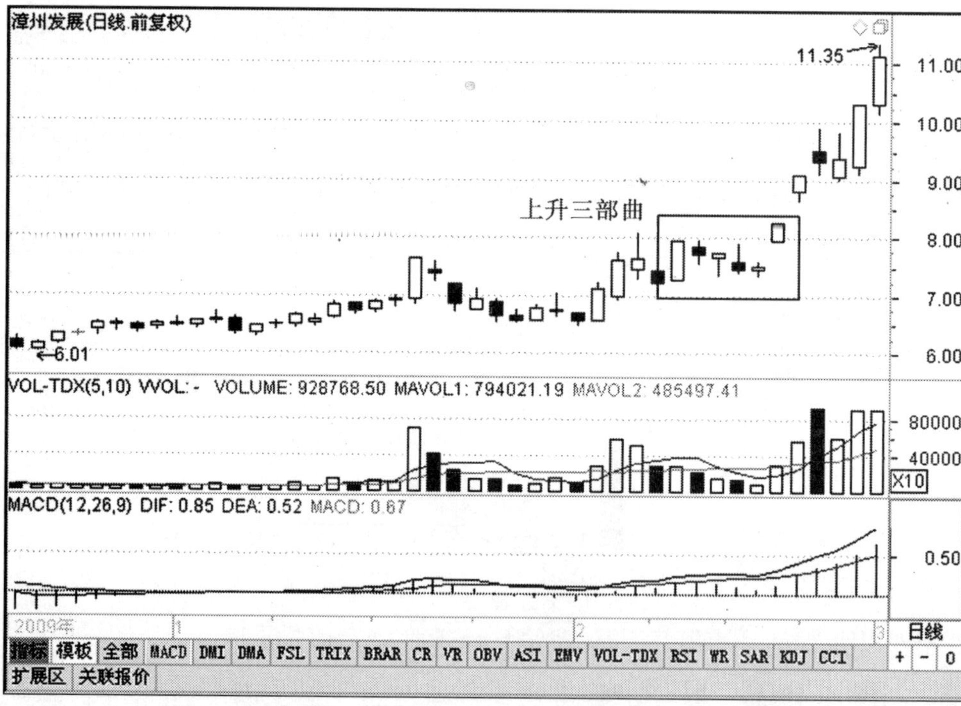

图3－22　漳州发展　000753

利用其他的技术分析手法进行辅助分析，可以提高上升三部曲的使用效率。比如，图3－23中出现的一个上升三部曲，恰好出现在突破一个小型头肩底形态颈线的关键位置，进一步提升了上升三部曲的看涨成功率。

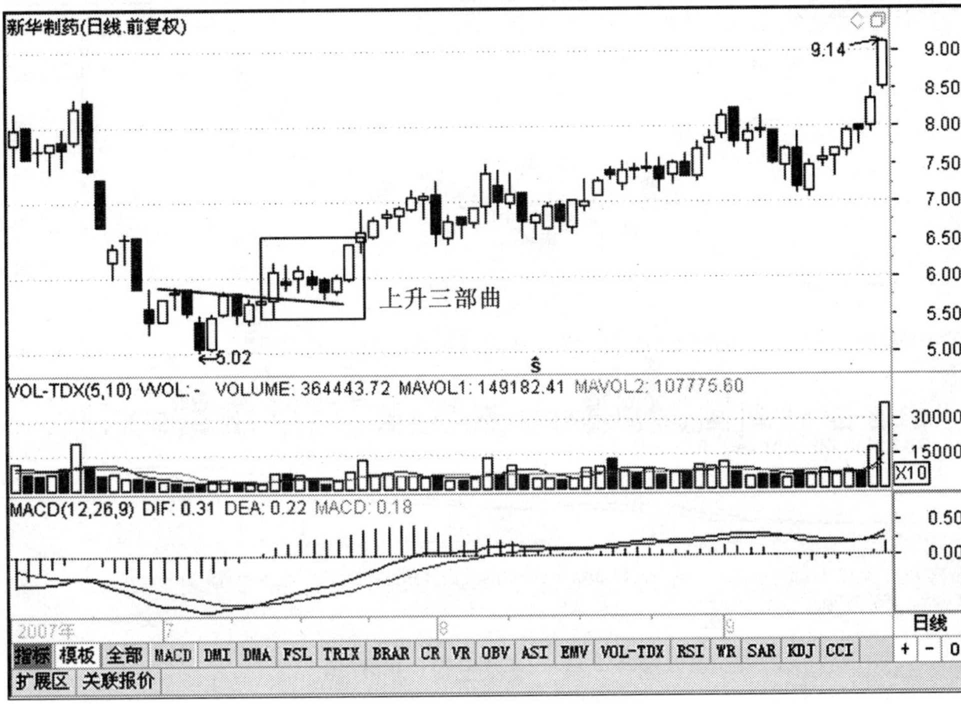

图 3－23　新华制药　000756

3. 实战解析

如图 3－24 所示，2009 年 5 月 25 日，在前期高点附近，博盈投资出现一根涨停大阳线。次日，该股创出新高点，却未能守住战果，最终以阴线报收。随后的 4 个交易日，该股在第一根涨停大阳线的收盘价附近振荡整理。2009 年 6 月 5 日，又一根涨停大阳线出现，创出收盘价新高，伴随着成交量适度放大。至此，上升三部曲确认，后市仍有上行空间，投资者可以考虑追涨介入。

至于与此同时的深证成指，处于高位振荡整理行情中，并不影响个股的上涨，见图 3－25。在大盘走势稳定的背景下，强势个股的入场信号值得信任。

如图 3－26 所示，上升三部曲出现之后，博盈投资又连续出现两个涨

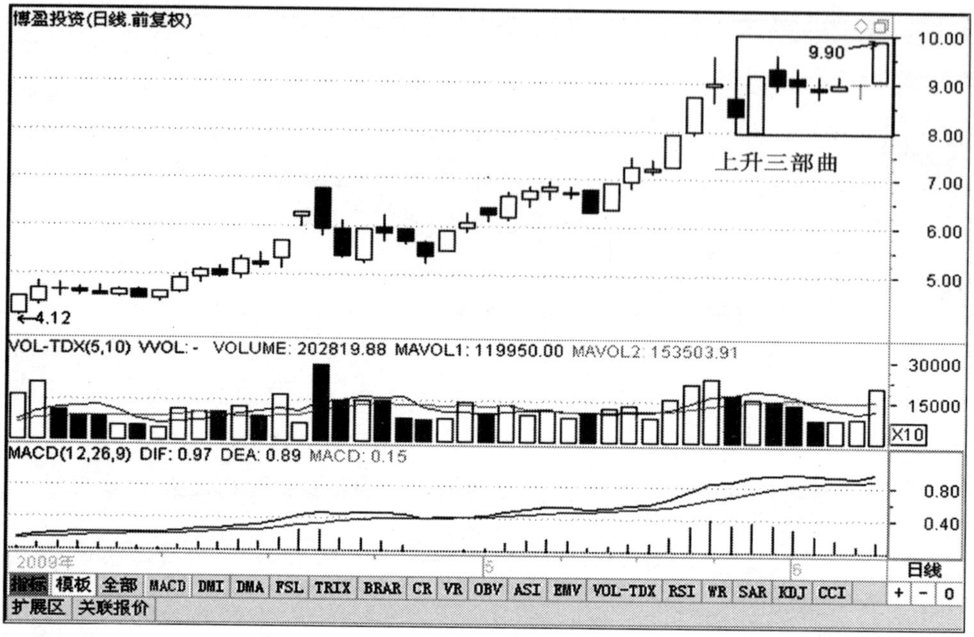

图3－24 博盈投资 000760

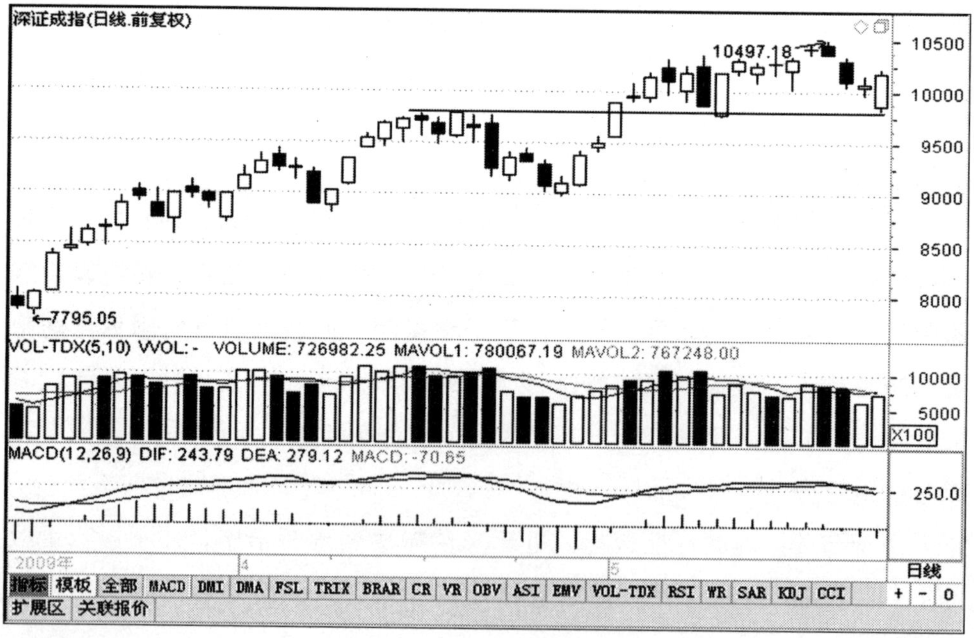

图3－25 深证成指 399001

停板。从上升三部曲的最高点开始计算，在3个交易日的时间内，该股的最大涨幅超过30%。不过，在创出13.18元的高点之后，仅过了两个交易日，股价就又回撤到了上升三部曲的范围内。如果投资者只知道追涨入场，却不知道及时离场，账面利润转瞬即逝。

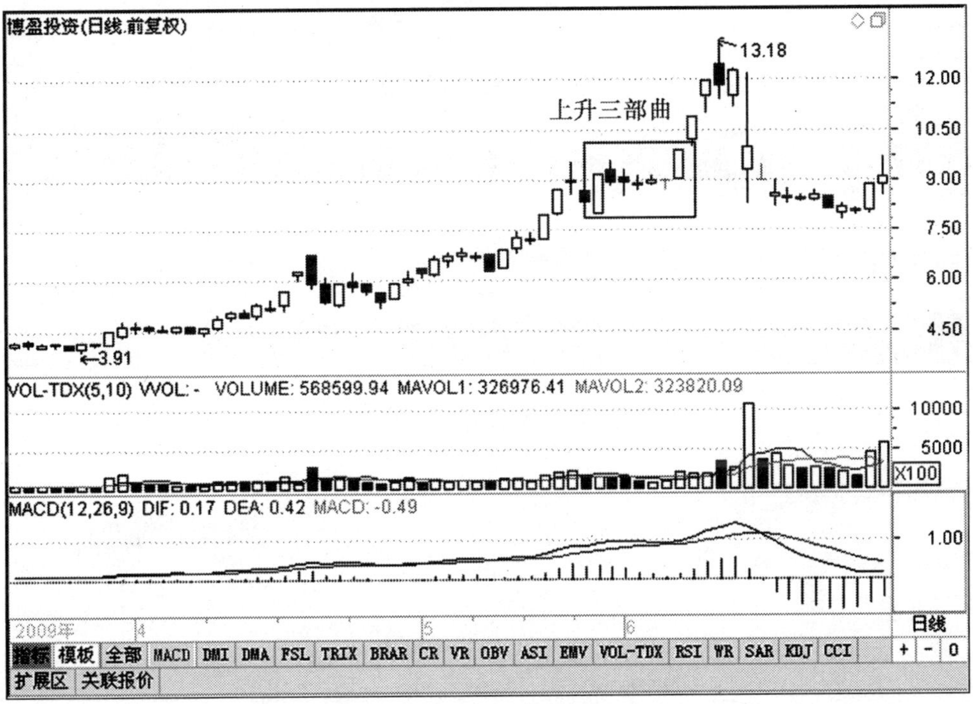

图3-26　博盈投资　000760

如图3-27所示，2010年11月10日，太原刚玉出现一个上升三部曲组合，后市看涨。不过，该组合出现在一波直线拉升行情之后，此前的涨幅已经接近100%了，这时候还可以追涨介入吗？对于涨幅明显的强势股，投资者往往想追又不敢追，结果只能坐在旁边看着股价一飞冲天。其实，只要投资者进退有度，就没必要恐高。

具体到该股，既然盘面上已经出现了标准的上升三部曲，而且大盘走势相对稳定（见图3-28），投资者就可以择机建仓。要是追错了怎么办？

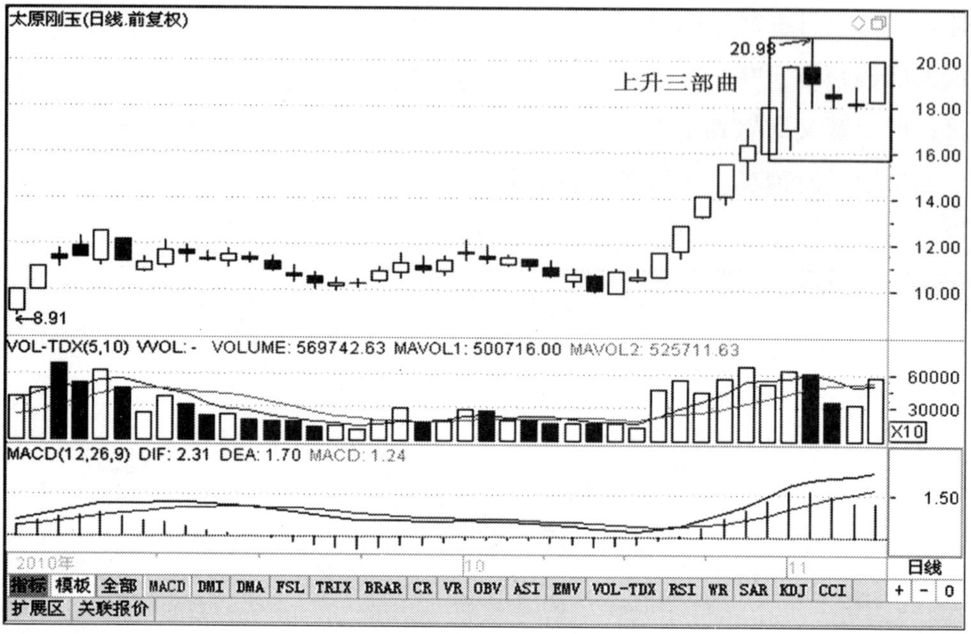

图 3－27　太原刚玉　000795

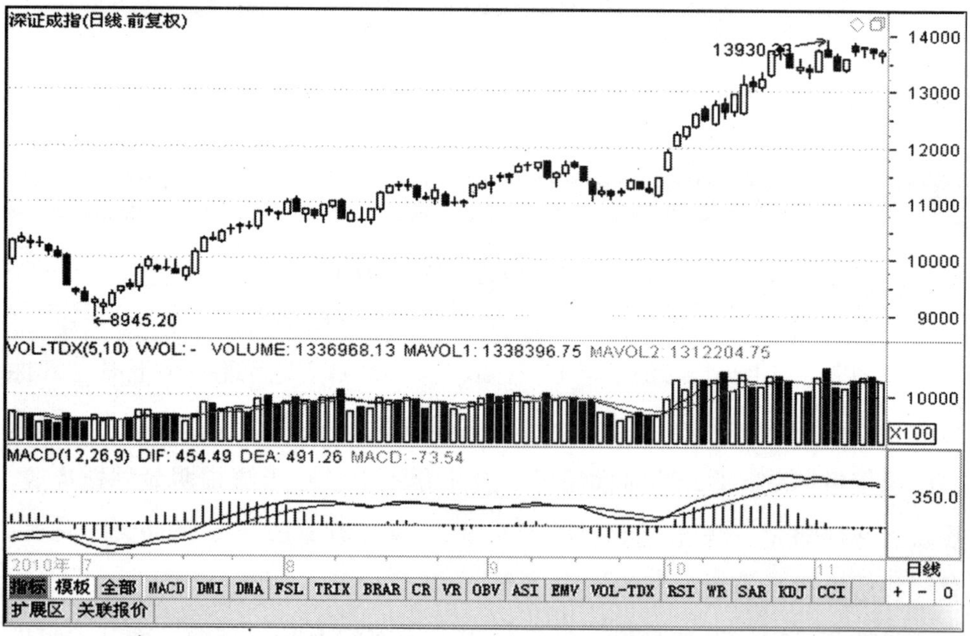

图 3－28　深证成指　399001

及时止损。

根据正确的交易规则行事，而不是跟着自己的情绪行动，这才是成功交易所应该秉持的态度。

如图3－29所示，上升三部曲出现之后，太原刚玉又继续冲高了4个交易日才真正见顶，其涨幅也超过30%了。在创出26.38元的高点之后，同样是仅仅经过2个交易日，股价就回到了上升三部曲的范围之内。

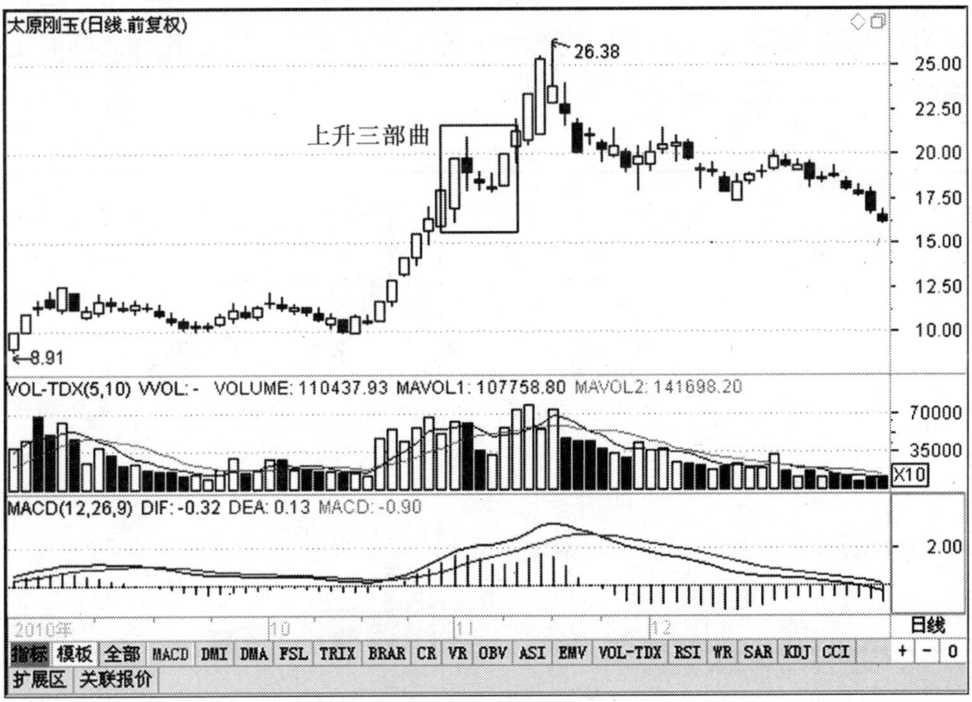

图3－29 太原刚玉 000795

通过这两个例子可以看出，在一波明显的上涨行情中出现上升三部曲，后市往往还会有一次冲高的走势。不过，这波冲高持续的时间较短，投资者要保持警惕，随时准备出场，以避免账面利润得而复失。

三、两阳夹一阴

1. 招式图解

两阳夹一阴，顾名思义，就是指两根阳线之间夹着一根阴线的K线组合。通常而言，两根阳线为中大阳线，阴线为中小阴线；阴线的实体包含在第一根阳线之内，第二根阳线的收盘价创出新高点，三根K线之间有重叠的部分，见图3－30。

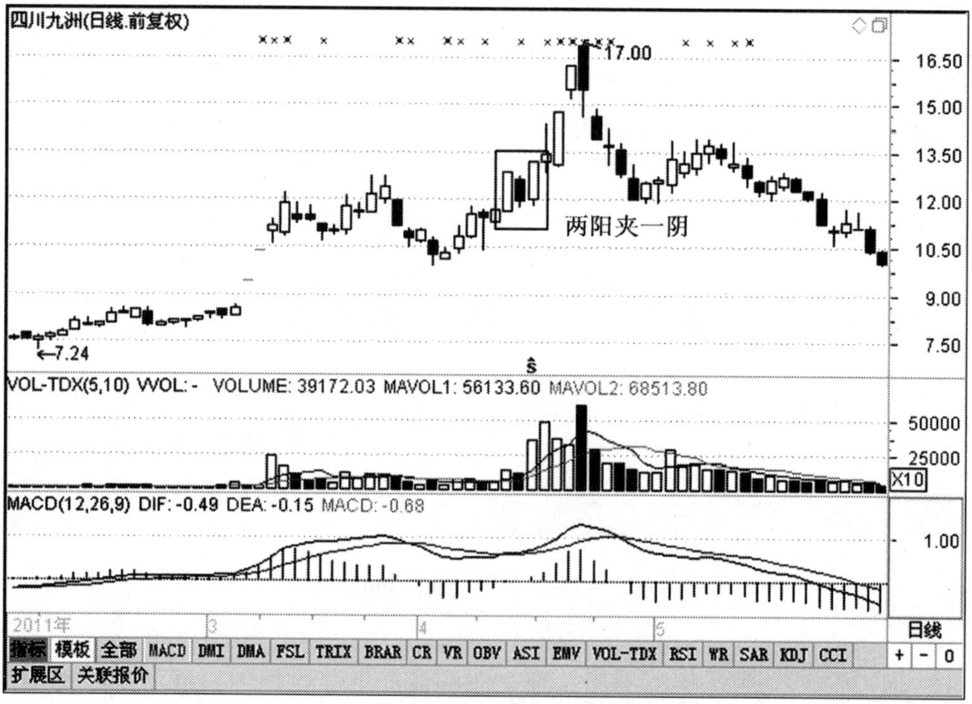

图3－30　四川九洲　000801

如果将两阳夹一阴组合进行变形，可以形成两阳夹两阴（见图3－31）、三阳夹两阴（见图3－32）等K线组合，其看涨性质类似。

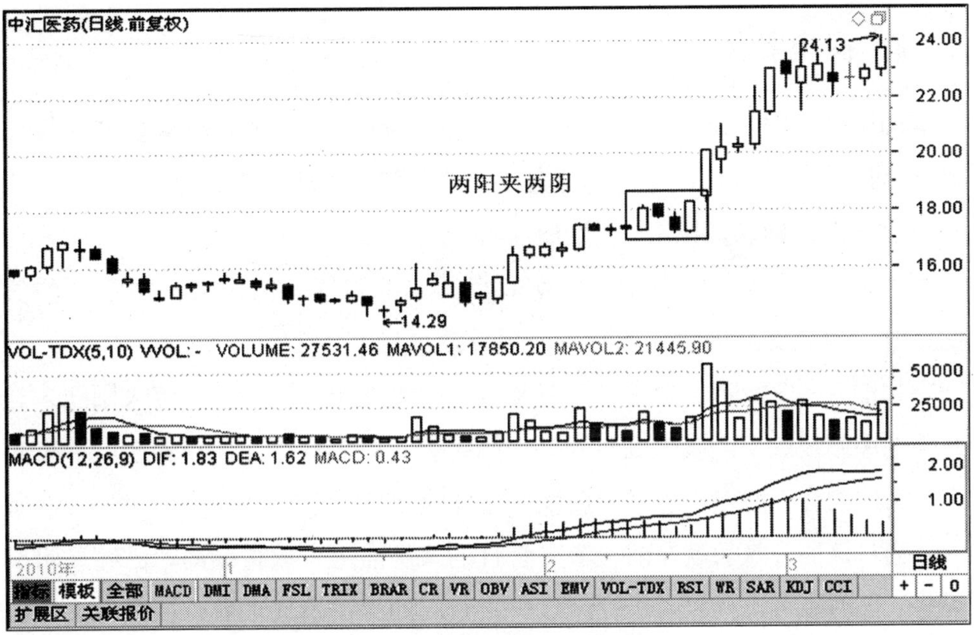

图3－31 中汇医药 000809

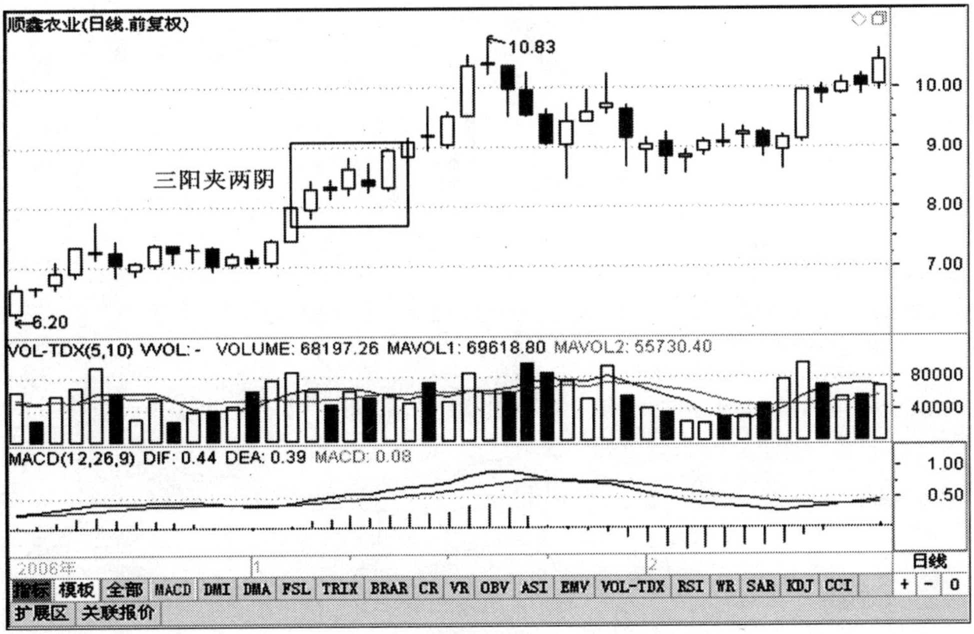

图3－32 顺鑫农业 000860

2. 操作要点

两阳夹一阴多出现在一波涨势的途中，属于拉升前的振荡整理，其目的就是清洗浮筹。一旦浮筹清理完毕，股价将再次进入上升行情中。

建仓点：确认两阳夹一阴的当日。

止损点：如果建仓后股价不涨反跌，当股价跌破两阳夹一阴组合的最低点时，确认交易失败，投资者必须止损离场。

如图3－33所示，2008年1月9日，银星能源出现一根涨停大阳线，与此前的中阳线和小阴线构成两阳夹一阴组合，后市看涨，投资者应该择机介入。具体的介入时点，应该根据该股当日的分时走势进行选择。如图3－34所示，当日该股开盘后就在前一个交易日的最高点上方放量振荡，已经显示出强势，此时就可以择机入场；经过一段时间的振荡整理之后，该股向上突破

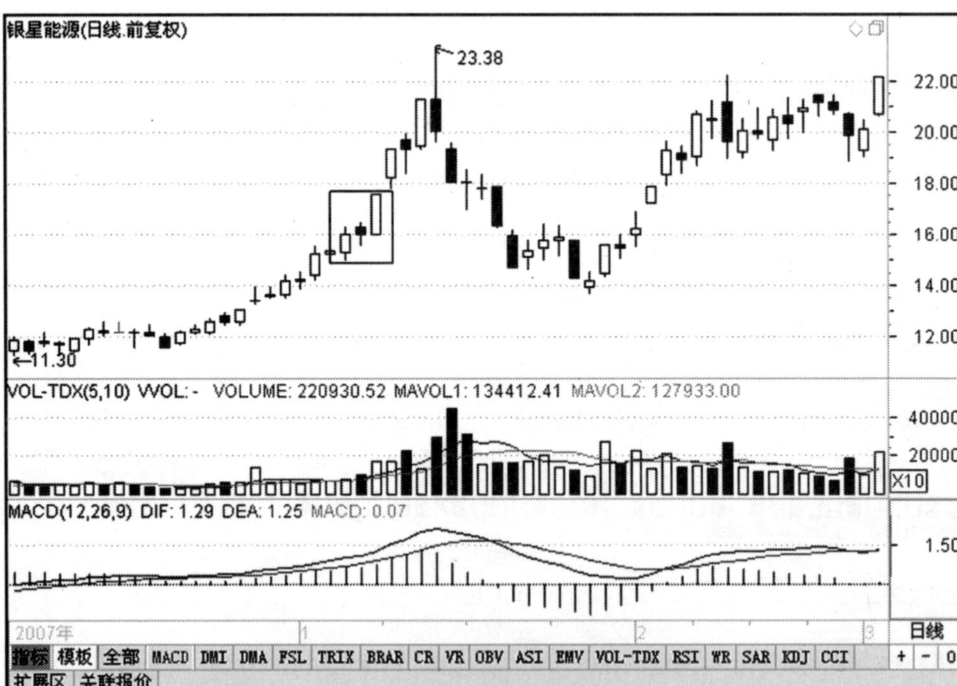

图3－33 银星能源 000862

了分时整理区的压力线，显示买点，又是一个不错的介入信号。利用这些分时信号，就可以选择较低的价位建仓，从而掌握更多的交易主动权。

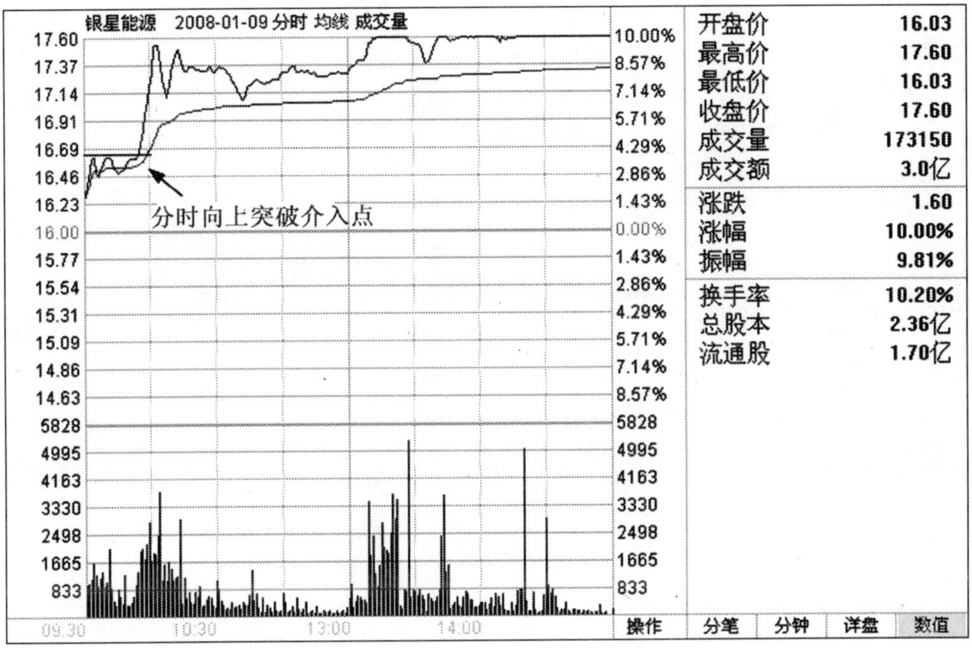

图3－34　银星能源　000862

如图3－35所示，2009年10月9日，江钻股份形成一个两阳夹一阴组合。由于该组合出现在筑底行情的末期，而且恰好处于突破重要压力位的关键位置上，后市就此上涨的可能性很高，投资者自然应该抓紧跟随入场做多。

3. 实战解析

如图3－36所示，2011年1月7日，潍柴重机出现一个两阳夹一阴，后市看涨。其中，两根阳线伴随着明显的放量，其间的阴线则明显缩量，这进一步加大后市看涨的可能性。不仅如此，这个两阳夹一阴组合，还处于突破前高压力的关键位置上，股价上行空间被打开了。至于深证成指，当时处于振荡整理行情中，对个股的涨势不形成阻碍，见图3－37。因此，投资者可以在两阳夹一阴组合确认的当日追涨介入。

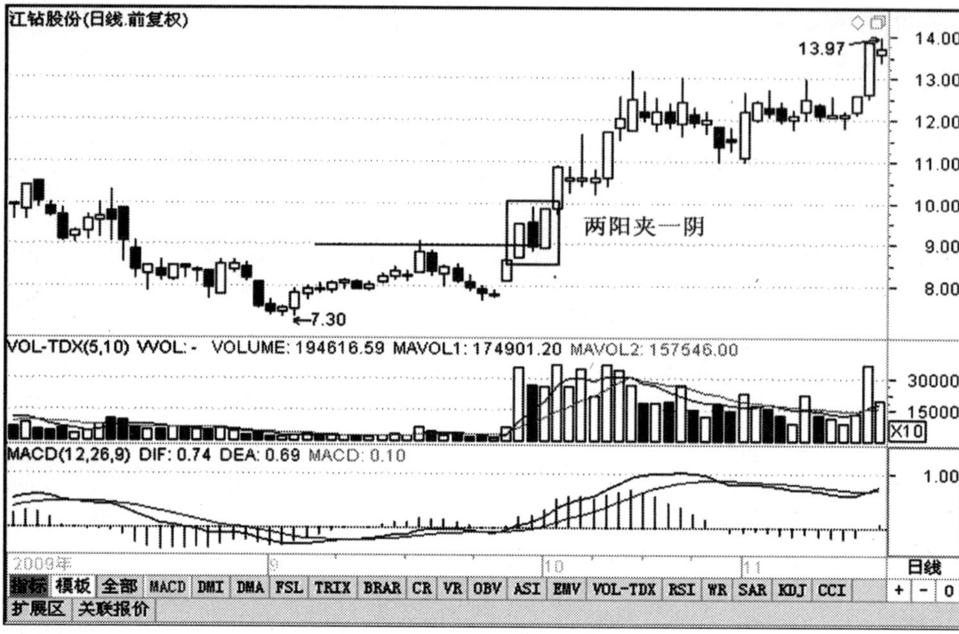

图 3－35　江钻股份　000852

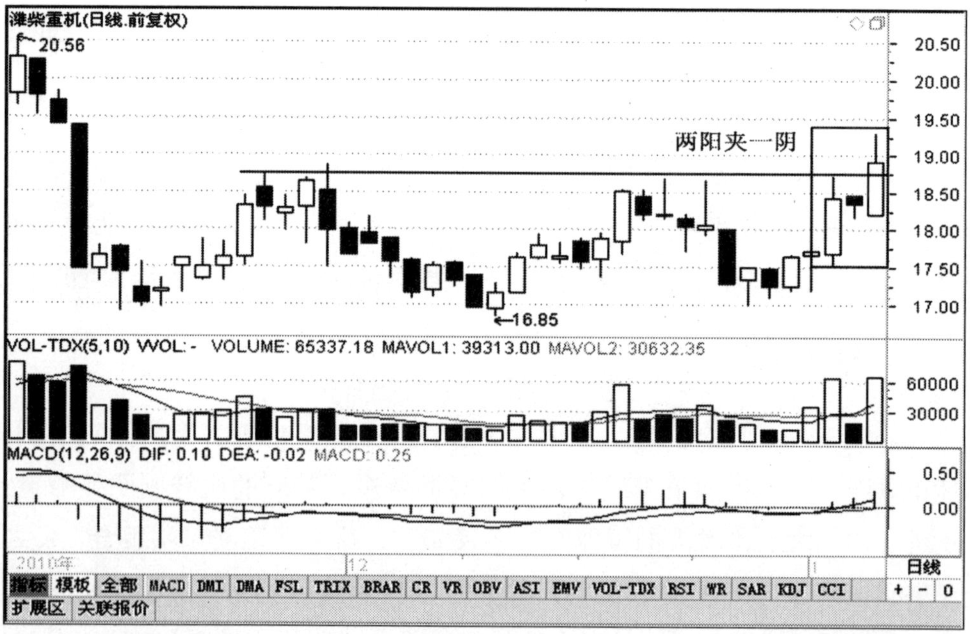

图 3－36　潍柴重机　000880

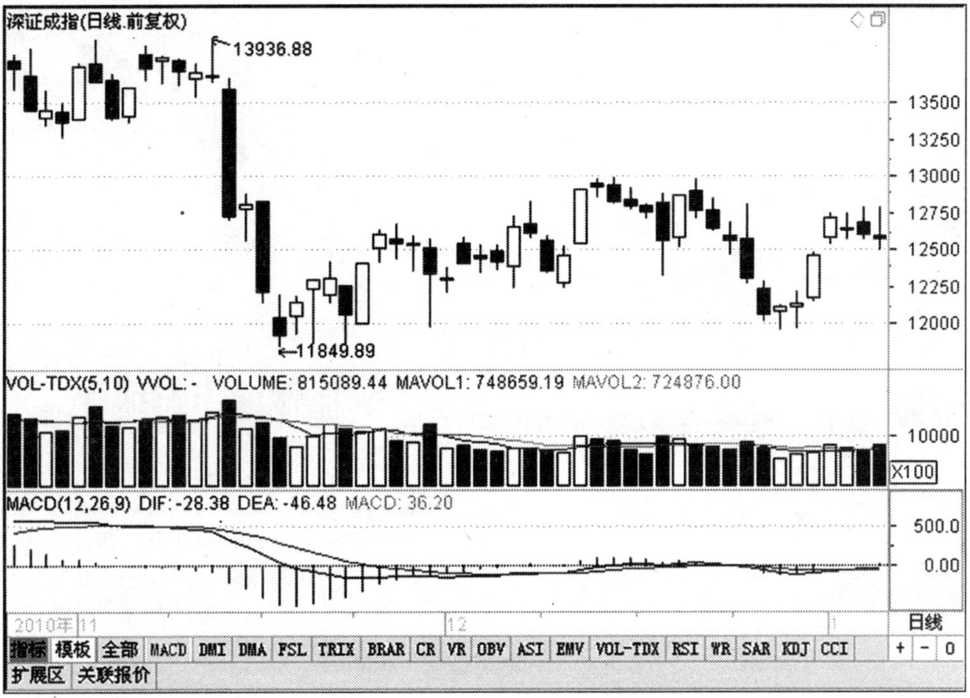

图3－37　深证成指　399001

如图3－38所示，两阳夹一阴组合出现之后，潍柴重机正式转势，进入一波明显的上升行情中。从两阳夹一阴的最高收盘价开始计算，至25.98元的高点结束，在一个月的时间内，股价上涨的幅度超过35%。在这样的涨势中，只要投资者入场点位把握得当，获利出场就是小菜一碟，区别仅在于赚多赚少而已。

如图3－39所示，2010年5月7日，大连国际出现一个两阳夹一阴组合，后市还是看涨吗？具体情况要具体分析。观察这个两阳夹一阴，可以发现其间的阴线伴随着较大的成交量，最后一根阳线的涨幅又不大，振幅却很大，整体结构不利于后市上涨。不仅如此，在该组合出现之前，该股已经出现见顶迹象，此时又具备了头肩顶的雏形，后市走低的可能性很大。

再看当时深证成指的走势，可以发现其处于明显的下降趋势中，见图3－40。当然，相对而言，个股的走势明显强势，具有一定的独立性。不

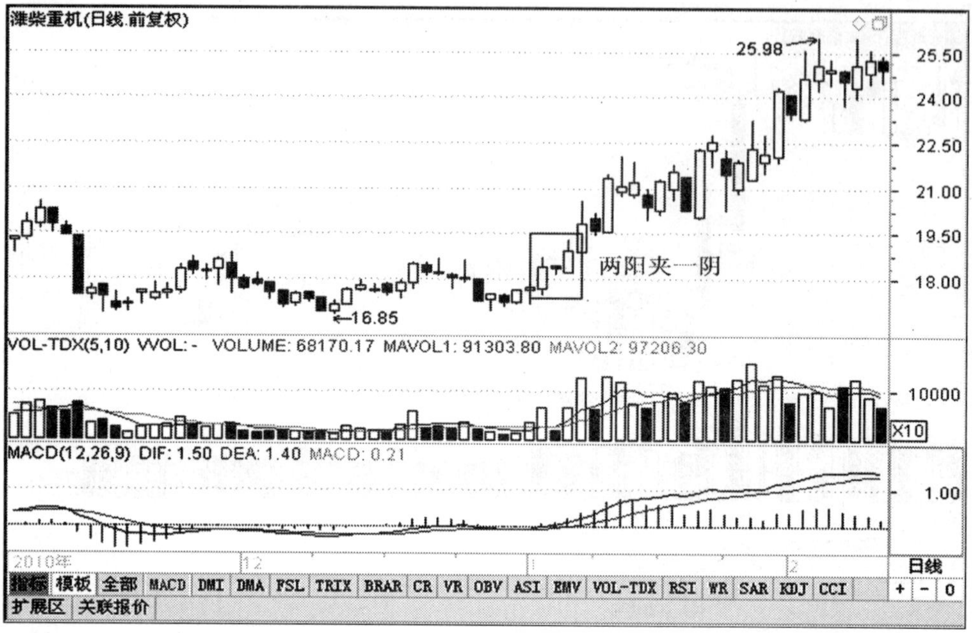

图3－38　潍柴重机　000880

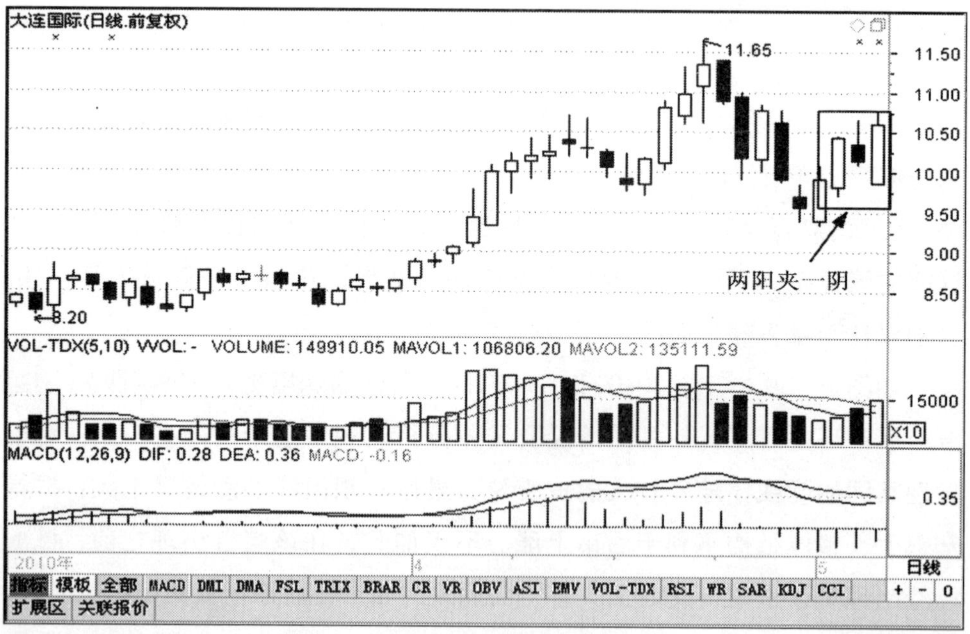

图3－39　大连国际　000881

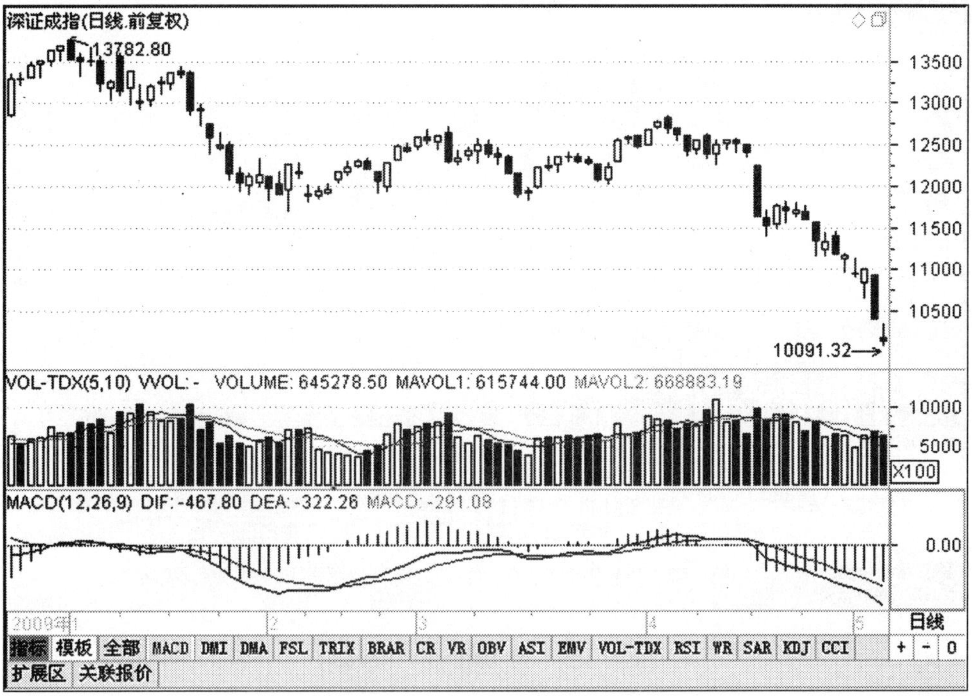

图3-40　深证成指　399001

过，此时个股已经呈现转势迹象，后市很有可能发生补跌。因此，投资者应该忽略两阳夹一阴的看涨信号，继续持币旁观。

如图3-41所示，两阳夹一阴出现之后，大连国际没能继续上冲。2010年5月12日，经过两个交易日的振荡整理，该股出现一根大阴线，跌破了前低支撑，头肩顶正式确认。从此开始，该股进入了一波明显的下跌行情中。

如图3-42所示，2009年12月23日，经过一波高位横盘整理之后，中国服装出现一个两阳夹一阴组合，向上突破了整理区间的压力线，后市进入涨势的可能性很高。反观当时的深证成指，同样发生了突破，不过是向下突破M头颈线，后市进入跌势的可能性较高，见图3-43。通过对比，可以发现个股明显强势。在大盘走弱的背景下，追击强势股是最安全的操作。因此，投资者可以进行适度建仓中国服装。

如图3-44所示，两阳夹一阴出现之后，中国服装振荡了数个交易日，

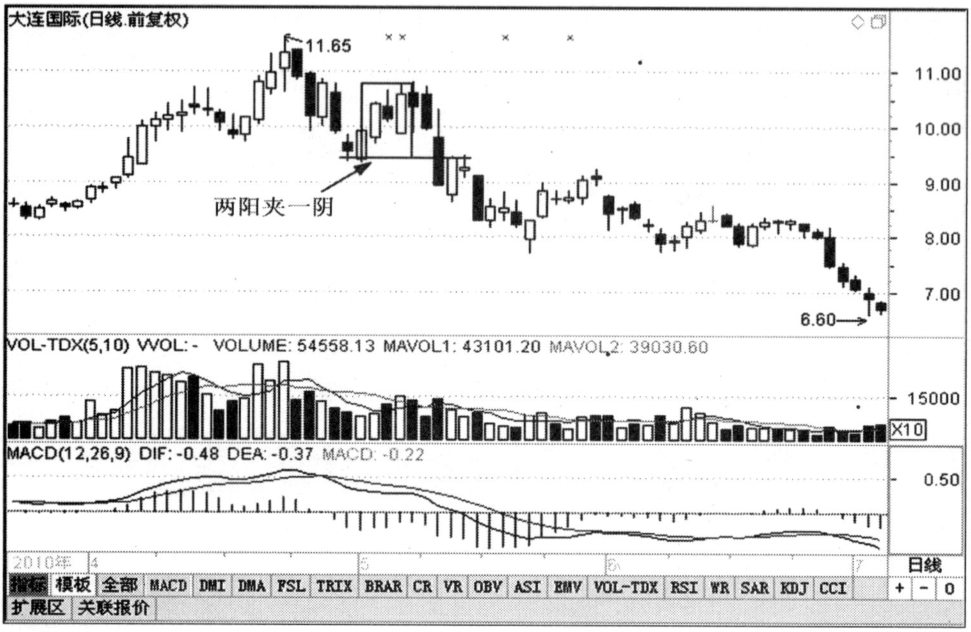

图3－41 大连国际 000881

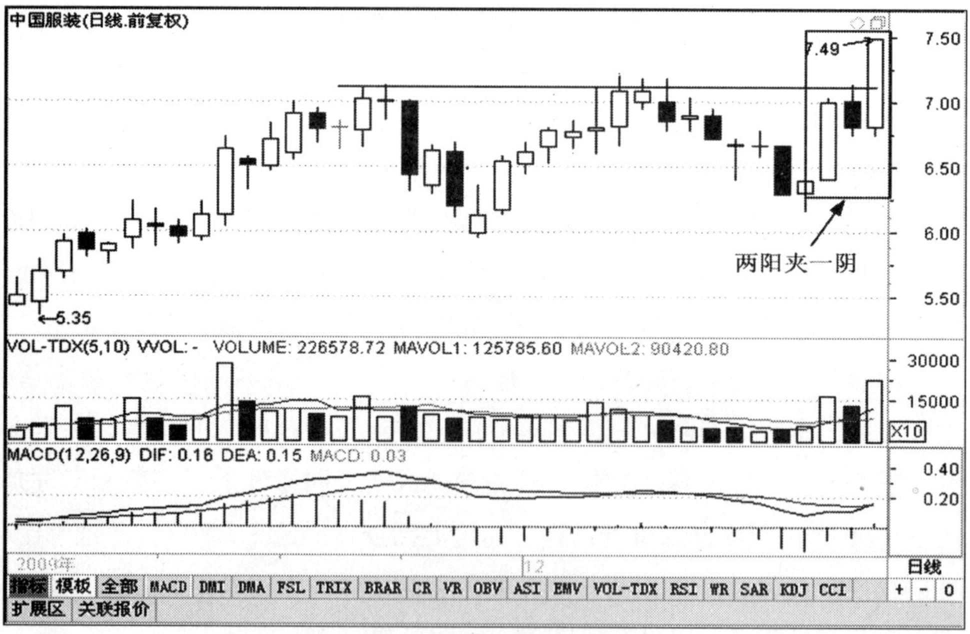

图3－42 中国服装 000902

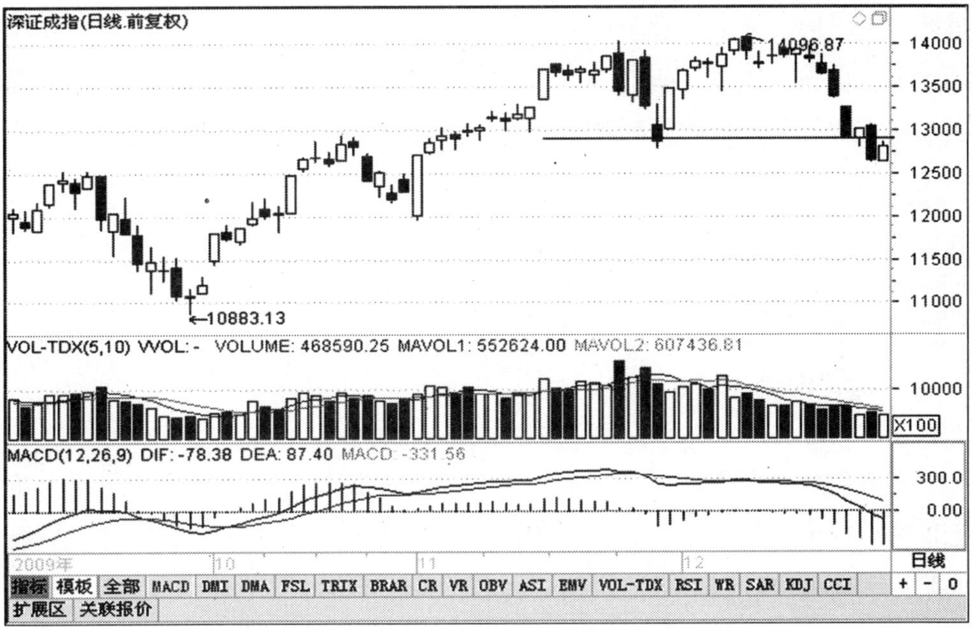

图3－43　深证成指　399001

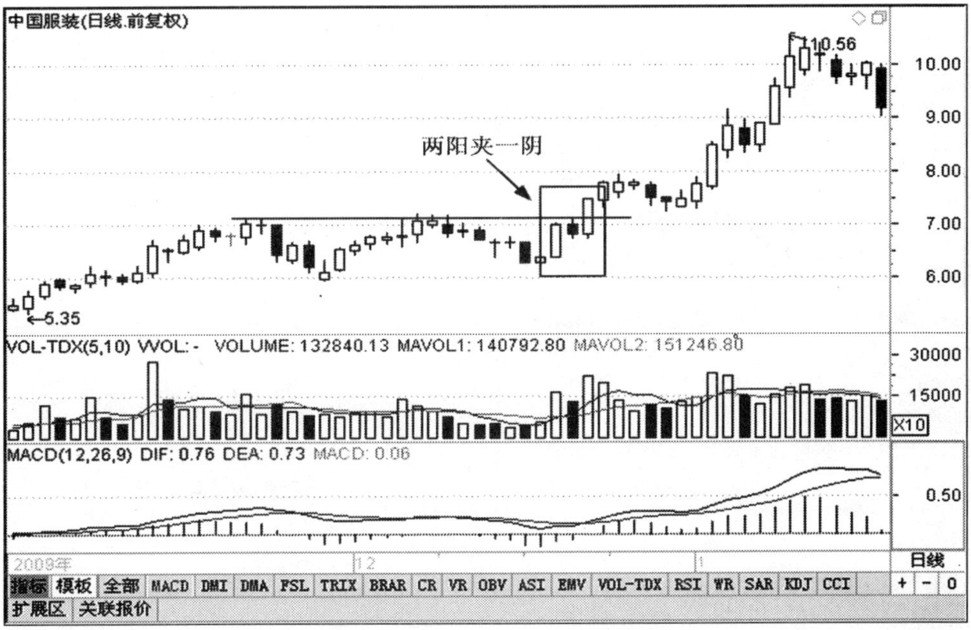

图3－44　中国服装　000902

清洗盘中因向上突破而带来的大量浮筹。清理完毕之后，该股进入一波加速上涨行情中。当然，如果投资者没能经受住期间的振荡整理，就无法赶上这波直线上涨，只能微利甚至微亏出场了。

四、多方尖兵

1. 招式图解

多方尖兵，由多根K线构成，第一根K线是具有长上影线的阳线，随后连续出现多根小K线，在第一根阳线的振荡范围内波动，最后出现一根大阳线，向上突破第一根阳线的最高点，见图3－45。

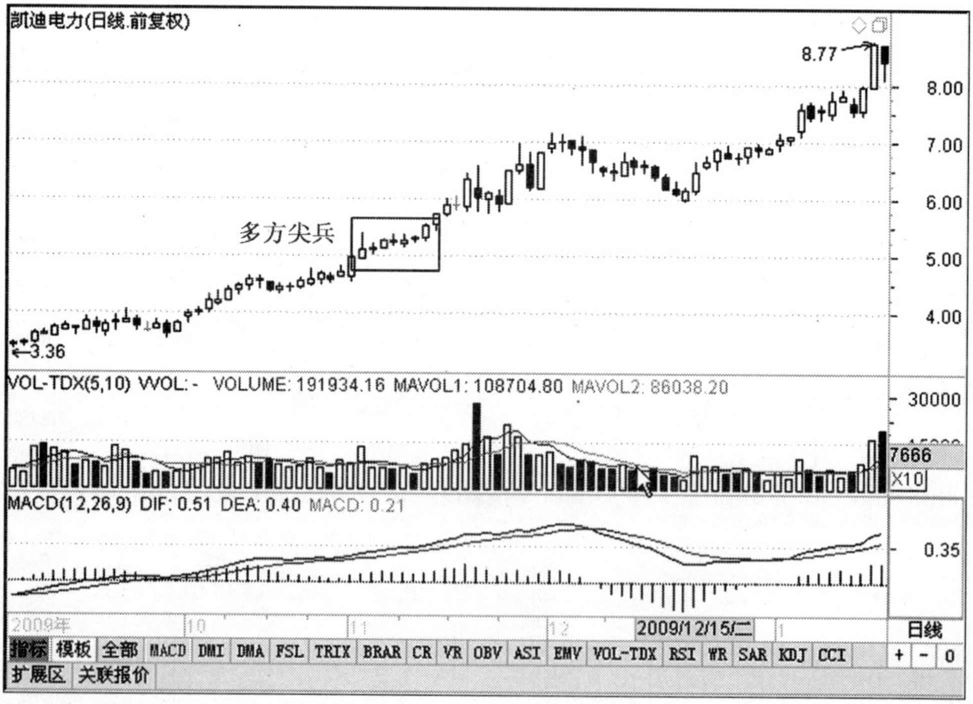

图3－45 凯迪电力 000939

2. 操作要点

多方尖兵属于看涨信号，意味着股价经过一段时间的振荡整理之后，再次进入涨势。因此，投资者应该跟随介入做多。

建仓时机：多方尖兵确认当日进行建仓。

止损点：如果建仓后股价不涨反跌，当股价跌破多方尖兵组合的最低点时，确认交易失败，投资者应该止损离场。

如图3－46所示，2009年6月24日，华菱钢铁出现一根长上影线的阳线。随后，该股连续出现多根小K线，始终在第一根阳线的范围内波动。2009年7月1日，该股出现一根大阳线，突破第一根阳线的最高点，不过突破幅度有限，可信度较低。次日，该股继续走高，以中阳线报收，有效突破了第一根阳线的最高点，多方尖兵确认，投资者可以择机入场了。

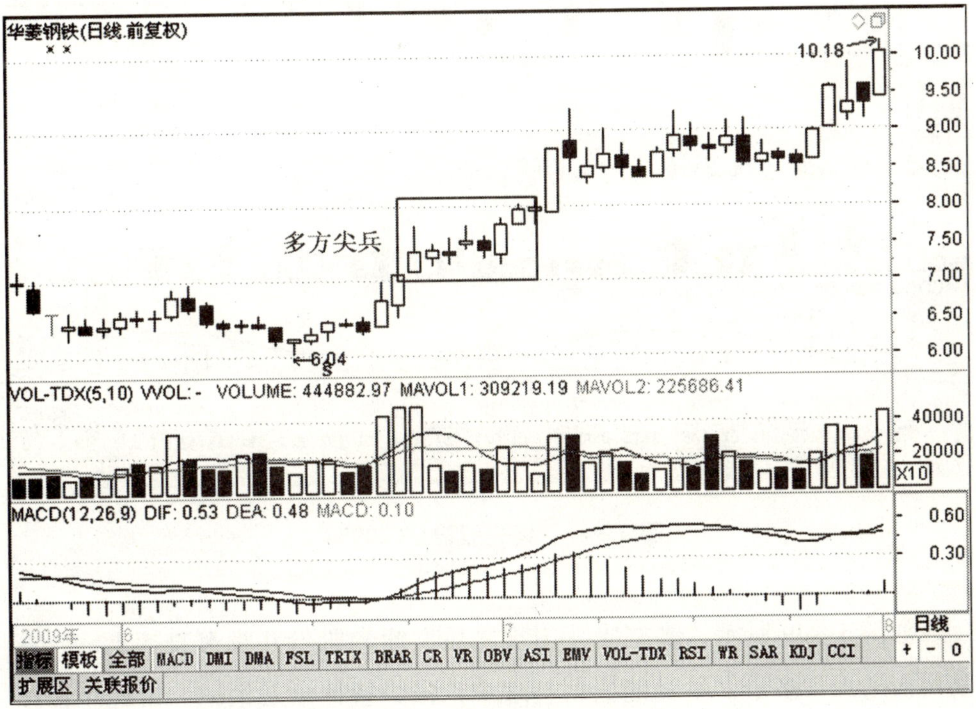

图3－46 华菱钢铁 000932

3. 实战解析

如图 3－47 所示，2009 年 2 月 2 日，在前高压力附近多空争夺激烈之时，紫光股份出现一根大阳线，与此前的多根 K 线构成多方尖兵组合，后市进入涨势的可能性较大。至于与此同时的深证成指，依然处于筑底完成后的第一次振荡整理行情中，而且刚刚突破回调形成的 W 底的颈线不久，见图 3－48。在此背景下，走势强劲的该股值得追捧，投资者应该择机入场做多。

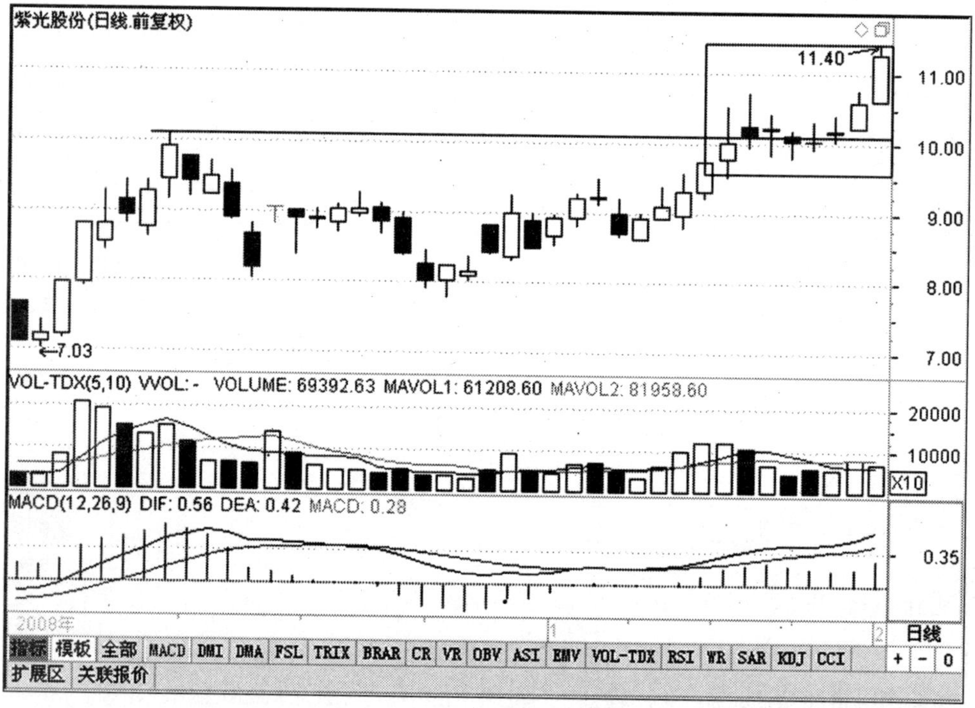

图 3－47 紫光股份 000938

如图 3－49 所示，多方尖兵出现之后，紫光股份并没有直接上涨，而是再次进入了多个交易日的振荡整理中，强势特征渐趋消减。由此可以推断，该股只是上涨启动的时间早于大盘而已，并非真正的强势股。因此，

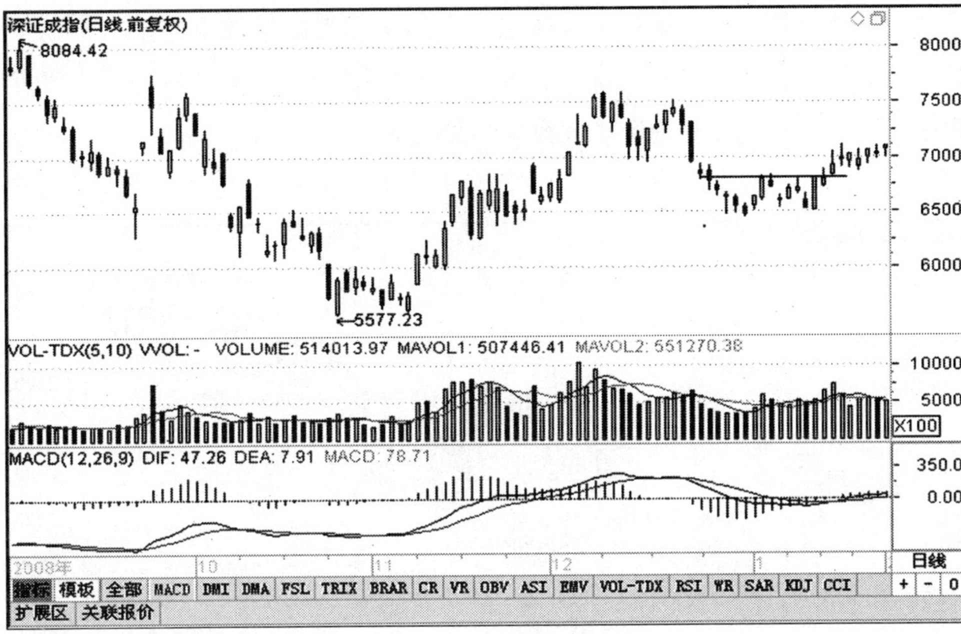

图3－48　深证成指　399001

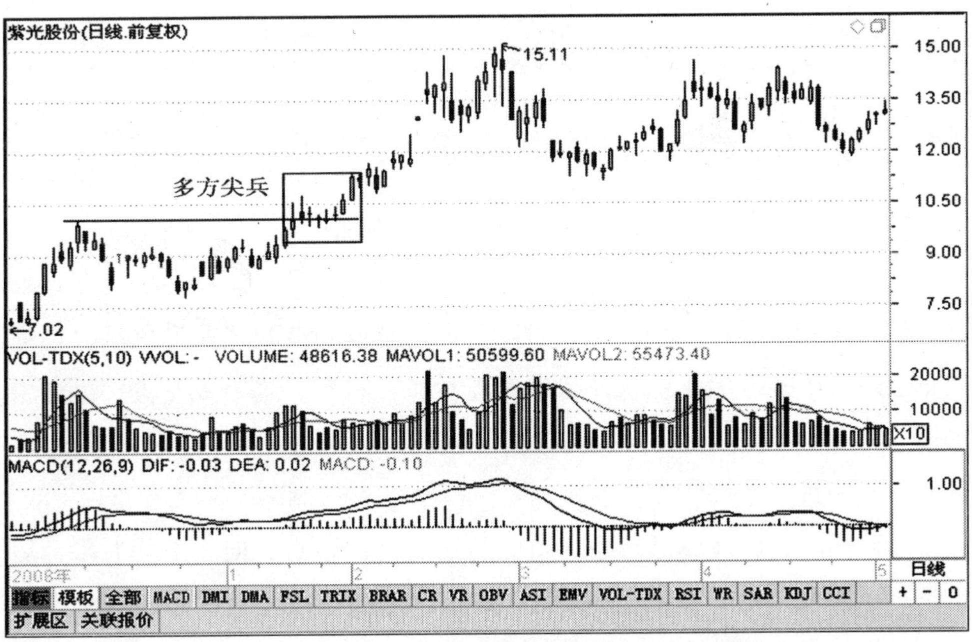

图3－49　紫光股份　000938

在做完这波涨势之后，投资者应该结合实际情况考虑换股操作。从中期个股与大盘的走势对比来看，确实如此，大盘在持续走强的过程中，个股反而进入了明显的横盘整理区。大盘走势见图 3－50。

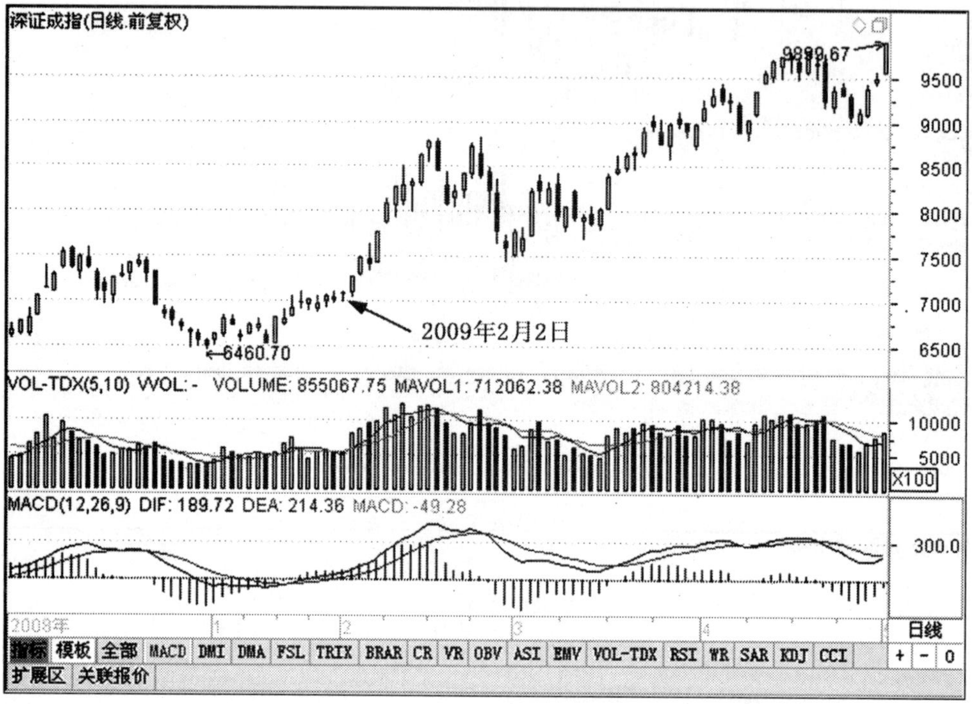

图 3－50　深证成指　399001

如图 3－51 所示，2009 年 12 月 15 日，经过一波快速拉升之后，中通客车出现一个多方尖兵组合，后市按理看涨。然而，这个多方尖兵组合中的第一根上影线阳线，以及此前的涨停阳线，均伴随着过度的成交量放大，显示一丝隐忧。

与此同时，深证成指已经反弹至前期的顶部附近，向上空间有限，后市下行风险大，见图 3－52。在此背景下，个股继续上行的压力较大。因此，如果投资者跟随这个多方尖兵入场做多，应保持警惕，一旦发现该股有见顶迹象，无论盈亏均要及时离场。

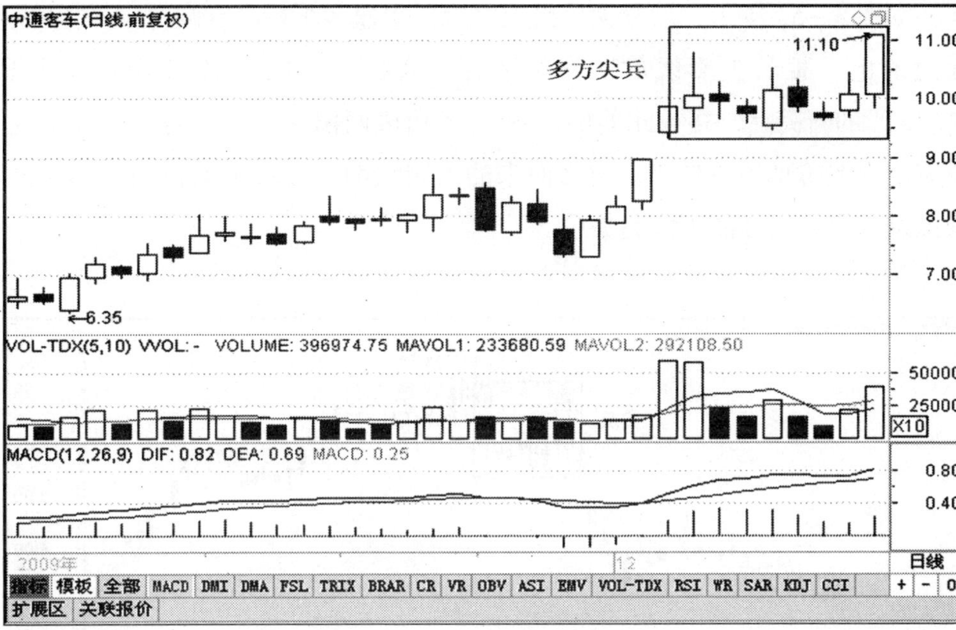

图3－51　中通客车　000957

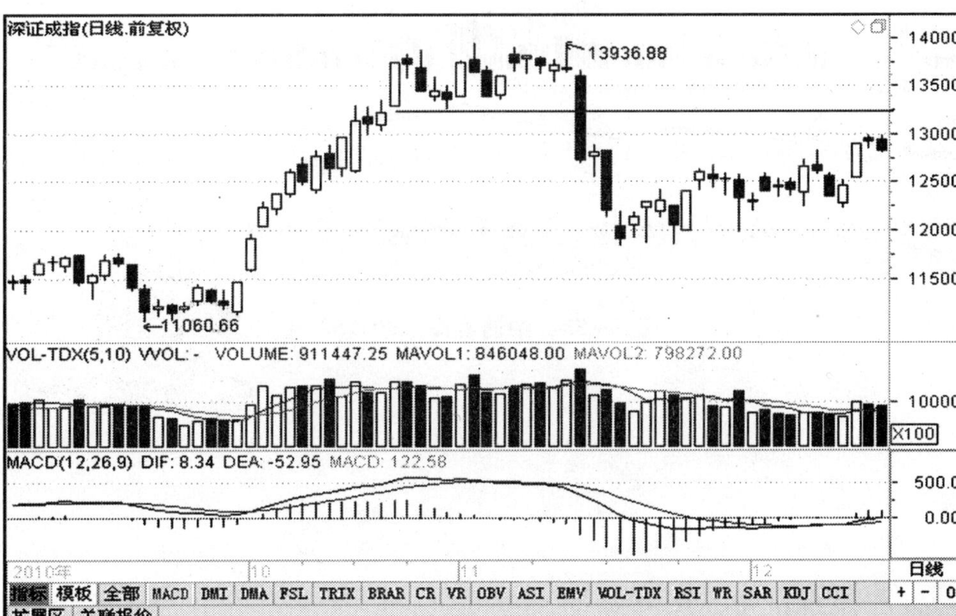

图3－52　深证成指　399001

如图3－53所示，多方尖兵出现之后，中通客车并没有顺势继续上攻，反而走出一根长上影线的阴线。接着，该股又出现一根大阳线，创出11.75元的新高点，并与此前的两根K线构成两阳夹一阴组合。然而，这没有改变股价见顶的趋势，随之而来的大阴线彻底破坏了上行的结构，并由此进入一波明显的下降趋势中。

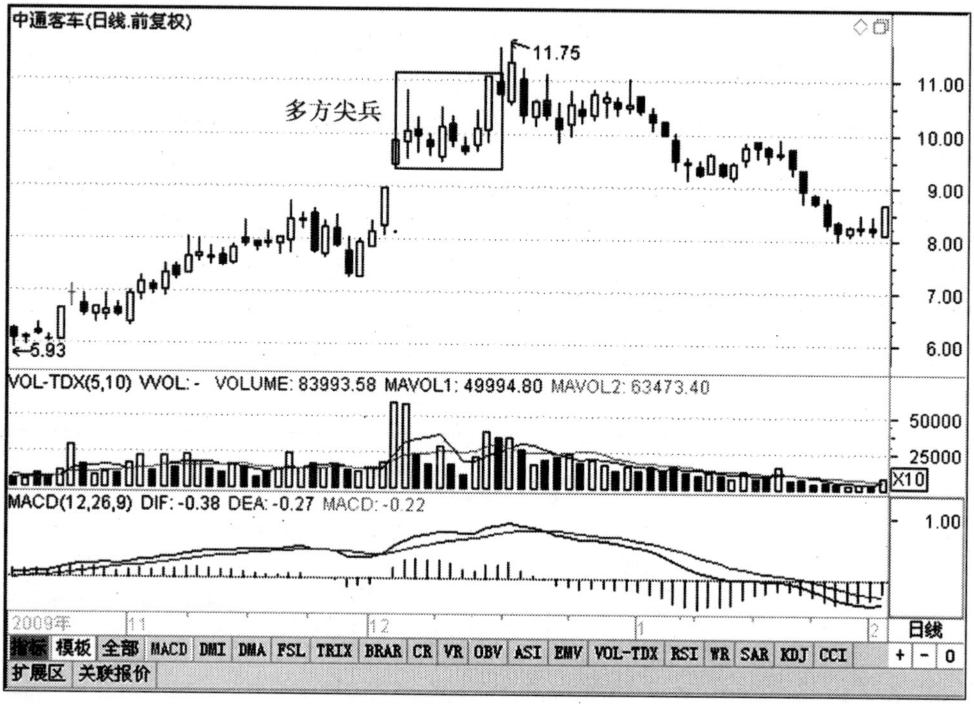

图3－53　中通客车　000957

第4章

泰山压顶——见顶形态

一、M 头

1. 招式图解

M 头，由多根 K 线构成，是指经过一波快速上涨之后，股价在某个价位遭遇压力，形成第一个高点；随后，股价开始回调，当回调至某个价位时，即回调低点，股价重新开始上涨；当股价上涨至第一个高点附近时见顶回落，又一波下跌开始，第二个高点形成；这波下跌向下跌破了回调低点的支撑，从而形成了类似英文“M”的走势，见图 4－1。

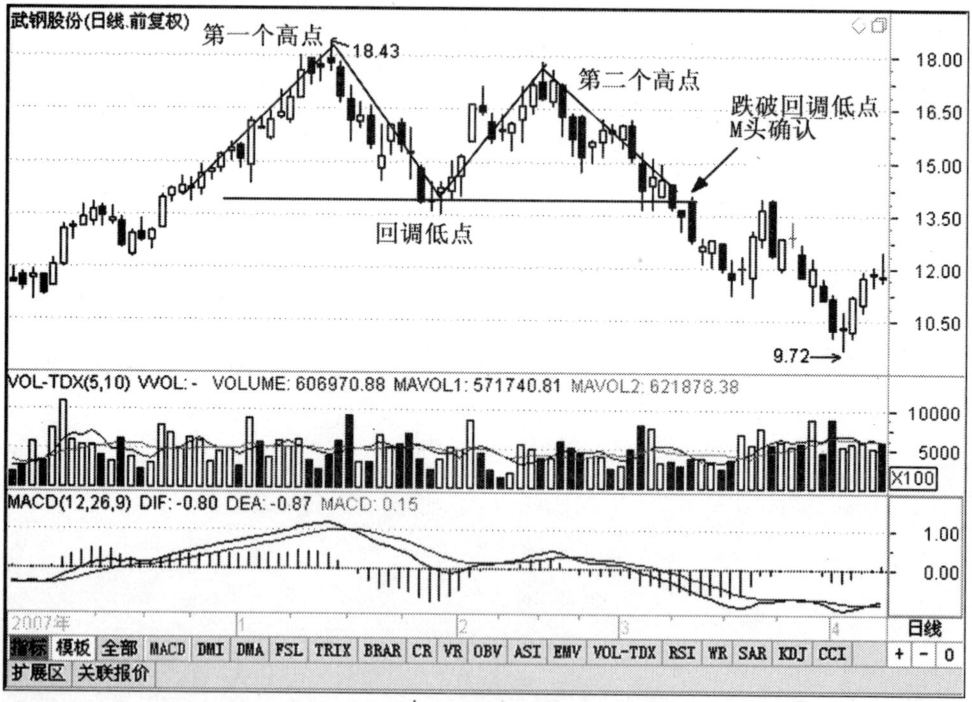

图 4－1 武钢股份 600005

通常而言，M 头的第二个高点要低于第一个高点，意味着股价在第一个高点下方就遭到空头大打压，见顶的可能性更高。不过，如果 M 头的第二个高点略微高于第一个高点，同样可以按照 M 头形态进行判定，见图 4－2。

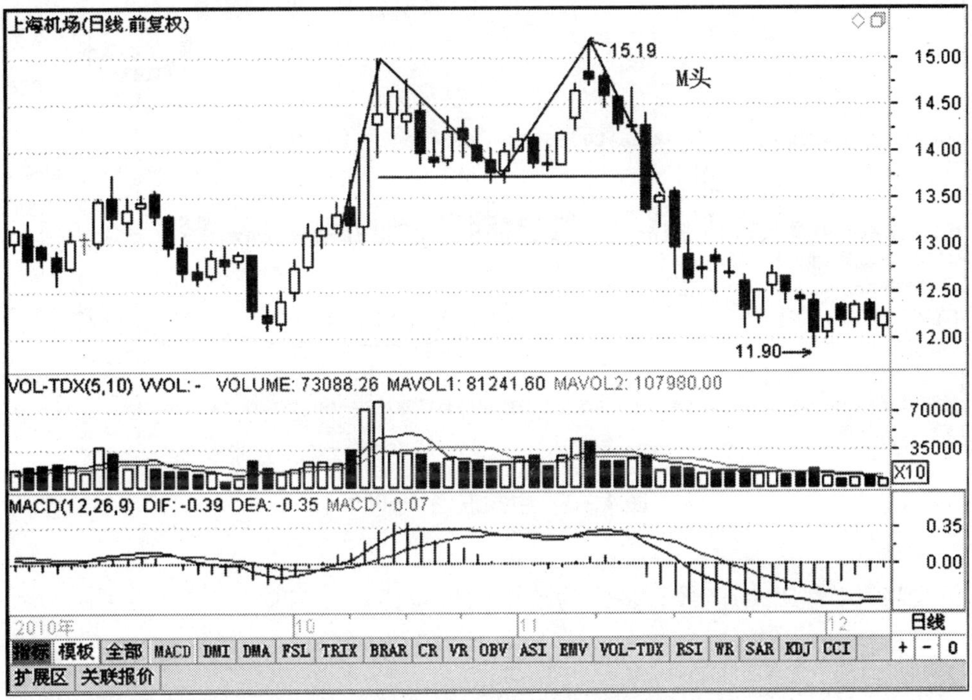

图 4－2　上海机场　600009

除了在日线级别运用 M 头判市之外，投资者还可以在分钟图、小时图、周线图、月线图上运用 M 头观察市场，其特征和操作要点完全一致，见图 4－3。

2．操作要点

M 头属于见顶形态，意味着股价就此见顶，后市将进入一波下跌行情。由于 M 头形成时间较长，等待其确认之后再离场将承受较大的跌幅，因此

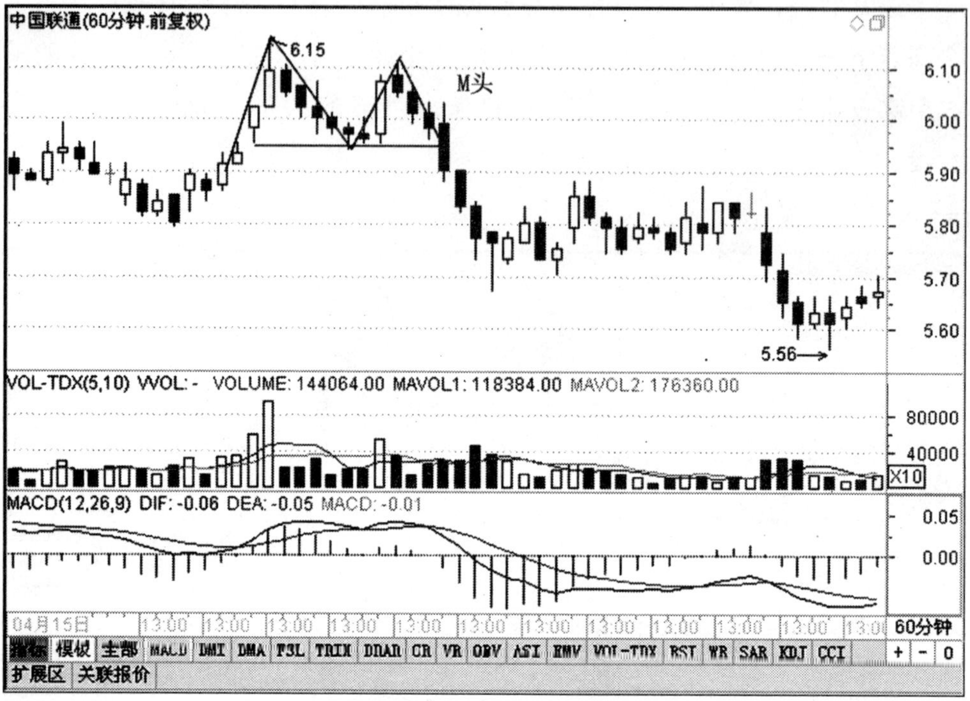

图 4-3　中国联通　600050

很少将其作为出场信号，多作为持币信号看待。

持币信号：针对 M 头形态，其持币信号有两个：一是当股价向下跌破颈线（所谓颈线，是指经过回调低点的水平线）时；二是股价跌破颈线支撑后回抽颈线时。

止损点：每个持币信号对应不同的止损点，第一个持币信号对应的止损点为股价假突破颈线，第二个持币信号对应的止损点为股价回抽颈线后不再跌破颈线支撑。

测量目标价：M 头形成后，可以利用其测量股价下跌的目标价。设定 M 头的回调低点和 M 头最高点之间的距离为 H，M 头成形后的第一下跌目标价为颈线价位 - H，第二目标价为颈线价位 - 1.618H（黄金分割点），第三目标价为颈线价位 - 2H……

如图 4-4 所示，2008 年 1 月 22 日，万东医疗出现一根大阴线，跌破了颈线支撑，M 头正式确认。对于向下突破而言，不需要成交量的配合，只要突破幅度超过 3% 或者突破时间超过三个交易日即为有效突破。面对这个成形的 M 头，投资者应该耐心持币观望，短期之内股价是很难重新恢复涨势的。

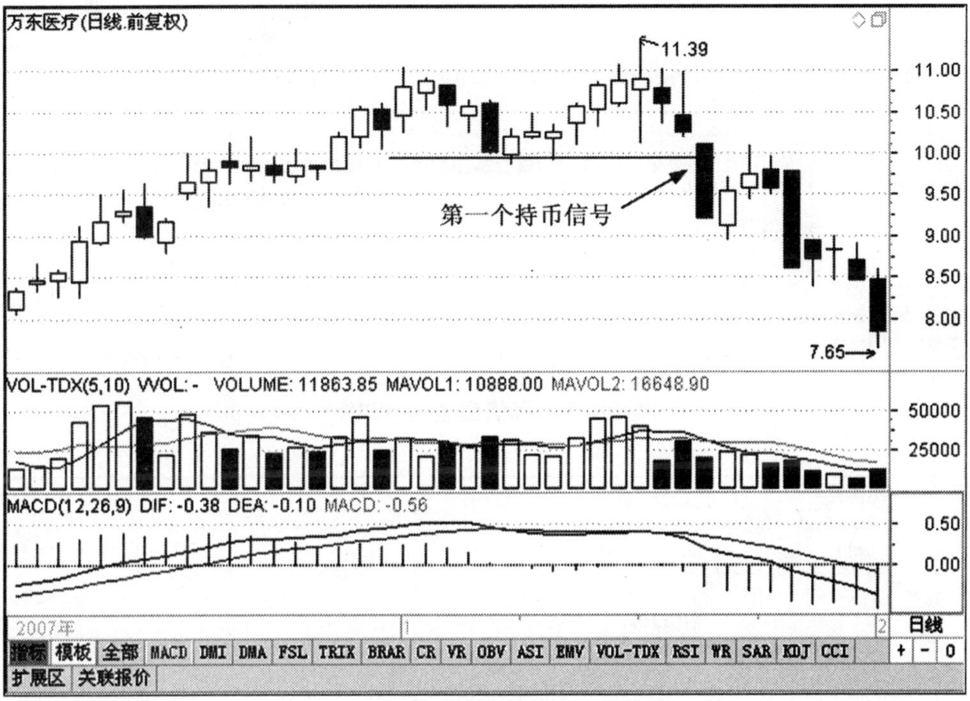

图 4－4　万东医疗　600055

如图 4－5 所示，2009 年 8 月 13 日，海信电器的 M 头形态正式确认。随后，该股继续下滑，直至创出 6.98 元的低点。由此低点开始，该股开始了一波五连阳的反弹行情，反抽颈线压力。最终，这波反弹停止于前期 M 头的颈线压力，随即进入到三连阴的探底行情中。

如图 4－6 所示，2010 年 4 月 29 日，中国医药向下跌破颈线支撑，M 头确认。在此基础上，投资者可以测量后市该股的下跌目标价。首先，确定两个价位：M 头的最高点为 21.07 元，M 头的颈线价位为 18.73 元；其

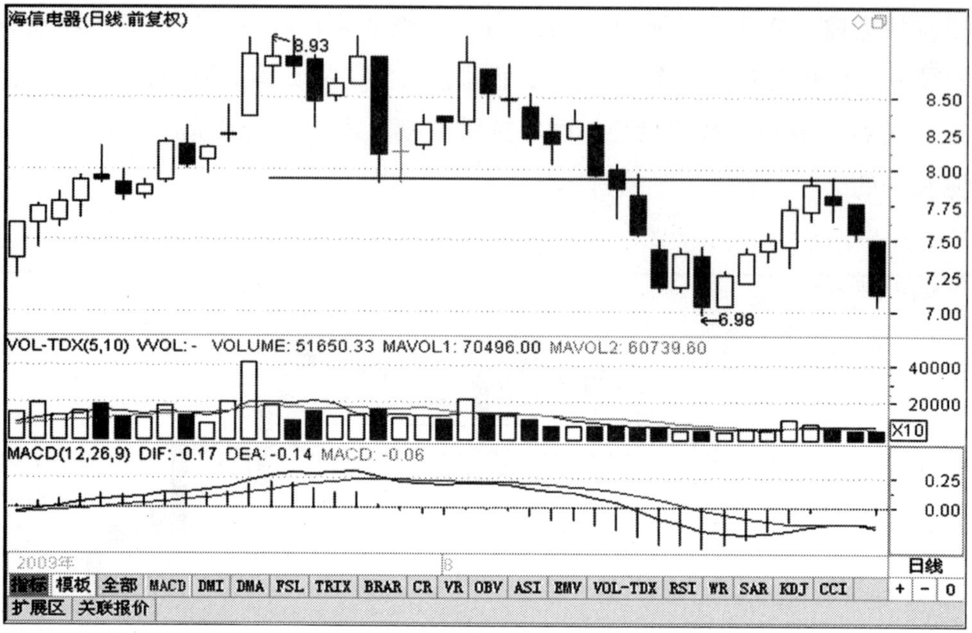

图 4－5　海信电器　600060

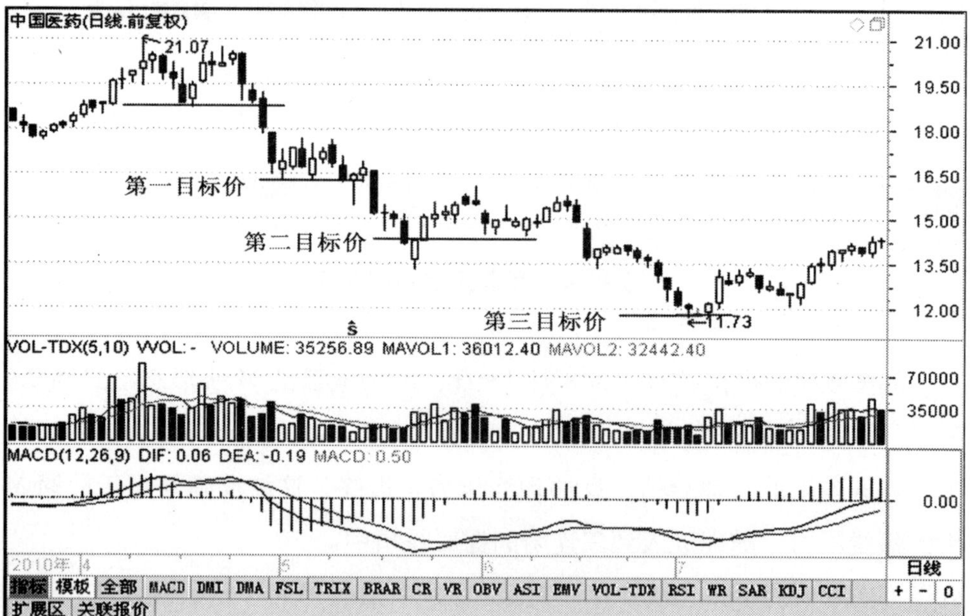

图 4－6　中国医药　600056

次，根据这两个价位计算H值=21.07-18.73=2.34（元）；最后，根据颈线价位和H值计算第一目标价=18.73-2.34=16.39（元），第二目标价=18.73-2.34×1.618=14.94（元），第三目标价=18.73-2.34×2=14.05（元）。

后市的走势证明，股价运行到第一目标价和第二目标价时，均形成了一波整理行情，但并未最终见底；直至股价运行至第三目标价附近，这波跌势才算结束，随后转入上升行情中。由此可以看出，根据M头计算的目标价只是观测点位，并非股价到此必定见底企稳。因此，到达目标价后是否该择机入场，还是应该从盘面中寻找确切的建仓信号。

3. 实战解析

如图4-7所示，2010年11月12日，经过一段时间的高位振荡之后，

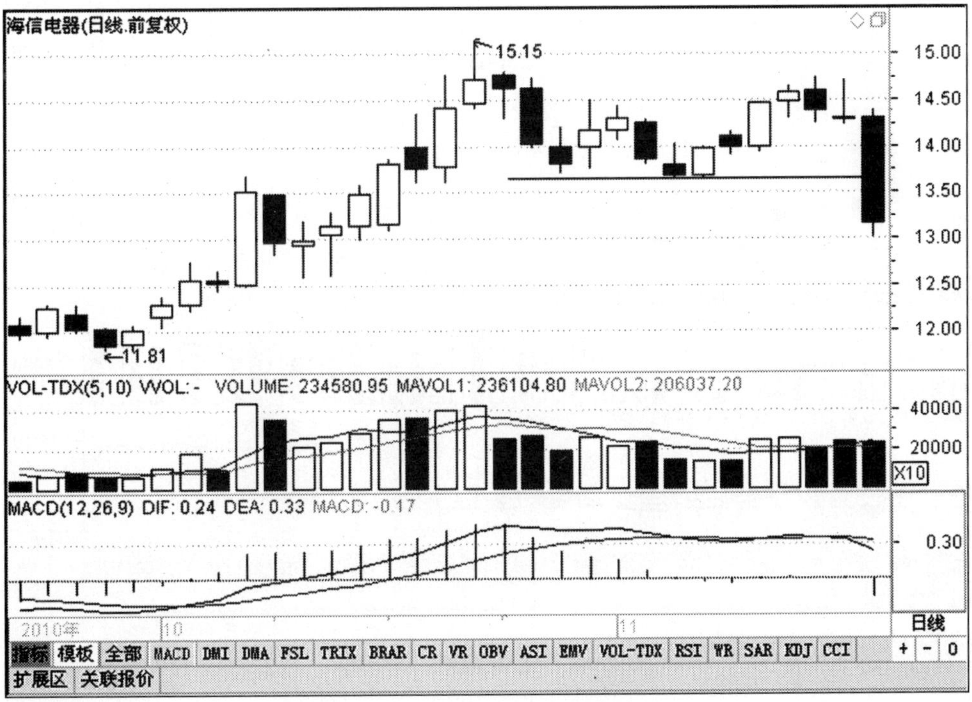

图4-7　海信电器　600060

海信电器出现一根大阴线，跌破颈线支撑，M 头确认，后市该股将陷入下跌行情中。那么，在只能做多的中国股市中，投资者就只能袖手旁观了，直至出现明显的见底信号为止。

与单根 K 线以及简单的 K 线组合不同，K 线形态本身具有明确的指向作用，可以独立于大盘形成交易信号。因此，投资者可以仅根据个股的 K 线形态就作出交易决策。当然，在以个股为主的前提下，适度参考大盘走势，可以更好地指导实战交易。

本例中同期的上证指数处于见顶初期，后市仍有下行的空间，见图 4－8。在此背景下，个股的看空信号更加值得重视。换言之，海信电器后市难逃一跌。

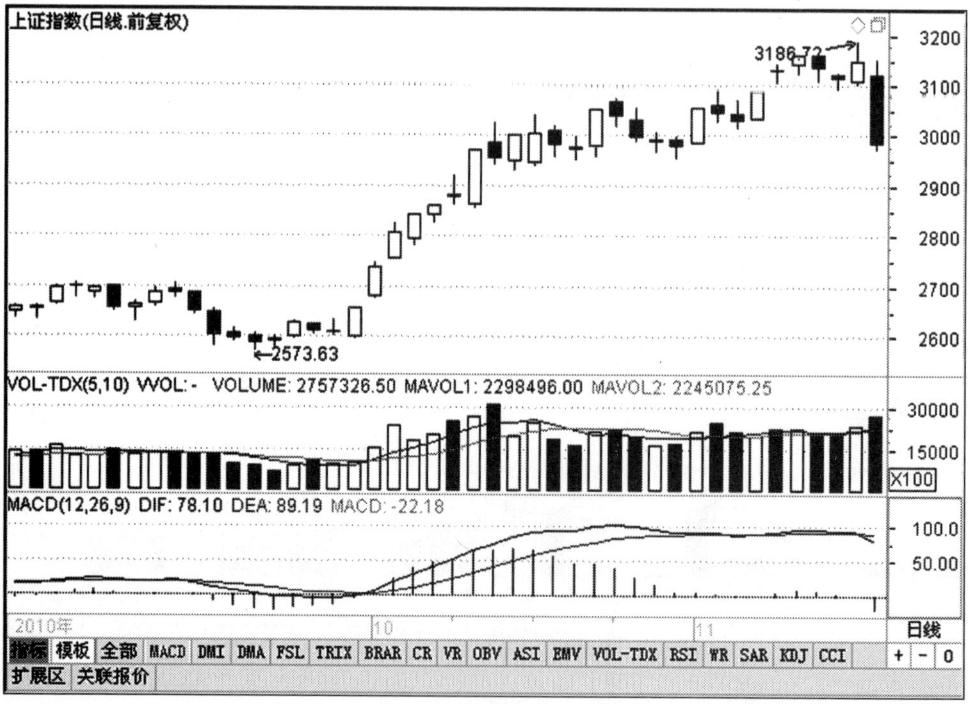

图 4－8　上证指数　399001

M 头出现之后，该股正式进入一波下跌行情中。如图 4－9 所示的这段时间内，该股没有任何见底企稳的迹象。因此，投资者应该不为其中的小利所诱惑，坚持耐心持币。如此，投资者不但赢得了交易的主动权，而且不用经受长时间被套的烦恼，实在是再明智不过的选择了。

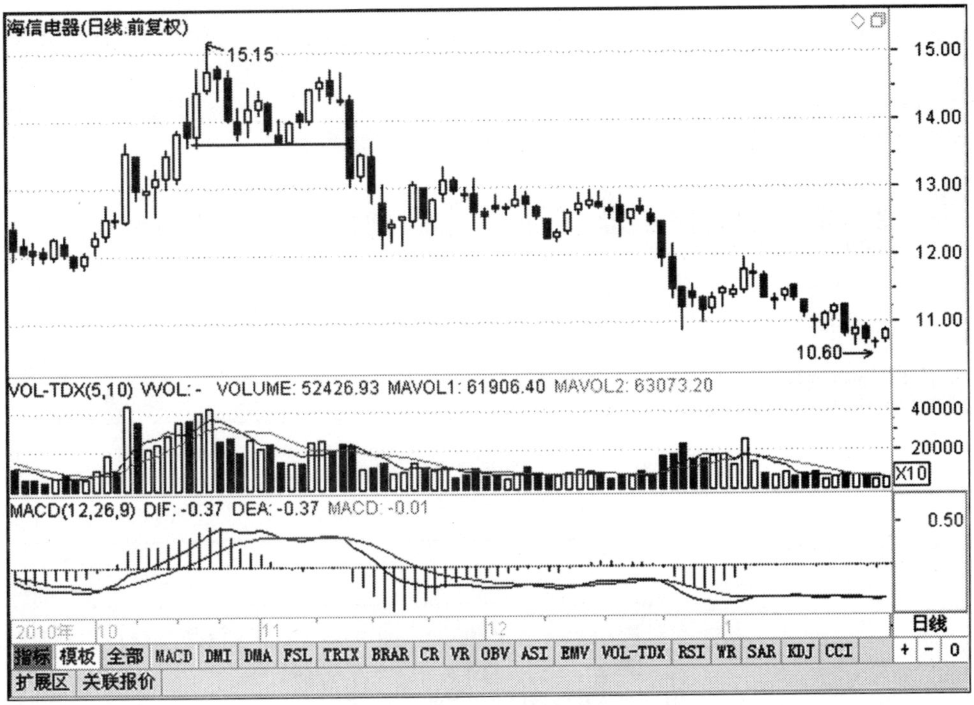

图4－9　海信电器　600060

如图4－10所示，2008年12月29日，宇通客车的M头形态确认，后市应该进入一波跌势中。通常而言，投资者此时应该处于持币状态。那么，此后的交易策略不变，继续持币旁观即可。

如图4－11所示，宇通客车的实际走势却是出乎意料！在跌破M头颈线支撑之后，该股并没有顺势下行，反而很快止跌企稳，重新回到颈线之上。至此，M头形态宣告失效，即见顶信号失效，后市将进入整理行情中。在整理行情过程中，持币仍是上佳选择。

如图4－12所示，2009年2月3日，宇通客车出现一根光头阳线，向

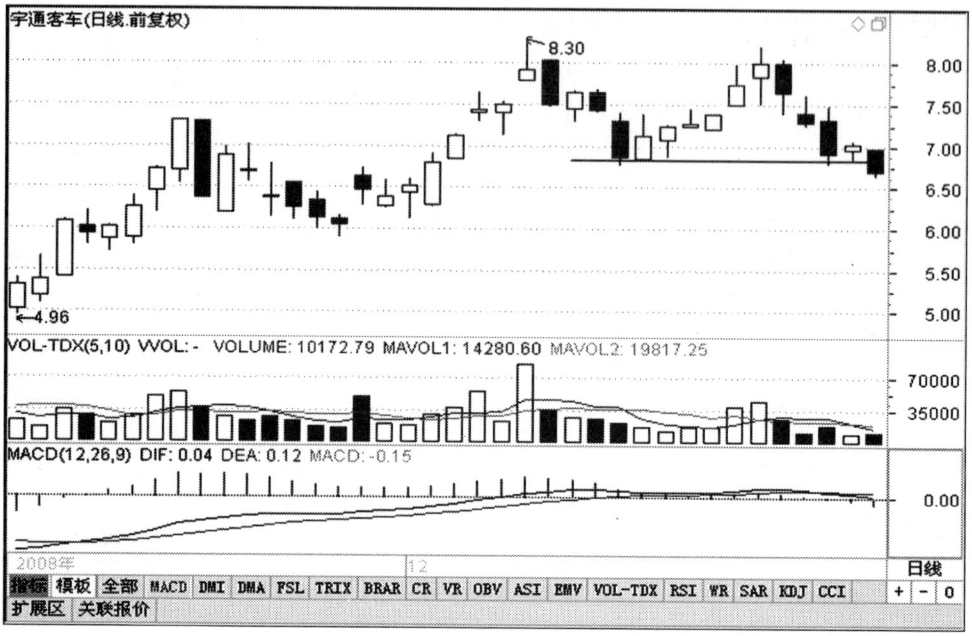

图 4－10　宇通客车　600066

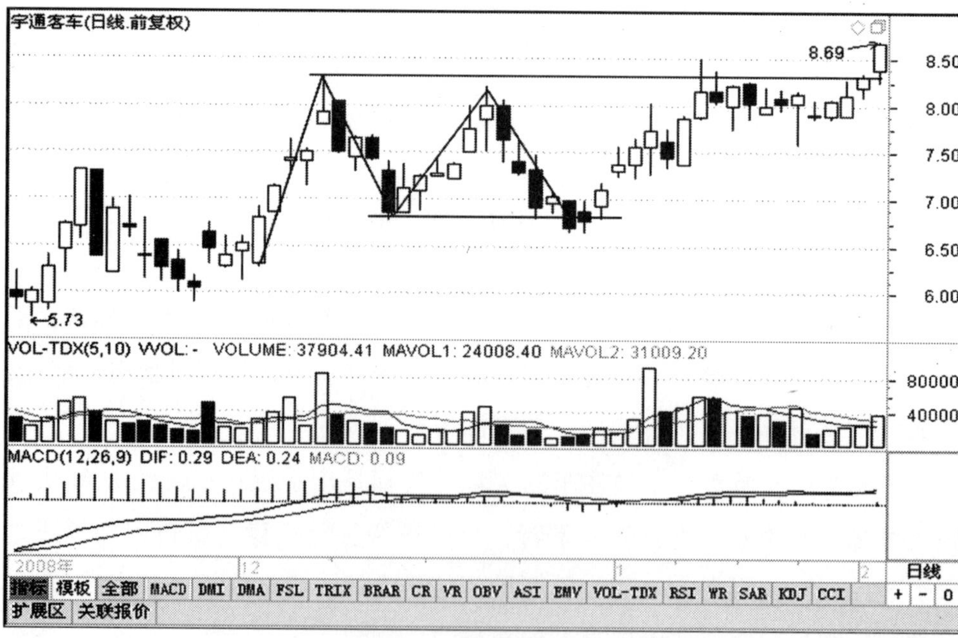

图 4－11　宇通客车　600066

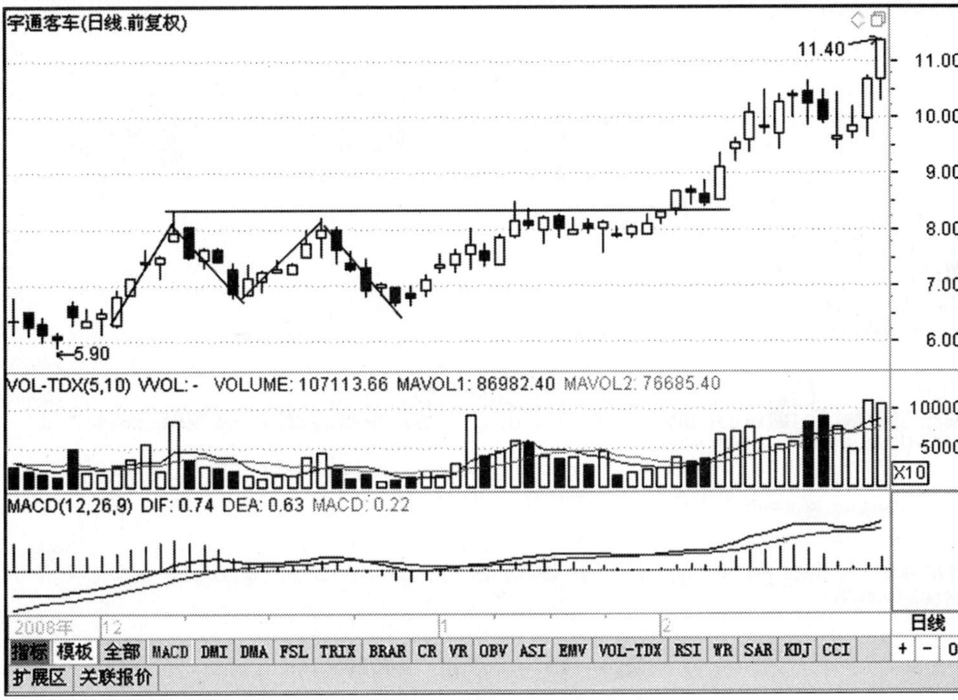

图 4－12　宇通客车　600066

上突破了前期高点的压力，股价上行空间被打开。至此，该股才开始具有中线投资价值，投资者应转换思路，后市以持股为主。

突破前高压力之后，该股进入了一波明显的涨势中。在这样的上升行情中做多，风险小，获利大，属于最值得投资者把握的波段。至于在振荡整理行情和下降行情做多，风险大，获利小，投资者还是少参与为好。

如图 4－13 所示，2010 年 12 月 3 日，美尔雅的 M 头形态确认。利用这个 M 头，可以推算该股后市下跌的目标价。M 头的最高点为 14.81 元，颈线价位为 12.58 元，两者之间的价差为 14.81－12.58＝2.23（元）。因此，突破颈线后的第一下跌目标价为 12.58－2.23＝10.35（元）。

如图 4－14 所示，跌破颈线支撑之后，美尔雅进入一波跌势中。经过三波下跌之后，该股终于到达下跌第一目标价 10.35 元附近。随后，该股在第一目标价下方展开了多个交易日的振荡整理。2011 年 2 月 14 日，该股

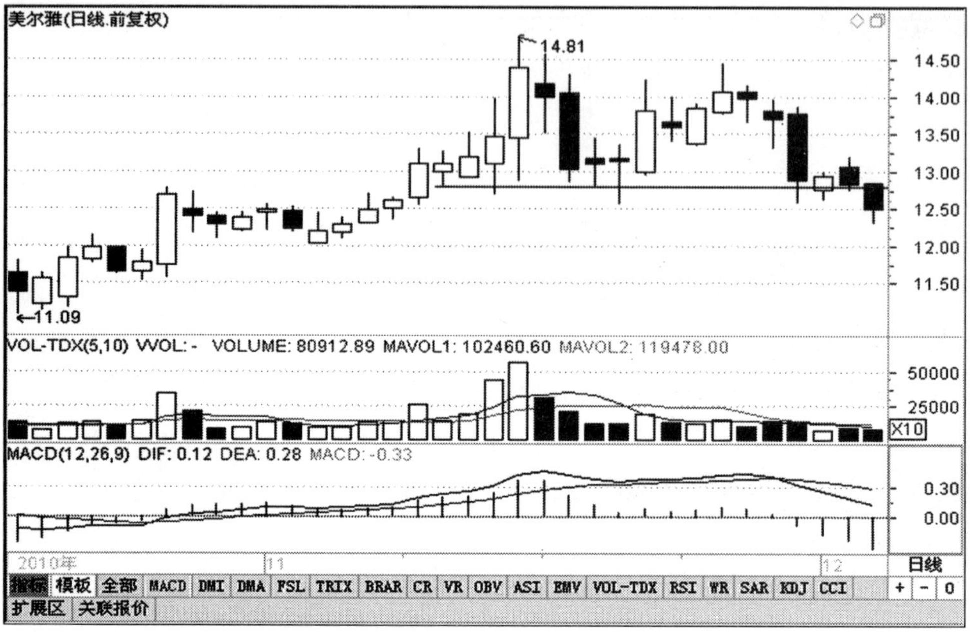

图 4－13　美尔雅　600107

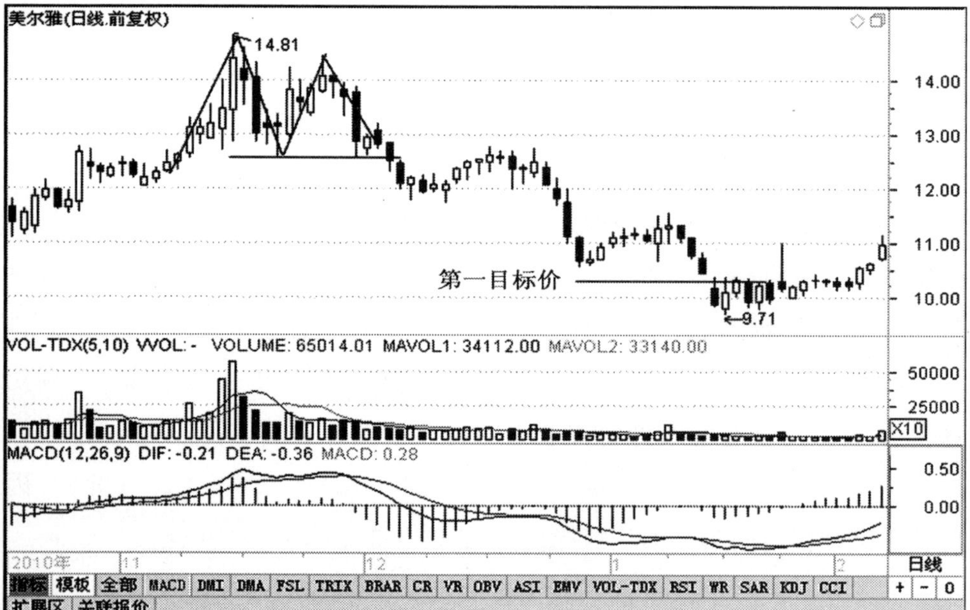

图 4－14　美尔雅　600107

出现一根阳线，向上突破了前期的重要压力位，结束了底部整理行情。由此开始，投资者才可以开始考虑入场做多。

如图 4－15 所示，2007 年 11 月 5 日，包钢稀土出现一根大阴线，突破了颈线支撑，M 头确认。随后，该股进入一波明显的跌势中，直至创出 11.54 元后见底。接着，该股转入反弹行情中。2008 年 1 月 10 日，该股出现一根大阳线，向上突破了前期 M 头的颈线压力，有转势迹象。然而，在 M 头颈线上方振荡了数个交易日后，2008 年 1 月 16 日，该股出现一根大阴线，将股价重新打回到 M 头颈线之下。由此可以看出，该股的反抽无力真正突破 M 头颈线，后市很可能重回跌势。

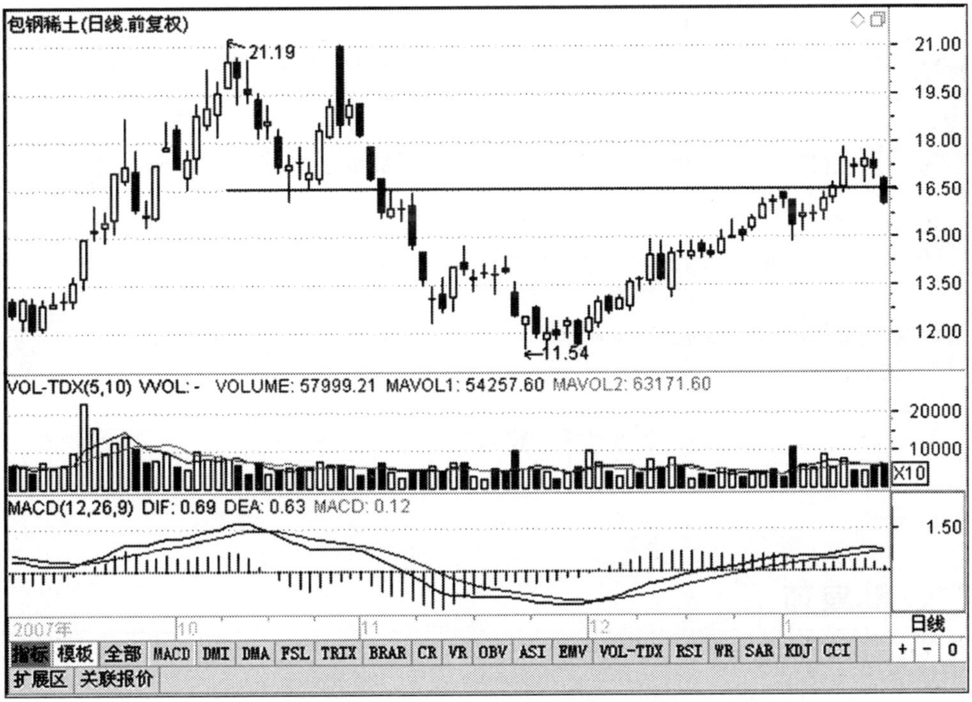

图 4－15　包钢稀土　600111

如图 4－16 所示，反抽无力企稳前期 M 头颈线后，包钢稀土调头下行探底。经过一波直线下滑，该股在前期低点 11.54 元上方获得支撑，并由此再次形成反弹。不过，这波反弹仍然受制于M头颈线的压制。既然无法上行，股价就只能向下发展了。当该股跌破前低11.54元的支撑后，下行空间被打开，投资者继续耐心持币吧！

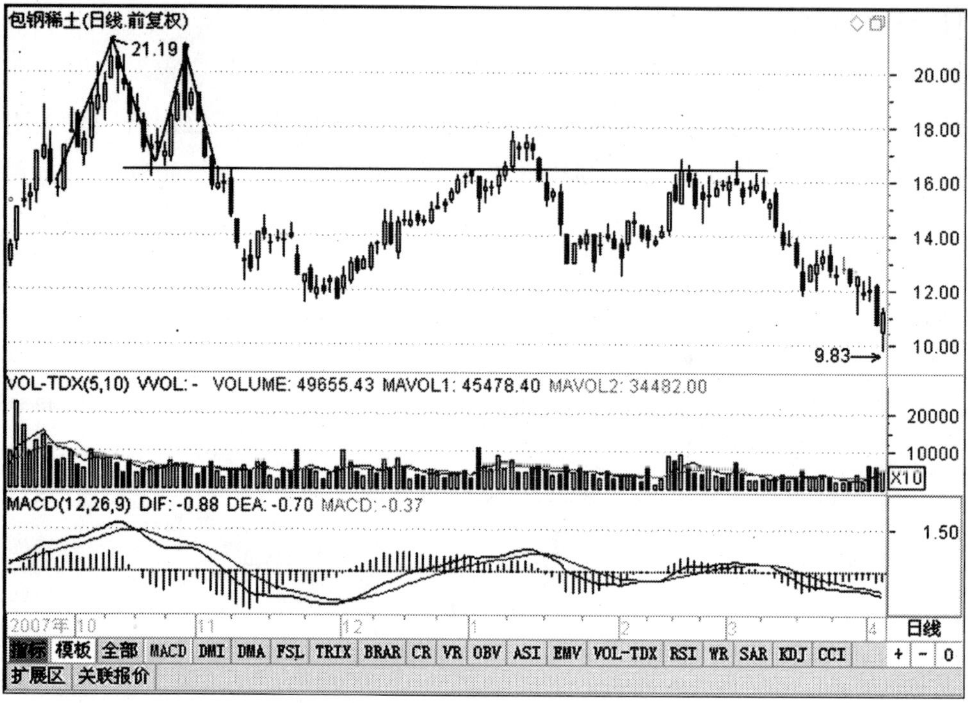

图4－16 包钢稀土 600111

二、头肩顶

1. 招式图解

头肩顶，由多根K线构成，是指经过一波上涨之后，股价出现了三个连续的峰顶形态（类似于M头的双峰顶），从而形成了类似人的头肩形状的走势。其中，中间的峰顶较高，常被称为头肩顶形态的头部；两侧的峰顶相比中间的峰顶较低，通常被称为左顶和右顶；这三个峰顶形成了两个回调低点，连接这两个低点形成的直线被称为颈线，见图4－17。

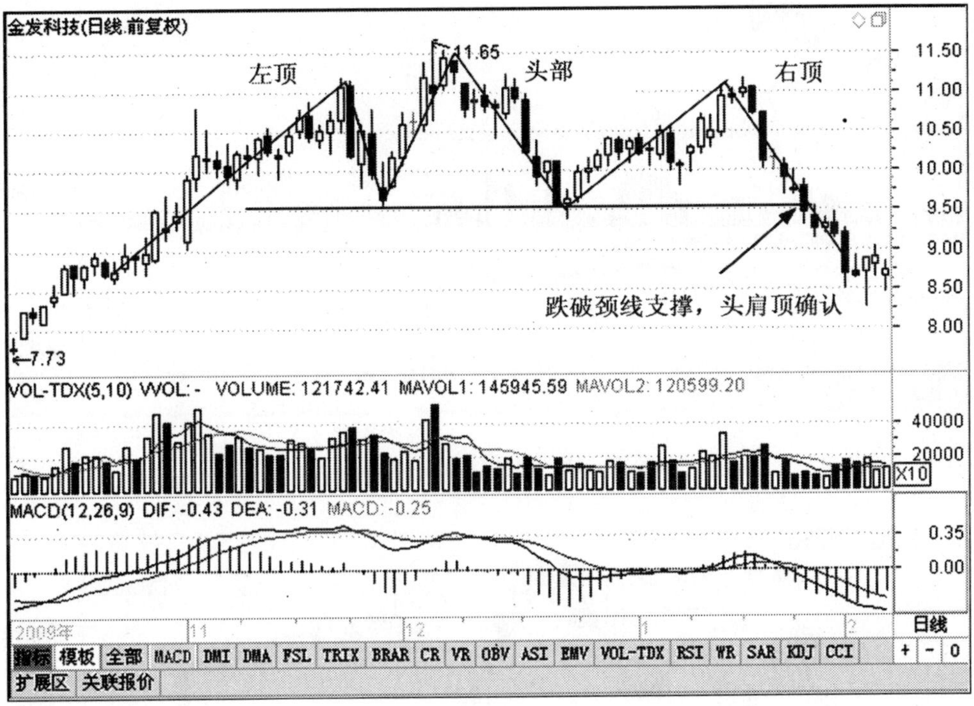

图4－17　金发科技　600143

在不同时间周期的K线图中，都可以发现头肩顶的痕迹，这些头肩顶具有相同的形态特征和操作要点，见图4－18。

如果头肩顶的头部和顶部出现不止一个的峰顶形态，就构成了复合头肩顶。比如，在一个头肩顶走势中，其头部是以一个小的M头形态构成，那么就形成了多重头肩顶形态，见图4－19。复合头肩顶的形态发生了变化，不过其分析方法与普通头肩顶类似。

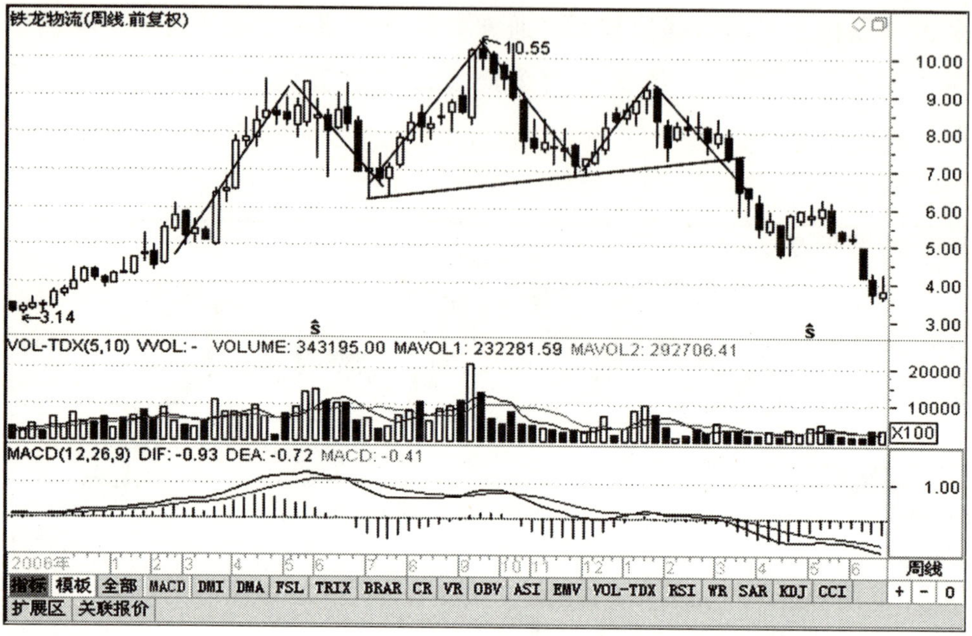

图 4－18　铁龙物流　600125

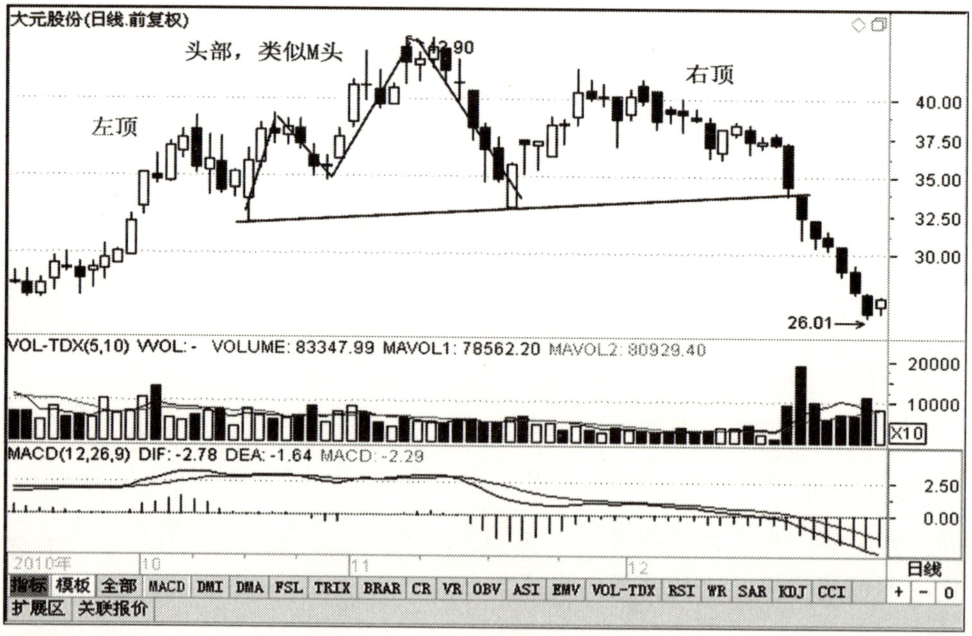

图 4－19　大元股份　600146

2. 操作要点

头肩顶属于见顶形态，标志着股价筑顶成功，后市将进入下降趋势中。同样，头肩顶很少作为出场信号，多作为持币信号看待。相比M头而言，头肩底构筑的顶部更加牢固。

持币信号：同样有两个，一是突破颈线时，二是股价跌破颈线后回抽颈线时。

止损点：每个持币信号对应不同的止损点，第一个持币信号对应的止损点为股价假突破颈线，第二个持币信号对应的止损点为股价回抽颈线后企稳颈线支撑。

测量目标价：头肩顶形成后，可以利用其测量股价下跌的目标价。设定头肩顶最高点至颈线的垂直距离为H，头肩顶确认后的第一下跌目标价为突破价位（不是颈线价位）－H，第二目标价为突破价位－1.618H（黄金分割点），第三目标价为突破价位－2H……

如图4－20所示，2011年8月1日，联美控股出现一根小阴线，连续第三个交易日跌破颈线支撑，由此推断突破颈线有效，头肩顶正式确认。不要小看这根阴线，这就是牛熊转折点，从此开始该股进入了漫漫熊途。在牛熊转换之后，投资者的交易思路也要从牛市的持股为主转变为熊市的持币为主。

如图4－21所示，在跌破头肩顶的颈线支撑后，航天机电并没有出现直线下滑走势，反而很快在左顶和头部之间的回调低点附近止跌。随后，该股开始反抽颈线。在颈线的延长线附近振荡了数个交易日后，该股无力向上突破，只能下行探底。这再一次向投资者提醒，该股没有做多的价值了。

如图4－22所示，2008年3月13日，哈空调出现一根大阴线，跌破颈线支撑，头肩顶确认。根据头肩顶目标价测量公式，可以推算这波跌势可能的终结价。头肩顶的最高点为18.92元，垂直对应的颈线价为15.10元，两者之差H为18.92－15.10＝3.82（元）。因此，第一目标价为16.44（突

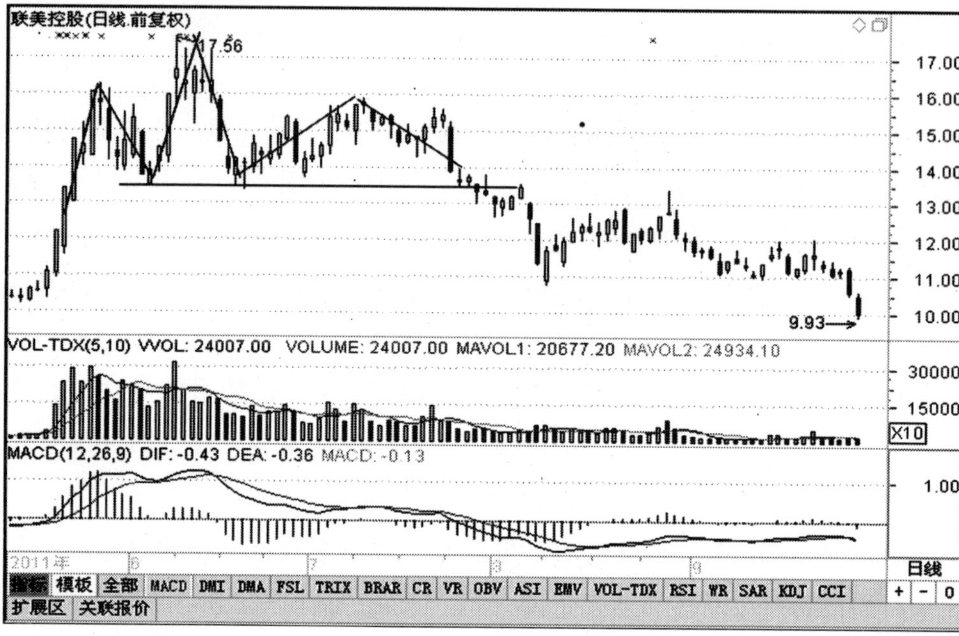

图 4-20　联美控股　600167

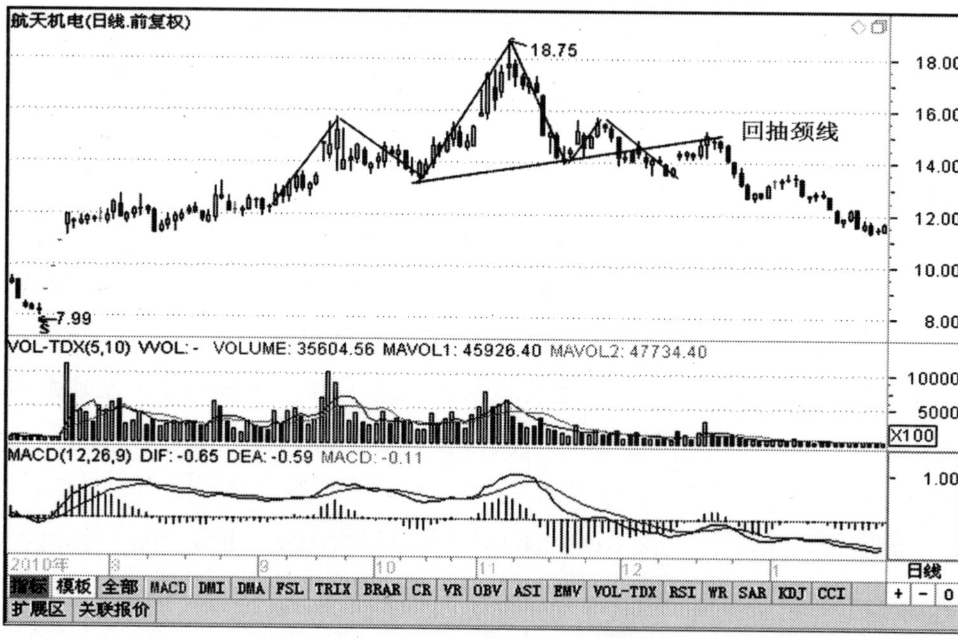

图 4-21　航天机电　600151

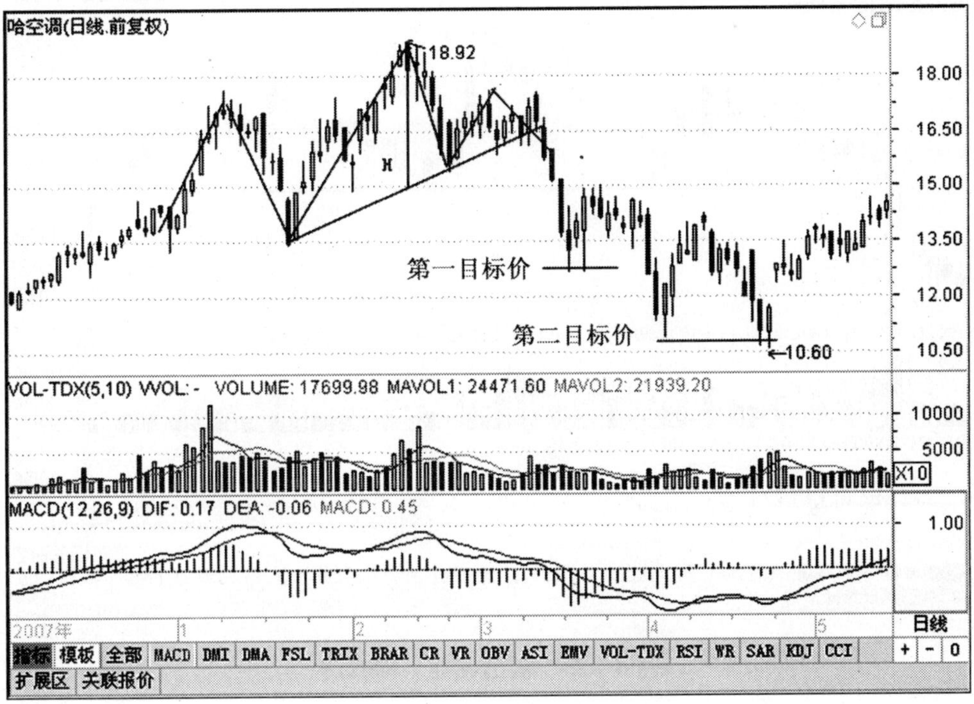

图 4-22　哈空调　600202

破颈线时的价位）-3.82 = 12.62（元），第二目标价为 16.44 - 3.82 × 1.618 = 10.26（元）。

观察跌破颈线之后的股价走势可知，当该股下跌至第一目标价附近时形成一波弱反弹，当该股下跌至第二目标价附近时形成一波明显的整理行情。

3. 实战解析

如图 4-23 所示，2010 年 1 月 25 日，南山铝业出现一根小阳线，跌破了颈线支撑。当然，这次突破颈线的幅度有限，暂时无法确定其有效，投资者可以多观察一个交易日。2010 年 1 月 26 日，该股开盘后一路走低，最终以大阴线报收，有效跌破了颈线支撑，头肩顶正式确认了。再看看当时的上证指数，早已经进入下降通道中，见图 4-24。那么，面对如此明显

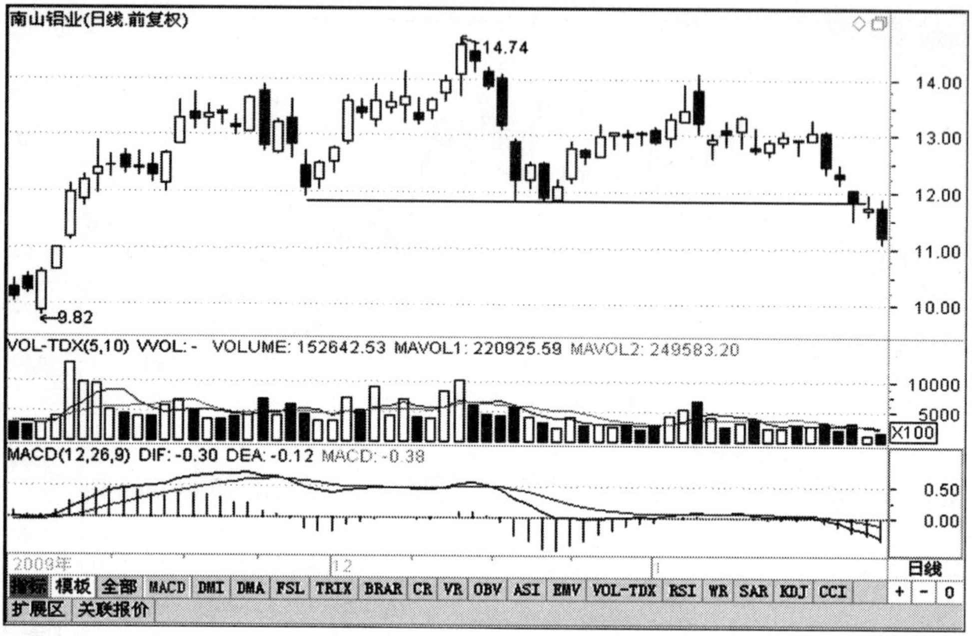

图 4-23　南山铝业　600219

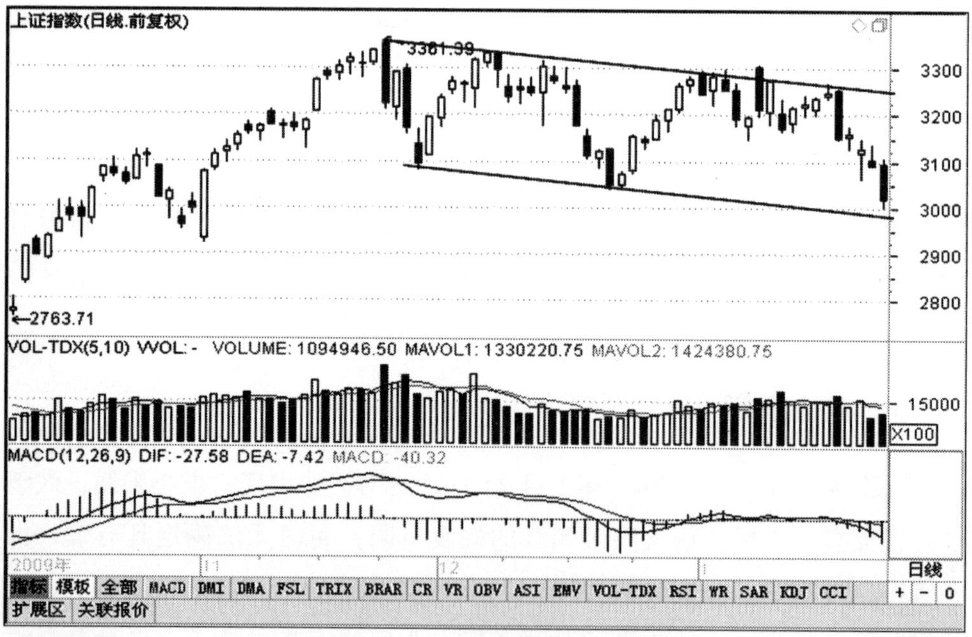

图 4-24　上证指数　999999

的见顶形态以及不景气的大盘走势，投资者可以耐心休整了，该股下一次入场做多的机会要等很久的。

如图4－25所示，跌破颈线支撑之后，南山铝业继续其下跌走势，直至10.36元附近见底企稳。随后，该股进入了长时间的振荡整理行情中，并多次回抽头肩顶颈线，然而始终缺乏成交量支持。2010年4月19日，在突破颈线压制数个交易日之后，该股出现一根大阴线，重新回到颈线压力之下，意味着向上突破颈线的努力彻底失败，后市将继续下行探底。

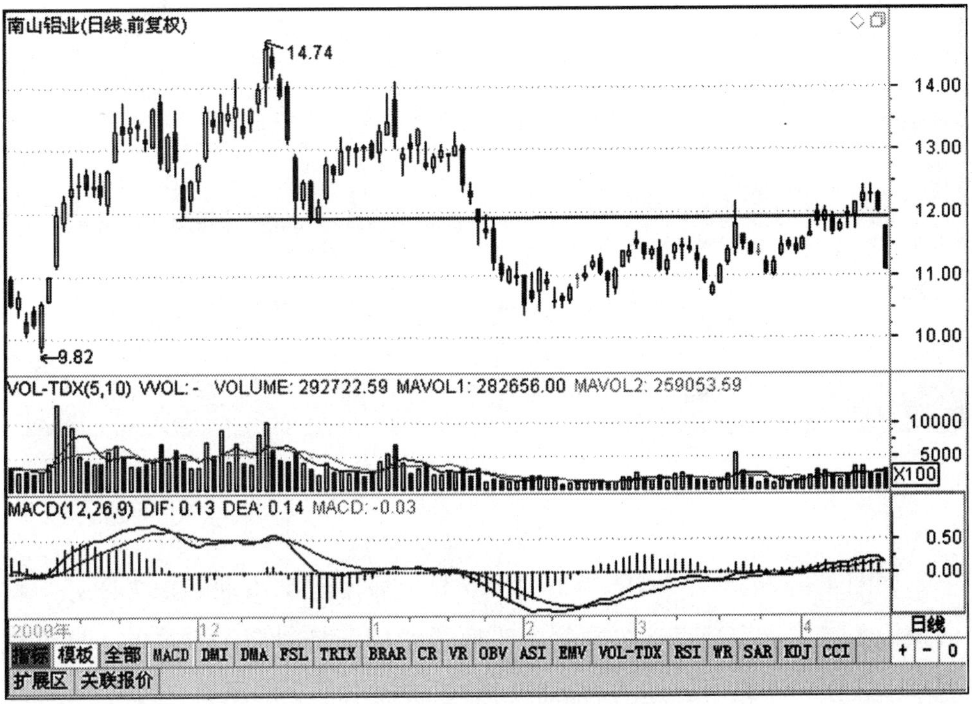

图4－25　南山铝业　600219

如图4－26所示，标志着向上突破颈线压力失败的大阴线出现之后，该股结束了长时间的振荡整理走势，进入一波直线下滑的行情中。纵观2010年1月26日头肩顶确认之后的走势，投资者唯一可以参与的就是那波长时间的振荡行情。不过，这样的行情对投资者的技术要求较高，稍有不慎就要止损离场。因此，对于技术水平稍弱的投资者而言，只要个股处于下降趋势中，耐心持币就好了。

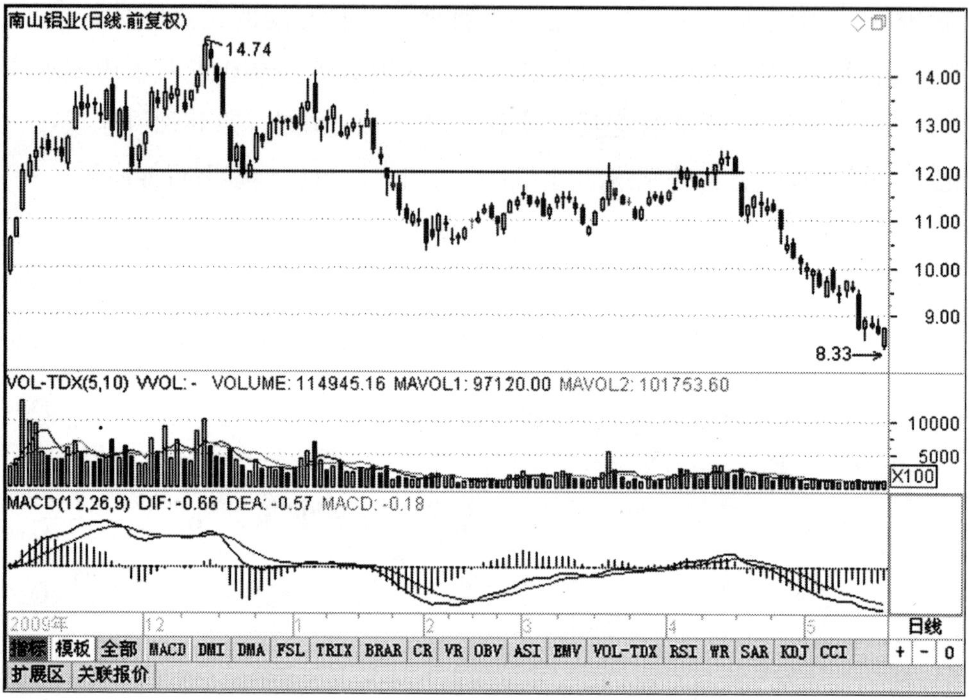

图 4－26　南山铝业　600219

如图 4－27 所示，2007 年 10 月 18 日，海南航空出现一根大阴线，跌破颈线支撑，头肩顶确认。本例中头肩顶的颈线是斜向上发展的，这不仅更早地发出持币信号，还为后市的回抽颈线提供了更广阔的空间。

如图 4－28 所示，跌破颈线支撑之后，该股进入一波下跌行情中，直至创出 8.20 元的低点后见底。随后，该股进入了反弹行情中。这波反弹行情在前期头肩底的颈线附近终结，总体涨幅非常可观，从 8.20 元开始计算，最大涨幅接近 70%。由此可见，头肩顶确认之后并非肯定没有交易机会，这需要结合实际走势进行判断。通常而言，头肩顶形成之前的涨幅越大，头肩顶确认之后的跌幅越深，后市反弹的高度就越高。

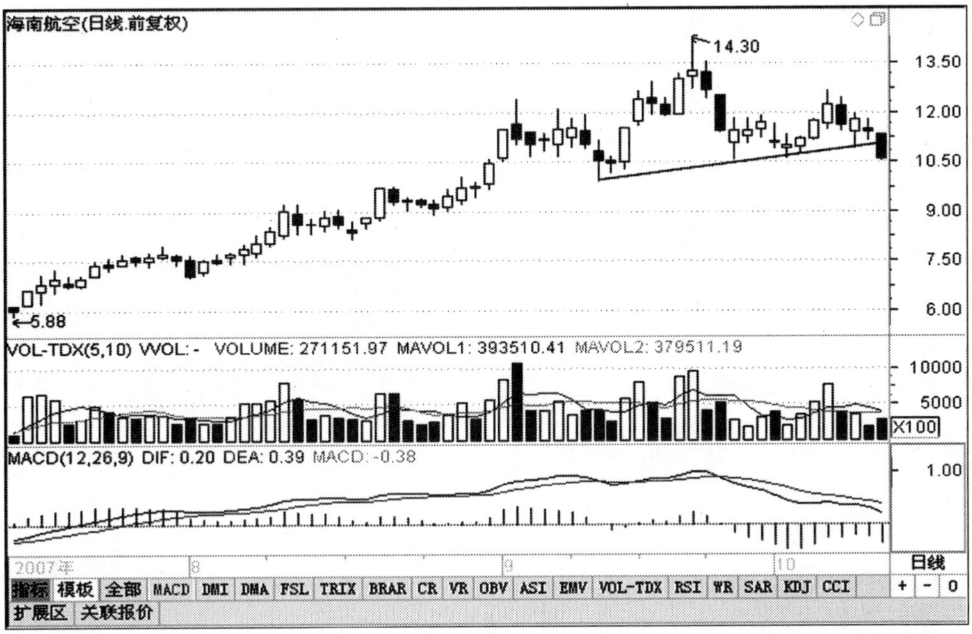

图 4－27　海南航空　600221

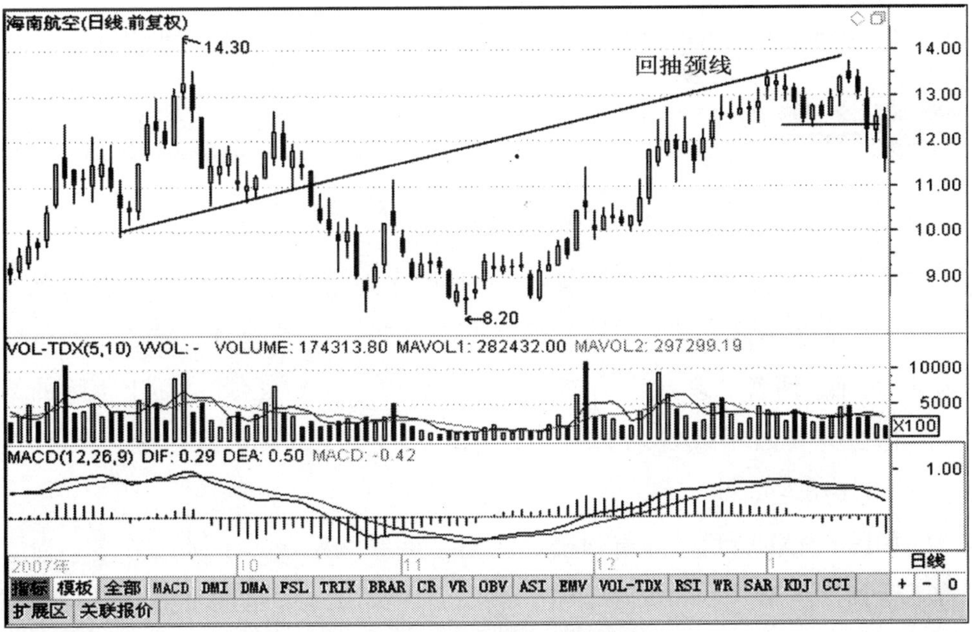

图 4－28　海南航空　600221

如图4－29所示，在头肩顶颈线附近出现M头形态后，该股的回抽行情结束，随后进入了又一波下跌行情中。此时，投资者又可以“刀枪入库，马放南山”了，耐心等待下一次做多机会的出现吧！

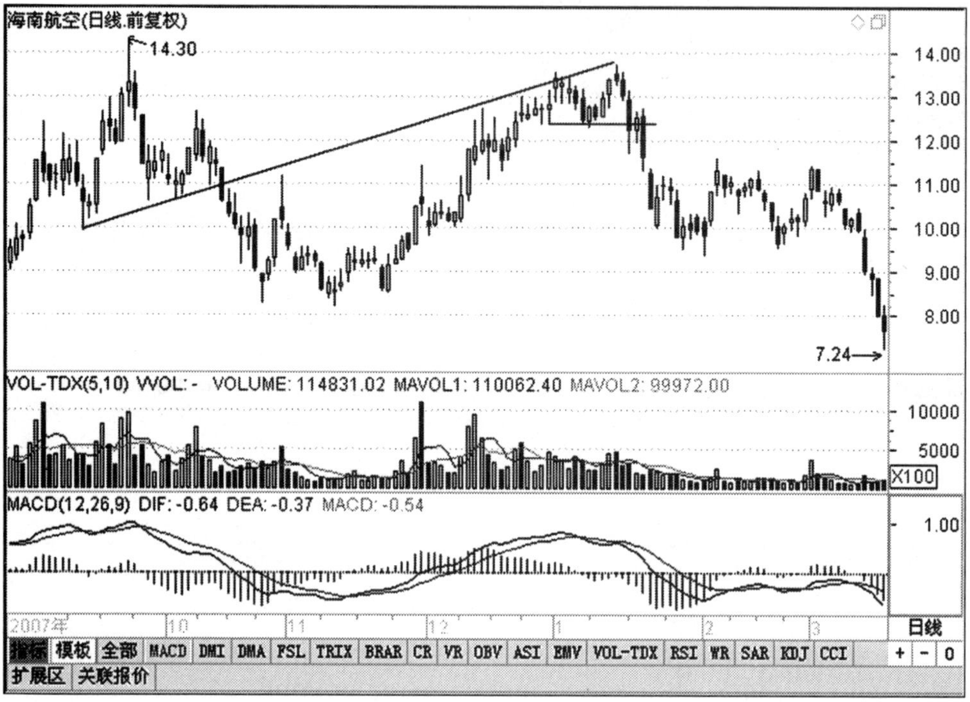

图4－29　海南航空　600221

如图4－30所示，2010年4月29日，赤天化出现一根阴线，跌破颈线支撑，头肩顶确认。该头肩顶的最高点为7.27元，其垂直对应的颈线价位为6.15元，两者之差H为7.27－6.15＝1.12（元）。因此，后市下跌的第一目标价为突破颈线价6.37－1.12＝5.25（元），第二目标价为6.37－1.12×1.618＝4.56（元）。

如图4－31所示，头肩顶确认之后，该股如期进入下降趋势中。当股价下行到下跌第一目标价附近时，形成了一波三角形整理行情，但并未就此筑底。在三角形破位下行后，该股在下跌第二目标价附近顺利止跌，随后转入上升趋势中。

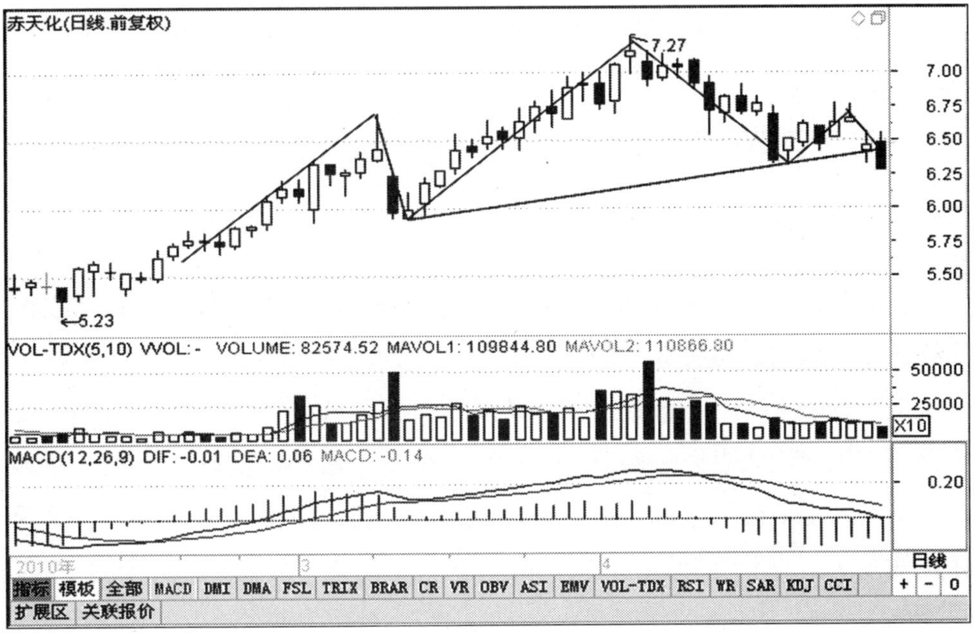

图 4－30　赤天化　600227

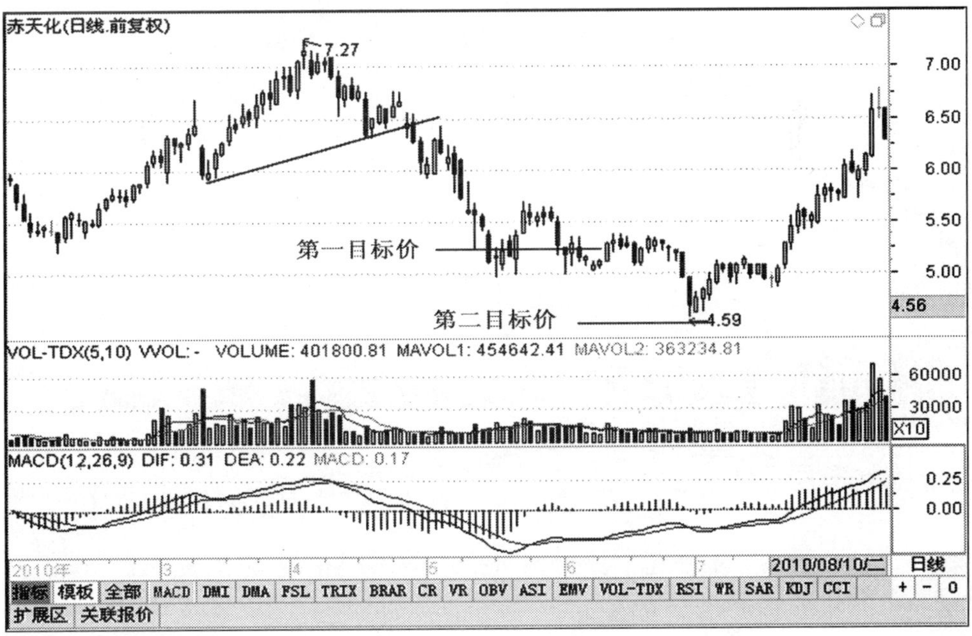

图 4－31　赤天化　600227

三、三重顶

1. 招式图解

三重顶，由多根K线构成，是指经过一波上涨之后，股价出现了三个连续的峰顶形态。与头肩顶形态不同的是，这三个峰顶基本处于同一水平价位上，见图4－32。连接这三个峰顶之间回调低点（与头肩顶不同，三重顶的右侧回调低点通常略低于左侧回调低点，故颈线实际多为经过右侧回调低点的水平线），就形成了三重顶颈线。当股价跌破颈线支撑，三重顶才正式确认。

图4－32 青海华鼎 600243

同样，三重顶存在于各种不同周期的 K 线图中，而且具有相同的形态特征和操作要点，见图 4－33。

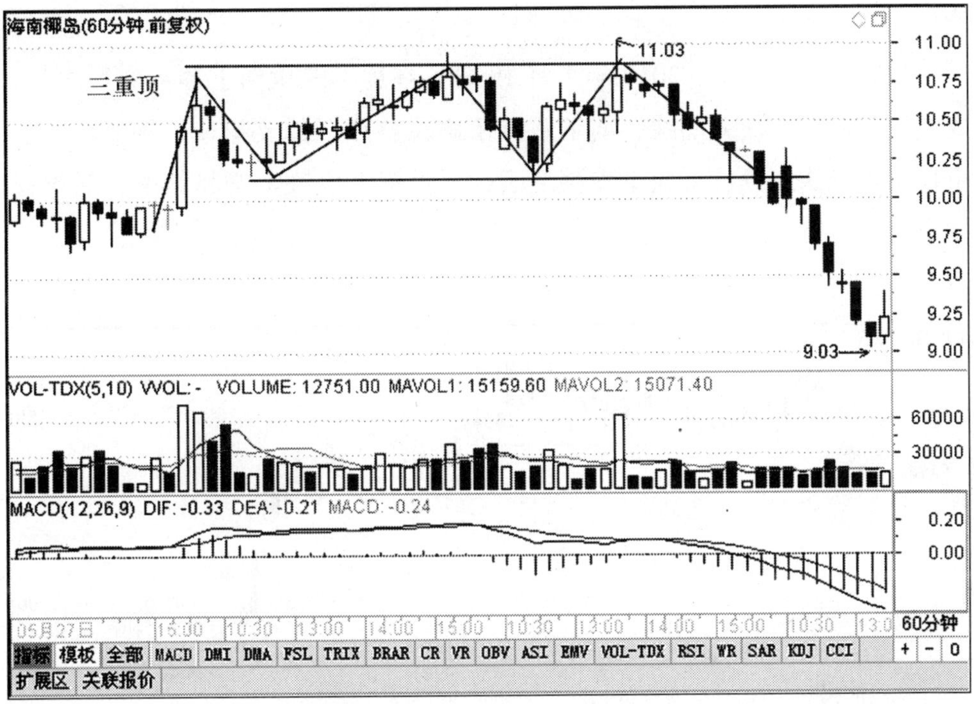

图 4－33　海南椰岛　600238

2. 操作要点

三重顶属于见顶形态，标志着股价筑顶成功，后市将进入下降趋势中。同样，三重顶也很少作为出场信号，多作为持币信号看待。

持币信号：第一个持币信号为股价突破颈线时，第二个持币信号为股价突破后回抽颈线时。

止损点：第一个持币信号对应的止损点为股价假突破颈线，第二个持币信号对应的止损点为股价回抽颈线后不再跌破颈线支撑。

测量目标价：三重顶形成后，可以利用其测量股价下跌的目标价。设定三重顶最高点与颈线（如果颈线并非水平线，则选择最低回调价）的价差为H，三重顶确认后的第一下跌目标价为突破价位（不是颈线价位）-H，第二目标价为突破价位-1.618H（黄金分割点），第三目标价为突破价位-2H……

如图4-34所示，2010年4月19日，在连续三次向上冲击失败之后，成城股份出现一根大阴线，向下跌破了高位整理区的支撑线，即颈线，三重顶正式确认，股价将向下发展。因此，投资者应改变交易策略，后市以持币为主。

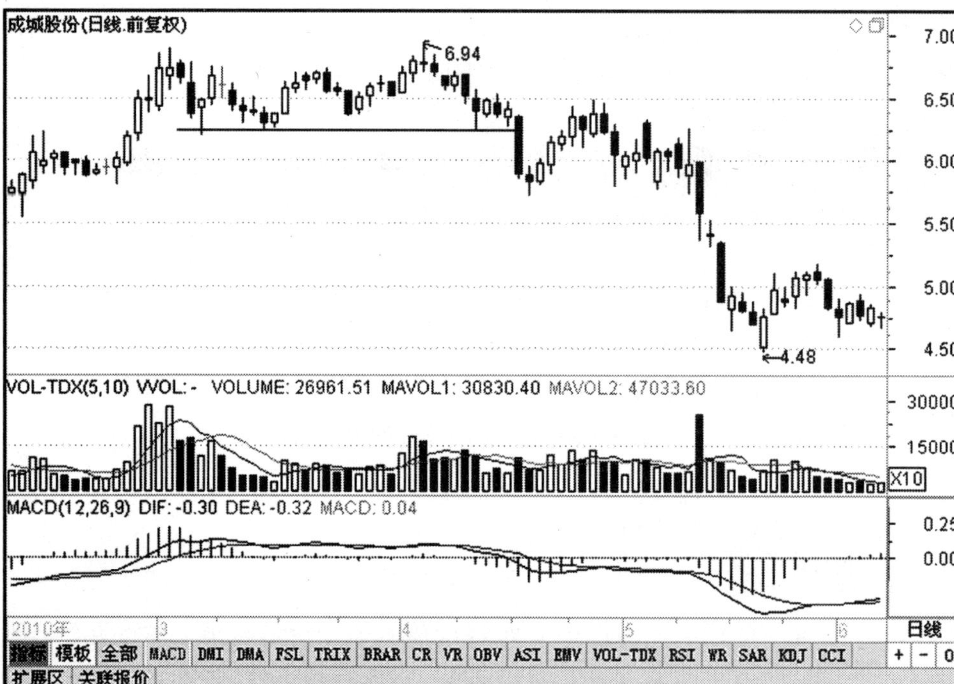

图4-34　成城股份　600247

如图4-35所示，2011年4月25日，亿利能源出现一根阴线，跌破了颈线支撑，三重顶确认。由此开始，该股进入了一波明显的下跌行情中，直至创出12.01元的低点。随后，该股转入反弹行情中。2011年7月14

日，该股出现一根大阳线，重新回到了此前头肩顶的颈线之上。然而，这次向上突破仅维持了数个交易日，很快股价就重新回到了颈线之下，新的一波下跌又开始了。

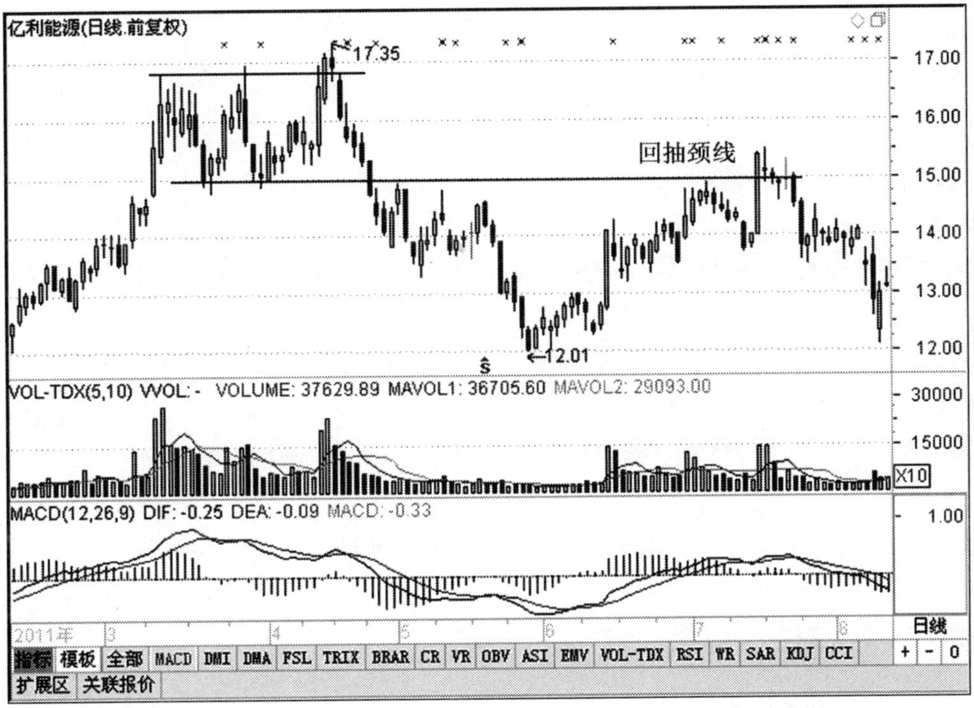

图4－35　亿利能源　600277

如图4－36所示，2011年1月14日，国电南自出现一根阴线，跌破颈线支撑，三重顶确认。此时，可以根据三重顶的计算公式推算后市的下跌目标价。首先，根据三重顶最高价14.41元和颈线价12.53元，计算出价差H为14.41 － 12.53 = 1.88（元）；然后，计算出第一下跌目标价为12.53 －1.88 = 10.65（元），第二目标价为12.53 －1.88 ×1.618（黄金分割点）=9.49（元）。

当股价下跌至第二目标价9.49元附近时，该股出现一个曙光初现组合，显示见底迹象，结束了此前的一波直线下跌。随后，该股直接进入涨

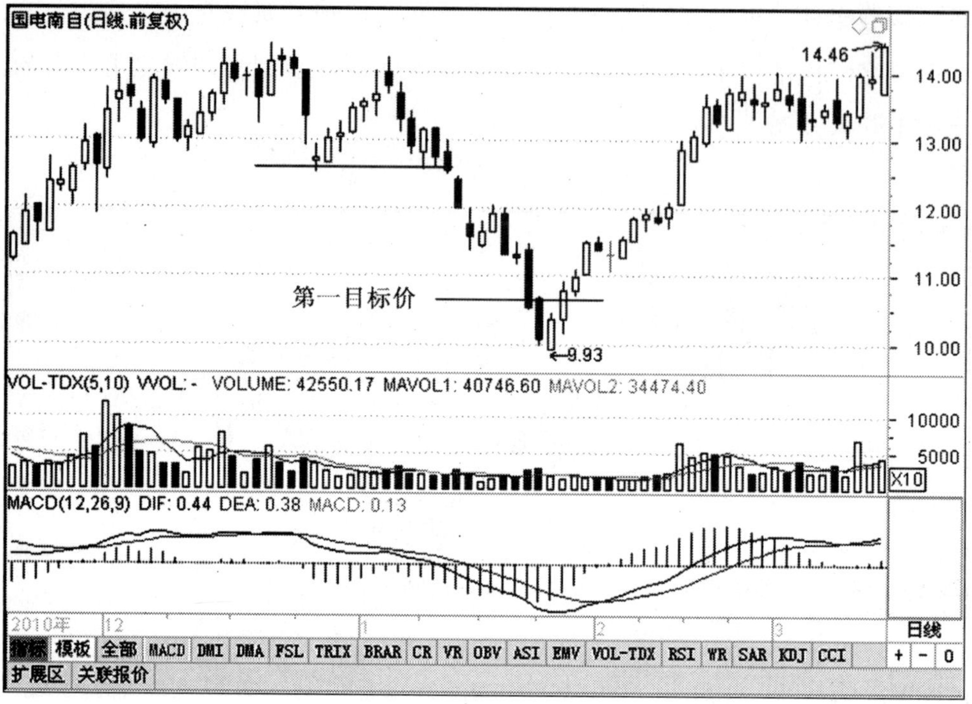

图 4－36　国电南自　600268

势，形成 V 形反转走势。

3. 实战解析

如图 4－37 所示，2009 年 12 月 18 日，万科 A 出现一根大阴线，跌破了颈线支撑，三重顶正式确认。虽然此时还无法获知后市行情的具体走势，不过仅凭图中的走势就可以判断股价后市下行的可能性很高了。既然后市将以下跌为主，投资者是选择持币还是选择持股，还用得着权衡吗？

如图 4－38 所示，在跌破三重顶的颈线支撑之后，万科 A 进入了一波明显的跌势中。在此期间，没有出现真正值得投资者介入的做多机会。如果投资者在这种时候盲目入场抄底，除非可以做到快进快出（就算这样，也只是保证不严重亏损而已），否则很容易陷入深度套牢的被动局面中。因此，为了自己的资金安全，投资者还是放弃在下跌趋势中抄底的企图吧！

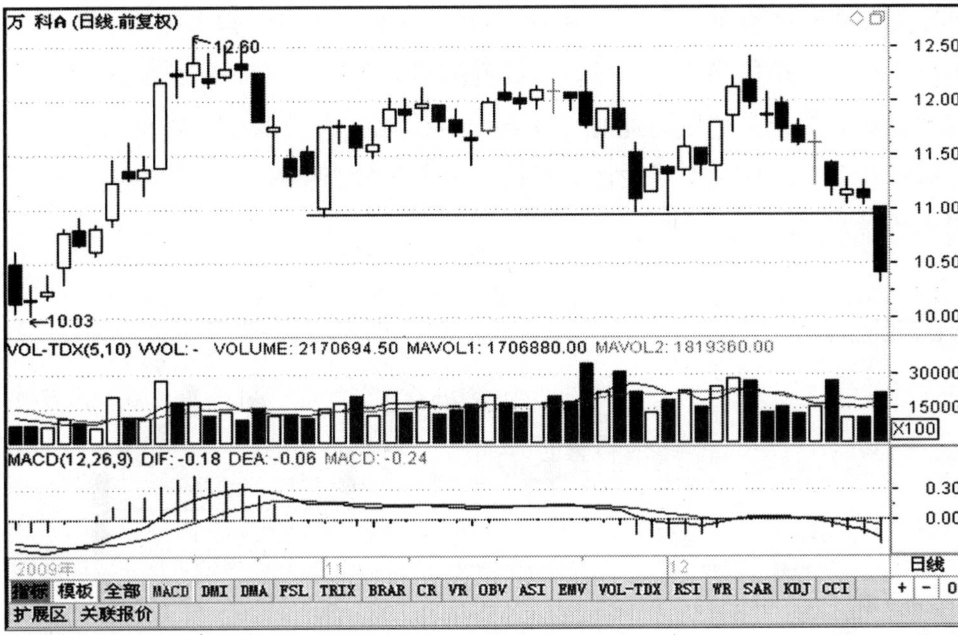

图 4 – 37　万科 A　000002

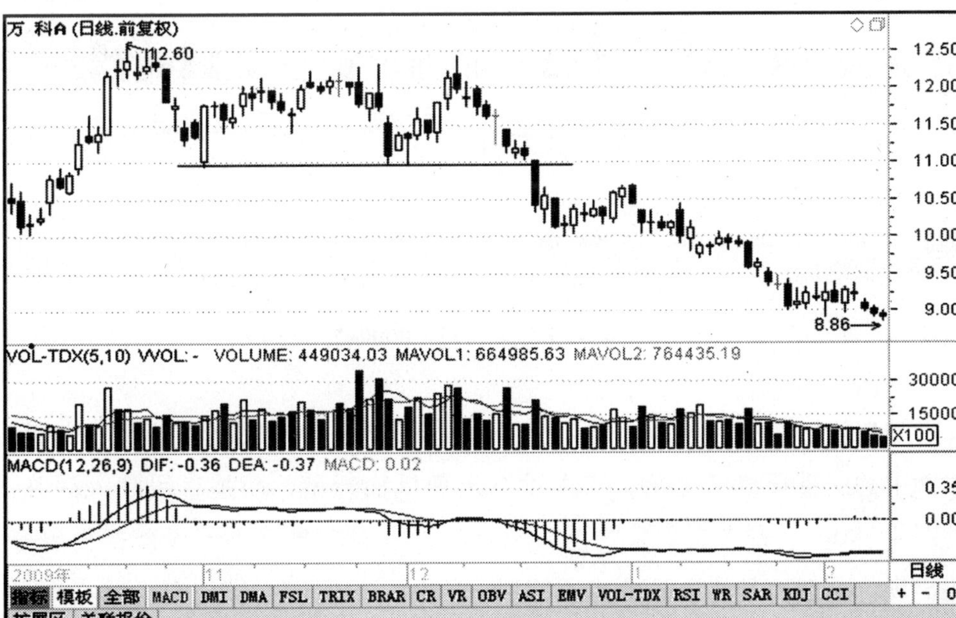

图 4 – 38　万科 A　000002

如图 4－39 所示，2010 年 4 月 12 日，深长城出现一根大阴线，跌破了颈线支撑，三重顶确认。此时，投资者都知道后市要以持币为主了。不过，有些投资者由于各种原因此时仍在场内，让他在大阴线出现时止损颇有些心有不甘：三重顶成形后往往会有波反抽颈线的走势嘛，到时再择机离场，卖出价说不定可以好些！

图 4－39　深长城　000042

如果投资者只是根据自己的假想来进行炒股，要想赢利难于上青天。本例中的三重顶确认之后，根本没有出现反抽行情，而是直线跌入深谷，见图 4－40。投资者在危险的苗头出现时的一丝犹豫，不但没能换得更好的出场价，反而是将自己推向了深渊。因此，投资者在实战交易时必须严格按照事先设置好的规则行事。如果根据规则始终不能赚钱，那是规则设置不合理，而不是遵守规则的错。

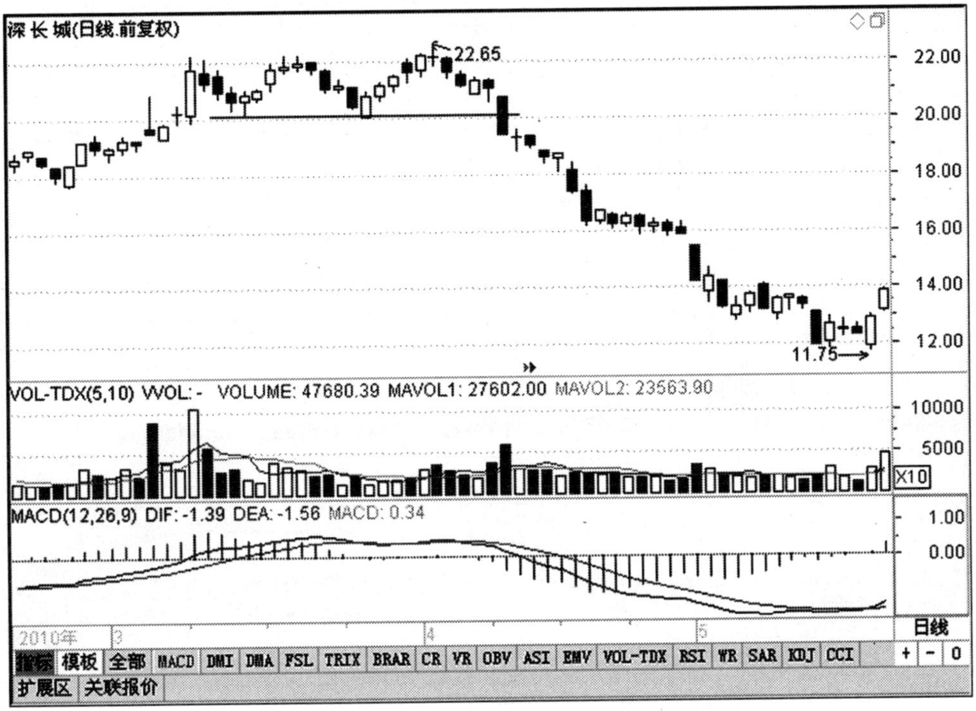

图 4 - 40　深长城　000042

四、圆弧顶

1. 招式图解

圆弧顶，由多根 K 线构成，是指经过一波上涨之后，股价出现了类似于圆弧状的走势，见图 4 - 41。圆弧顶没有颈线作为参考，因此缺乏明确的确认标准，投资者只能根据其形状进行推断。

作为常见的 K 线形态，圆弧顶也存在于各种不同周期的 K 线图中，而且具有相同的形态特征和操作要点，见图 4 - 42。

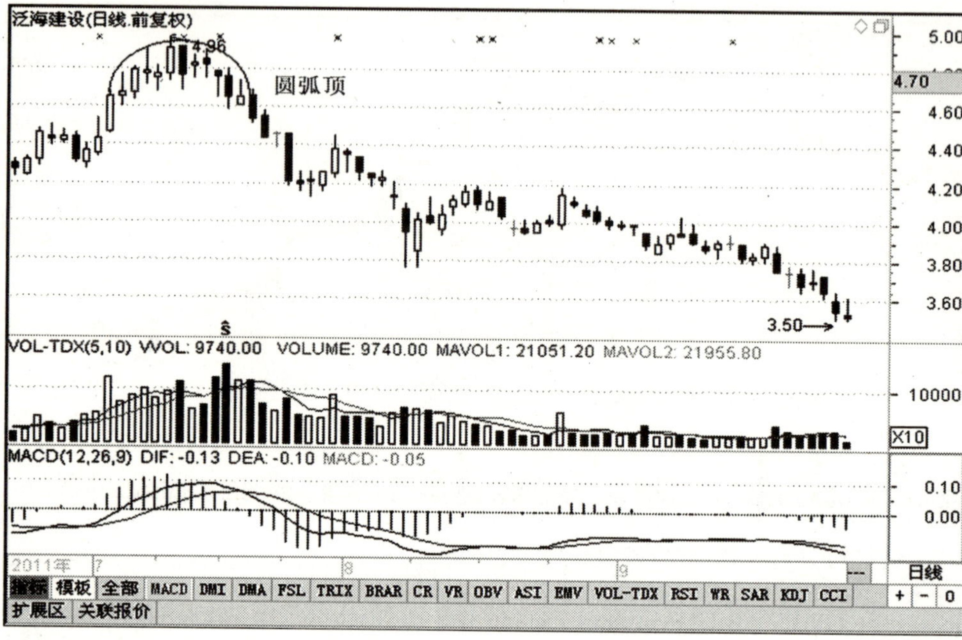

图 4－41　泛海建设　000046

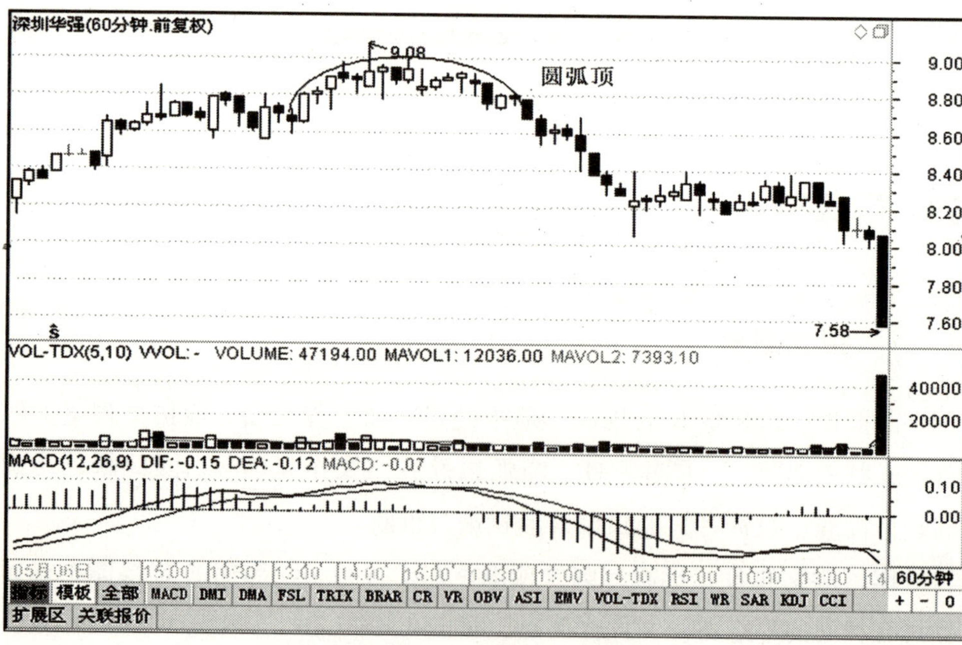

图 4－42　泛海建设　000046

2. 操作要点

圆弧顶属于见顶形态，相对而言出现几率较低（很少作为中长期大顶独立出现，一般出现在下跌反弹行情中），不过其见顶的强度并不弱。一旦投资者发现圆弧顶走势，后市的交易策略还是应该转换为持币为主了。当然，圆弧顶缺乏明确的判定标准，投资者只能结合实际走势择机行事。

如图 4－43 所示，经过一波反弹之后，中金岭南出现了一个圆弧形走势，意味着股价即将见顶回落，后市将延续大趋势继续下跌。作为投资者，切莫受圆弧顶形成之前的强势反弹所影响，盲目乐观。有些投资者在涨时看不到危险所在，在跌时看不到机会所在，那就只能在慌乱的追涨杀跌中看着自己的身家缩水了。

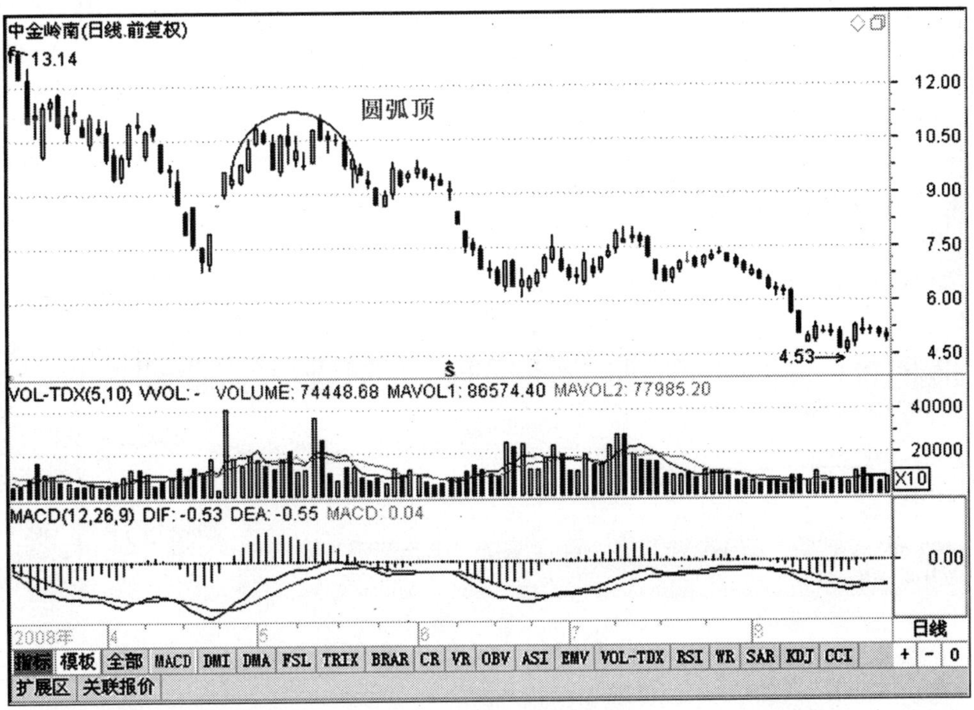

图 4－43　中金岭南　000060

3. 实战解析

如图4-44所示，2009年7月30日，在前高形成的支撑线上方，深天健连续出现两根带下影线的阴线。通常而言，如果股价回调到重要支撑位附近获得支撑，后市应该看涨。然而，此时却并不能生搬硬套这条规则。首先，该股已经走出了明显的圆弧顶；其次，该圆弧顶出现在一段明显的上涨趋势之后；最后，此时股价只是运行到了支撑位附近，但尚未显示出就此获得支撑的迹象。因此，投资者还是应该保持持币不动的姿态，静观后市发展。

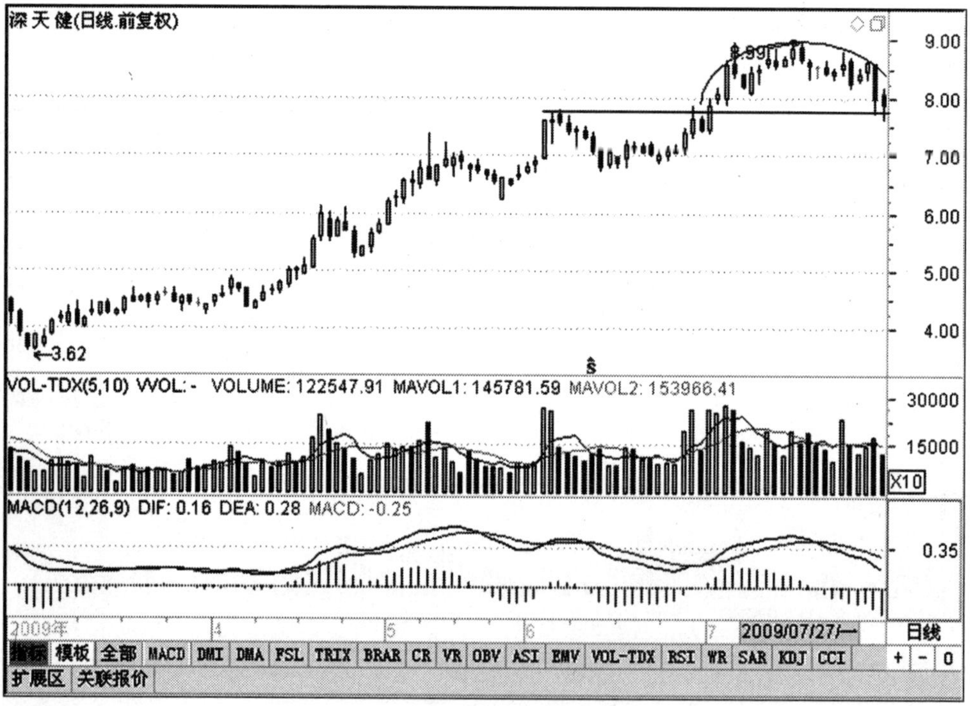

图4-44 深天健 000090

如图4-45所示，在股价滑落到前高支撑位附近后，深天健还是形成了一波反弹，不过力度相当有限。随后，该股重新进入跌势中。2009

年 8 月 14 日，该股出现一根大阴线，正式跌破了前高支撑线，宣告一波跌势开始。

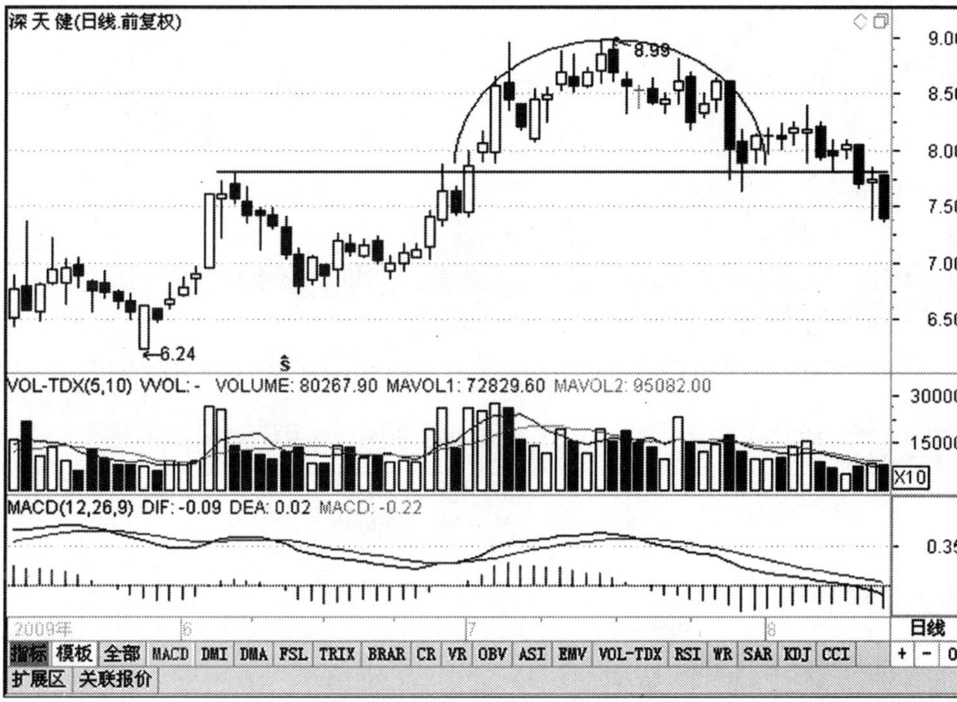

图 4 – 45　深天健　000090

如图 4 – 46 所示，跌破前高支撑线之后，深天健进入了一波直线下滑的行情中。即使以 8 月 14 日的收盘价 7.40 元为起点进行计算，在随后的三个交易日内，该股的最大跌幅就接近 20% 了。如果投资者根据自己的判断，成功地回避了如此猛烈的下跌，还是很有成就感的一件事儿了。

如图 4 – 47 所示，经过一段时间的振荡整理之后，许继电气出现了一个圆弧顶形态。这个圆弧顶所处的位置比较微妙：从上方来看，它恰好出现在前期低点的压力位之下，看空意味更加浓厚；从整体来看，该股又处于潜在头肩底的右底形成过程中，股价有可能就此见重要底部。不过，不论结论是什么，此时持币为主的策略都是对的，毕竟买入信号没有出现。

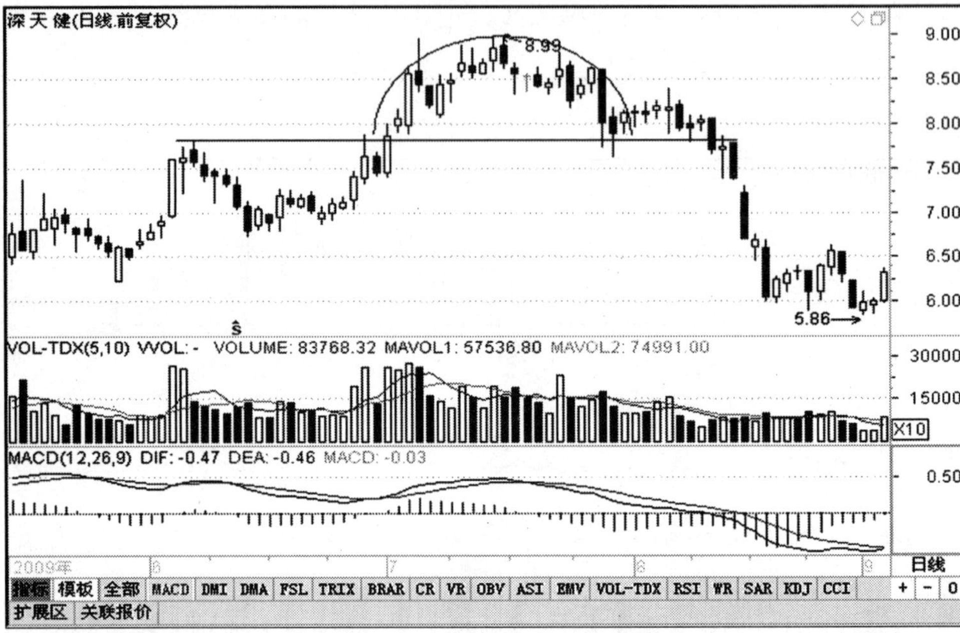

图 4－46　深天健　000090

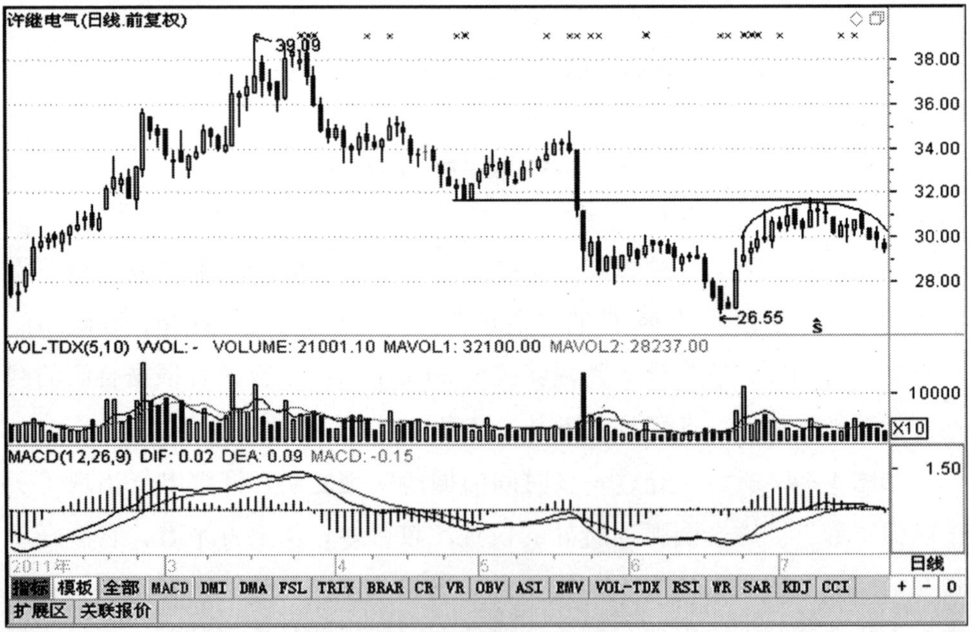

图 4－47　许继电气　000400

如图 4－48 所示，这个圆弧顶形态出现之后，许继电气在潜在头肩底的右底附近获得支撑。随后，出现一根长上影线的大阳线，冲击头肩底颈线的压力（即前期重要低点形成的压力）。不过，这次向上突破的努力以失败告终。最终，该股无奈上方压力重重，只能向下发展寻求新的落脚点。

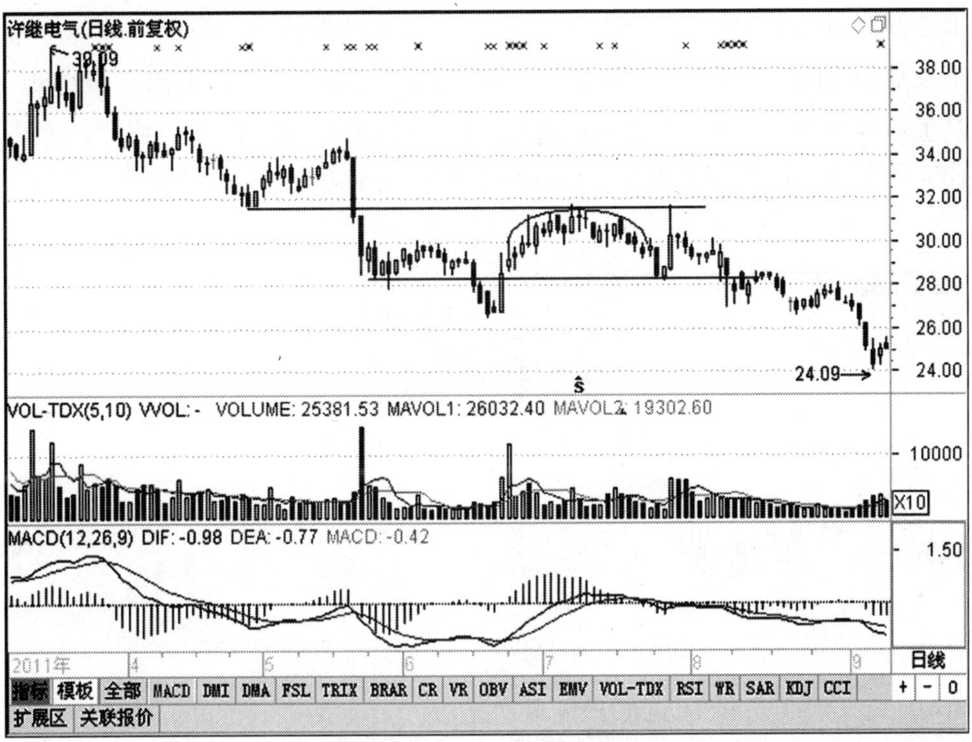

图 4－48　许继电气　000400

五、三角形顶

1. 招式图解

三角形顶，由多根 K 线构成，是指经过一波上涨之后，股价在高位振荡整理，逐渐形成了三角形走势，整理结束后股价向下突破三角形的下边线，由此转入跌势。

三角形顶分为多种形态：上升三角形顶、下降三角形顶、收敛三角形顶和扩散三角形顶。图4－49就是上升三角形顶，其上边线为水平线，下边线为斜向上发展的直线；图4－50是下降三角形顶，其下边线为水平线，上边线为斜向下发展的直线；图4－51是收敛三角形顶，其上边线为斜向下发展的直线，下边线为斜向上发展的直线；图4－52是扩散三角形顶，其上边线为斜向上发展的直线，下边线为斜向下发展的直线（或者，上边线水平下边线斜向下发展，上边线斜向上发展下边线水平）。

图4－49　合肥百货　000417

三角形顶同样可以出现在任何时间周期的K线图上，其形态特征和操作要点基本一致，见图4－53。

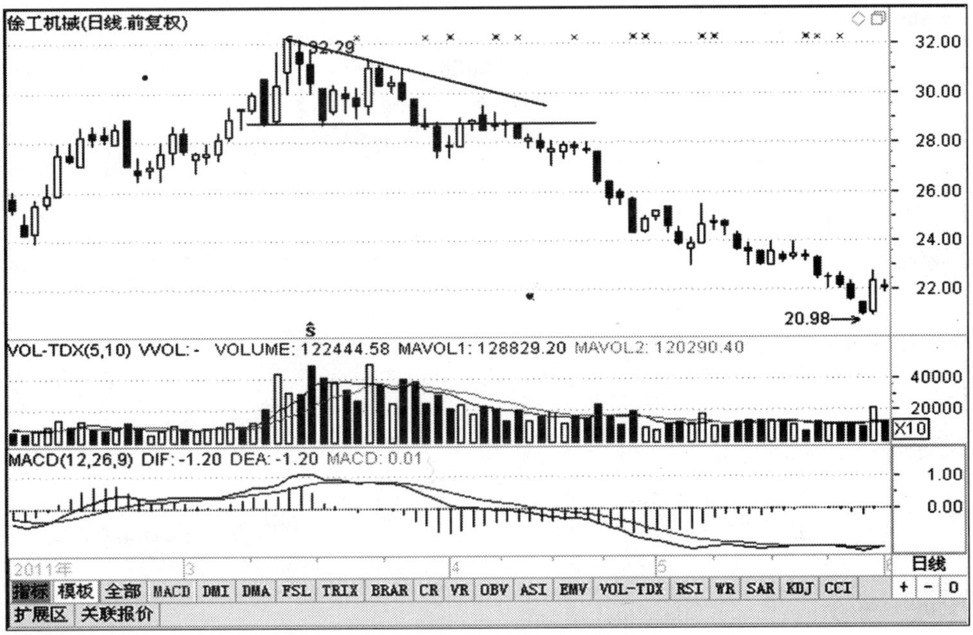

图 4－50　徐工机械　000425

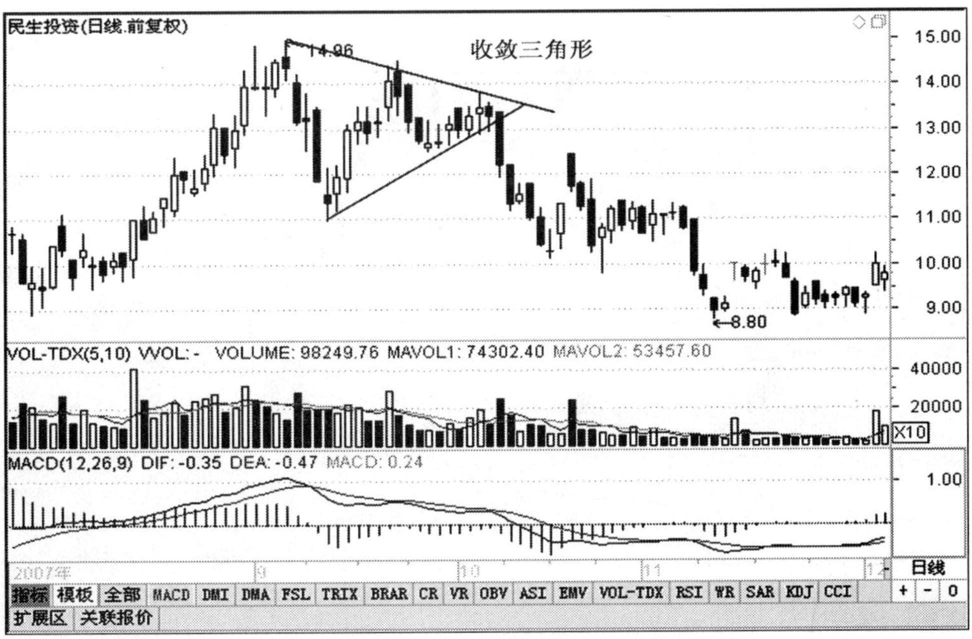

图 4－51　民生投资　000416

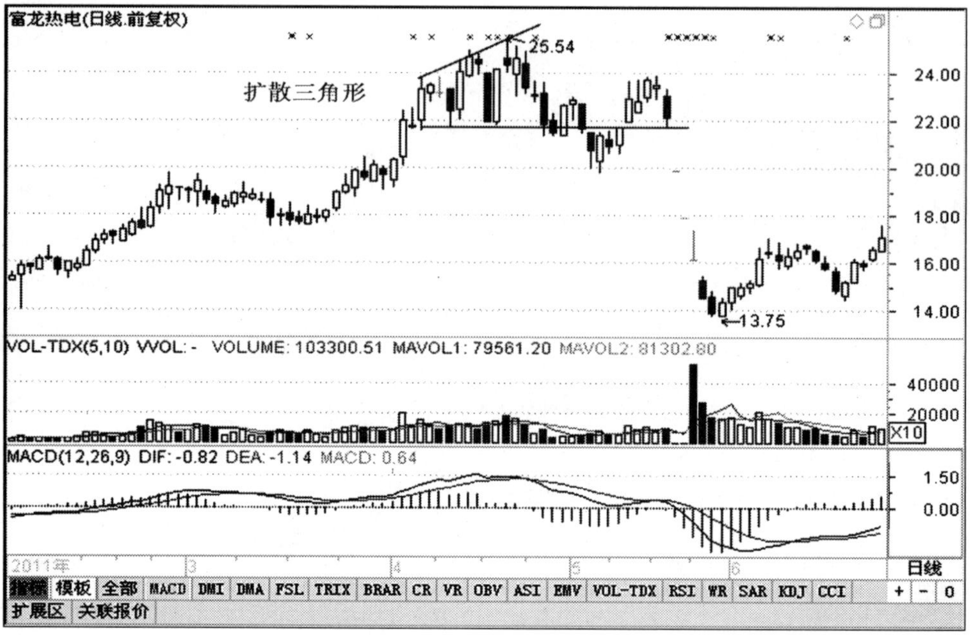

图4－52　富龙热电　000426

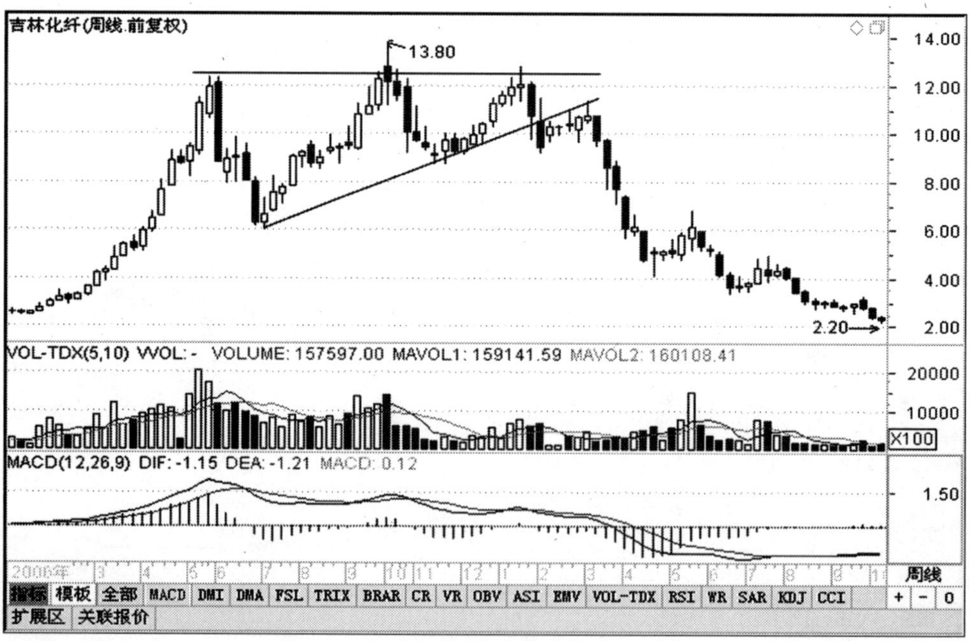

图4－53　吉林化纤　000420

2. 操作要点

三角形顶属于见顶形态。其中，扩散三角形的稳定性最差，股价见顶的可能性最高；下降三角形的见顶可能性次之，收敛三角形再次之，上升三角形的见顶可能性最小。

持币信号：除了扩散三角形以外，其余三种三角形的判别标准一致：第一个持币信号为突破三角形下边线时；第二个持币信号为回抽三角形边线压力时。至于扩散三角形，没有非常好的判别标准，习惯性做法如下：第一个持币信号为跌破扩散三角形第二个回调低点的支撑，第二个持币信号是第四次向上振荡受制于扩散三角形的上边线压力。

止损点：扩散三角形只有习惯性做法，止损位要结合具体情况进行分析。除此之外的三种三角形，第一个止损点为假突破三角形下边线，第二个止损点为回抽三角形边线压力后不再跌破三角形下边线。

测量目标价：三角形顶形成后，可以利用其测量股价下跌的目标价（扩散三角形除外）。设定三角形底最高点至三角形下边线的垂直距离为 H，三角形顶确认后的第一下跌目标价为突破价位 – H，第二目标价为突破价位 – 1.618H（黄金分割点），第三目标价为突破价位 – 2H……

如图 4 – 54 所示，2010 年 6 月 18 日，丽珠集团出现一根阴线，有效跌破了下降三角形的下边线支撑，下降三角形顶确认，后市看跌。面对如此明确的见顶信号，投资者可以耐心持币了，短期之内该股很难重新回到涨势之中的。

如图 4 – 55 所示，经过一段时间的高位振荡之后，华天酒店出现扩散三角形走势。2010 年 4 月 26 日，该股出现一根十字线，第四次向上振荡无力突破扩散三角形的上边线压力，出现第一个持币信号。2010 年 5 月 7 日，该股又出现一根十字线，跌幅为 1.92%，向下有效突破了扩散三角形第二个回调低点的支撑，出现第二个持币信号。随后，该股进入了一波快速下跌行情中。

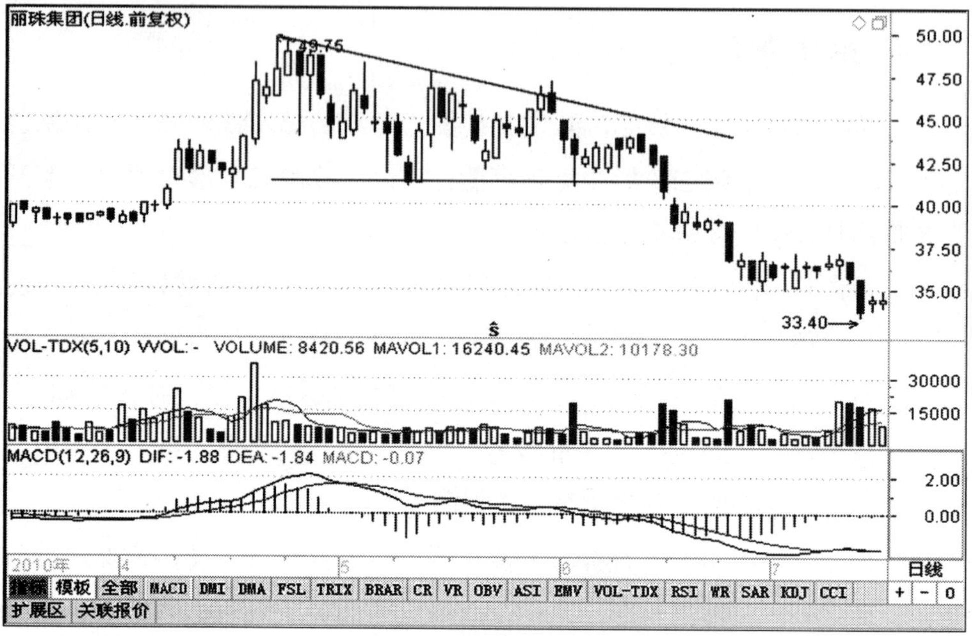

图 4－54　丽珠集团　000513

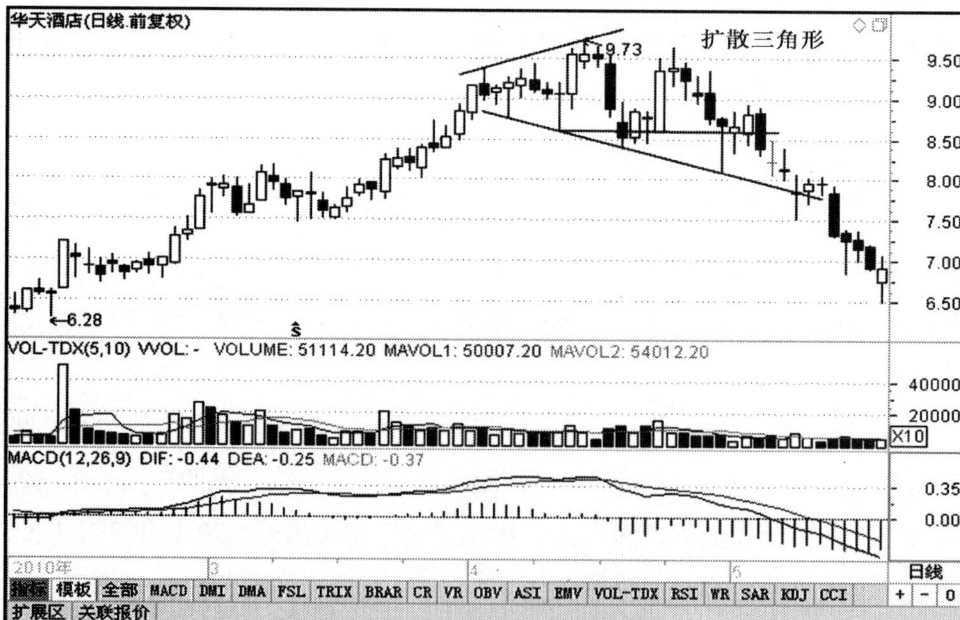

图 4－55　华天酒店　000428

3. 实战解析

如图4－56所示，在突破前高压力位之后，江南红箭并没能顺势进入上涨行情中，反而围绕压力线展开了高位振荡。经过一段时间的振荡整理，该股形成了扩散三角形形态。这应该引起投资者的重点关注，因为股价有可能就此见顶。2010年4月13日，该股出现一根阴线，跌破了扩散三角形第二个低点形成的水平支撑线，后市将转入下降趋势中。

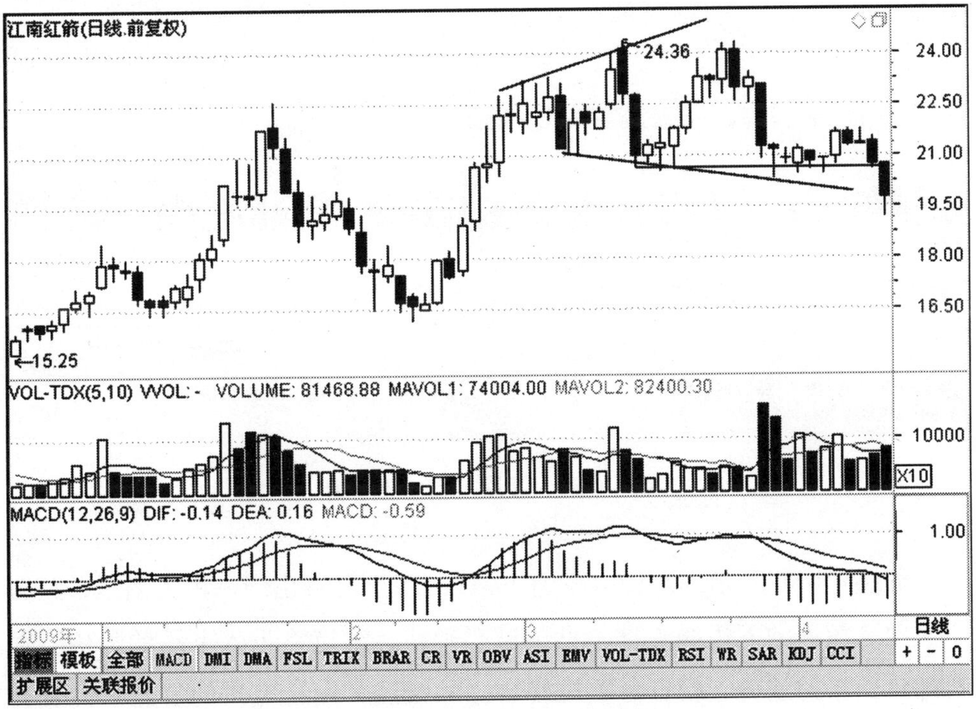

图4－56　江南红箭　000519

如图4－57所示，扩散三角形确认之后，江南红箭进入一波明显的下跌行情中。在此期间，该股始终没有出现可信的入场信号，投资者可以耐心地在场外等待。不过，有些投资者最怕等待，只要几个交易日不交易就感觉周身不舒服。因此，即使他们明明知道在跌势中入场风险较大，还是试图介入抢短差，结果芝麻没捡到反倒丢了西瓜。换言之，是情绪而不是技术导致了他们的最终亏损。

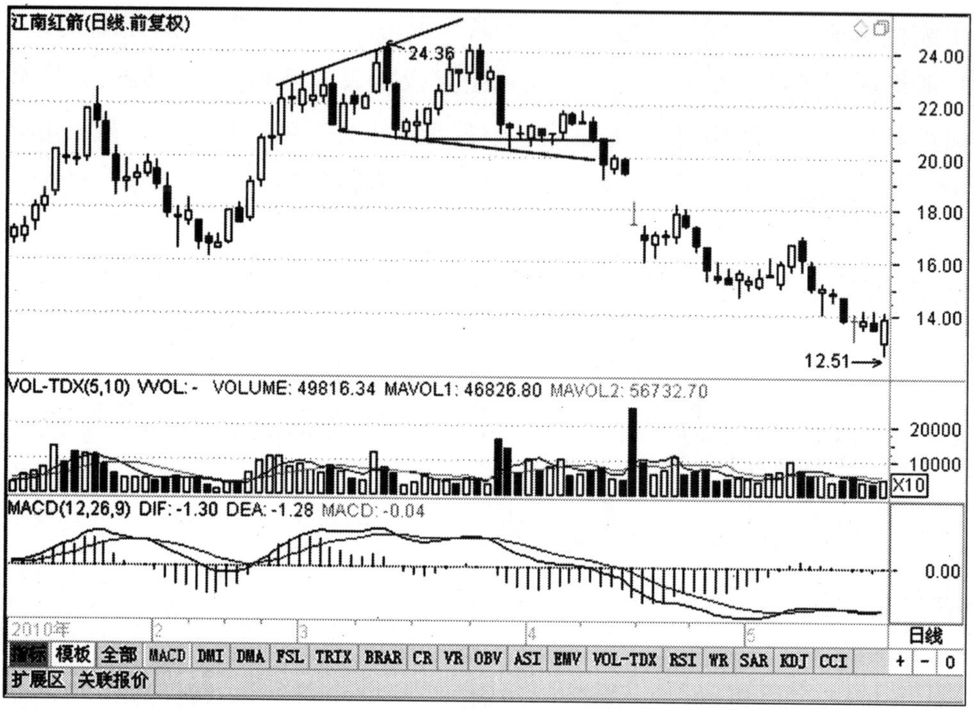

图4－57　江南红箭　000519

如图4－58所示，2010年6月17日，白云山A出现一根大阴线，跌破了收敛三角形的下边线支撑，见顶形态确认，后市将进入下跌趋势中。面对即将到来的跌势，投资者要捂好自己的钱袋，别让宝贵的资金去经受狂风暴雨的考验。

如图4－59所示，跌破收敛三角形下边线支撑之后，该股开始了一波下跌行情，直至创出10.03元的低点为止。随后，经过一段时间的振荡整理，该股在低位形成W底形态，意味着股价就此止跌，后市将进入反弹行情中，投资者可以随之入场了。

如图4－60所示，经过一段时间的振荡整理之后，皖能电力在周线走

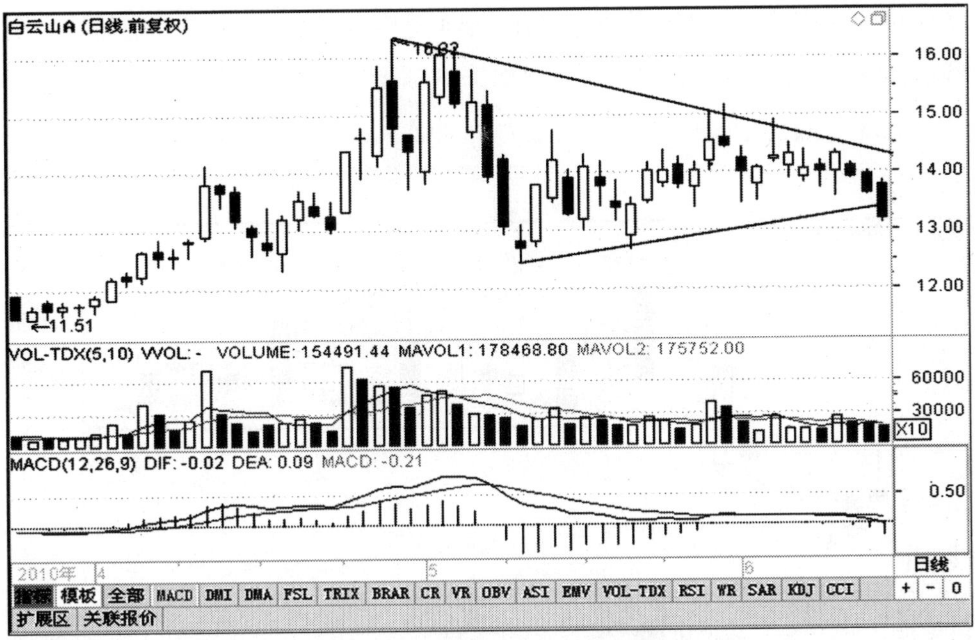

图4－58　白云山A　000522

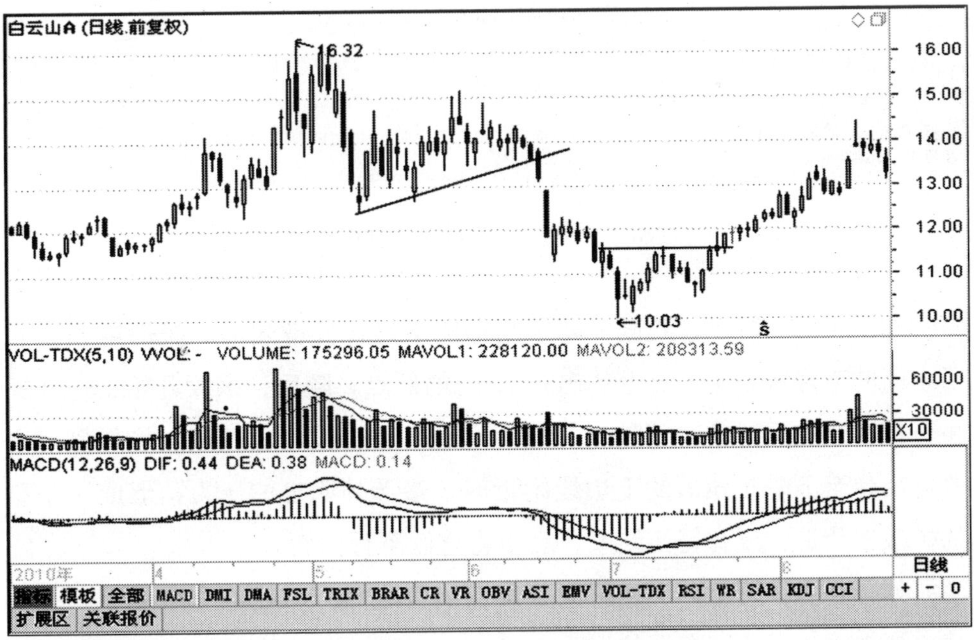

图4－59　白云山A　000522

势图中出现了一个下降三角形。2010 年4 月30 日，该股出现一根周线大阴线，跌破了下降三角形的下边线支撑，见顶形态确认。周线级别的见顶形态，意味着股价中长线见顶，其威力更加强大，投资者必须坚决回避。

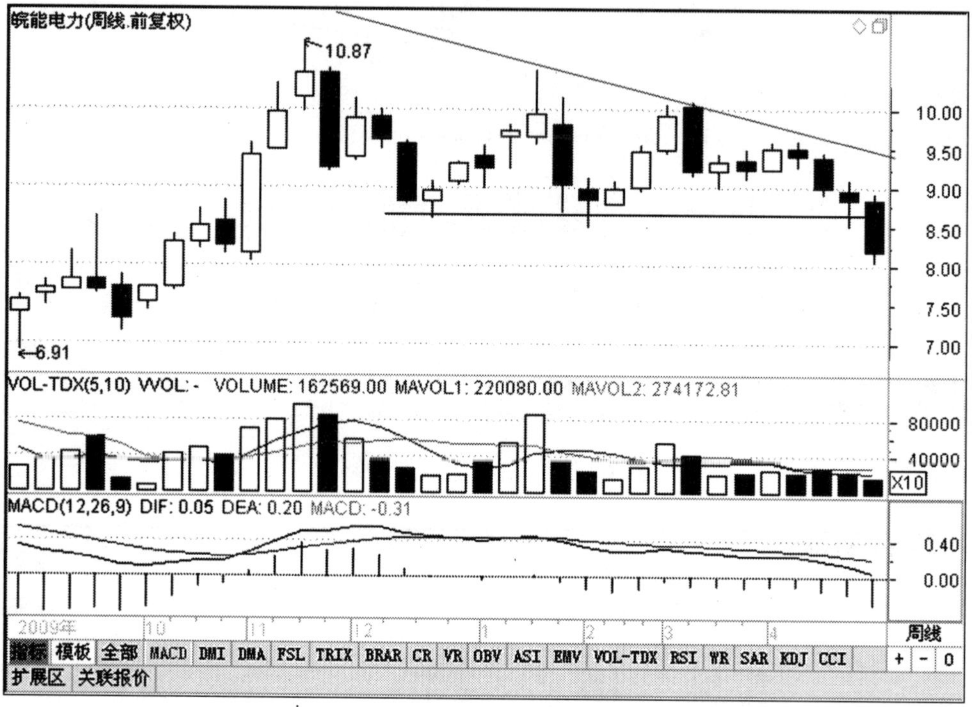

图4－60　皖能电力　000543

如图4－61 所示，跌破下降三角形的下边线支撑之后，皖能电力进入了多周的下降行情中，直至创出6. 12 元的低点。随后，该股开始了一波反弹行情。这波反弹的时间较长，空间也还不错，投资者可以入场做多。当股价反弹至下降三角形的下边线附近时，遭遇到明显的压力，形成了小型的扩散三角形，反弹行情结束，后市将继续下行探底。

如图4－62 所示，小型扩散三角形出现之后，皖能电力结束了反弹行情，再次进入了为期多周的下跌行情中。当然，这波下跌的力度明显趋弱，说明杀跌动能被逐渐释放。当股价在前低6. 12 元上方止跌企稳之后，皖能

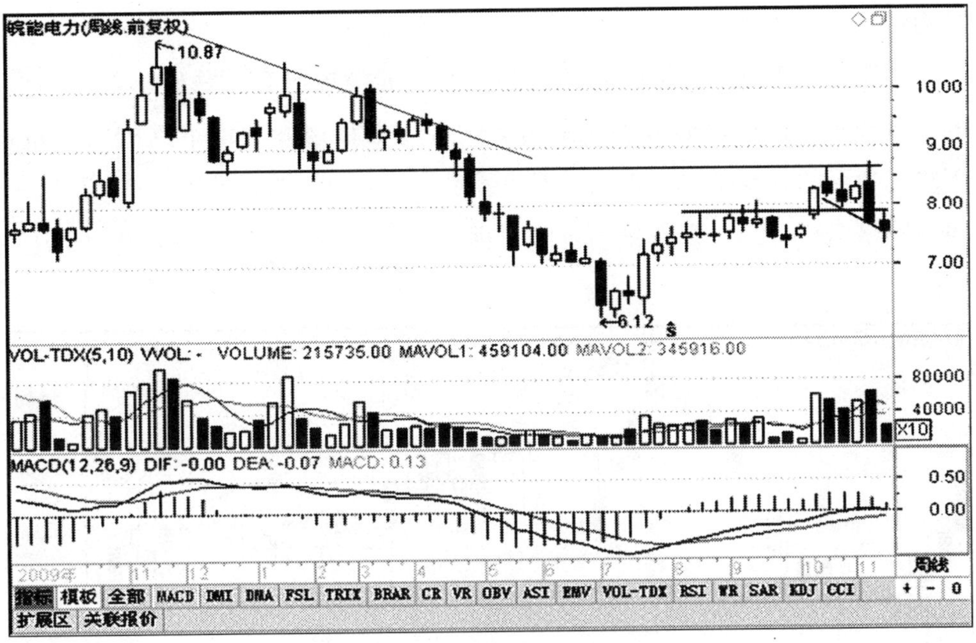

图4－61　皖能电力　000543

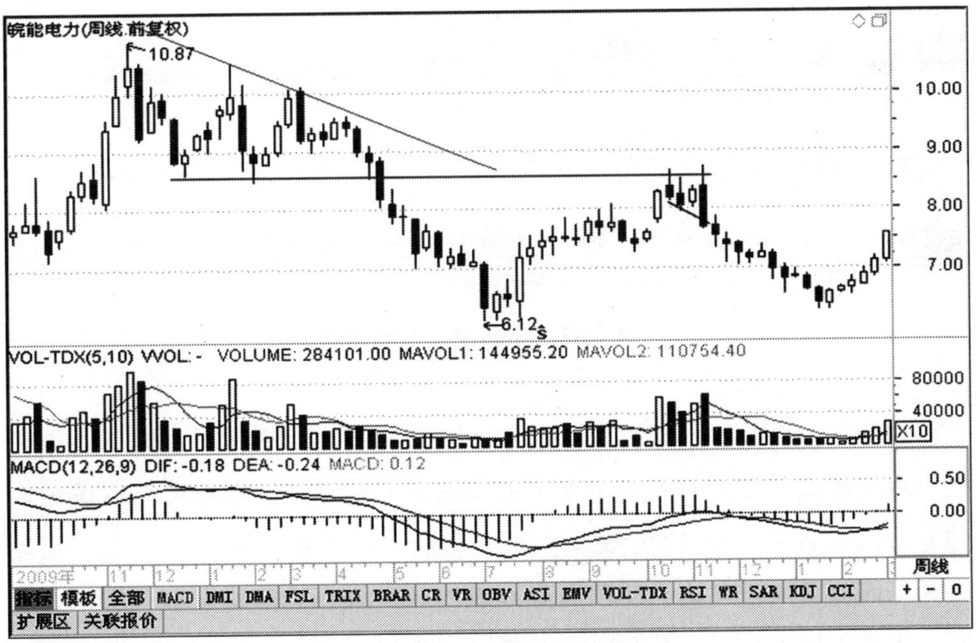

图4－62　皖能电力　000543

电力转入一波涨势中。

如图4－63所示，2010年12月23日，光华控股有效跌破下降三角形的下边线支撑，见顶形态确认。由此，可以推算该股后市下跌的目标价：下降三角形的高点是17.54元，下边线是14.54元，两者的价差是17.54－14.45＝3.09（元），那么第一下跌目标价就是14.45－3.09＝11.36（元）。

图4－63　光华控股　000546

如图4－64所示，当股价下跌至第一目标价11.36元附近时，光华控股出现一根长下影线的阳线，显示见底迹象。此时，投资者可以考虑短线建仓介入。当然，更加安全的买点还在后面。2011年2月25日，该股出现一根涨停大阳线，突破了前期高点形成的压力线，后市还有上行空间，此时介入更加稳妥。

如图4－65所示，经过一段时间的振荡整理，ST太光在高位形成了收

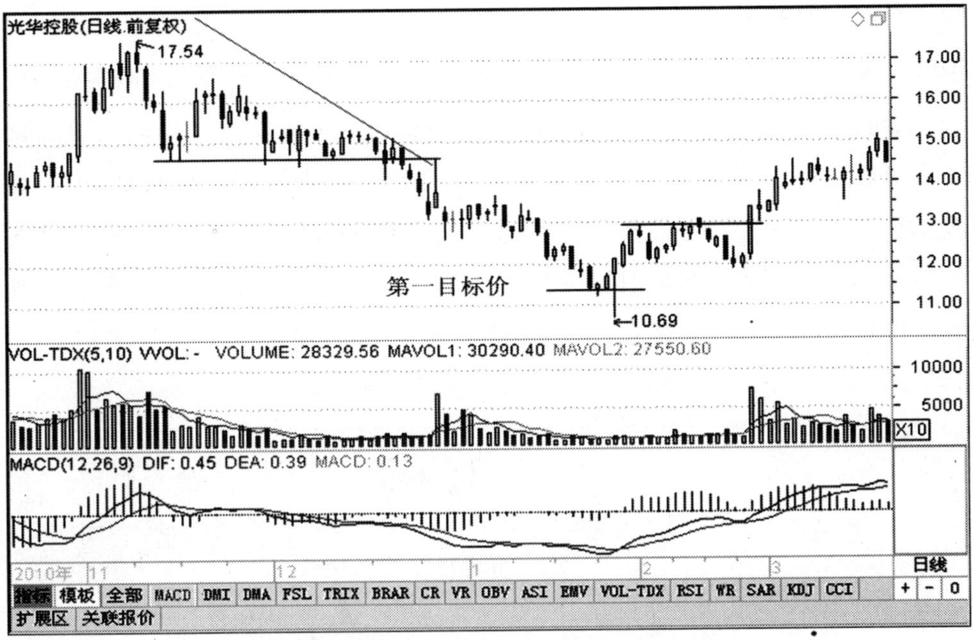

图4－64　光华控股　000546

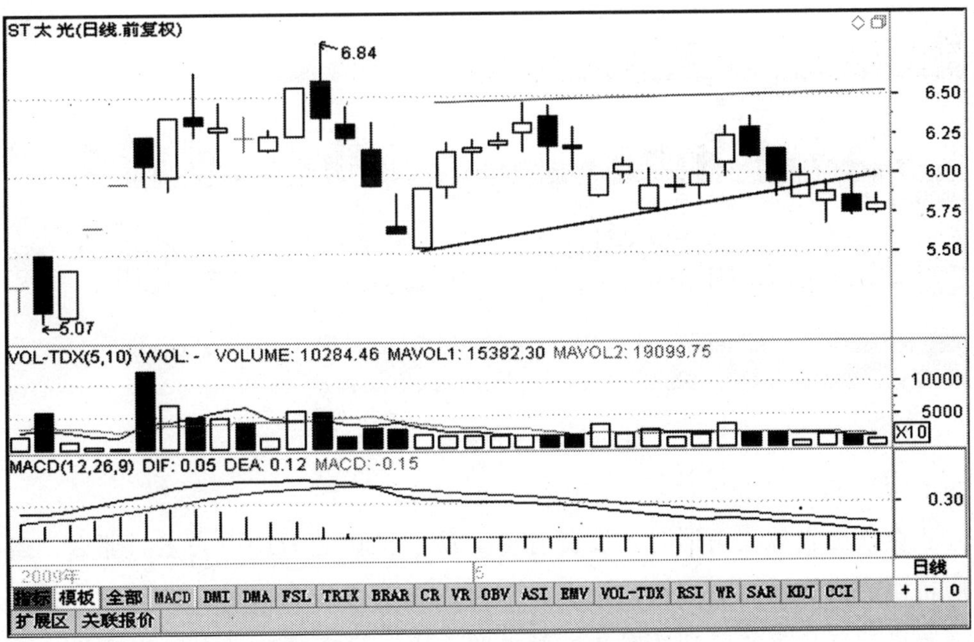

图4－65　ST太光　000555

敛三角形。2009 年 5 月 27 日，由于已经连续三个交易日处于收敛三角形下边线之下，根据惯例可以认定跌破三角形支撑有效，后市将进入跌势之中。

如图 4－66 所示，ST 太光并没有按照预定的轨道发展。在确认跌破收敛三角形之后，该股并没有进入跌势，反而转入了振荡爬升的行情中。这波爬升行情在突破收敛三角形的最高点后结束，随后开始了多个交易日的振荡整理。经过数个交易日的整理，该股逼退了空头的阻击，迎来了一波直线拉升行情。

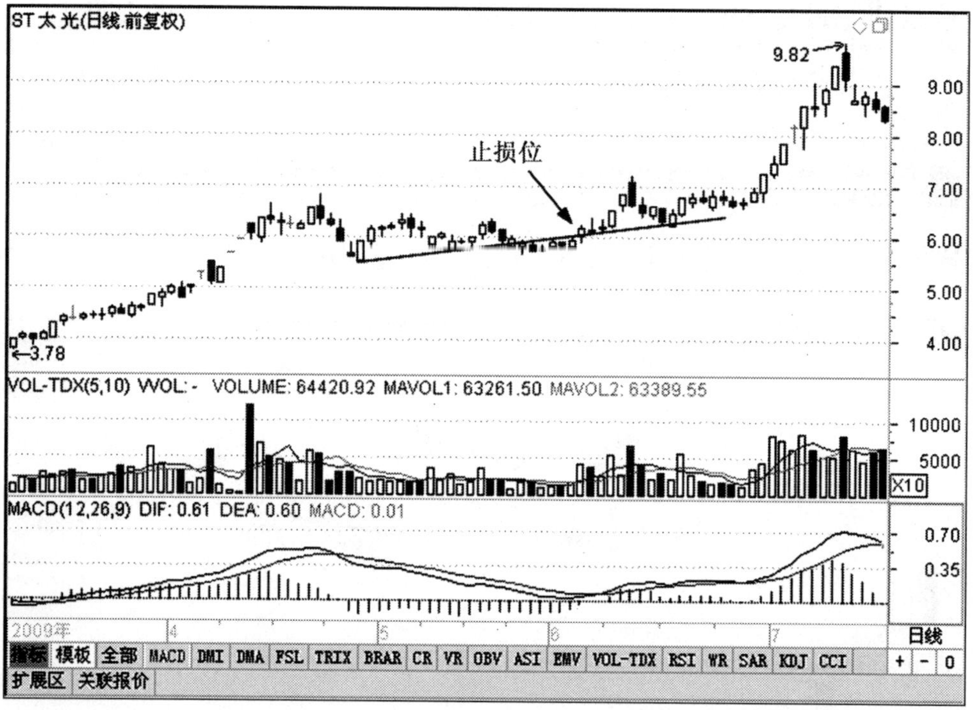

图 4－66　ST 太光　000555

在跌破收敛三角形时，投资者将交易思路转变为持币为主。那么，当股价快速回到三角形下边线之上并不再跌破下边线支撑时，投资者应该迅速更换立场，重新回到持股为主的老路上去。只有这样动态地跟踪股价走势，才能更好地适应股市中的波动。

六、矩形顶

1. 招式图解

矩形顶，由多根 K 线构成，是指经过一波上涨之后，股价在高位振荡整理，逐渐形成了矩形走势，整理结束后股价向下跌破矩形的下边线，由此转入跌势。由于市场的不稳定性，很难从中发现形态标准的矩形顶。通常而言，只要 K 线的主要活动空间局限在一个矩形范围内，就将其看作矩形形态（也可以看作多重顶），见图 4－67。

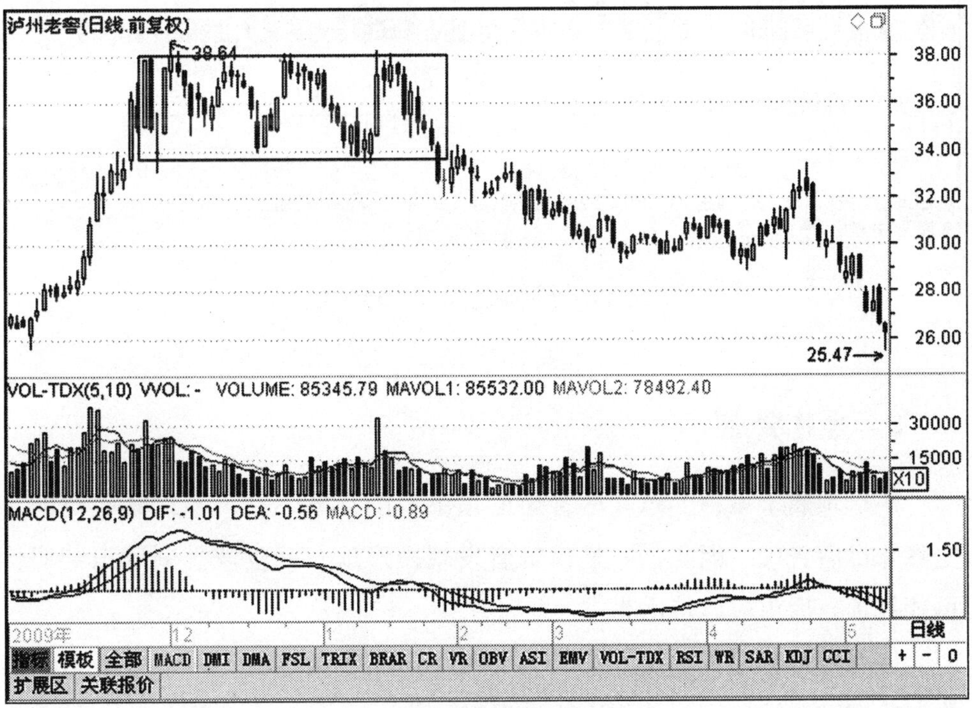

图 4－67　泸州老窖　000568

在任何时间周期的K线图上，都可以发现矩形顶的身影，其形态特征和操作要点基本一致，见图4－68。

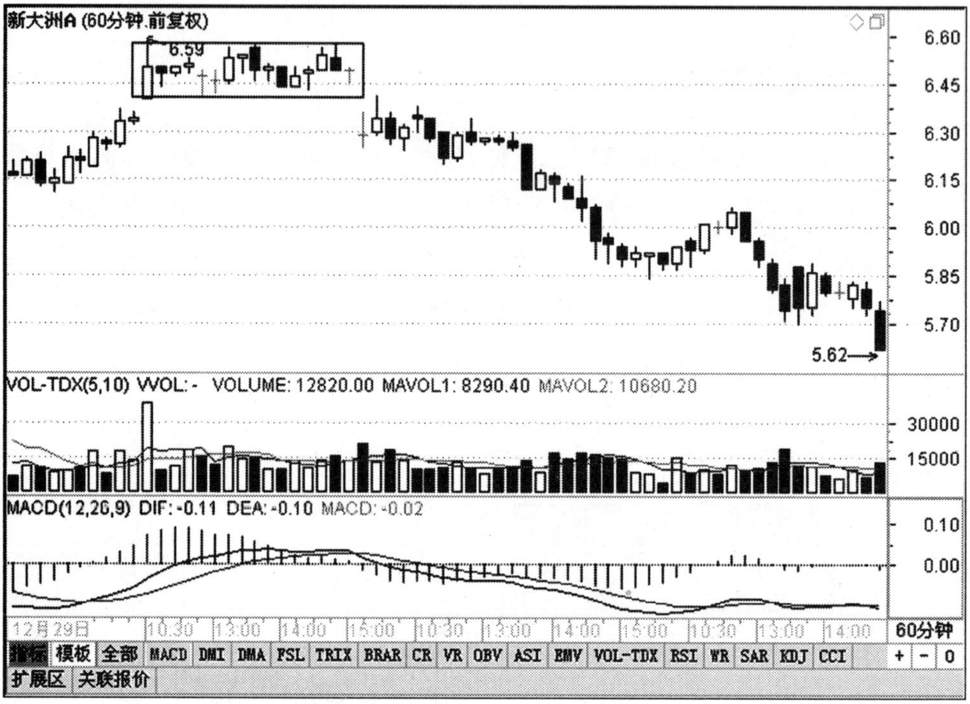

图4－68　新大洲A　000571

2. 操作要点

矩形顶属于见顶形态。尽管矩形顶出现的几率不高，不过其明确的看空意味毋庸置疑。因此，一旦投资者发现矩形顶，就应该立刻意识到股价可能见顶，后市应以持币为主。

持币信号：第一个持币信号为突破矩形的下边线时，第二个持币信号为股价突破后回抽矩形的下边线受阻时。

止损点：第一个持币信号对应的止损点为股价假突破矩形下边线，第二个持币信号对应的止损点为股价回抽矩形下边线后不再跌破矩形下边线支撑。

测量目标价：矩形顶形成后，可以利用其测量股价下跌的目标价。设定矩形顶上下边线之间的垂直距离为 H，矩形顶确认后的第一下跌目标价为矩形的下边线价 – H，第二目标价为下边线价位 – 1.618H（黄金分割点），第三目标价为下边线价位 – 2H……

如图 4 – 69 所示，2010 年 4 月 30 日，青海明胶出现一根大阴线，跌破了此前矩形整理区的下边线支撑，见顶形态确认，股价将进入下跌行情中。既然股价走势明白无误地发出了这样的信号，投资者就不用再自寻烦恼了，跟着市场走，从此进入持币周期中。

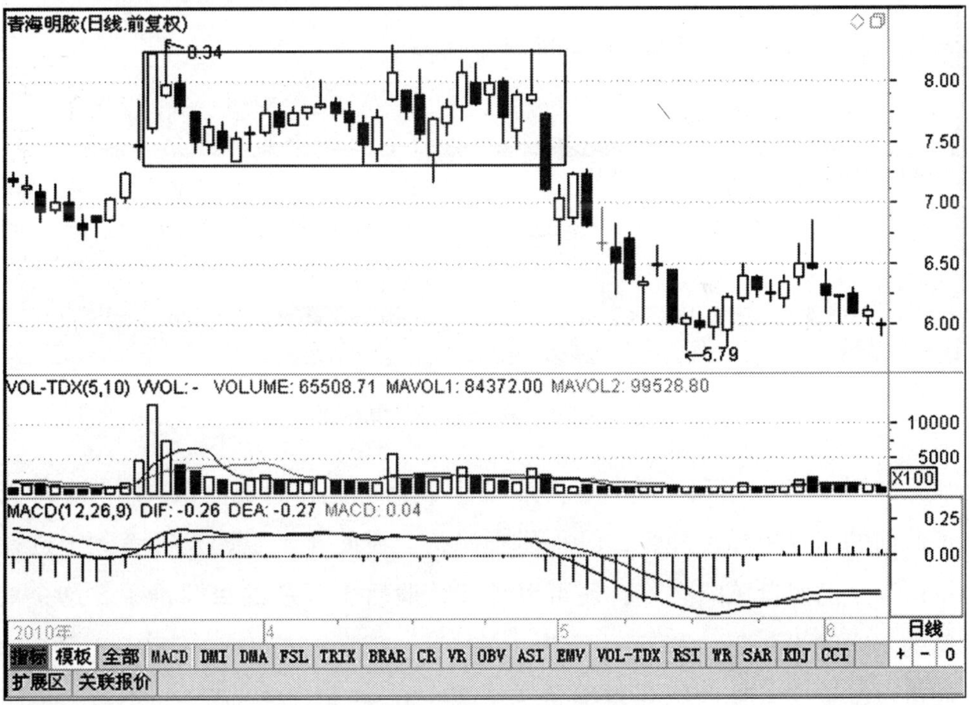

图 4 – 69　青海明胶　000606

如图 4 – 70 所示，在矩形顶确认之后，阳光股份进入了低一级的整理区反复振荡。2001 年 7 月 16 日，该股出现长上影线的阴线，第一次回抽矩形顶的下边线。2001 年 7 月 20 日，该股出现长上影线的阳线，第二次回抽矩形下边线。经过这两次回抽之后，该股正式结束此前的整理行情，进入到明显的下降趋势中。

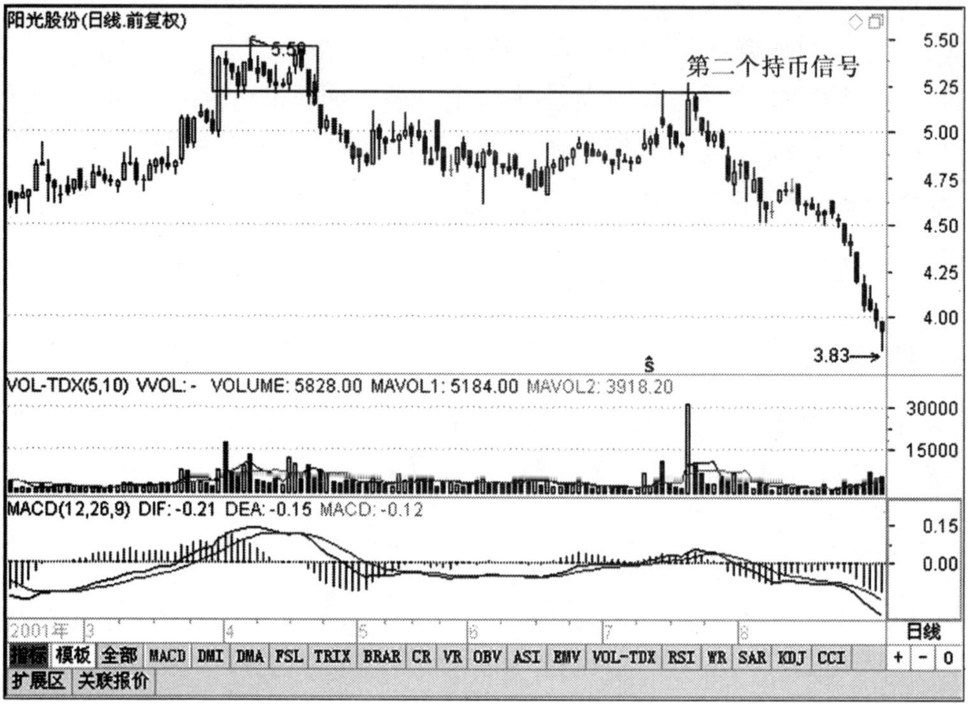

图 4 – 70　阳光股份　000608

如图 4 – 71 所示，2011 年 7 月 25 日，海螺型材出现一根大阴线，跌破了此前的窄幅矩形整理区，见顶形态确认。在此背景下，投资者除了选择持币为主的操盘策略之外，还可以计算该股后市下跌的目标价了。这个矩形的上边线为 9. 70 元，下边线为 9. 22 元，两者之间的价差为 0. 48 元。由此可以推算，下跌的第一目标价为 9. 22 – 0. 48 = 8. 74（元）。不过，由于价差过小，当日大阴线的收盘价就接近了，股价很难如此快止跌，没有参考价值。因此，可以把价差的乘数适当加大后再进行观察。最终，当股价运行到 4 倍价差的下跌目标价 7. 3 元（9. 22 – 0. 48 ×4）附近时，该股才真正止跌，进入一波反弹行情中。

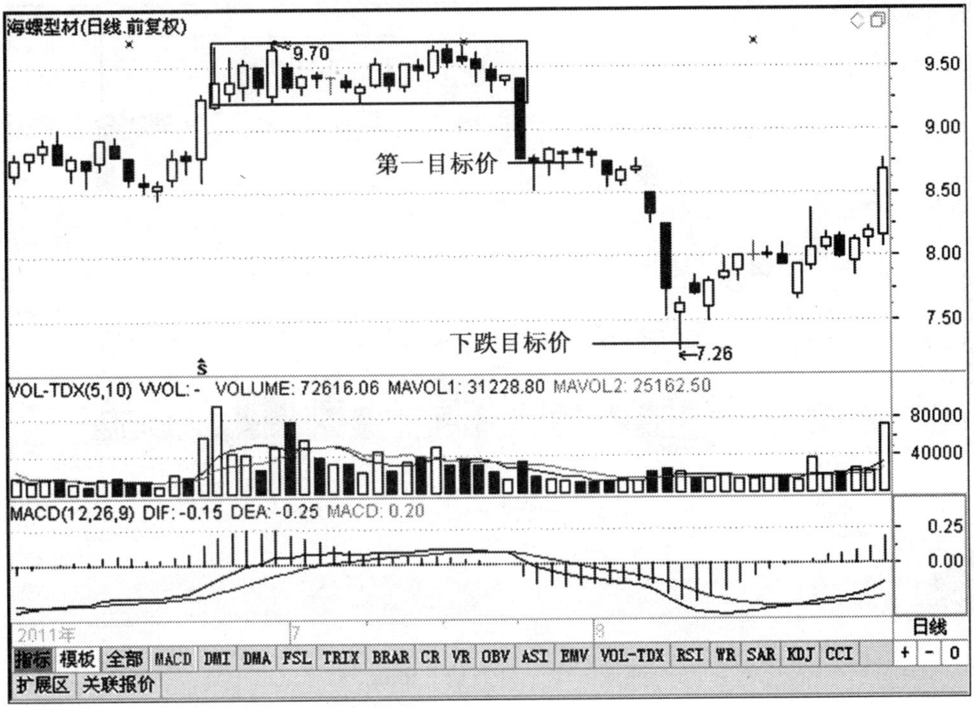

图4－71 海螺型材 000619

3. 实战解析

如图4－72所示，2011年7月25日，英力特出现一根大阴线，伴随着成交量放大（意味着资金在积极外逃），跌破了矩形的下边线支撑，见顶形态确认。随之而来的应该是一波下跌行情，投资者除了持币等待没有其他选择了。

如图4－73所示，跌破矩形顶支撑之后，英力特进入明显的下降趋势中。在此期间，没有可靠的介入信号（在16元附近止跌后，该股形成了潜在的W底形态，不过最终未能有效突破；随后，潜在W底形态演化成上升三角形，结果却以跌破下边线支撑告终），投资者耐心持币观望即可。

如图4－74所示，2010年1月20日，远兴能源出现一根大阴线，矩形顶确认。随后，该股进入一波直线下跌行情中，直至创出9.52元的低点后

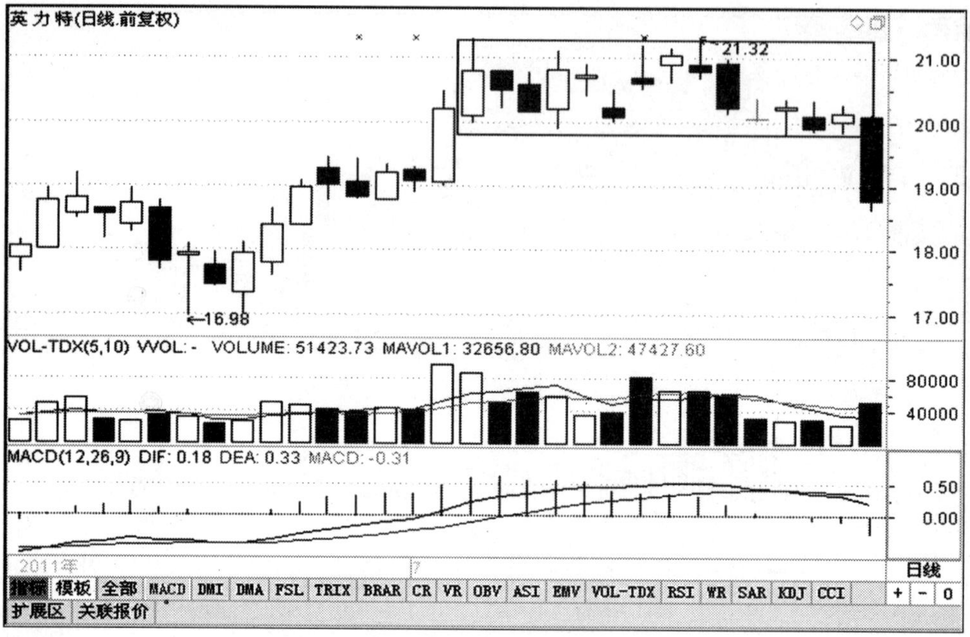

图 4－72　英力特　000635

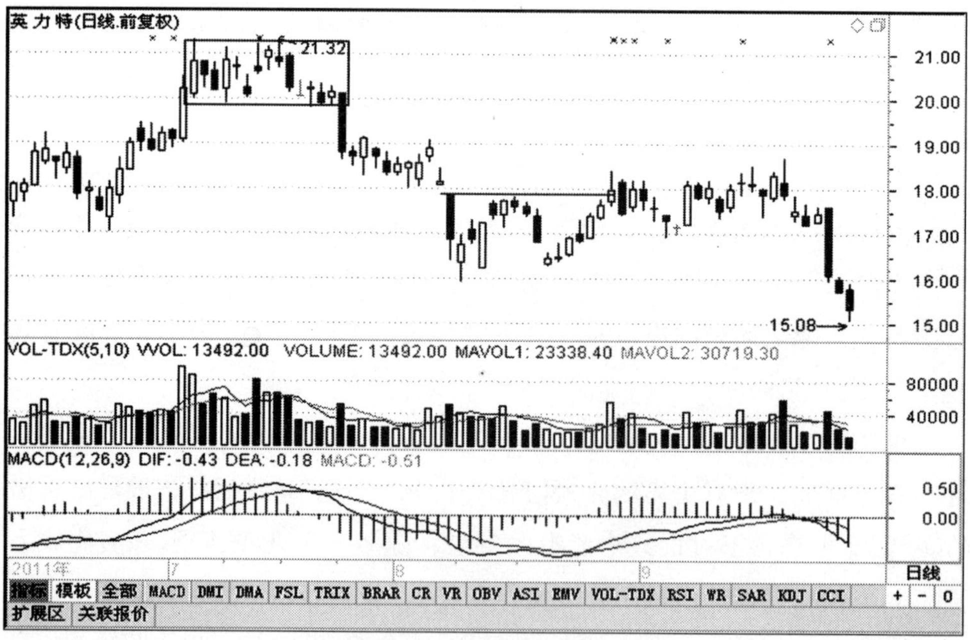

图 4－73　英力特　000635

结束。由此开始，该股转入反弹行情中。2010年4月8日，该股第一次回抽矩形顶的下边线，受压而回。2010年4月26日，该股出现一根长上影线的阳线，向上突破矩形顶压力。然而，次日该股就重新回到矩形顶的下边线之下。2010年4月30日，该股出现一根跳空低开的跌停大阴线，正式确认回抽颈线行情结束，后市将进入又一波跌势中。

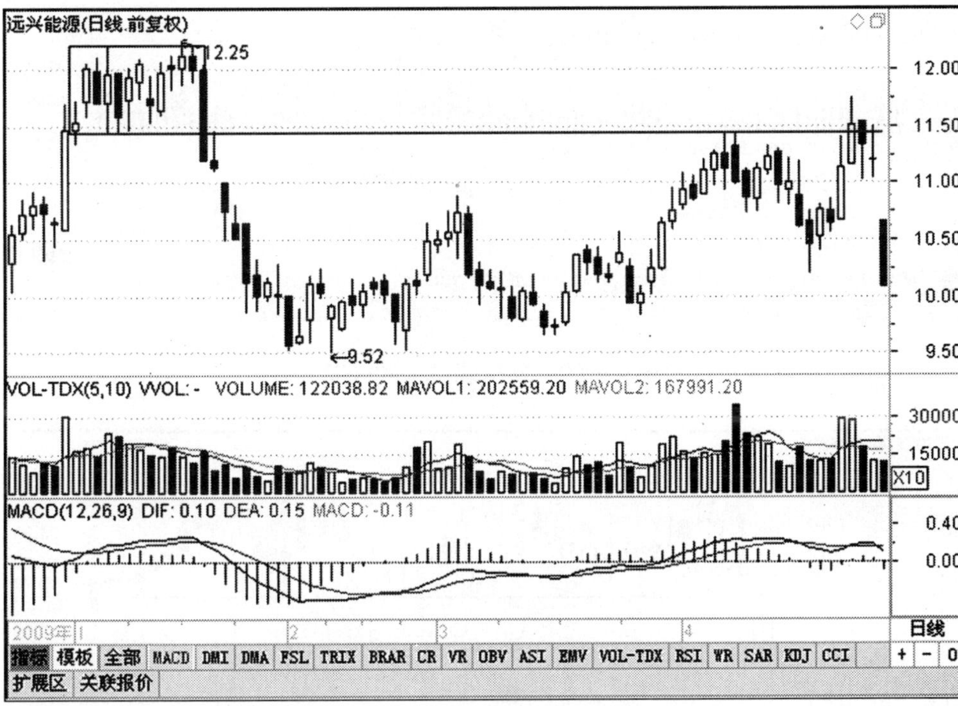

图4－74　远兴能源　000683

如图4－75所示，回抽矩形顶下边线结束，意味着远兴能源的反弹行情结束。随后，该股再次进入一波直线下滑的行情中。即使从起始点附近的跌停大阴线的收盘价10.09元开始计算，这波跌势的最大跌幅都超过25%了。面对如此猛烈的下跌，投资者只有持币观望才是上佳选择。

如图4－76所示，2011年4月25日，太原刚玉出现一根大阴线，跌破矩形顶下边线支撑，见顶形态确认。至此，投资者可以推算该股的下跌目

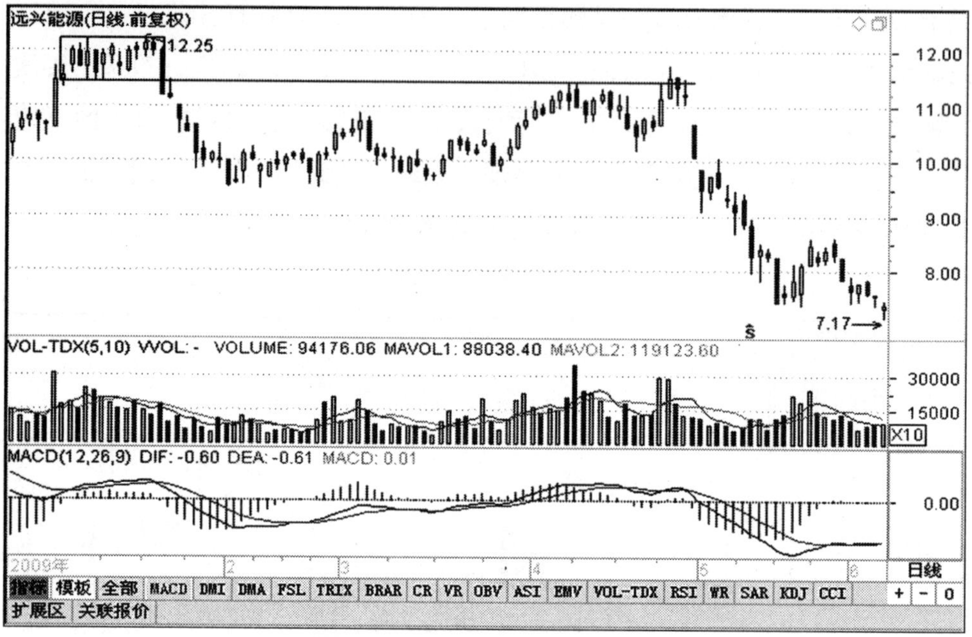

图 4－75　远兴能源　000683

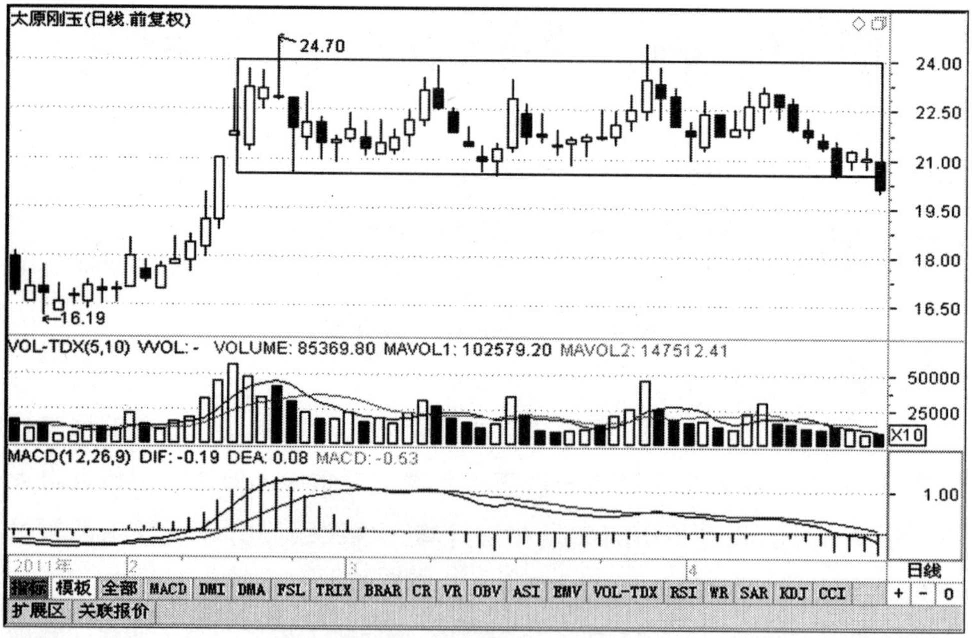

图 4－76　太原刚玉　000795

标价了。这个矩形的最高点是24.70元，最低点是20.50元，两者的价差H=24.70-20.50=4.20（元）。那么，第一目标价为20.50-4.20=16.30（元）。

如图4-77所示，当股价运行到下跌第一目标价16.30元附近时，太原刚玉进入了一波振荡整理行情中，并最终形成W底形态。2011年7月4日，该股出现一根涨停阳线，突破W底的颈线支撑，意味着后市仍有上行空间。

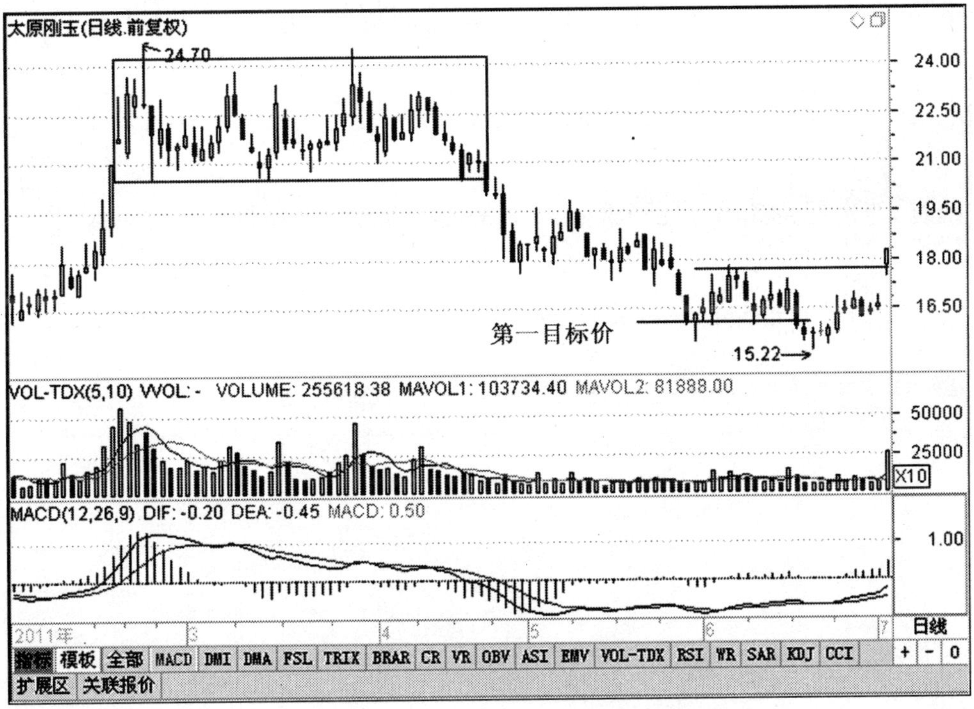

图4-77　太原刚玉　000795

如图4-78所示，突破W底颈线之后，太原刚玉继续走高。当股价上行至矩形的下边线附近时，受压而回，又一波跌势开始了。由此，投资者就应该开始计算第二目标价20.50-4.20×1.5（黄金分割点）=14.2（元）。当股价下跌至14.20元上方（创出14.50元的低点）时，该股出现一根宽幅振荡的阳线，显示前低支撑有力，后市应该有一波反弹行情。

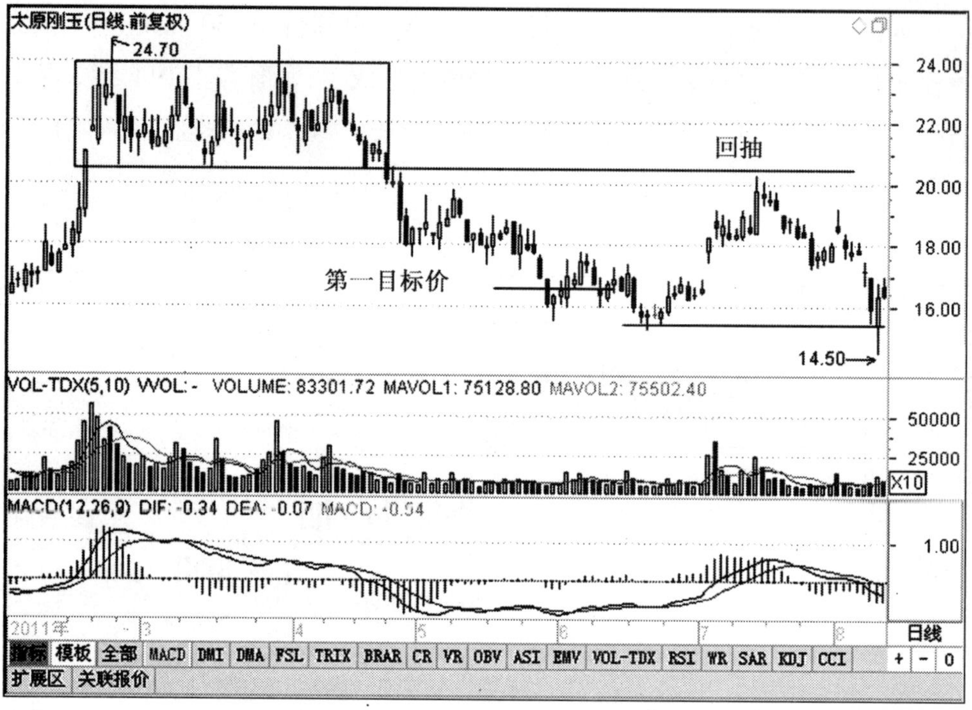

图4－78　太原刚玉　000795

第5章

真空区域——缺口

K线图缺口，是指由于受到利好或利空消息的影响，股价大幅度上涨或下跌，致使股价的日线图出现当日成交最低价超过前一个交易日最高价，或者成交最高价低于前一个交易日最低价的现象。缺口通常被分为普通缺口、突破缺口、持续性缺口与消耗性缺口等四种，下文将逐一进行分析。

一、普通缺口

1. 招式图解

普通缺口，是指出现在密集成交区中的短时期之内就被回补的缺口，见图5－1。所谓密集成交区，是指经过长时间振荡整理形成的股价波动区域，如三角形、矩形等整理形态均属于密集成交区。

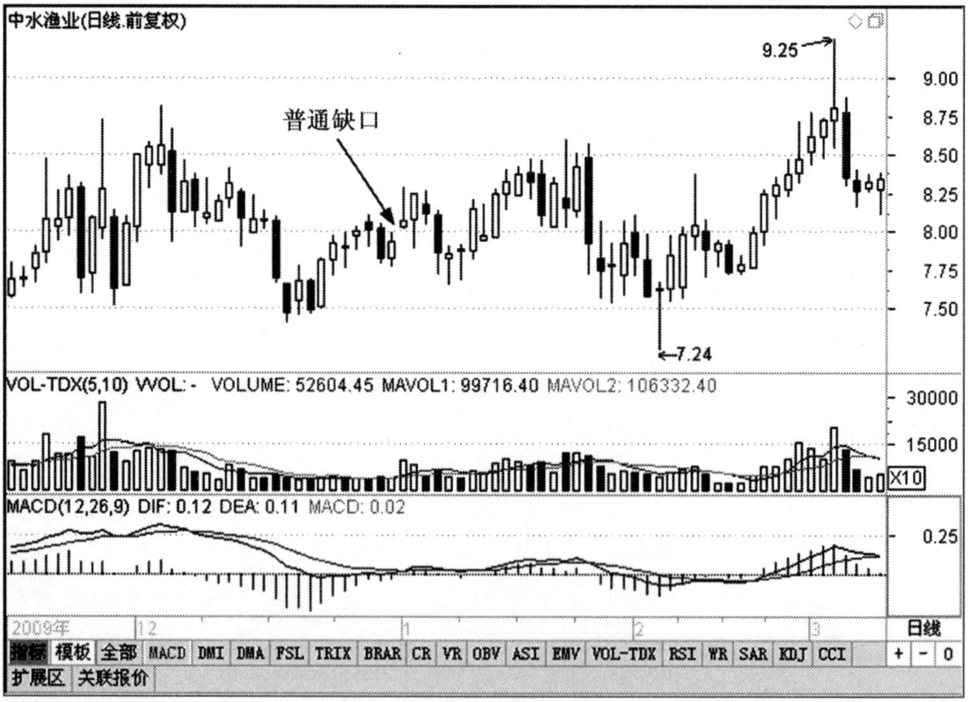

图5－1 中水渔业 000798

2. 操作要点

普通缺口的实战价值非常有限，对投资者判断后市行情发展的意义不大，因此常被等同为普通K线。换言之，就是缺口本身可以忽略不计。不过，严格来说，其实并不存在普通缺口。比如，在日线级别的普通缺口，在60分钟级别或者30分钟级别走势图中，可能就是突破缺口、持续缺口或者消耗缺口。

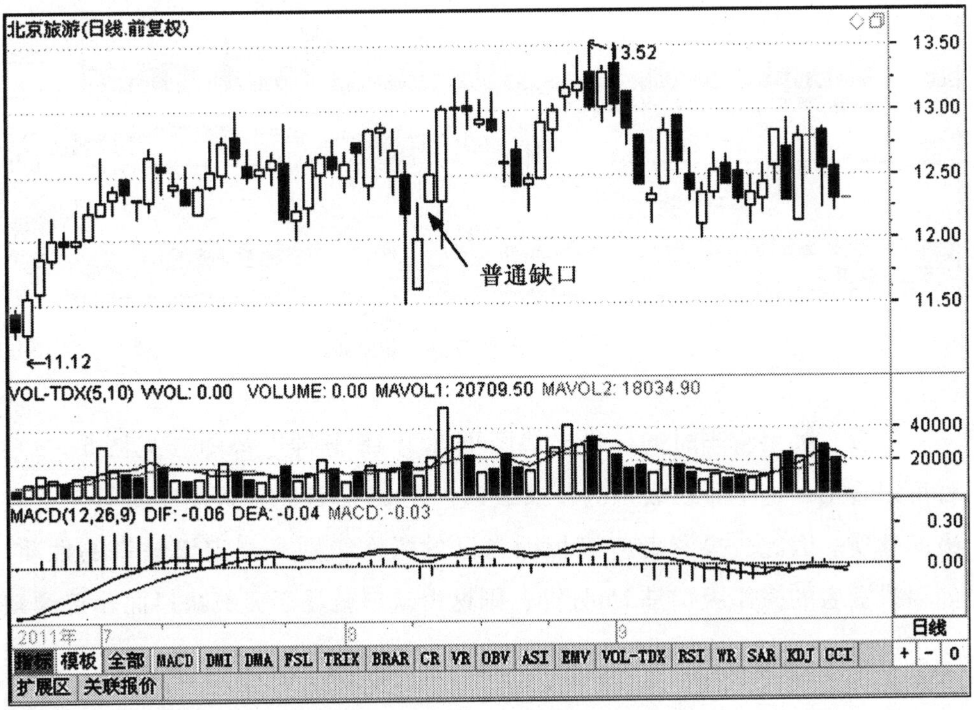

图5-2　北京旅游　000802

2011年8月10日，北京旅游早盘跳空高开，与前一个交易日之间留有缺口。最终，该股全日在缺口上方活动，缺口在日线图上正式确认。然而，次日该股的日内回落将前一个交易日的缺口完全回补。至此，可以断定此前的缺口为普通缺口，没有多少参考价值。

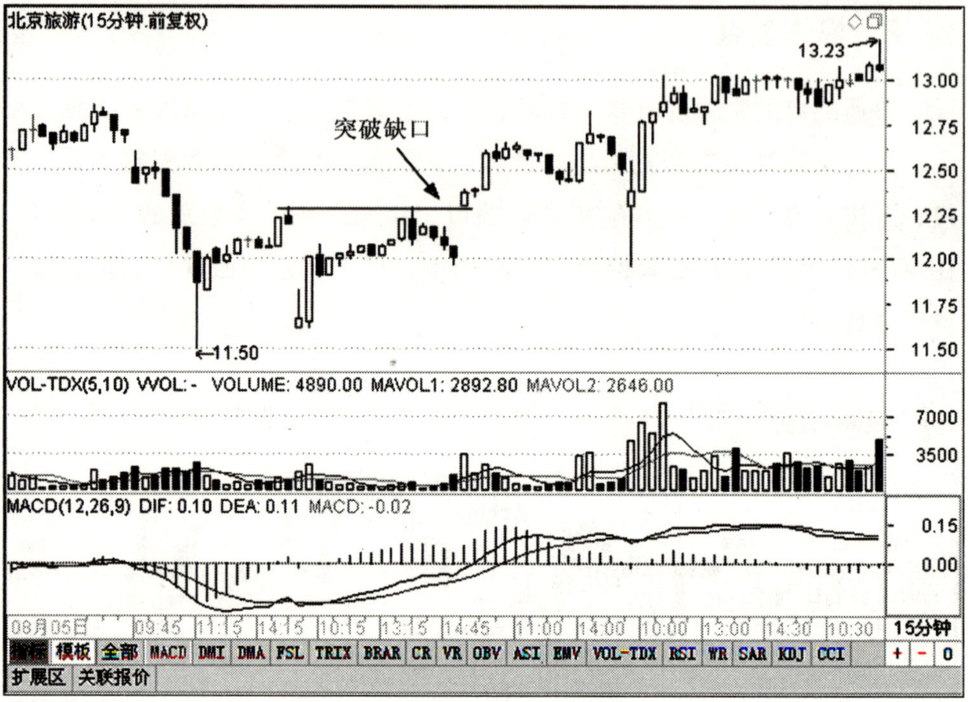

图5-3 北京旅游 000802

不过，如果将当时的日线走势图更换为15分钟走势图（见图5-3），就可以看出，这个日线级别的普通缺口，在15分钟的走势图中具有向上突破的性质。因此，投资者应该根据自己的操作级别来判定该缺口的性质。如果投资者的操作级别是15分钟，则这个缺口就属于突破缺口而非普通缺口了。

3. 实战解析

如图5-4所示，2010年10月25日，在一波振荡整理行情中，银河科技出现一个跳空缺口。单独面对这个缺口，投资者无法定义其性质。当然，这个缺口出现在一个小型的上升三角形底之上，超短线应该有一定的交易机会（即选择低级别的走势图进行交易）。

如图5-5所示，这个缺口出现之后，仅过了3个交易日就被回补，意

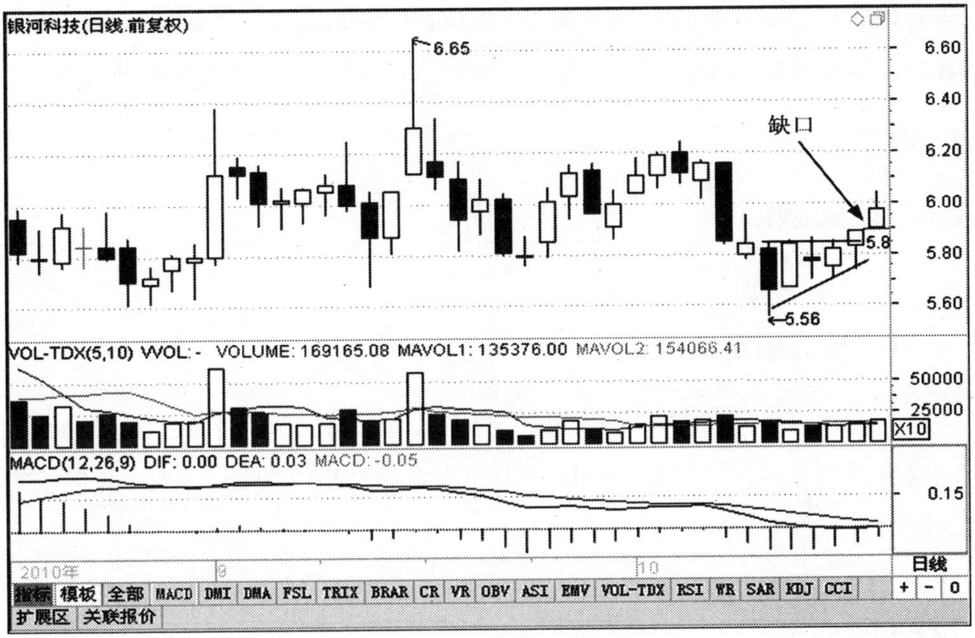

图5－4 银河科技 000806

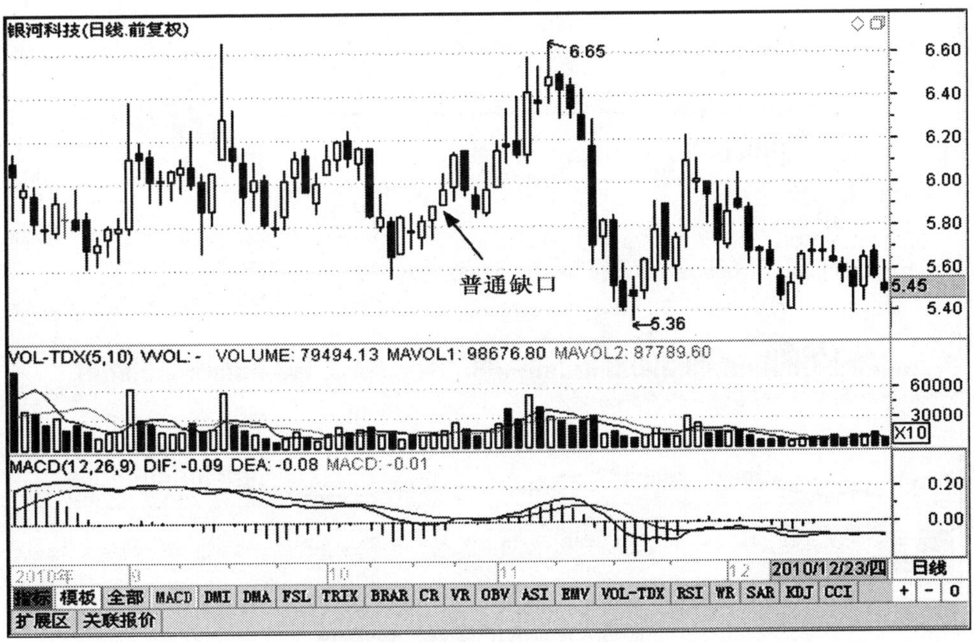

图5－5 银河科技 000806

味着该缺口为普通缺口。鉴于普通缺口对实战交易的指导意义有限，投资者应该忽略该缺口的存在，转而选择其他的观察方式继续追踪股价走势。

二、突破缺口

1. 招式图解

突破缺口，是指在密集成交区完成之后出现的具有突破性质的缺口。根据突破的方向，突破缺口可以分为向上突破缺口（见图5－6）和向下突破缺口（见图5－7）。

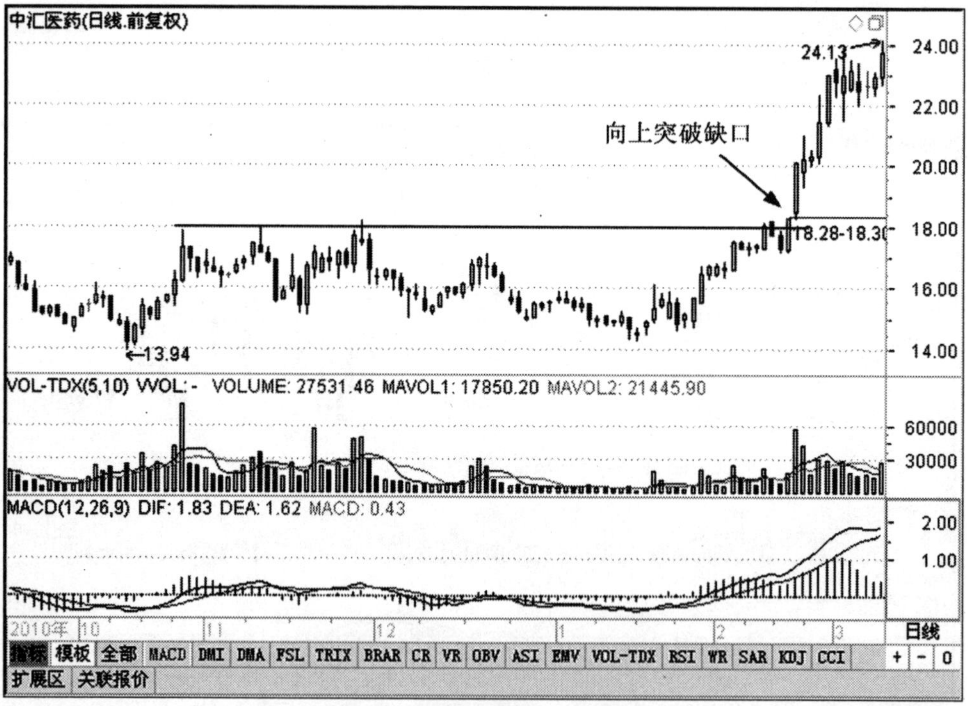

图5－6 中汇医药 000809

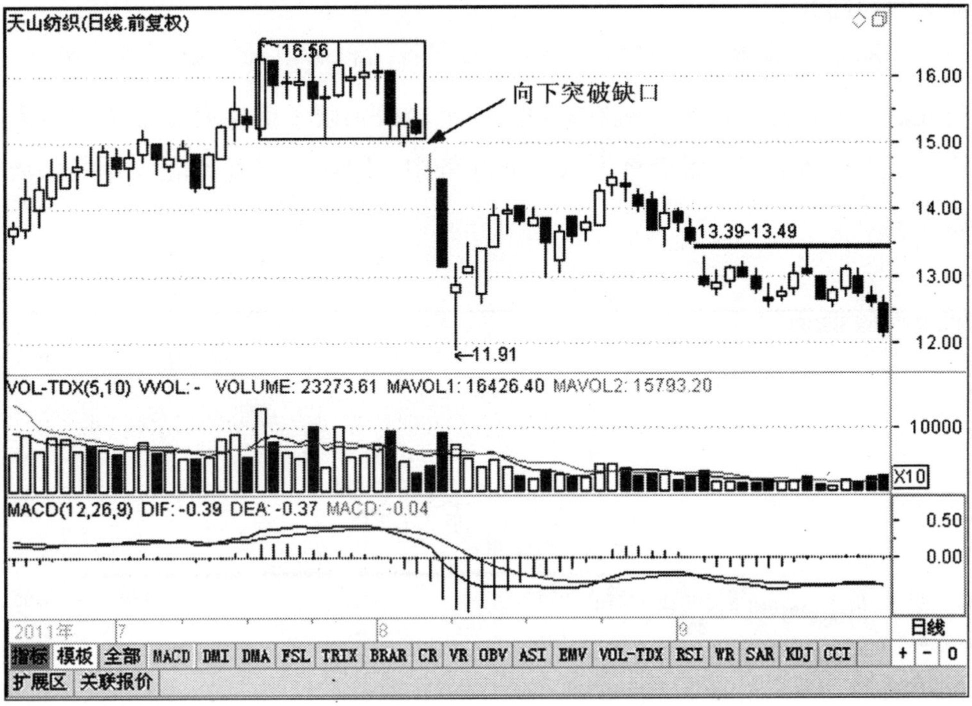

图5－7　天山纺织　000813

2. 操作要点

突破缺口，根据其突破的方向不同具有不同的性质：向上突破缺口，意味着此前的密集成交行情已经结束，后市将进入上涨趋势中；同理，向下突破缺口意味着股价后市将进入下跌趋势中。另外，突破缺口的大小和突破的幅度能显示突破的力度，突破缺口越大、突破的幅度越深，表示未来的变动就越强烈。

建仓时机：第一个建仓时机是出现向上突破缺口的当日，第二个建仓时机是短期内回调没有完全回补缺口时。

持币信号：第一个持币信号是出现向下突破缺口的当日，第二个持币信号是短期反弹没有完全回补缺口时。

止损点：不论是对于建仓时机还是持币信号，其止损点都是缺口在短期之内被回补。

如图 5－8 所示，2009 年 5 月 20 日，京山轻机出现一根一字涨停线，与此前的 K 线形成巨大的跳空缺口，向上轻松突破了前期高点形成的压力线，整理行情结束，后市将进入一波涨势中。因此，投资者应该择机入场做多了。

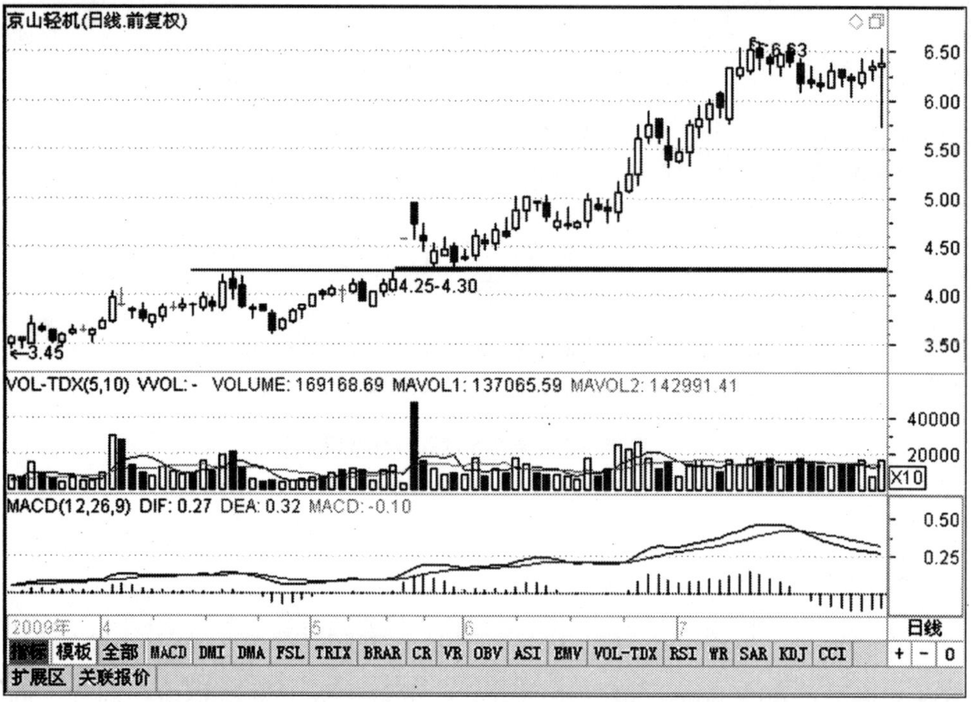

图 5－8　京山轻机　000821

由于当日该股一字涨停，基本没有可能入场捡筹码。次日，该股出现一根阴线，伴随着成交量的急速放大，呈现短线见顶迹象，同样不适合建仓。随后，该股开始回调。当股价回调至前高附近时顺利止跌，此前的突破缺口没有被完全回补，第二个入场点出现，此时筹码并不抢手，可以顺利购入。

如图 5－9 所示，2010 年 12 月 23 日，岳阳兴长出现一根跳空低开的大阴线，留下了一个突破缺口，跌破了此前收敛三角形整理区的下边线支撑，后市将进入下降趋势中。当股价运行至下跌周期时，投资者要做的就是持币观望。

图5-9　岳阳兴长　000819

如图5-10所示，2009年12月3日，美利纸业出现一个跳空缺口，向上突破了前期高点形成的压力线，按理后市看涨。然而，当日虽然留下了向上突破缺口，却最终以大阴线报收，降低了后市直接进入涨势的可能性。次日，该股再次出现阴线，回补了向上跳空的缺口，导致突破缺口变化为普通缺口。如果投资者突破当日建仓介入，此时该考虑择机止损了。

图5－10 美利纸业 000815

3. 实战解析

如图5－11所示，2011年4月25日，太钢不锈出现一根大阴线，跌破矩形顶的下边线支撑，见顶形态确认。随后，该股进入了又一个矩形中，展开了低位横盘整理。2011年5月12日，该股又出现一根大阴线，成交量突然放大，还留下了一个跳空缺口，向下突破了低位整理矩形的下边线支撑，股价将继续下行探底。

如图5－12所示，向下突破缺口出现之后，太钢不锈进入一波明显的下跌行情中。置身事外，投资者都可以清晰地看出这波跌势。可是，一旦持股其中，有些投资者就乱了分寸。即使出现如此强势的向下突破缺口，也可以选择视而不见，继续坚守手中亏损的仓位。

如图5－13所示，2009年1月22日，东莞控股出现一根十字线，向上

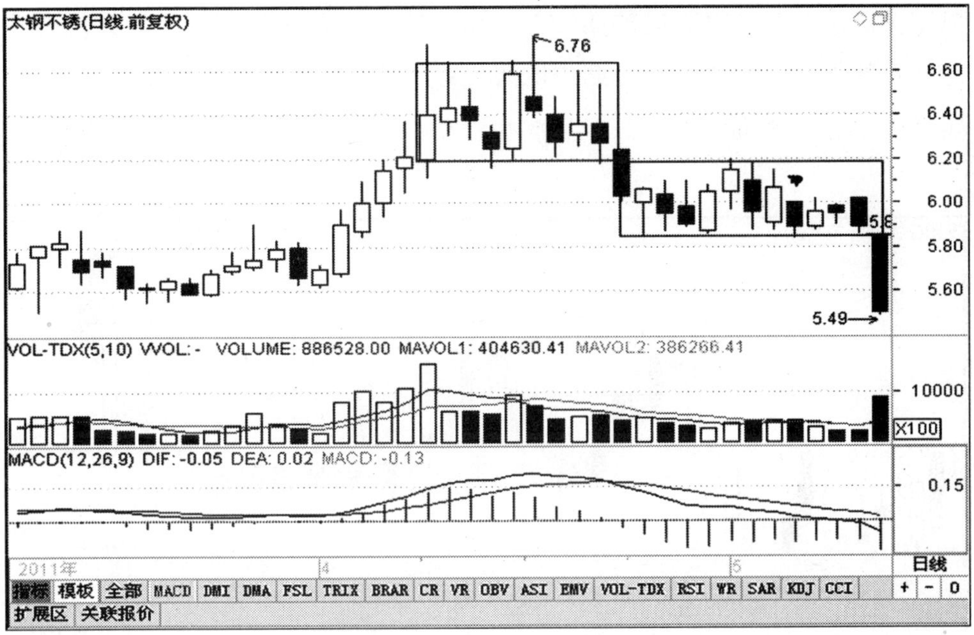

图5－11　太钢不锈　000825

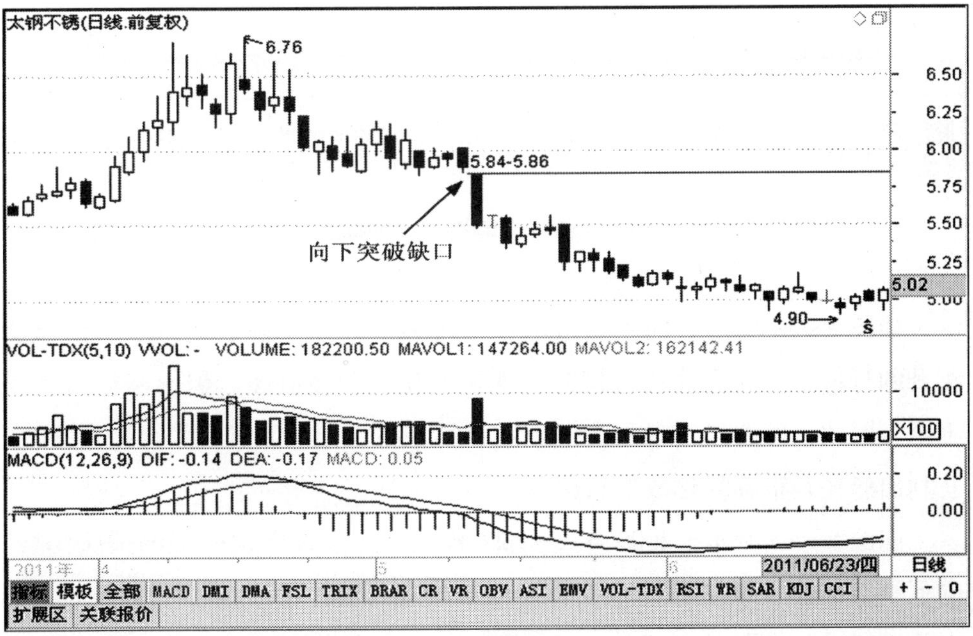

图5－12　太钢不锈　000825

跳空突破了前期高点形成的压力线。由于这个突破缺口较大，尽管近两个交易日的涨幅已经很大，短期内顺势继续冲高的可能性还是很大，因此投资者可以考虑择机介入。

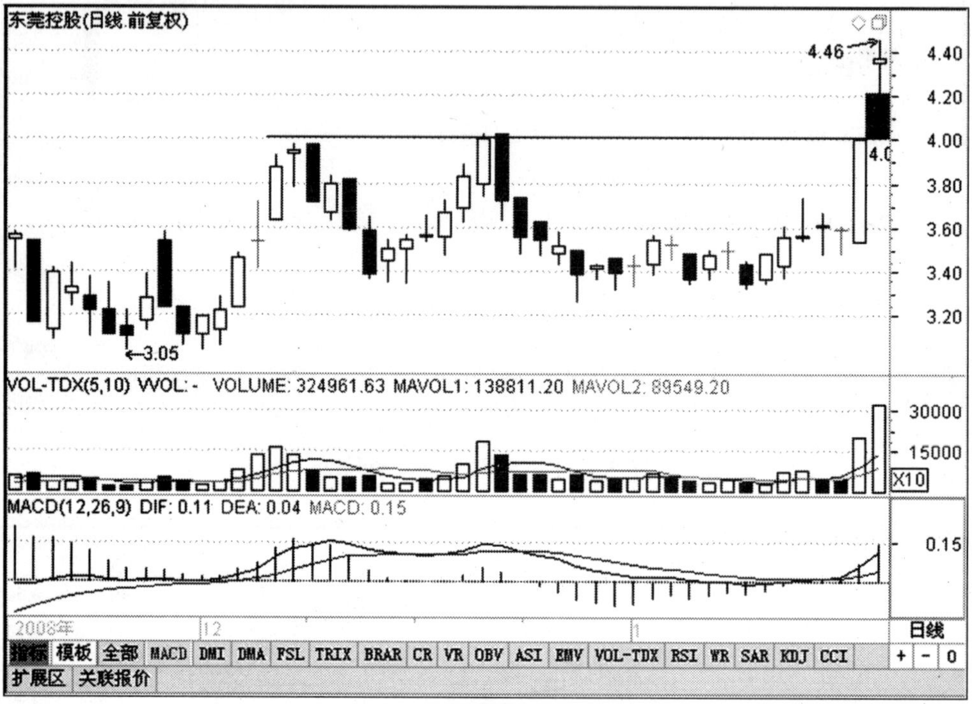

图 5－13　东莞控股　000828

如图 5－14 所示，向上突破缺口出现之后，东莞控股进入了一波振荡爬升的行情中。尽管这波行情的上涨速度相对明显放缓，但上涨幅度还是不错。因此，即使投资者是在向上突破的最高点介入，只要卖点把握得当，获利出场还是很容易达成的目标。

如图 5－15 所示，2009 年 2 月 27 日，天音控股出现一根倒锤头阴线，向下跳空突破了 M 头颈线的支撑，后市将进入跌势中。当然，这个 M 头形态并不标准，投资者也可以将其看为扩散三角形。不论这个密集成交区如何称呼，其后市看空的含义不变。

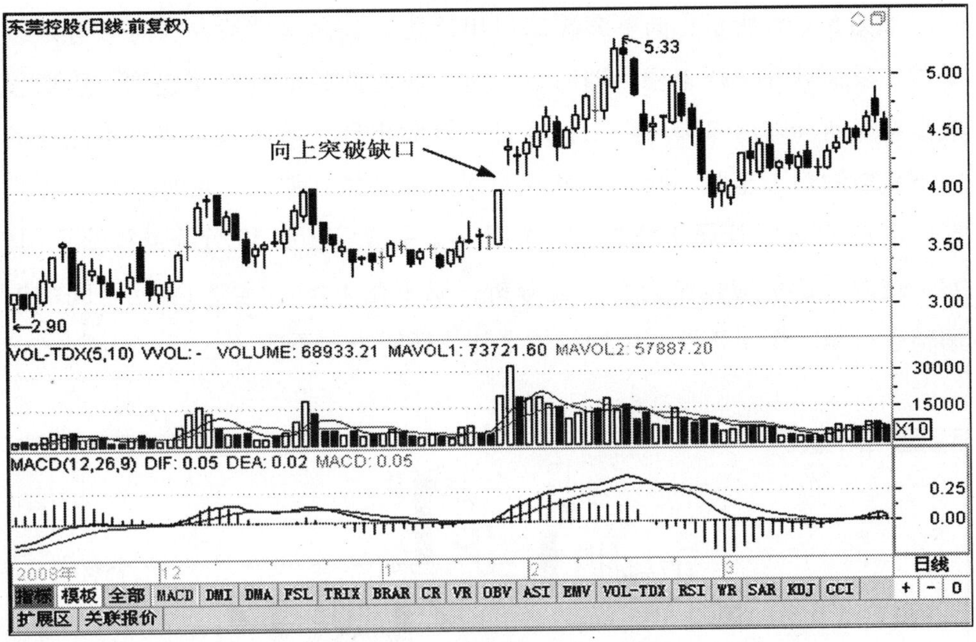

图5-14 东莞控股 000828

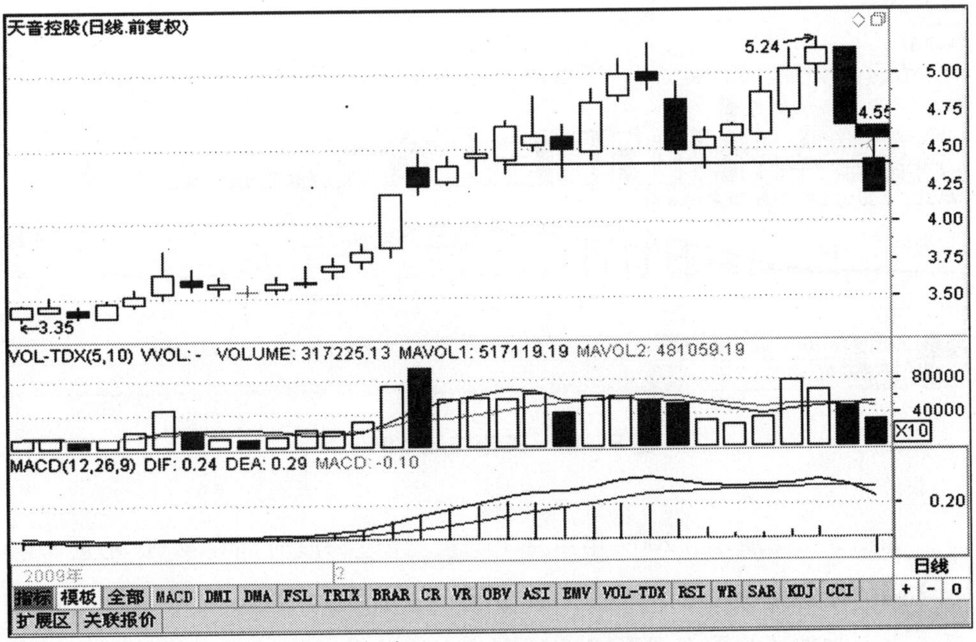

图5-15 天音控股 000829

如图 5－16 所示，向下突破缺口出现之后，天音控股并没有顺势继续下跌，反而就此止跌企稳。随后，经过一段时间的低位振荡整理，该股形成潜在 W 底形态。2009 年 3 月 20 日，该股出现一根阴线，回补了此前的向下跳空缺口。至此，此前的 M 头见顶形态失效。那么，此前的 M 头和当前的潜在 W 底，均属于低级别走势图中交易信号（如 30 分钟走势图）。其实，这两段走势应该结合在一起分析，属于在 4.00 元至 5.00 元之间的振荡整理行情。至于该股的中期行情走势，暂时方向不明。

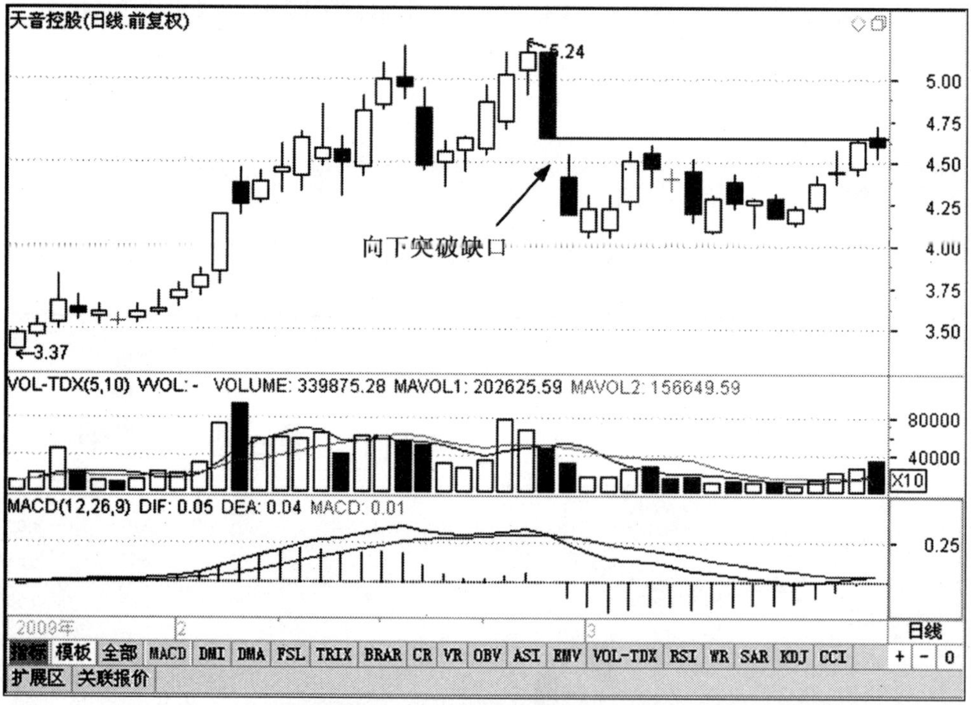

图 5－16　天音控股　000829

如图 5－17 所示，2009 年 4 月 15 日，经过一段时间在 4.00 元至 5.00 元之间的振荡整理之后，天音控股出现一根涨停大阳线，伴随着明显的放量，向上突破了前期高点形成的压力线，意味着整理行情结束，后市股价将继续上行。

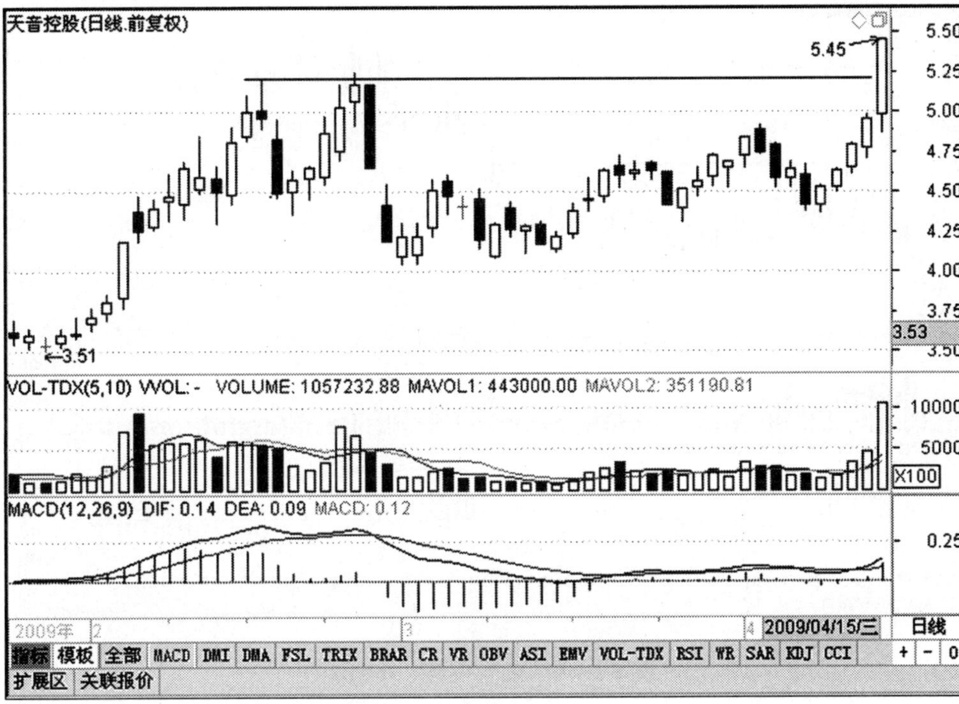

图5－17　天音控股　000829

如图5－18所示，突破大阳线出现之后，天音控股进入了一波振荡爬升的行情中。如果投资者至此还无法摆脱当时向下突破缺口的看空影响，这波涨势就只能坐在场外看着了。当然，这波涨势走得很艰难，不过总体还是向上发展的，最大涨幅也超过25%了（以涨停大阳线的收盘价为起点），还是有一定的参与价值。

如图5－19所示，2011年7月18日，高鸿股份出现一根涨停阳线，向上跳空突破了底部盘整区的压力位，后市将进入一波涨势中。不过，由于当日该股开盘后直接封至涨停板（见图5－20），投资者根本没有介入的机会。因此，投资者只能等待次日择机入场。

如图5－21所示，向上突破缺口出现的次日，高鸿股份并没有顺势继续上涨，反而出现一根大阴线，与此前的涨停阳线构成阴抱阳组合，见顶信号。尽管此时向上突破的缺口并没有被完全回补，不过形势已经不容乐

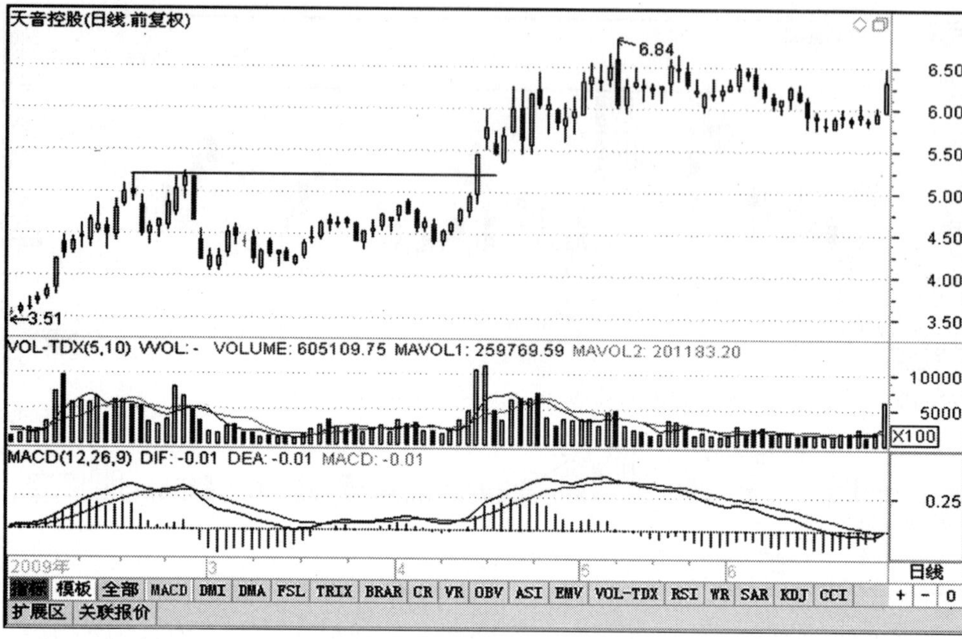

图 5－18 天音控股 000829

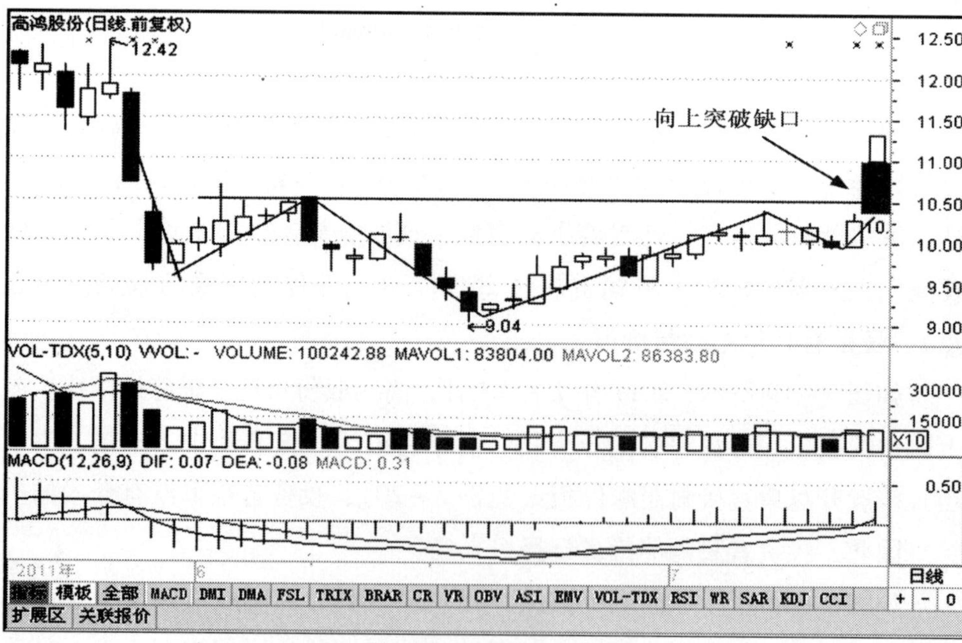

图 5－19 高鸿股份 000851

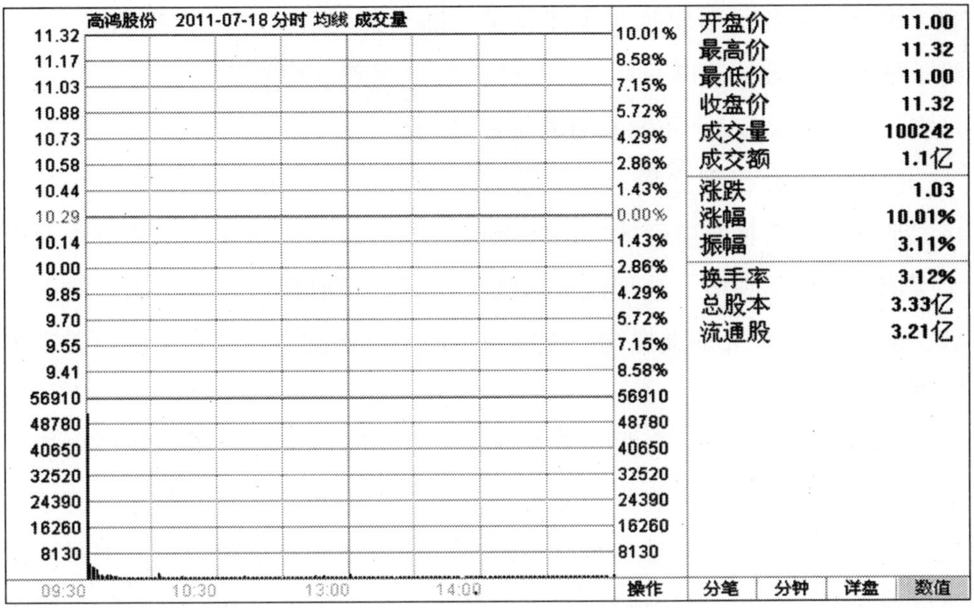

图5－20　高鸿股份　000851

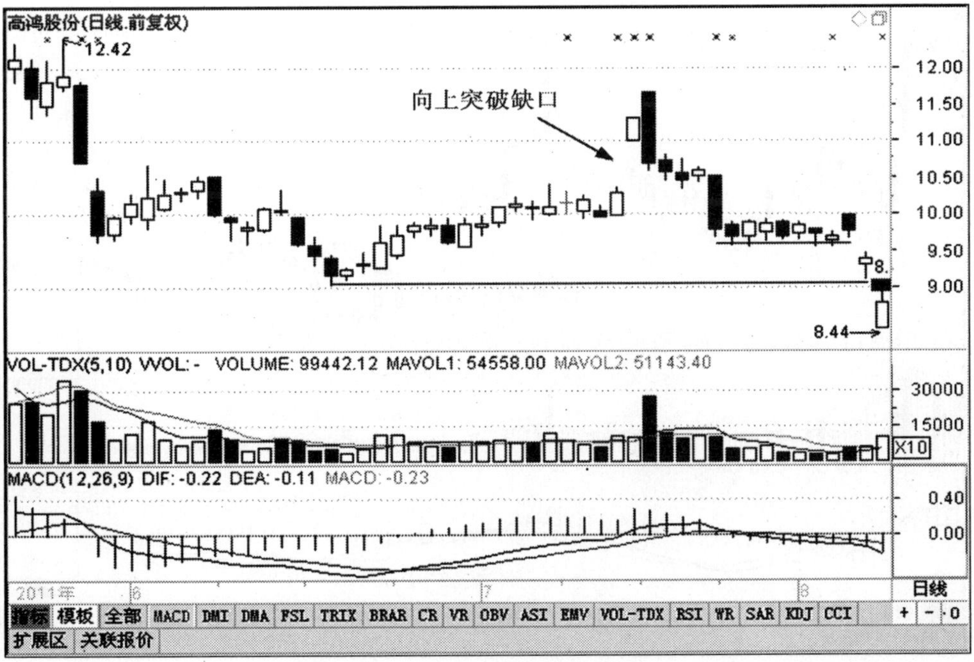

图5－21　高鸿股份　000851

观，因此投资者不用着急入场建仓了。随后，该股又连续出现两根阴线，终于把向上突破的缺口回补了。至此，向上突破缺口转变为普通缺口（也可看作消耗性缺口），不再具有看涨的作用。

阴抱阳组合出现之后，该股转入下跌行情中。在跌破 10.00 元之后，该股形成了一个横盘整理区。2011 年 8 月 5 日，该股出现一根跳空低开的十字阳线，向下突破了整理区下边线。次日，该股再次跳空下跌，向下突破了前低位 9.04 元的支撑线。连续两个向下突破缺口，加大了后市看空的力度。

如图 5－22 所示，第二个向下突破缺口出现的次日，高鸿股份出现一根跳空阴线，填补了此前一个交易日的缺口。至此，第二个向下突破缺口转变为普通缺口，失去看空意义。随后，该股继续其反弹行情。不过，这波反弹在第一个向下突破缺口的下方受阻。既然无力上冲，该股就只能转

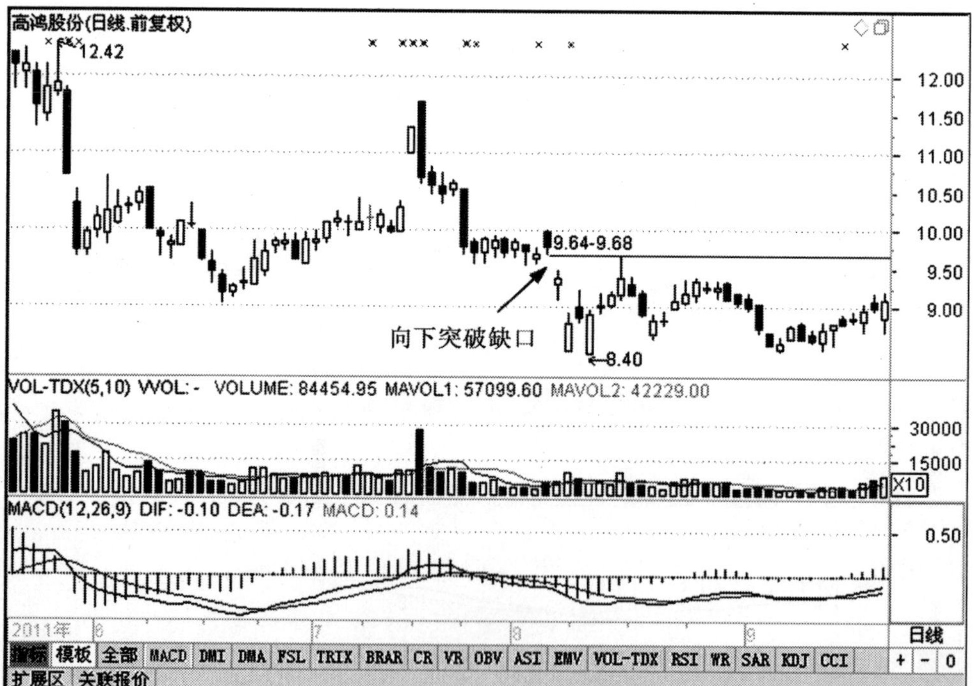

图 5－22 高鸿股份 000851

入了振荡整理行情中了。至于整理完毕该股的发展方向，就只能等待市场给出答案了。

三、持续缺口

1. 招式图解

持续缺口，是指在一波明显的行情中出现的具有持续性质的缺口。根据持续的方向，持续缺口可以分为向上持续缺口（见图5－23）和向下持续缺口（见图5－24）。

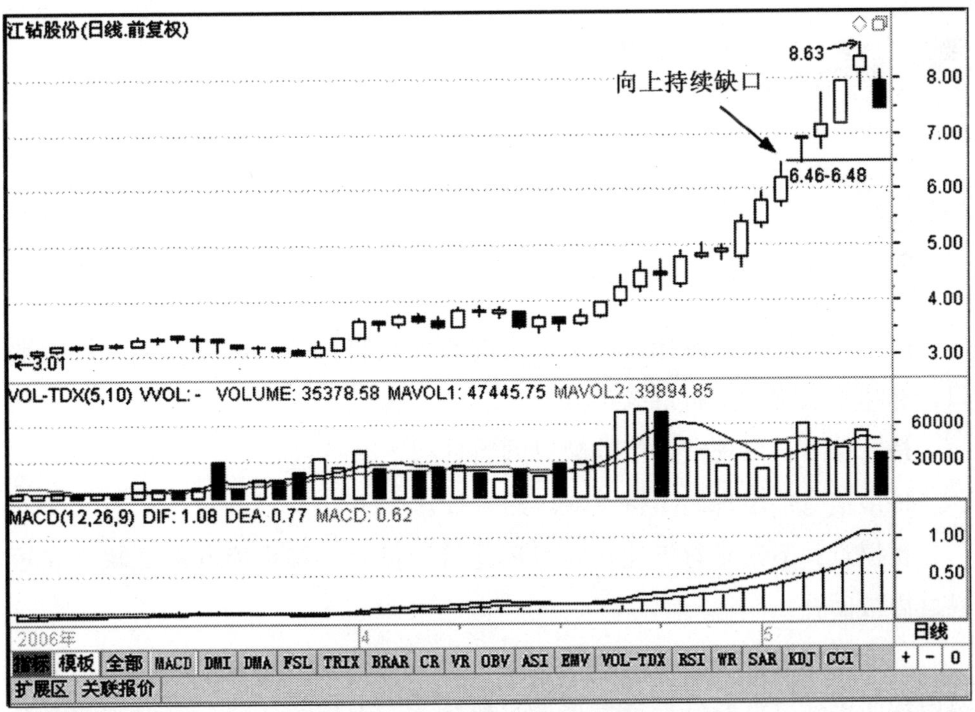

图5－23 江钻股份 000852

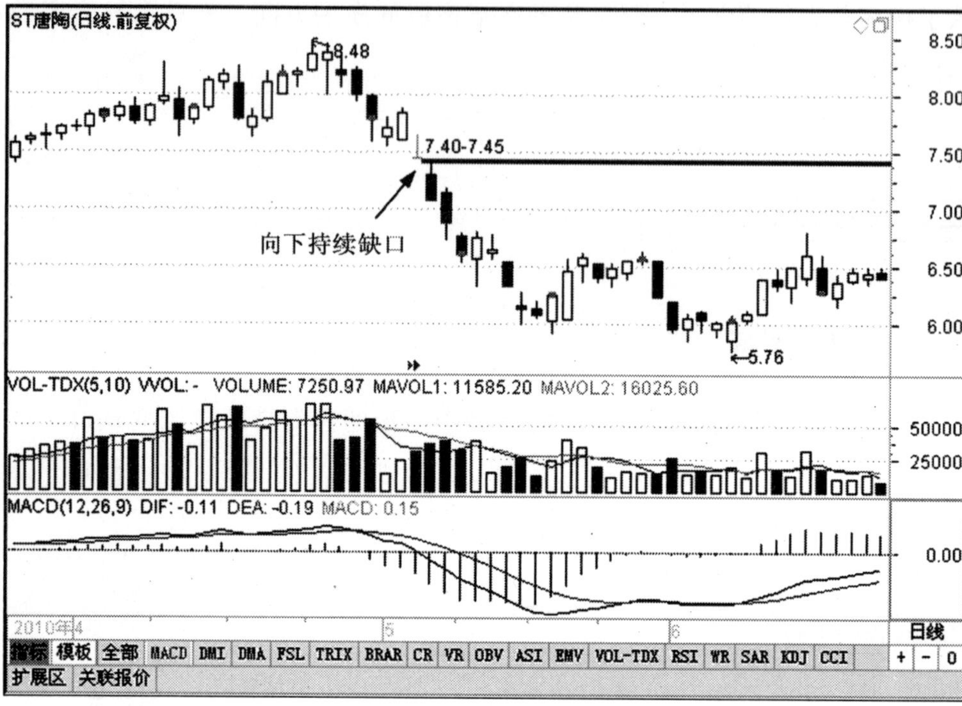

图 5－24 ST 唐陶 000856

2. 操作要点

向上持续缺口，意味着此前的上涨行情仍将延续；同理，向下持续缺口，意味着股价后市将继续走低。

持仓信号：出现向上持续缺口的当日。

持币信号：出现向下持续缺口的当日。

止损点：不论是对于建仓时机还是持币信号，其止损点都是缺口在短期之内被回补。

测量目标价：持续缺口通常处于一波行情的中间位置。因此，投资者可以据此大致推算股价后市发展的目标价：向上持续缺口，假设这波涨势的起点为 A，持续缺口所处的位置为 B，两者之间的价差为 H＝B－A，那么上涨目标价为 B＋H；同理，向下持续缺口，假设这波跌势的起点为 A，持续缺口所处的位置为 B，两者之间的价差为 H = A – B，那么下跌目标价为 B – H。

如图 5 – 25 所示，2009 年 11 月 20 日，安凯客车出现一根涨停大阳线，突破了前高压力，由此进入一波涨势中。2009 年 12 月 1 日，在这波上涨行情中，该股出现一个向上跳空缺口，即向上持续缺口，意味着股价后市仍有上行空间。既然后市还会继续上涨，投资者就应该继续耐心持股待涨。

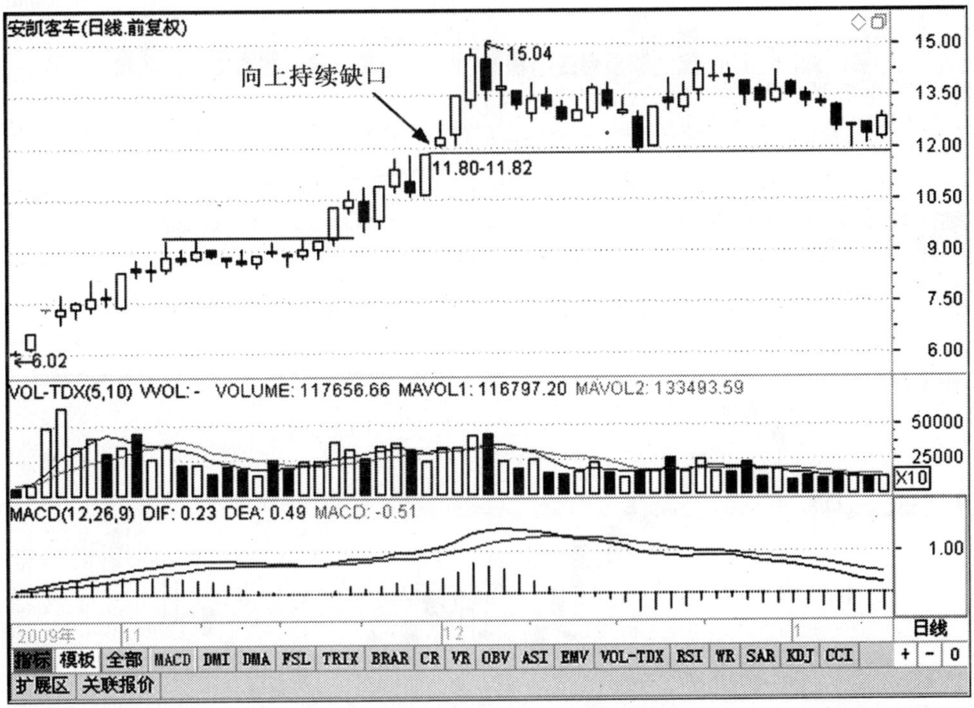

图 5 – 25　安凯客车　000868

如图 5 – 26 所示，2008 年 3 月 18 日，在一波下跌行情中，云南铜业出现一根跳空下跌的大阴线，其缺口即为向下持续缺口，后市应该还有下行空间。面对向下持续缺口，投资者继续耐心持币即可。

如图 5 – 27 所示，2008 年 10 月 16 日，在一波明显的下跌趋势中，潍柴重机出现一个向下跳空缺口，按理说应该属于持续缺口，后市股价将继

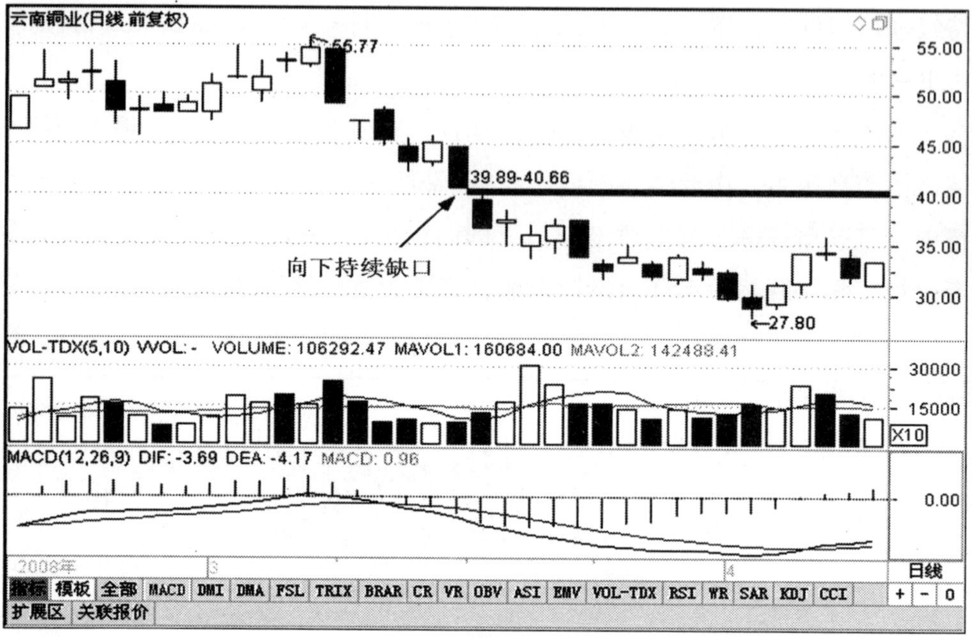

图 5－26　云南铜业　000878

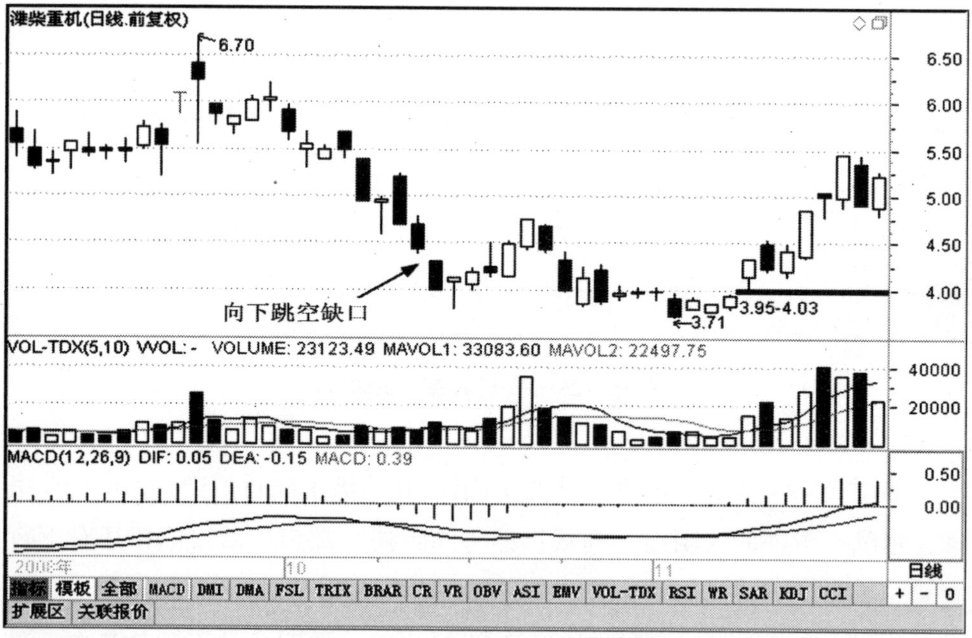

图 5－27　潍柴重机　000880

续走低。然而，这个向下跳空缺口在3个交易日之内就被回补了，其持续看跌的指向作用失效。

如图5-28所示，2011年5月24日，ST天一出现一个向下跳空缺口。由于该缺口出现在一波下跌趋势中，将其认定为下跌持续缺口。因此，可以据此推算该股后市下跌的目标价：这波跌势的起点是10.18元，向下持续缺口的起点为当日的最高价9.09元，两者之间的价差为10.18-9.09=1.09（元），那么第一目标价为9.09-1.09=8（元）。当股价下跌至8元附近时，该股顺利止跌企稳。

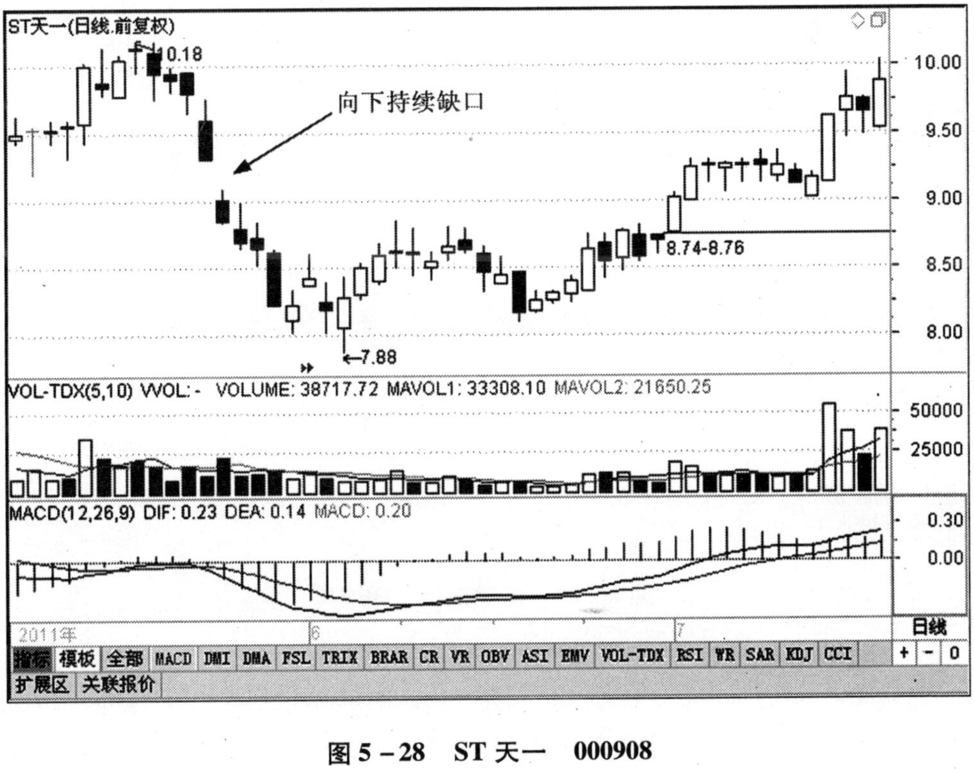

图5-28 ST天一 000908

3. 实战解析

如图5-29所示，2010年10月14日，在一波上涨行情中，华夏银行出现一个向上持续缺口，后市仍有上行空间。另外，与此同时的上证指数，已经明显完成筑底行情，进入一波上涨行情中（见图5－30），这进一步加大了个股后市上涨的可能性。不过，当日该股以长上影线的阳线报收，明显受制于前高压力，大盘也有短线见顶的迹象。因此，对于持股的投资者继续持股待涨，对于持币的投资者，可以考虑等待次日再行决定是否入场做多。

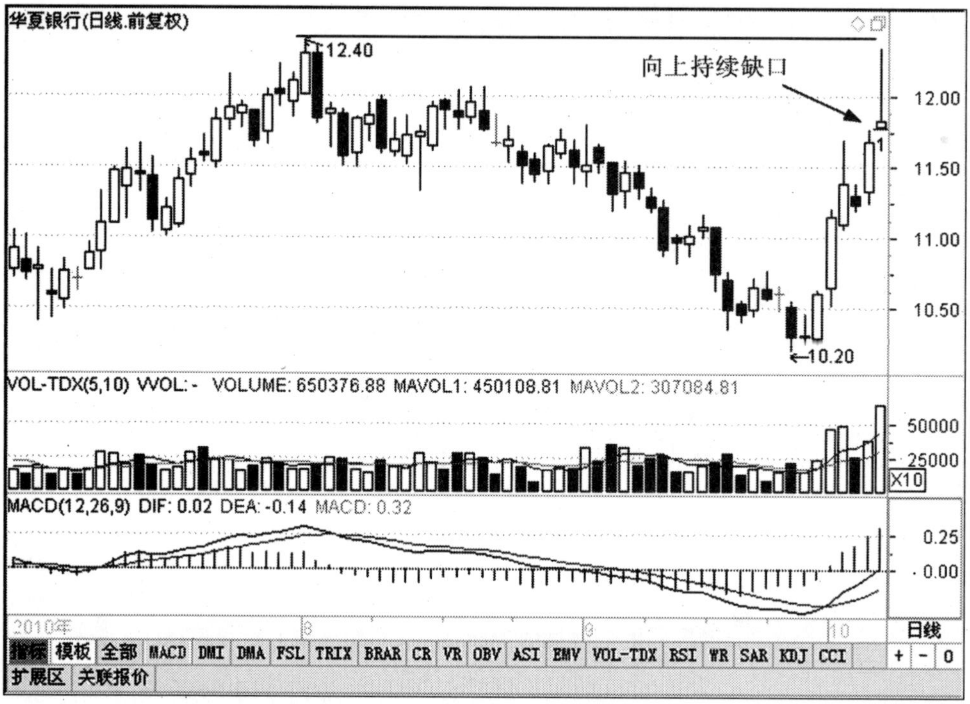

图5－29　华夏银行　600015

如图5－31所示，2010年10月15日，华夏银行以11.84元的价格跳空低开。然而，开盘后该股就被直接拉高至12.30元下方振荡，恰好处于前一个交易日上影线的最高点附近，属于十分明显的强势整理，持币的投资者可以考虑入场了。如果还是心存疑虑，可以等到10点56分，该股向上突破早盘12.30元的高点，后市上行的空间被打开。最终，该股以12.79元报收，涨幅达到8.11%，形成一根大阳线。

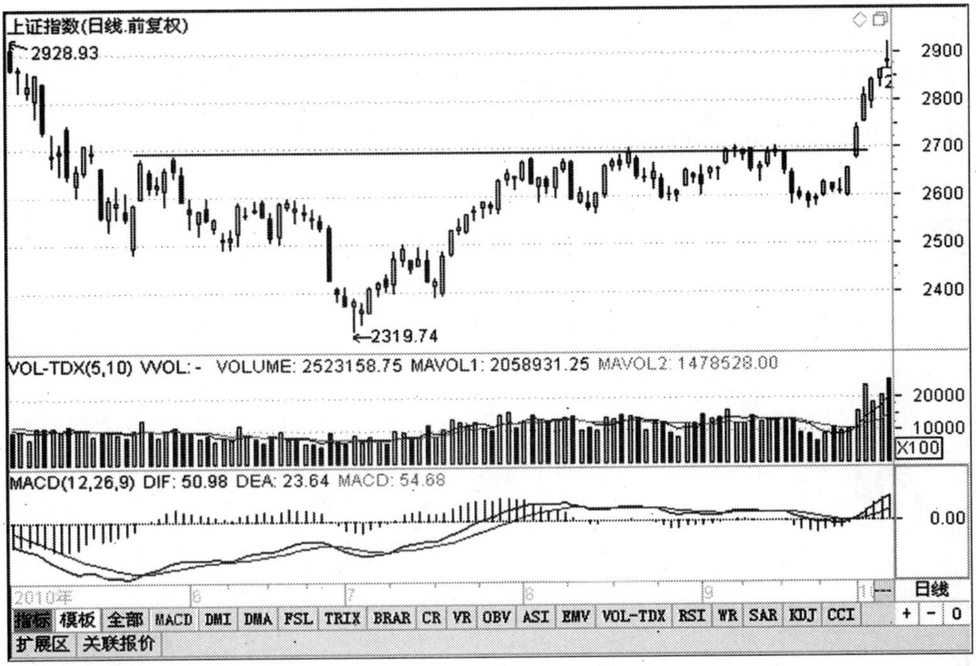

图5－30 上证指数 999999

图5－31 华夏银行 600015

如图 5－32 所示，随后，华夏银行又上冲了 3 个交易日才见顶，创出了 14.35 元的高点。以向上持续缺口出现当日的最高点 12.50 元为起点计算，这波涨势的最大涨幅接近 15%，足够投资者回旋了。

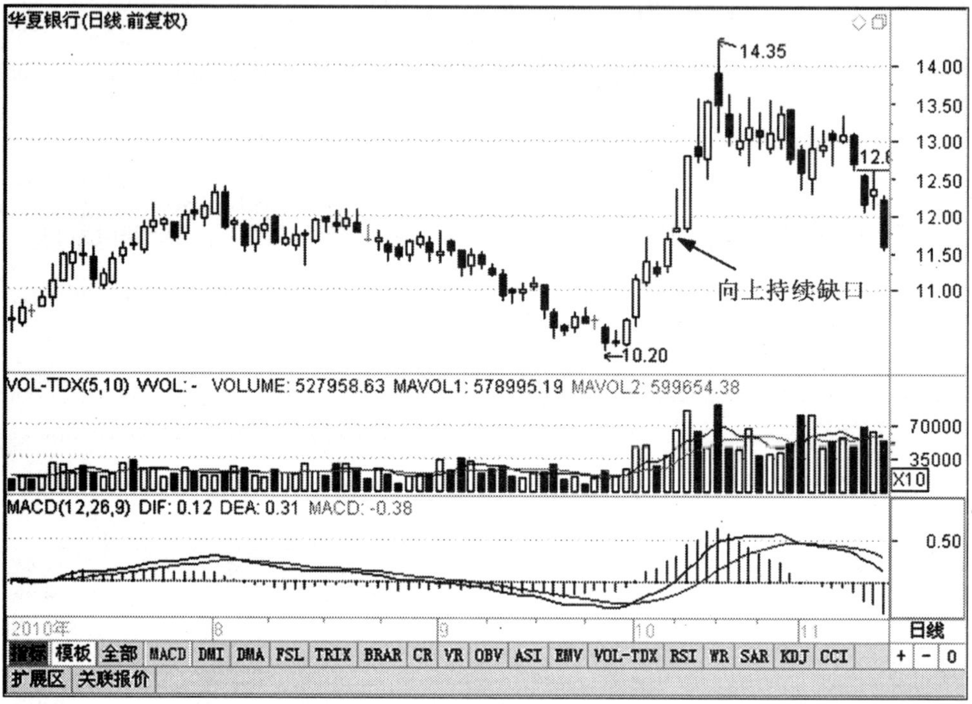

图 5－32 华夏银行 600015

如图 5－33 所示，2009 年 8 月 17 日，在一波由 M 头引发的下跌行情中，招商银行出现一个向下持续缺口，后市仍有下行空间。不仅如此，与此同时的上证指数也处于一波跌势中，而且也出现了一个向下持续缺口（见图 5－34）。在个股和大盘同时处于下降趋势中时，投资者应该坚定持币观望。

当然，根据 M 头推算的下跌目标价，个股和大盘都已经下行到下跌第一目标价附近，有可能形成反弹行情。注意，千万不要为反弹行情所迷惑而轻易入场做多。

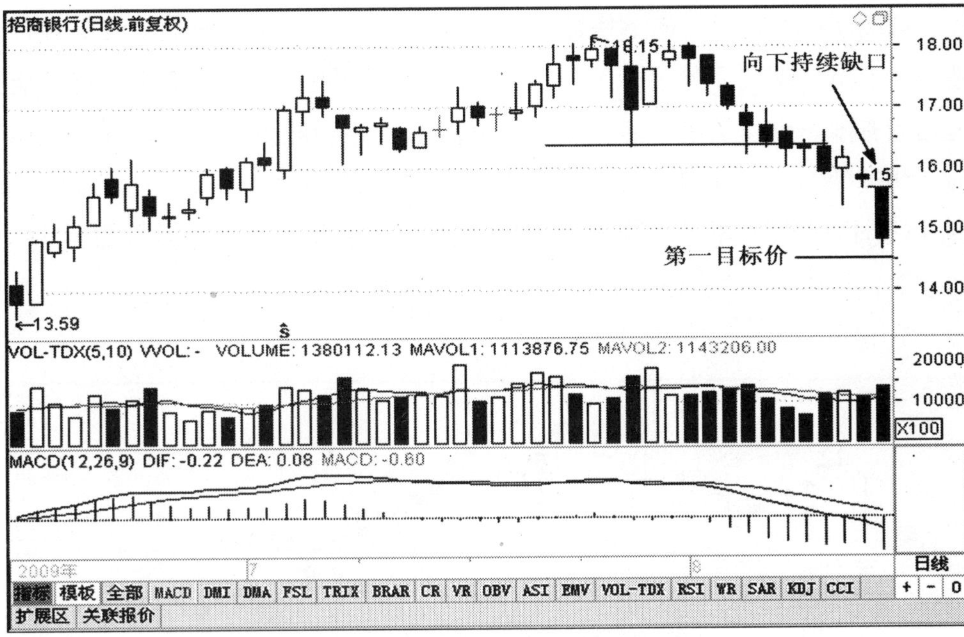

图5－33　招商银行　600036

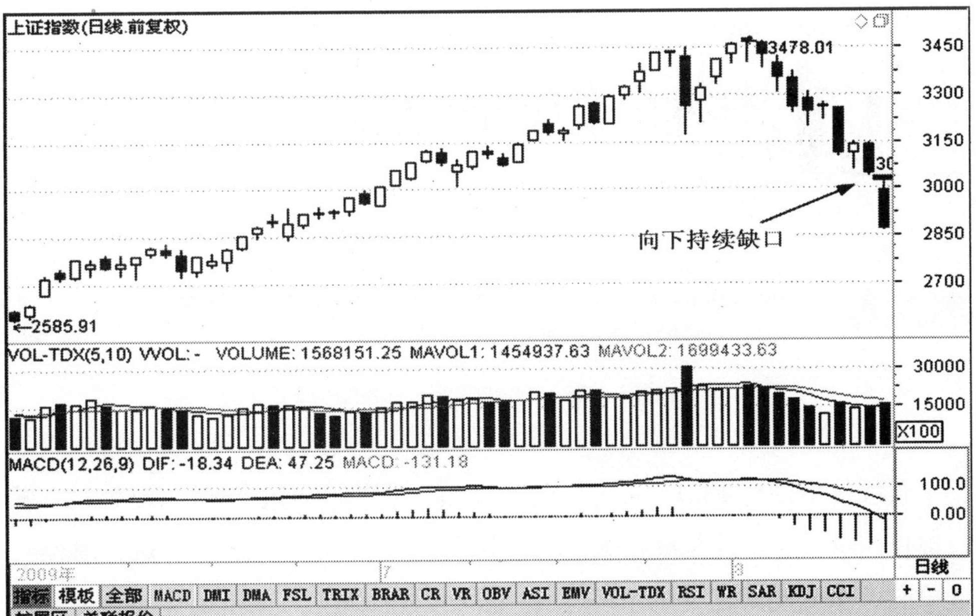

图5－34　上证指数　999999

如图5－35所示，向下持续缺口出现之后，该股果真进入一波反弹行情中。不过，这波反弹始终无法回补此前的跳空缺口，可见多头的抵抗能力相当有限。反弹结束之后，该股继续向下探底。此时，投资者可以根据向下持续缺口，推断后市下跌的目标价了。根据这波下跌行情的起点18.15元和向下持续缺口的起点15.65元，计算出两者价差H＝2.50元，那么下跌目标价为15.65－2.50＝13.15（元）。

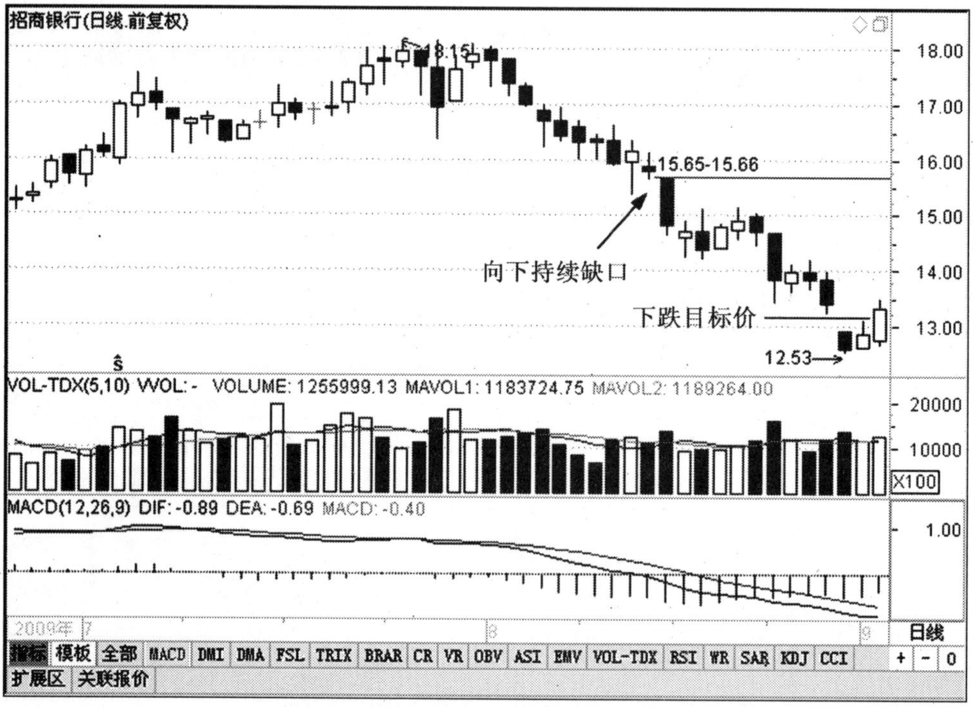

图5－35　招商银行　600036

当股价下跌至13.15元附近时，又出现了一个跳空缺口。随后，该缺口被快速填补，由此推断该缺口为消耗性缺口（具体参见下文相关内容），股价有可能就此见底，后市将进入一波反弹行情中。

如图5－36所示，在创出12.53元的低点之后，招商银行进入一波反弹行情中。随着行情的发展，这波反弹行情演化成筑底行情，形成上升三角形形态。2009 年 10 月 20 日，招商银行出现近期第三个跳空缺口，向上突破了前高压力，后市仍有上行空间。由于这个缺口出现在一波涨势之中，因此其还具有向上持续缺口的性质。

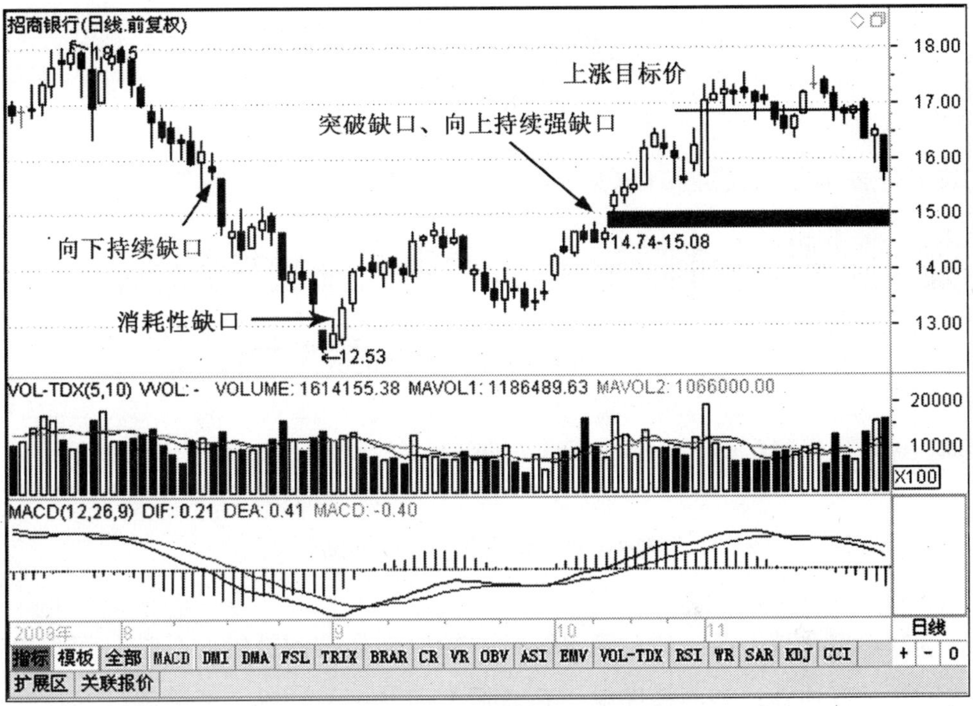

图 5 – 36　招商银行　600036

根据这个向上持续缺口，可以推算出后市上涨的目标价：这波涨势的起点为 13. 23 元，缺口的起点为 15. 08 元，两者的价差为 1. 85 元，那么上涨目标价为 15. 08 + 1. 85 = 16. 93 （元）（恰好是前期 M 头的颈线附近）。

如图 5 – 37 所示，当股价运行到 16. 93 元附近时，招商银行进入一波振荡整理行情中，并逐渐形成 M 头形态。2009 年 11 月 26 日，该股出现一根大阴线，跌破颈线支撑，M 头正式确认，后市将进入一波下跌行情中。

第二个 M 头形成之后，该股进入低一级的区间内进行振荡整理。经过一段时间的整理，该股跌破整理区的支撑线，继续下行探底，终于将向上

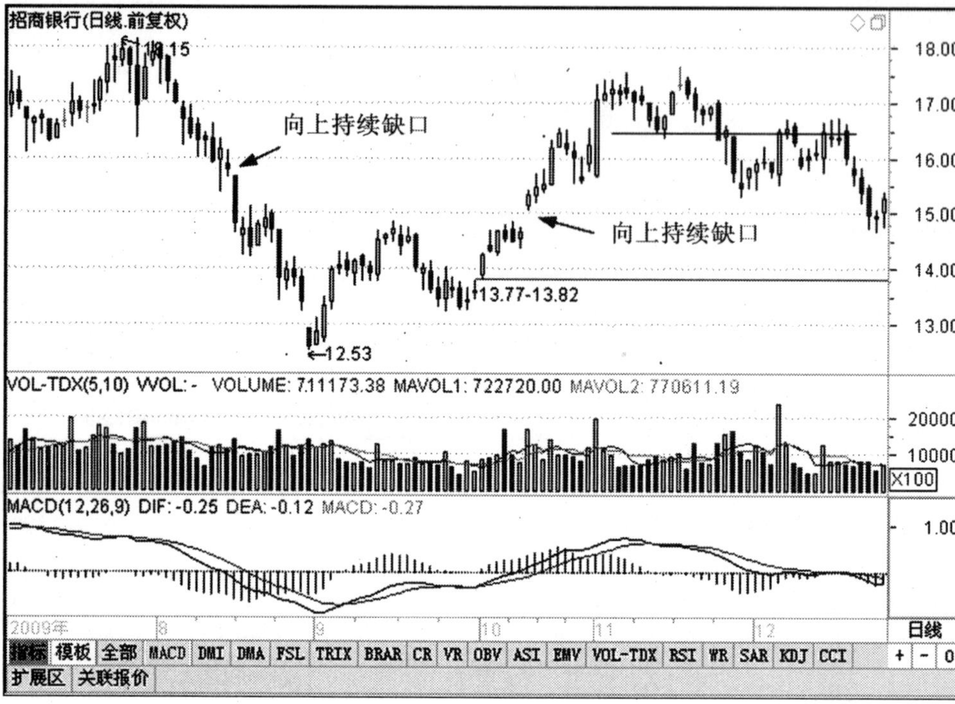

图 5-37　招商银行　600036

持续缺口完全填补了。通常而言，跳空缺口都会被回补的，只是时间长短的问题：普通缺口和消耗性缺口在短期之内就会被回补，突破缺口和持续缺口则需要较长的时间才可能会回补。

如图 5-38 所示，2009 年 7 月 20 日，五矿发展出现一个向上跳空缺口。由于该缺口处于一波明显的上涨行情中，因此可以暂时将其认定为向上持续缺口。根据这个缺口，就可以推算出该股后市上涨的目标价为 26.12 元。

如图 5-39 所示，向上持续缺口出现后，五矿发展继续其上涨行情，又连续出现了五根阳线。随后，该股转入了两个交易日的回调行情中。回调结束，该股继续冲高。2009 年 7 月 31 日，该股出现一根大阳线，突破了前高压力线，不过缺乏成交量支撑，显示一丝隐患。果然，这次突破仅维持了三个交易日。2009 年 8 月 6 日，该股出现一根大阴线，回到了前高压力线之下，证明此前的向上突破为假突破，后市看空。由此可以看出，该

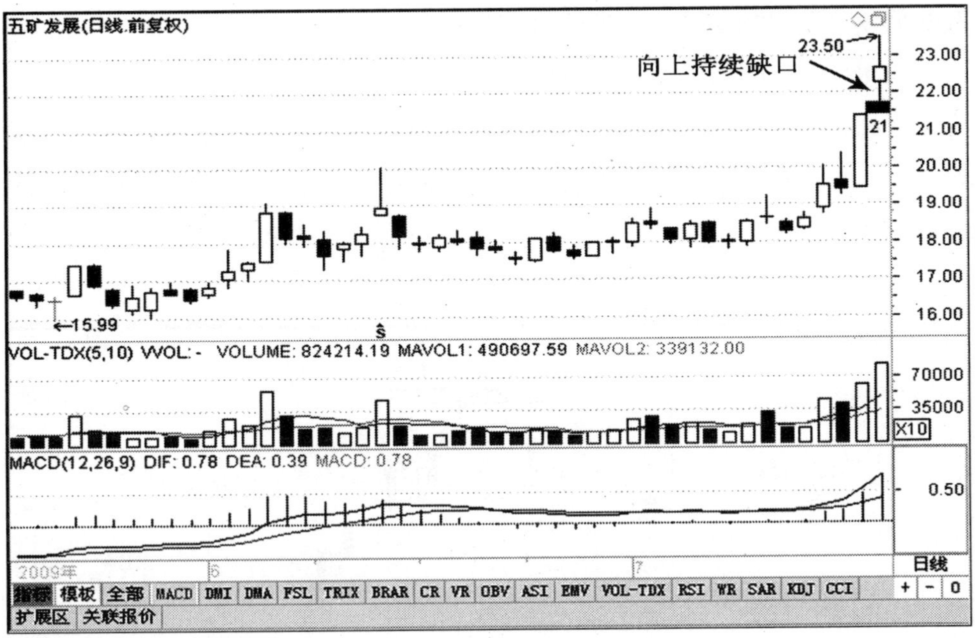

图5－38　五矿发展　600058

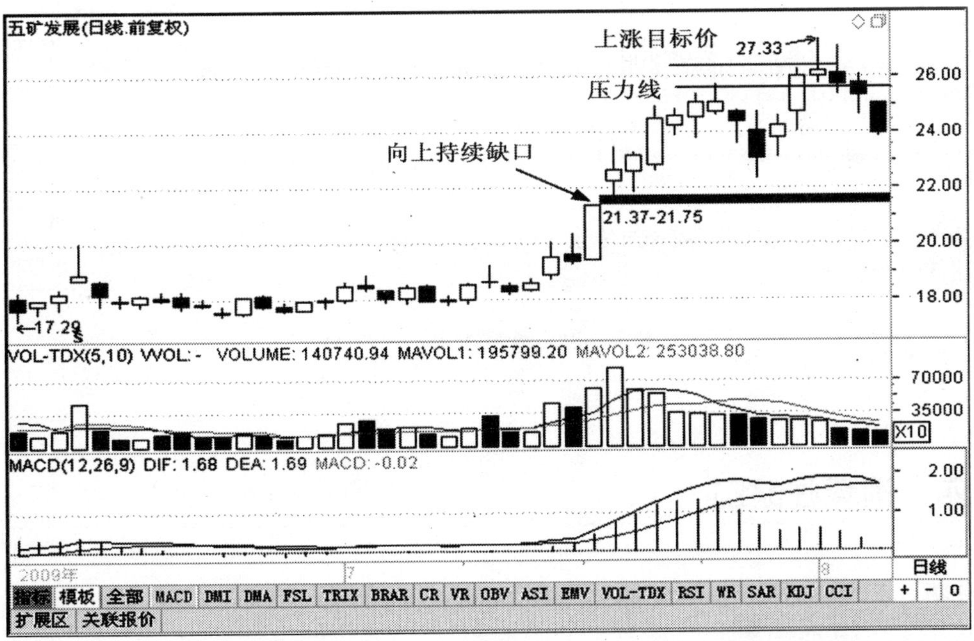

图5－39　五矿发展　600058

股的见顶位置与测量的上涨目标价基本吻合。

如图 5－40 所示，在上涨目标价附近见顶之后，五矿发展进入一波直线下滑的行情中。在此期间，此前的向上持续缺口被回补。通过本例可以看出，上涨目标价只是个参考价，真正决定投资者行动与否的还是股价的走势。

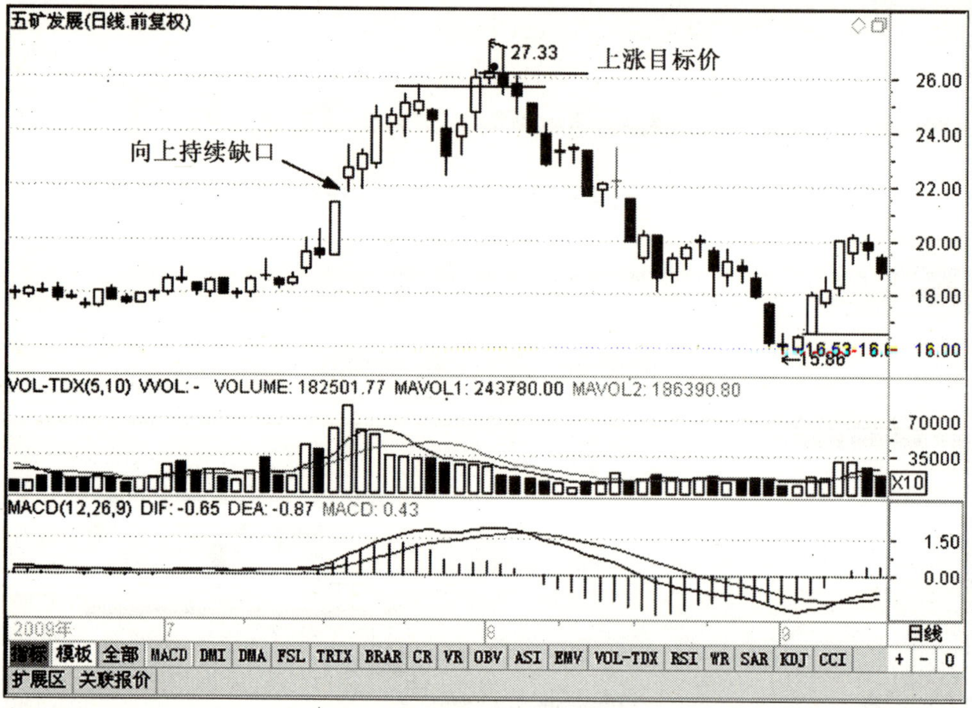

图 5－40　五矿发展　600058

四、消耗性缺口

1．招式图解

消耗性缺口，又称竭尽缺口、衰竭缺口，是指在一波激烈的行情中出现的短期之内就会被回补的缺口。根据消耗性缺口出现之前股价运行的方向，消耗性缺口可以分为涨势衰竭缺口（见图5－41）和跌势衰竭缺口（见图5－42）。

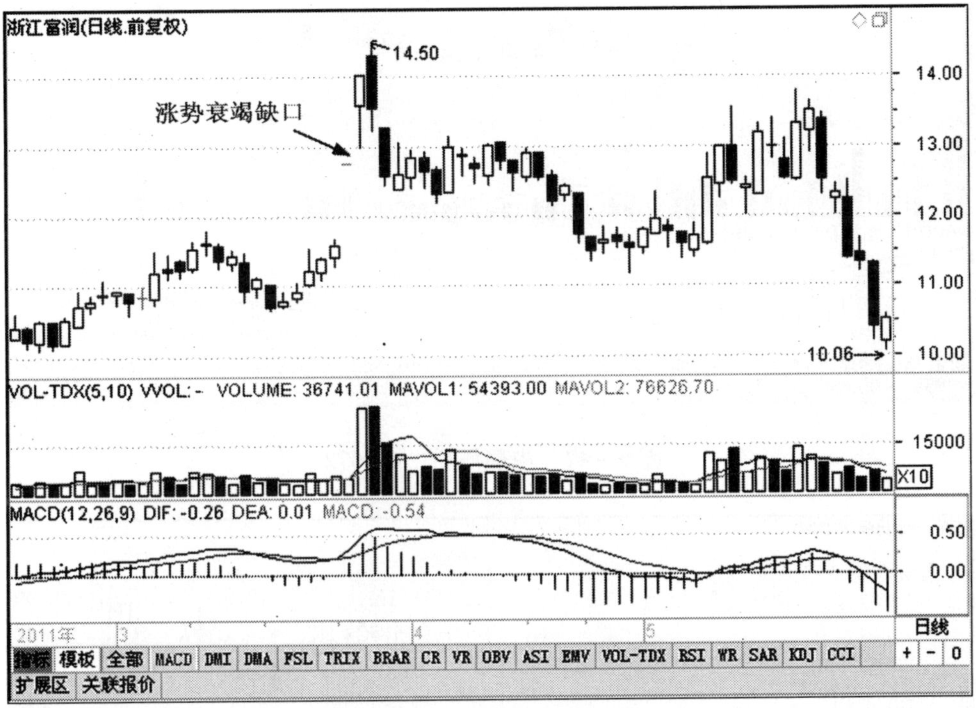

图5－41　浙江富润　600070

利用消耗性缺口（或者是持续缺口）和突破缺口，可以构成孤岛反转。所谓孤岛反转，是指一个孤立的密集成交区，与之前的走势隔着一个消耗性缺口，与之后的走势隔着一个突破缺口。根据消耗性缺口出现之前股价运行的方向，孤岛反转可以分为见底孤岛反转（见图5－43）和见顶孤岛反转（见图5－44）。

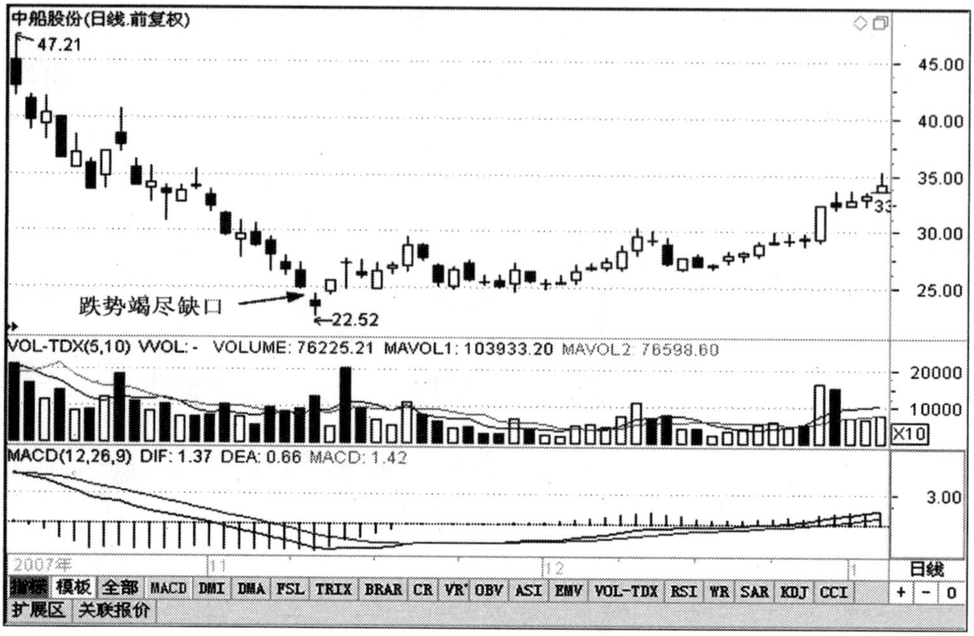

图 5－42 中船股份 600072

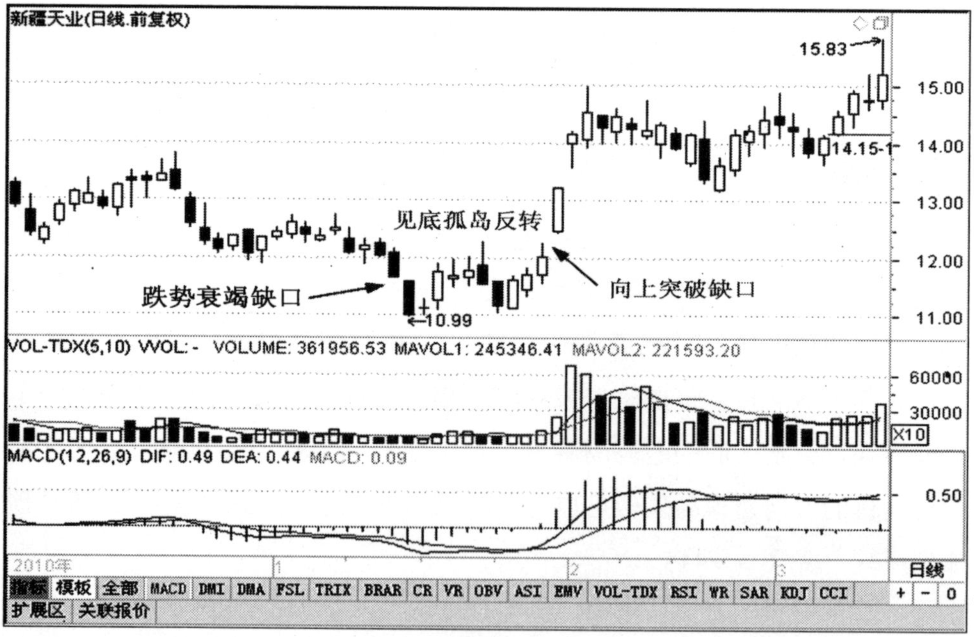

图 5－43 新疆天业 600075

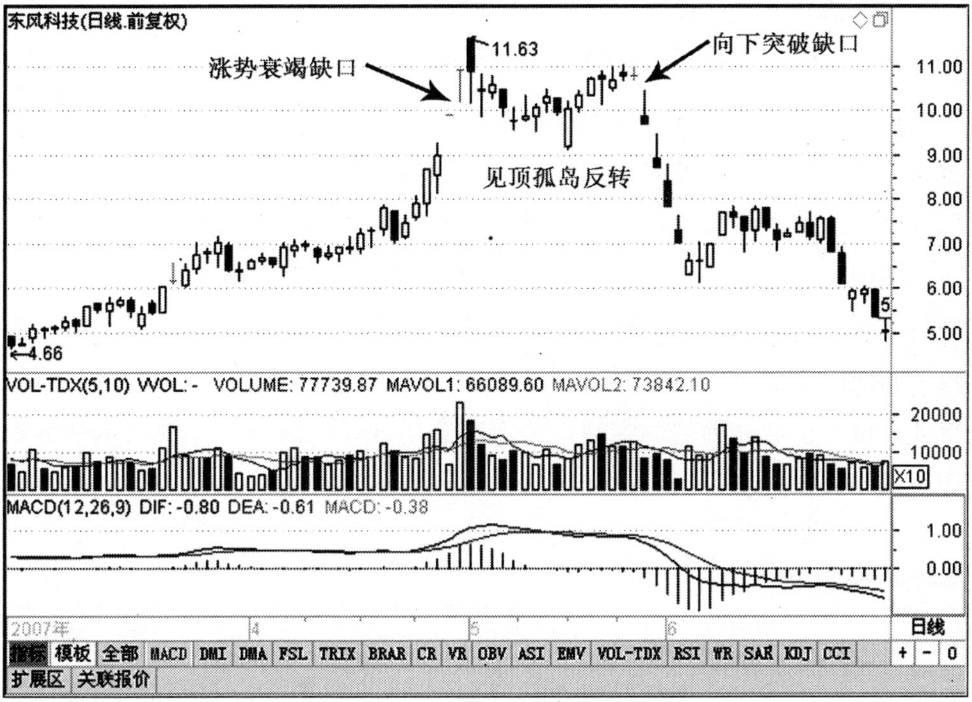

图5-44　东风科技　600081

2. 操作要点

涨势衰竭缺口，意味着一波涨势接近尾声（并不一定转入跌势，也有可能进入盘整行情中），投资者应该择机离场避险；同理，跌势衰竭缺口，意味着一波跌势进入末期（并不一定进入涨势，也有可能进入整理行情中），投资者应该提高关注，准备入场做多。通常而言，突破缺口极少演化成衰竭缺口，第一个持续缺口也很少变为衰竭缺口。

见顶孤岛反转属于见顶信号，意味着后市股价将进入跌势，投资者应该耐心持币观望。见底孤岛反转属于见底信号，意味着后市股价将进入涨势，投资者可以择机入场做多。

出场信号：涨势衰竭缺口被回补的当日。

入场信号：跌势衰竭缺口被回补的当日。

建仓信号；见底孤岛反转确认的当日。

持币信号：见顶孤岛反转确认的当日。

止损点：出场信号对应的止损点是缺口被回补之后股价不跌反升，放量创出新高；入场信号对应的止损点是缺口被回补之后股价不升反跌，创出新低点。至于孤岛反转，其止损点是突破缺口短期之内被回补。

如图5－45所示，2009年7月28日，海泰发展出现一根一字涨停线，并留下了一个明显的跳空缺口，后市看涨。然而，次日该股却出现了一根长下影线的阴线，回补此前的那个巨大缺口，伴随着成交量的急速放大。至此，可以认定此前的跳空缺口为涨势衰竭缺口，股价至少要进入一波回调行情中，投资者可以考虑离场回避风险了。

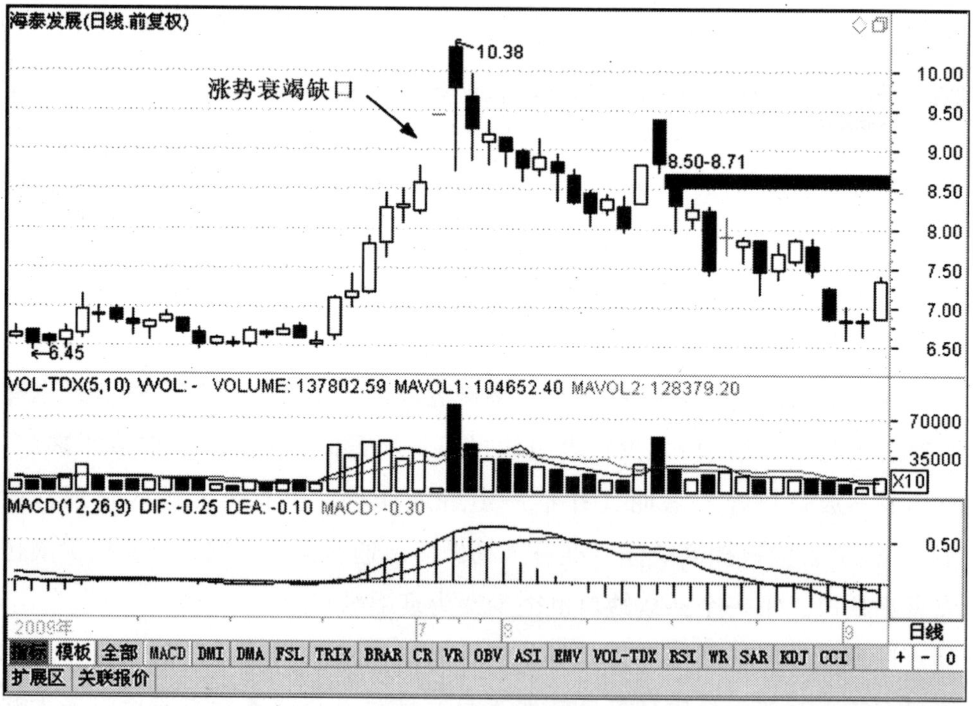

图5－45 海泰发展 600082

如图5－46所示，2009年8月18日，*ST博信出现一根跳空低开的小阳线，留下了一个明显的缺口。尽管这根小阳线实际是以跌势报收的，不过相比此前几个交易日的连续跌停走势，跌势已经放缓。因此，该缺口值得关注。次日，该股出现一根长上影线的阴线，回补了此前的缺口。至此，可以认定8月18日的缺口为跌势衰竭性缺口，该股将至少进入一波反弹行情中，投资者应该加强关注，把握可能出现的入场点。

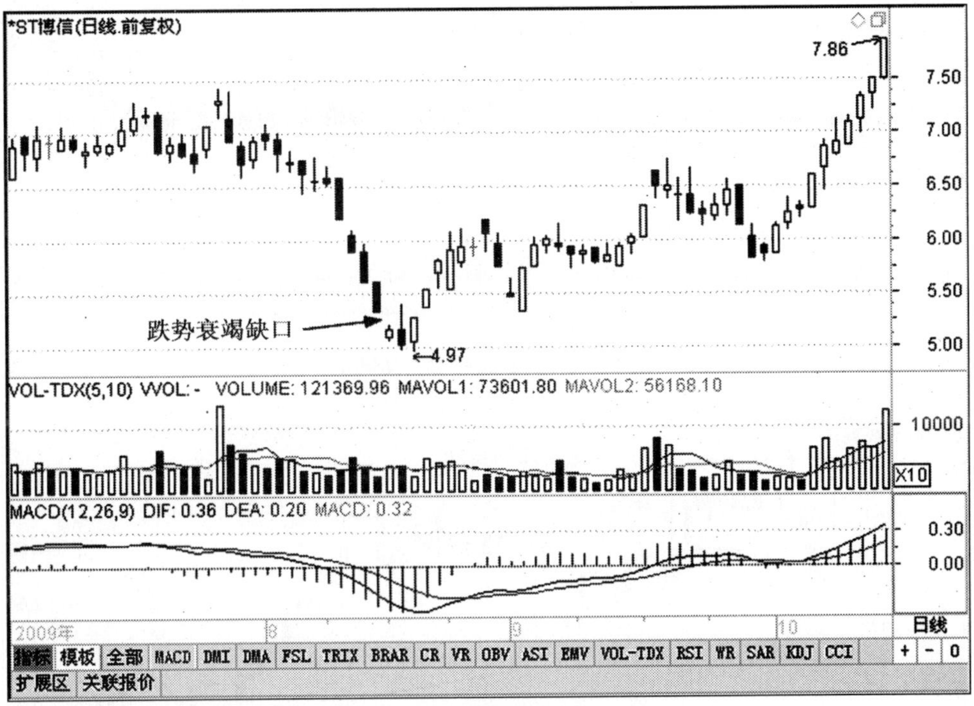

图5-46 *ST博信 600083

如图5-47所示，2010年7月28日，中视传媒出现一根跳空大阳线，向上突破了此前筑底行情的上边线压力，后市看涨。结合这个向上突破缺口和此前出现的向下持续缺口，就形成了见底孤岛反转形态。鉴于这种见底形态比较可靠，投资者可以考虑择机入场了。

如图5-48所示，2008年1月22日，啤酒花出现一个向下跳空缺口，与此前的向上持续缺口构成了见顶孤岛反转，后市看空。该形态出现之后，

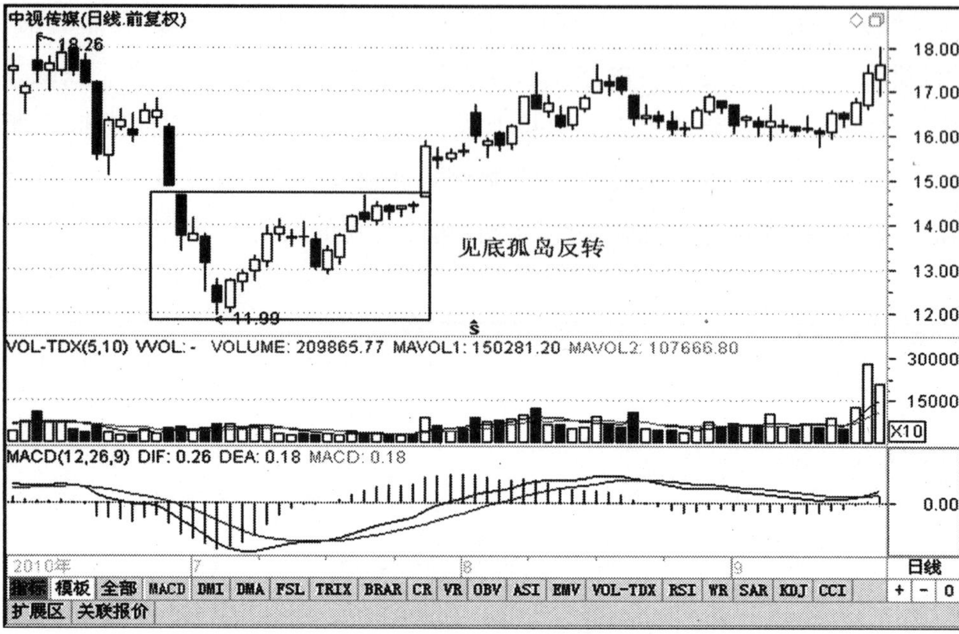

图5-47　中视传媒　600088

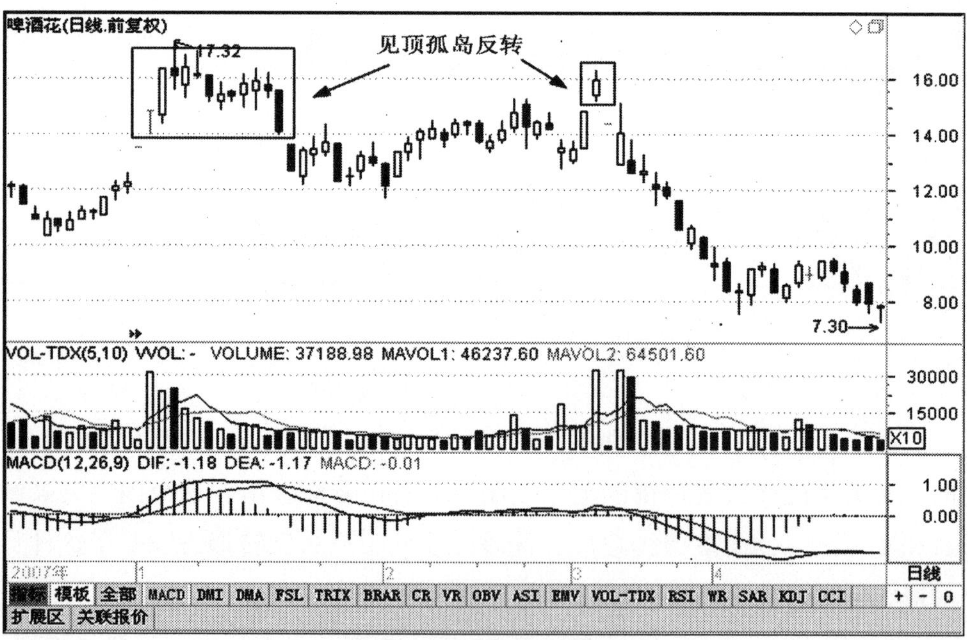

图5-48　啤酒花　600090

该股并没有直接进入跌势中，而是转入了低一级的振荡整理行情中。

2008 年 3 月 5 日，该股出现一根跳空上扬的阳线，直接测试前期见顶孤岛反转形态的压力。次日，该股出现一字跌停线，弥补了此前的跳空缺口，又留下了一个向下跳空缺口，一个微型的见顶孤岛反转确认。至此，可以推断前期见顶孤岛反转形态的卖压很大，短期之内该股无力上行了。

3. 实战解析

如图 5－49 所示，2010 年 5 月 14 日，ST 明科出现一根大阳线，回补了此前的跳空缺口，跌势衰竭缺口确认，股价有可能就此形成反弹或者进入涨势。因此，投资者应该开始密切关注该股走势，以寻找更加明确的建仓信号。

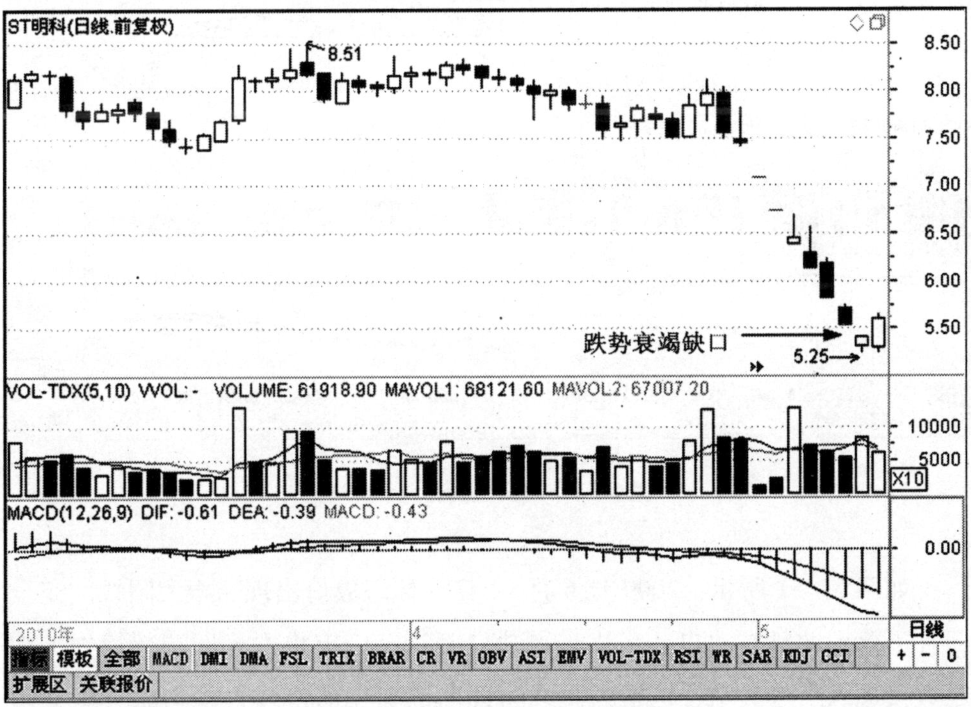

图 5－49 ST 明科 600091

如图5－50所示，在跌势衰竭缺口确认之后，ST明科没有就此止跌。仅过了两个交易日，该股就出现一根小阴线，向下跳空突破了跌势衰竭缺口的最低点支撑，入场信号失效。既然该股的跌势仍未结束，投资者就要继续耐心持币了。随后，该股形成了下降三角形整理区。当股价向下跌破这个三角形的下边线支撑后，该股继续下行探底。在这样下跌不止的行情中，投资者切莫心急入场抄底。

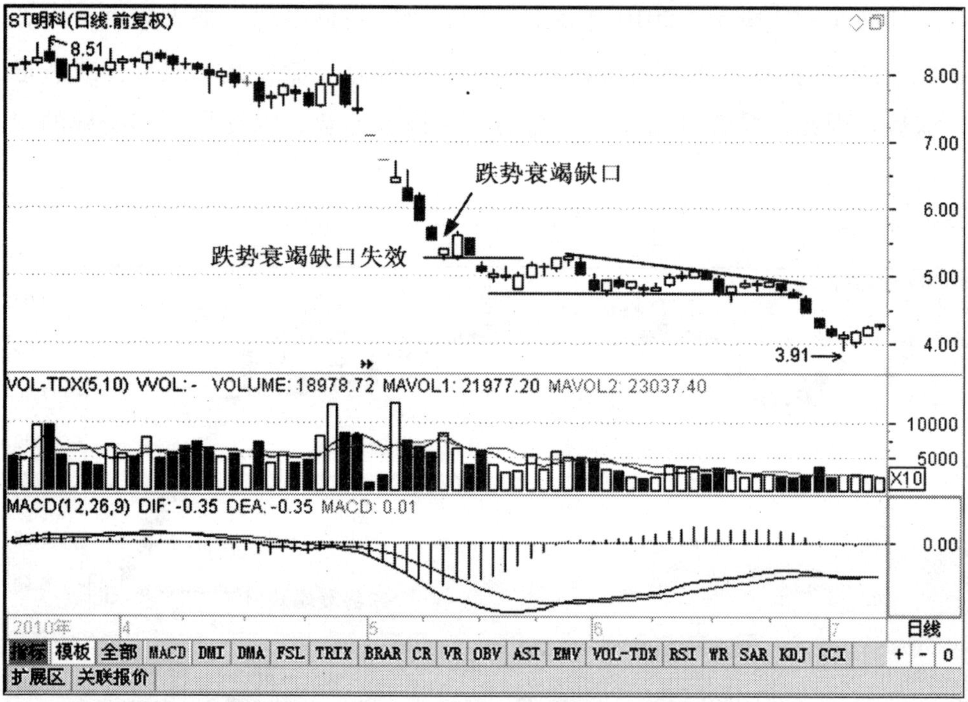

图5－50　ST明科　600091

如图5－51所示，2009年6月12日，林海股份出现一根大阴线，完全回补了此前的跳空缺口，涨势衰竭缺口确认，后市将进入回调行情中，甚至直接进入跌势。结合这根大阴线与此前的一字涨停线，就构成了阴抱阳线，属于见顶信号。另外，这根阴线振幅巨大，跌幅又高达9%，而且伴随着明显的放量，本身也属于见顶信号。因此，投资者应该择机出场。

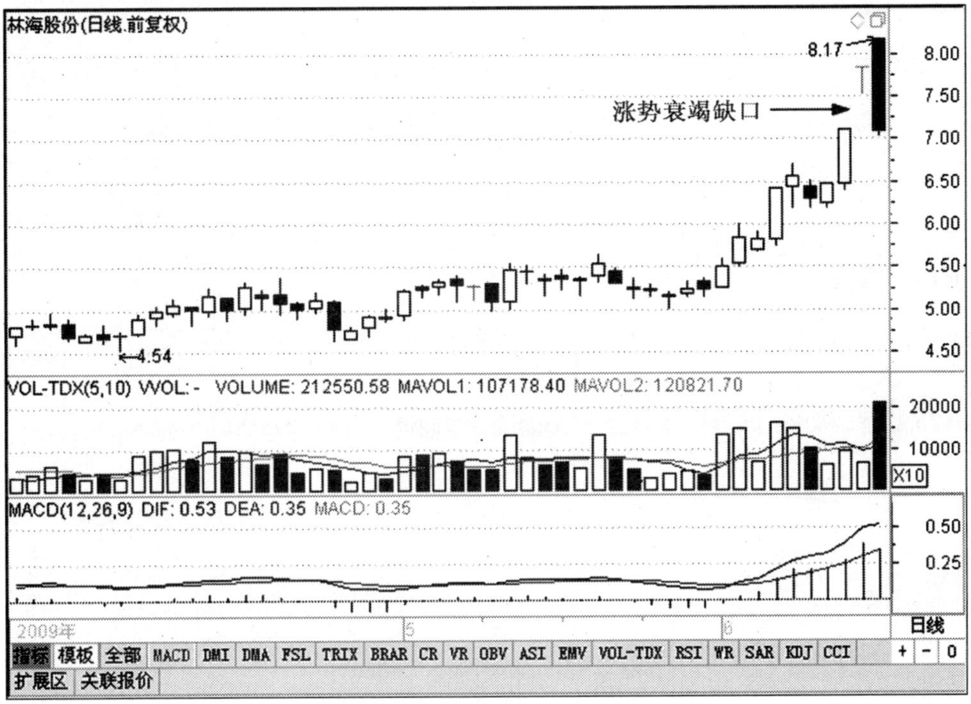

图 5－51　林海股份　600099

如图 5－52 所示，涨势衰竭缺口出现之后，林海股份进入了一波振荡整理行情中。由于中国股市只能做多不能做空，那么投资者可以参与的只有上涨行情。至于振荡整理行情，如果整体振幅足够大，而且投资者的技术过硬，可以进行高抛低吸操作，否则不如场外观望。

如图 5－53 所示，2011 年 4 月 21 日，莱钢股份出现一根涨停阳线，与此前的涨停大阳线之间留有一个跳空缺口，后市按理看涨。然而，经过两个交易日的停牌，2011 年 4 月 26 日，该股出现一根一字跌停线，与此前的涨停阳线之间也留下了一个缺口。尽管这两个缺口之间只有一根 K 线，其形态还是可以定义为见顶孤岛反转。尤其是将其转换为低级别走势图（如 30 分钟走势图，见图 5－54）时，这个见顶孤岛反转形态就更加明显了。

如图 5－55 所示，见顶孤岛反转出现之后，该股继续快速下行，直至跌破 10 元才见底企稳。随后，该股进入一波振荡整理行情中。在此期间，

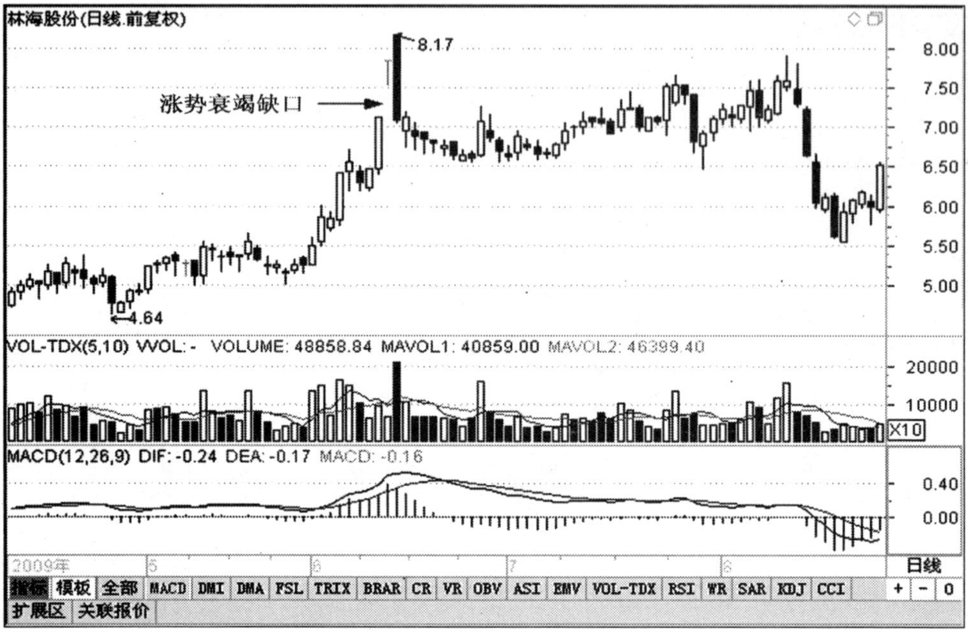

图5－52　林海股份　600099

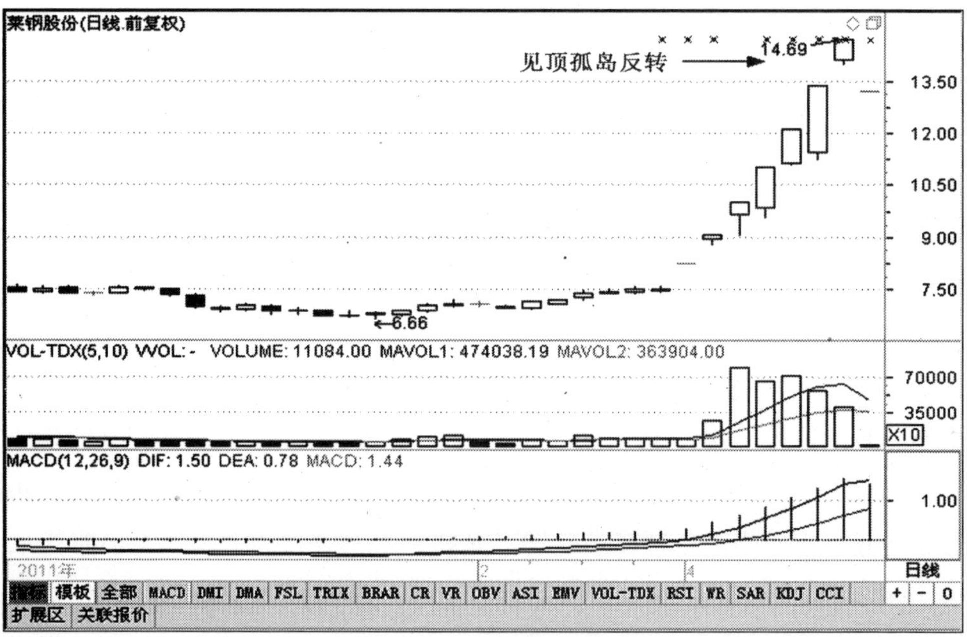

图5－53　莱钢股份　600102

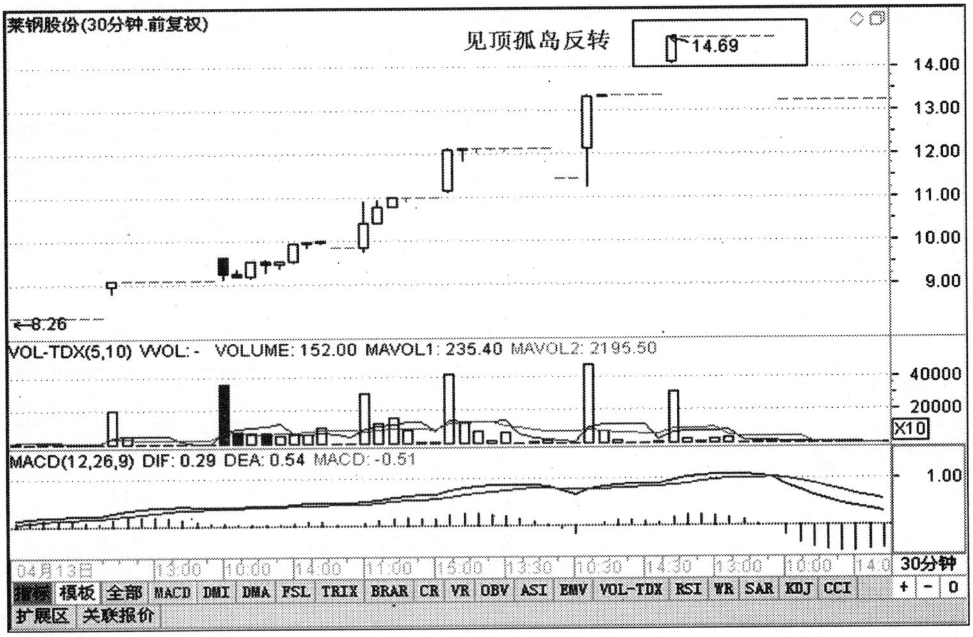

图5－54　莱钢股份　600102

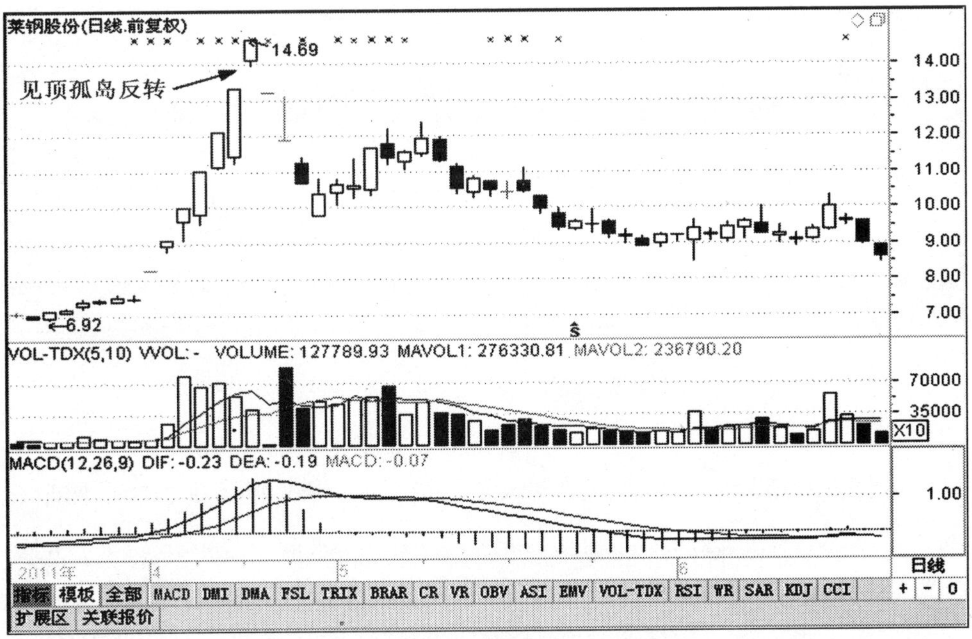

图5－55　莱钢股份　600102

没有值得介入的好时机，投资者应该耐心持币旁观，或者选择参与其他处于上升周期中的股票。

如图5－56所示，2011年1月31日，＊ST建通出现一个向上跳空缺口，与之前的向下持续缺口形成了见底孤岛反转形态，股价应该就此见底，投资者可以择机入场了。不过，当日该股一字涨停，没有机会建仓，只能耐心等待时机。

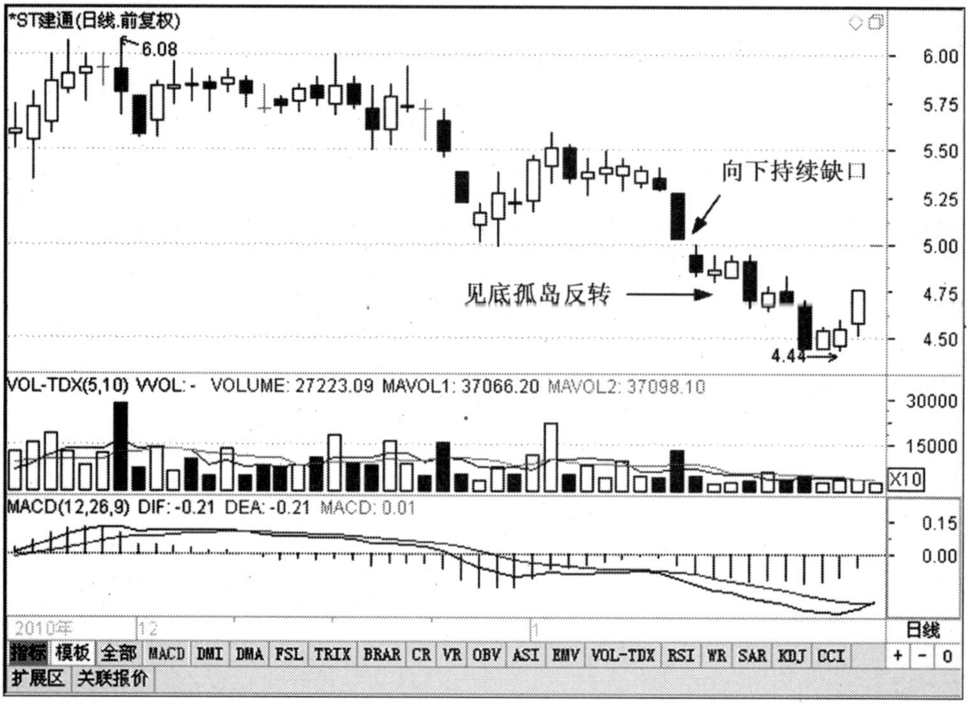

图5－56 ＊ST建通 600149

如图5－57所示，见底孤岛反转出现之后，＊ST建通仅上冲了两个交易日。随后，该股进入回调整理行情中。当股价回调至见底孤岛反转的跳空缺口附近时，顺利止跌，留下了最后一丝缺口未补。2011年2月25日，该股再次出现涨停大阳线，显示回调行情结束，后市将进入又一波涨势中。

如图5－58所示，回调行情结束后，＊ST建通进入了拉升准备期。经

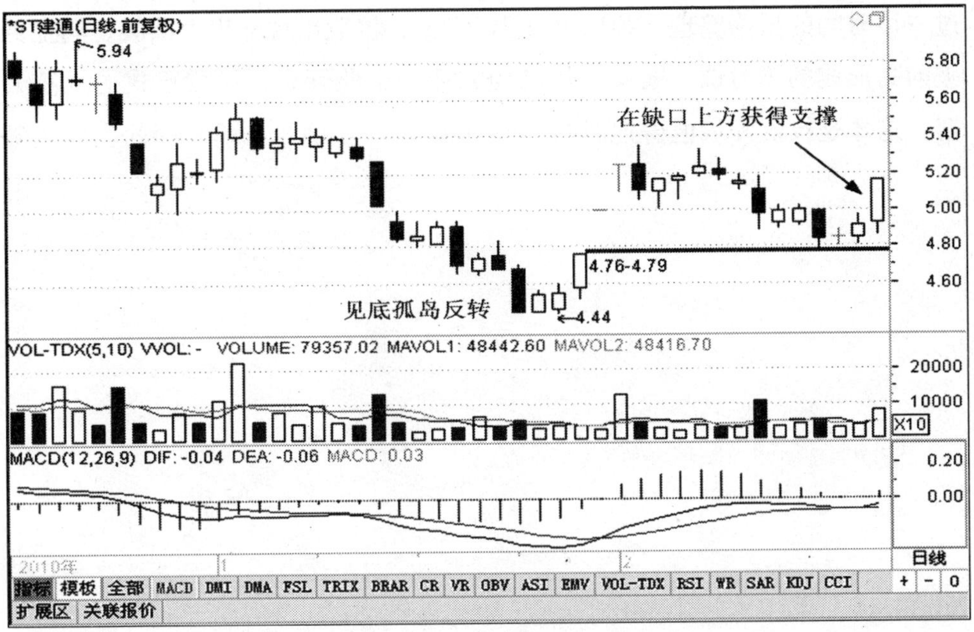

图 5－57 *ST 建通 600149

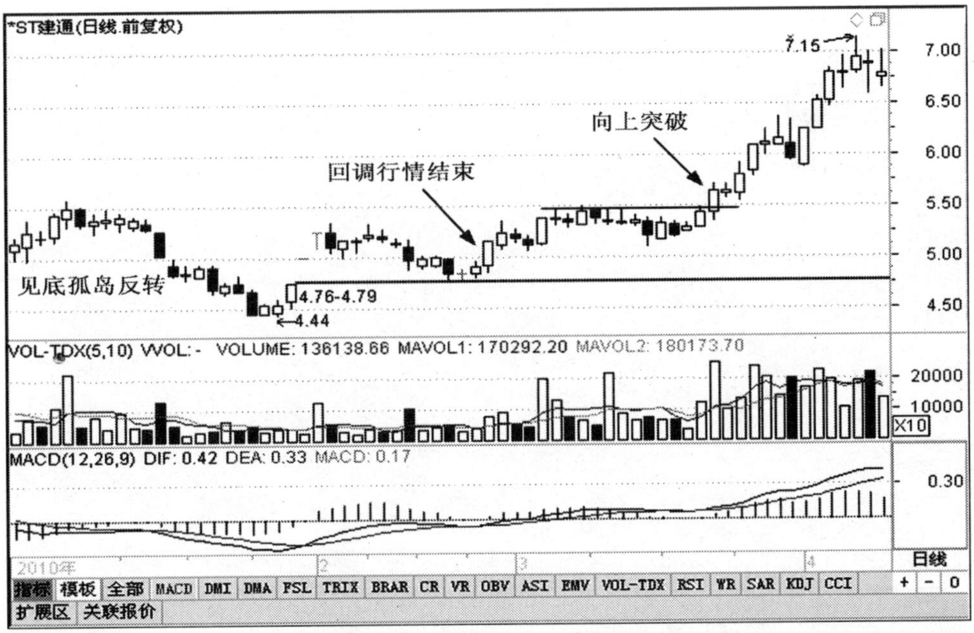

图 5－58 *ST 建通 600149

过一段时间的振荡整理，2011 年 3 月 22 日，该股出现一根大阳线，向上突破前高形成的压力位，准备工作已经完成。由此开始，该股正式进入拉升期，这才是投资者最值得把握的一段行情。

第6章

亦步亦趋——K线与移动平均线

一、移动平均线支撑

1. 招式图解

移动平均线，即MA，是指用统计处理的方式，将若干天的股价加以平均，然后连接成一条线，用以观察股价趋势。移动平均线的理论基础是道·琼斯的“平均成本”概念。移动平均线应用非常广泛，构造简单，客观公正，不易人为操作骗线，受到很多股票投资者的青睐。

移动平均线支撑，是指当K线运行在移动平均线之上时，移动平均线具有支撑K线的作用。不同周期的移动平均线，对K线的支撑作用不同：短期移动平均线，主要支撑快速拉升的行情，见图6－1；长期移动

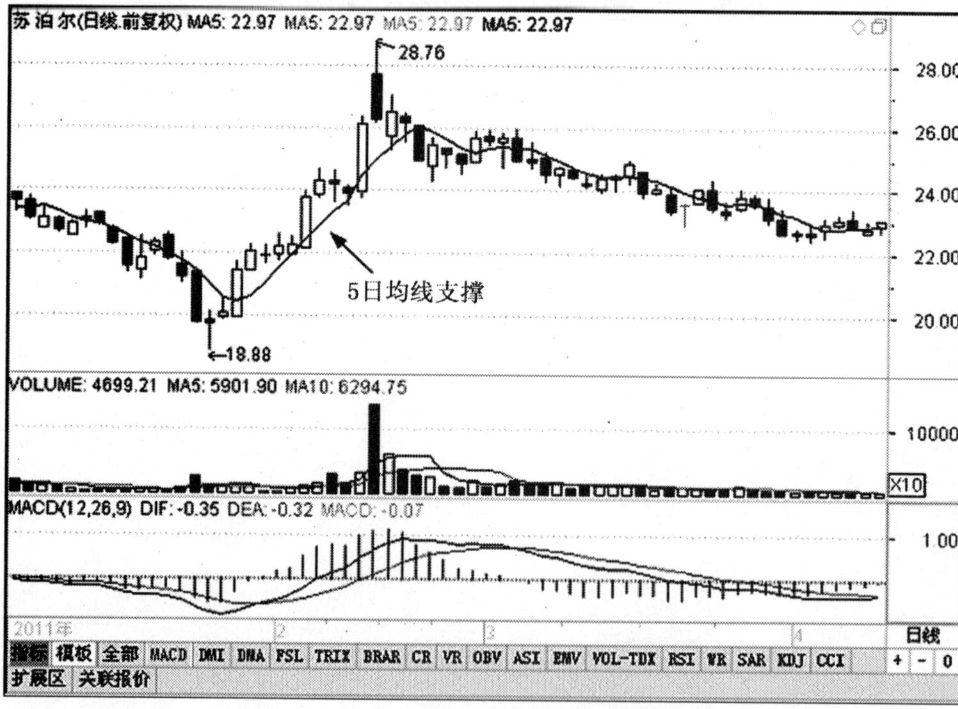

图6－1　苏泊尔　002032

平均线，主要支撑缓慢上升的行情（期间也会有快速拉升行情），见图6－2。

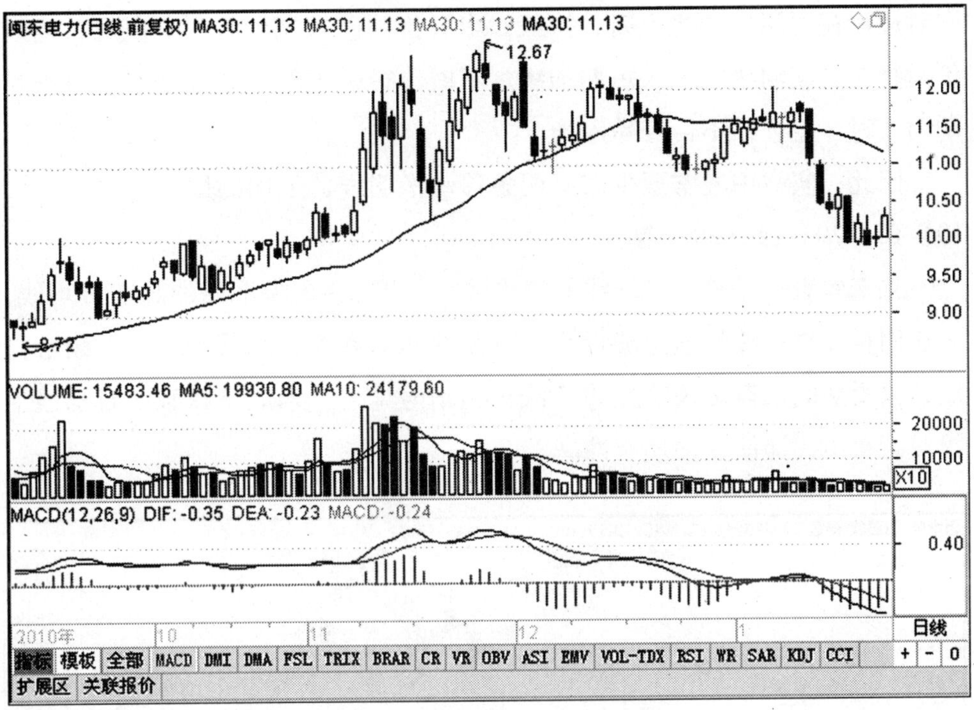

图6－2 闽东电力 000993

2. 操作要点

利用移动平均线支撑可以发现两种信号：一是持股信号，只要股价运行在移动平均线之上，持股；二是空仓信号，一旦股价跌破移动平均线支撑，空仓。

具体而言，不同周期的移动平均线，其信号的含义还有所差别。

(1) 如果是短期移动平均线，其支撑的是一波没有明显回调的快速拉升行情。因此，当股价在短期均线之上时，持股；当股价跌破短期均线支撑时，离场。判断是否跌破均线支撑的标准是收盘价，只要收盘价还在均线之上，即使下影线破线也不算跌破。

（2）如果是长期移动平均线，其支撑的是数波上涨行情（也会有快速拉升行情），期间有明显的回调行情。因此，当股价运行在长期均线之上，同时运行在短期均线之上时，持股；当股价跌破短期均线时，离场；当股价运行在长期均线之上、短期均线之下时，择机重新入场；当股价跌破长期均线时，空仓，不再轻易入场。

因此，实战中通常至少需要两条移动平均线，采用的周期可以是（5，10）（5，20）（5，30）等。

先来看看一条移动平均线的操作要点。图6－3中采用的是5日均线，其作用是支撑一波快速上涨行情。当K线运行在5日均线上方时，耐心持股，只要期间没有出现明显的K线见顶信号即可。当股价跌破5日均线支撑时，卖出，即使后面还有冲高。

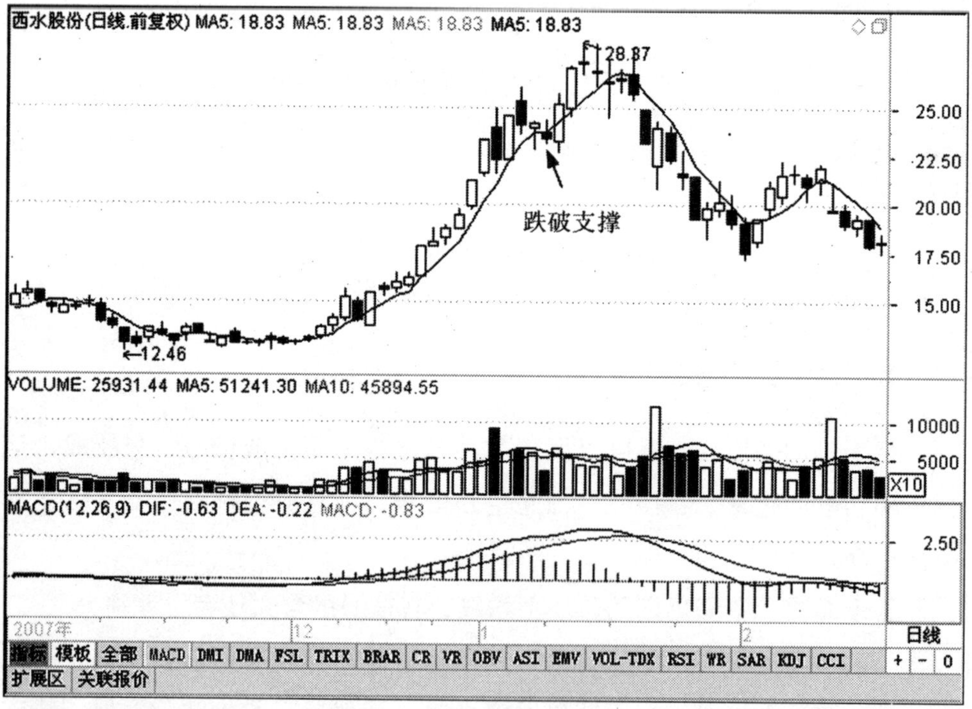

图6－3　西水股份　600291

如图6－4所示，2011年5月17日，深物业A出现一根长上影线阴线，跌幅超过4%，而且日内振幅很大，属于见顶信号。另外，结合这根阴线与此前的大阳线构成阳孕线，也是见顶信号。不仅如此，这些明显的见顶信号，还出现在一波涨幅巨大的涨势中。因此，投资者可以考虑不等待股价跌破均线，提前出场。

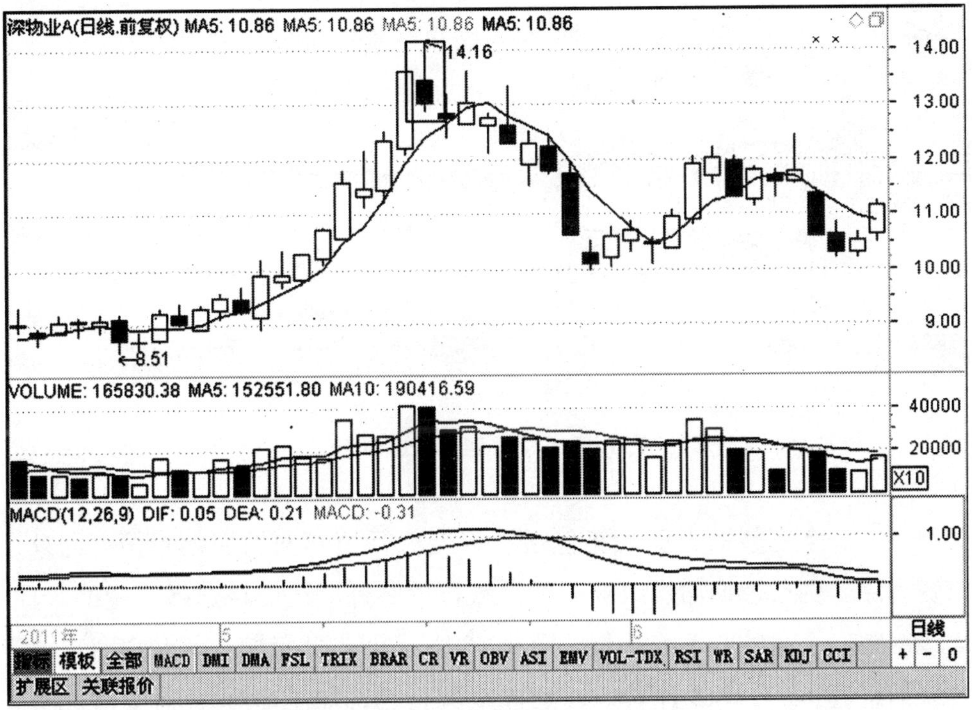

图6－4 深物业A 000011

在应对一波快速拉升的行情时，5日均线表现比较好。不过，如果这波涨势的拉升速度较慢，采用5日均线应对就有些吃力了。在图6－5中，深康佳A有一波涨势，采用10日均线应对明显强于采用5日均线。因此，面对一波涨势时，如何选择合适的短期均线辅助持股，是一个很值得深思的问题。

股价跌破短期均线，并不意味着个股的上涨趋势结束。按照波浪理论

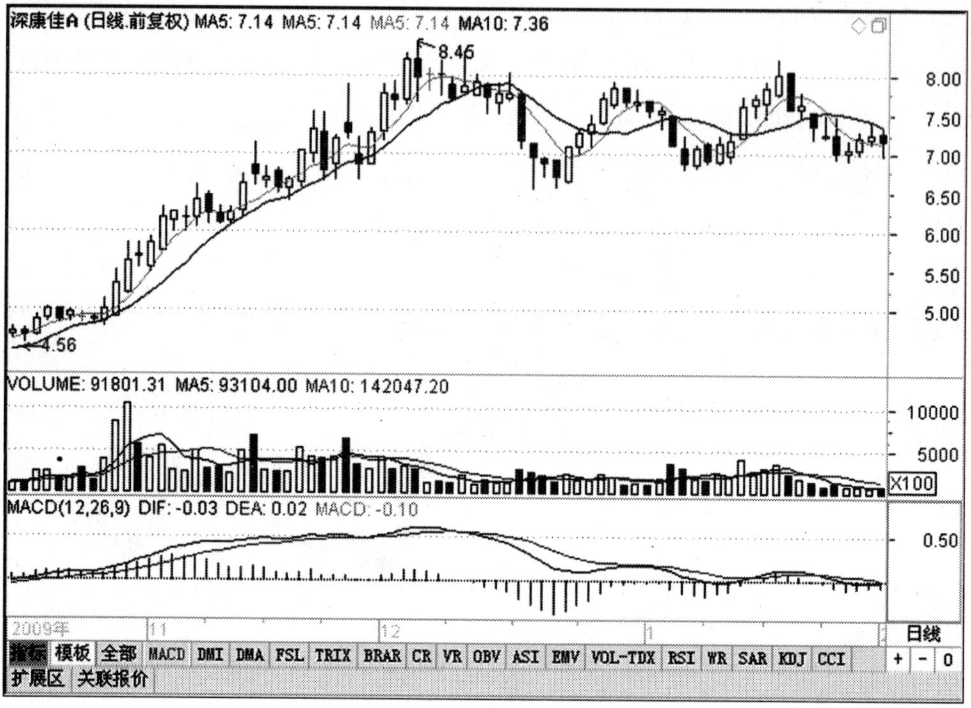

图6－5　深康佳A　000016

的观点，一个完整的上涨趋势包括三波上涨行情和两波回调行情。因此，投资者除了利用短期均线跟踪一波上涨行情之外，还应该选择合适的长期均线跟踪一个完整的上涨趋势。图6－6中采用5日短期均线和30日长期均线的组合，5日均线针对一波加速上涨行情，30日均线针对上涨趋势，两条均线的组合能更完整地判断股价趋势。

3. 实战解析

如图6－7所示，2009年5月25日，长城开发出现一根涨停大阳线，突破前高压力，一波涨势开始了。因此，投资者应该选择一条均线进行辅助持股。涨停大阳线是加速上涨行情的典型特征，5日均线是应付加速上涨行情的最佳选择。实际上，此时5日均线已经连续多个交易日支撑股价上涨了。

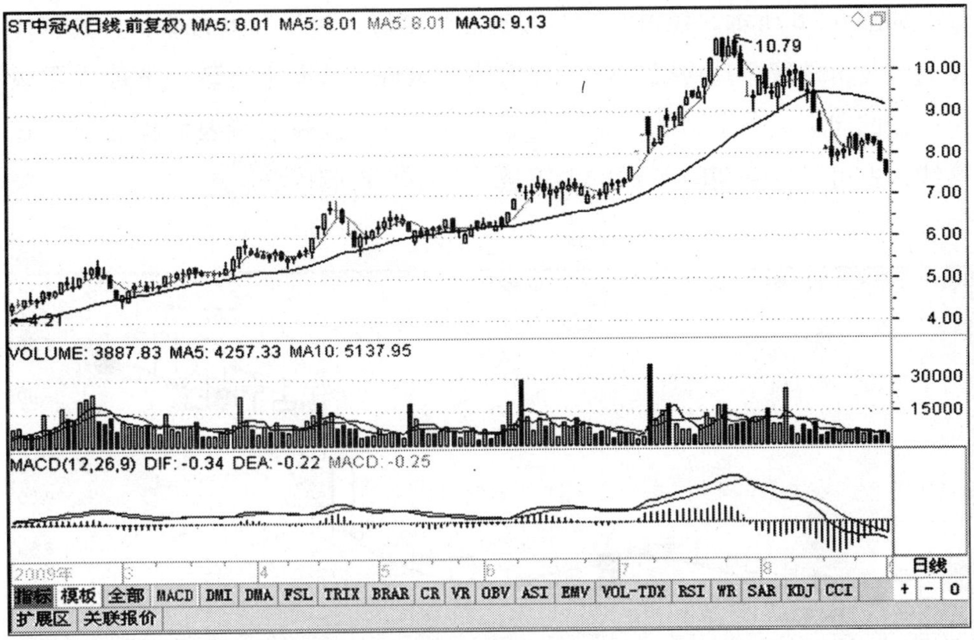

图 6－6　深康佳 A　000016

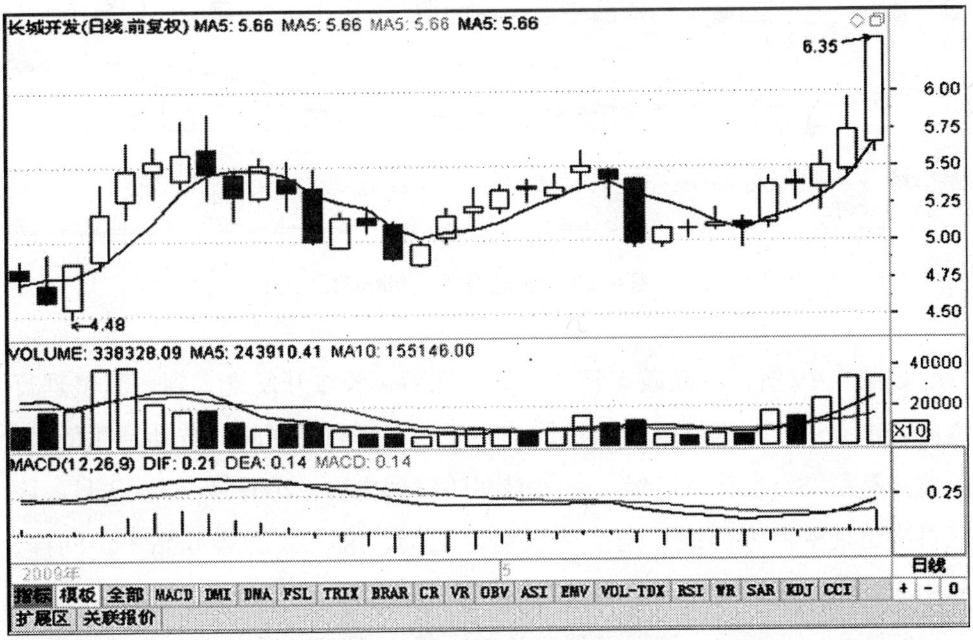

图 6－7　长城开发　000021

如图6－8所示，经过一段时间的上涨之后，2009年6月8日，长城开发的收盘价跌破5日均线支撑，卖出信号出现。从向上突破的涨停大阳线至此处的向下突破小阴线，有一定的获利空间。投资者只要盯住这根5日均线，就可以忽略期间K线的上下波动，耐心持股待涨。

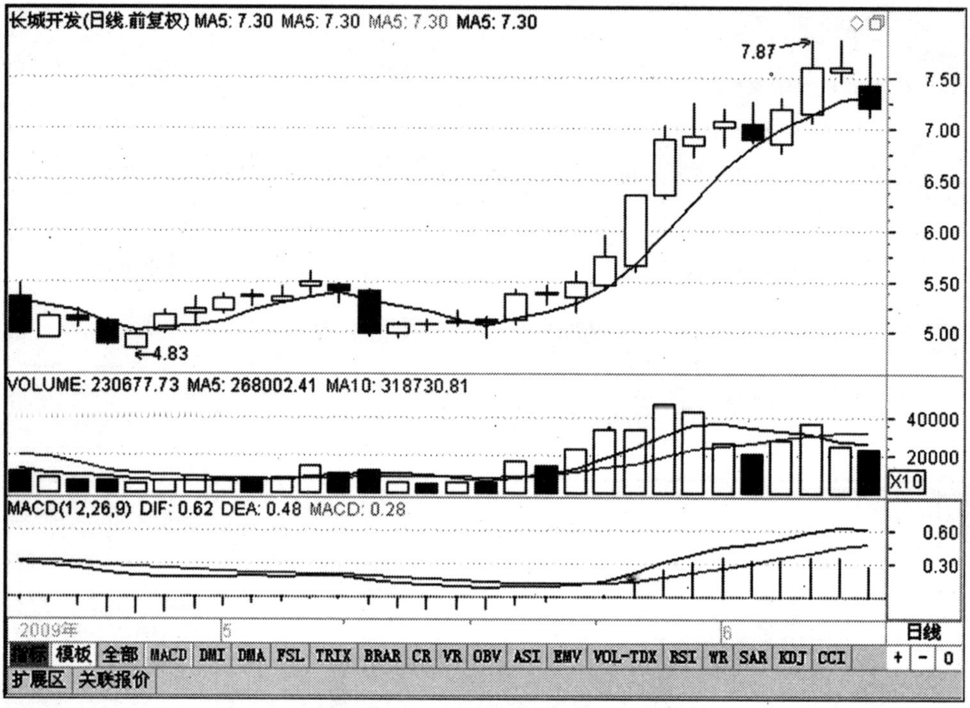

图6－8　长城开发　000021

如图6－9所示，跌破5日均线支撑之后，长城开发进入到一波整理行情中。由于这波整理行情的振幅较小，根本无法利用期间的波动高抛低吸，因此只有耐心空仓等待。经过一段时间的整理之后，2009年7月13日，该股再次出现涨停大阳线，向上突破前高压力，又一波涨势开始了。同样，利用5日均线投资者可以从容应对这波涨势。

如图6－10所示，这根突破前高的涨停大阳线出现之后，长城开发并没有像上一次形成一波良好的涨势，反而很快就跌破5日均线的支撑，看

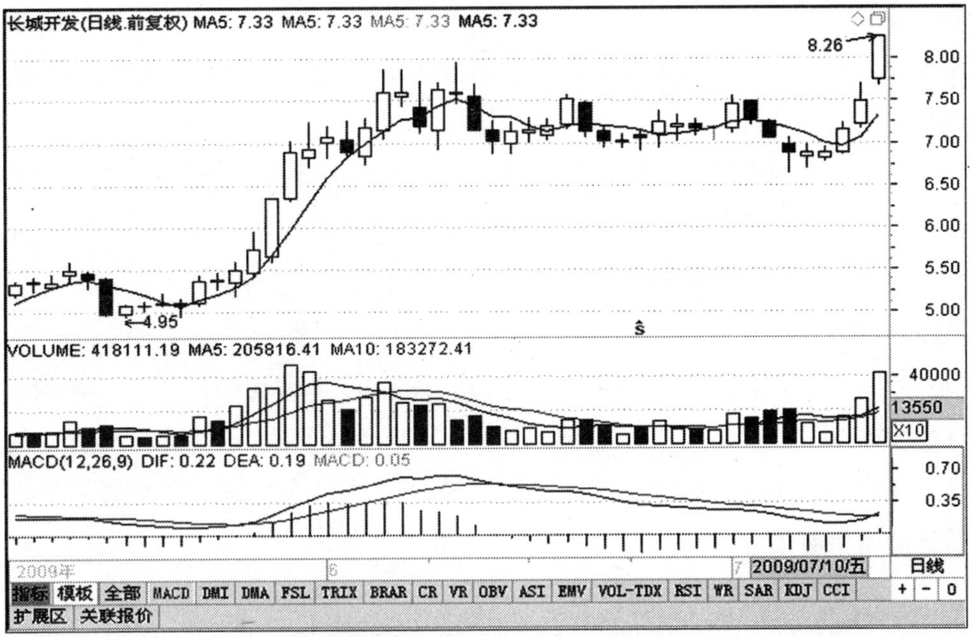

图6－9　长城开发　000021

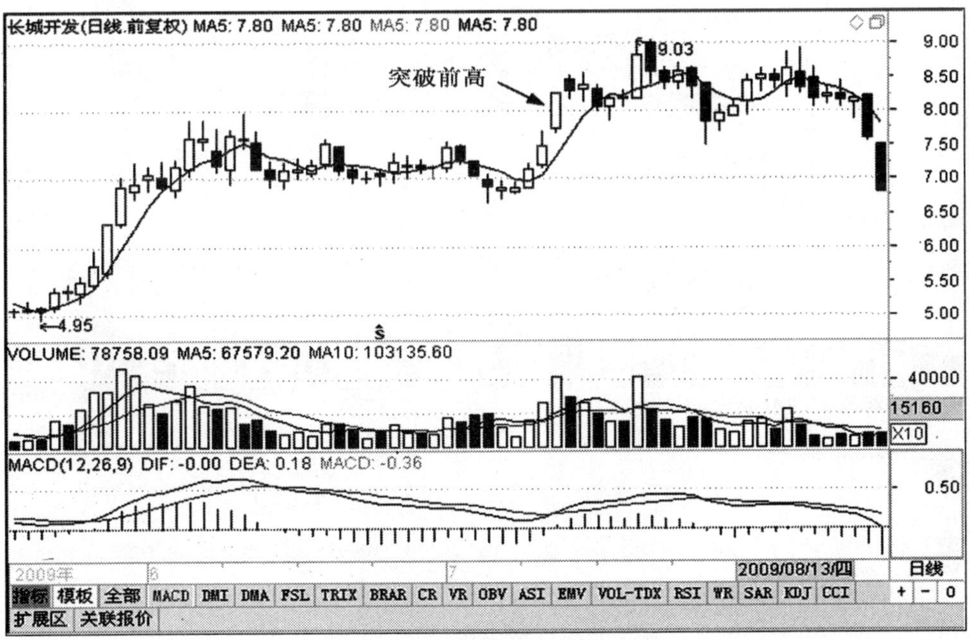

图6－10　长城开发　000021

来一波加速上涨的行情泡汤了。如果此次交易投资者是以7月13日的涨停价介入，有可能止损离场了。此后，虽然该股又创出新高点，但投资者很难从中获利，这是典型的只能看不能做的行情。

为了有效利用这种股价短暂跌破均线后继续冲高的走势，就要重视突破有效性的判断——三三原则：如果股价跌破均线的幅度超过3%或者跌破的时间超过3个交易日，才真正算跌破。不过，三三原则增加了交易的风险。

如图6-11所示，2009年8月6日，深赤湾A出现一根阴线，跌破5日均线支撑。不过，此次跌破的幅度不到3%，可以认定为跌破无效。次日，该股继续下跌，终于达到了3%的界线。此时再离场，要比前一个交易日离场多亏损一些。

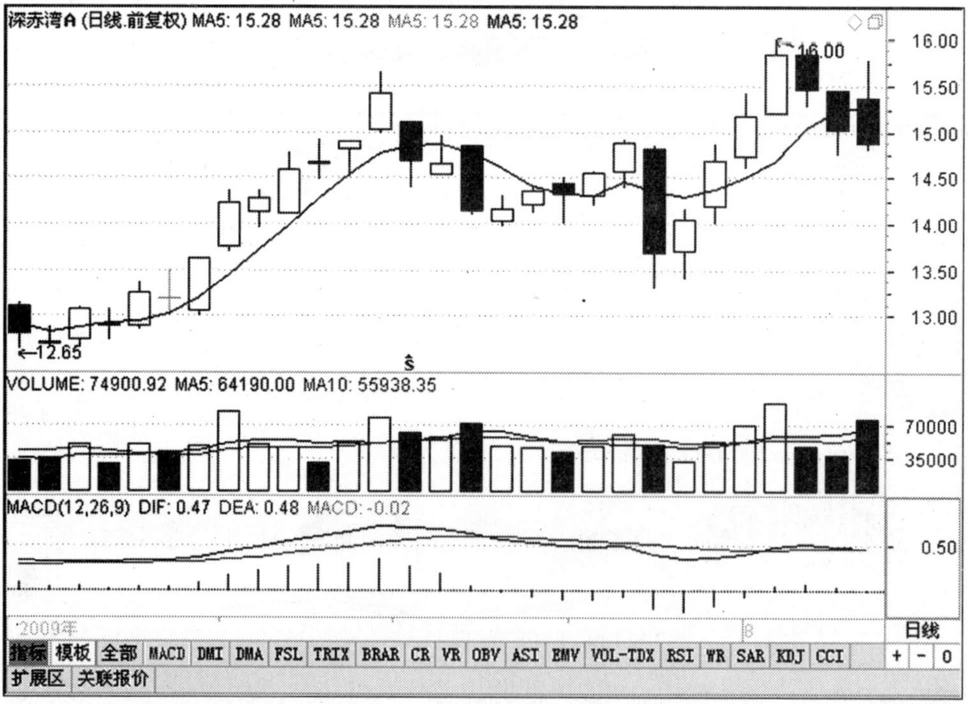

图6-11 深赤湾A 000022

股价的实际走势就是如此纠结。不过，实战交易可不能含糊，切莫拖拉。不论投资者采用哪种认定跌破有效的方法，此时该股都已经跌破5日均线了，赶快出场。

如图6－12所示，跌破5日均线支撑之后，深赤湾A进入到一波明显的跌势中。如果在跌破均线支撑时投资者心存侥幸，希望反弹一些后卖股走人，那就只能承担更大的亏损了。由此可以看出，遵守交易规则非常重要，违反规则就可能受到重罚。

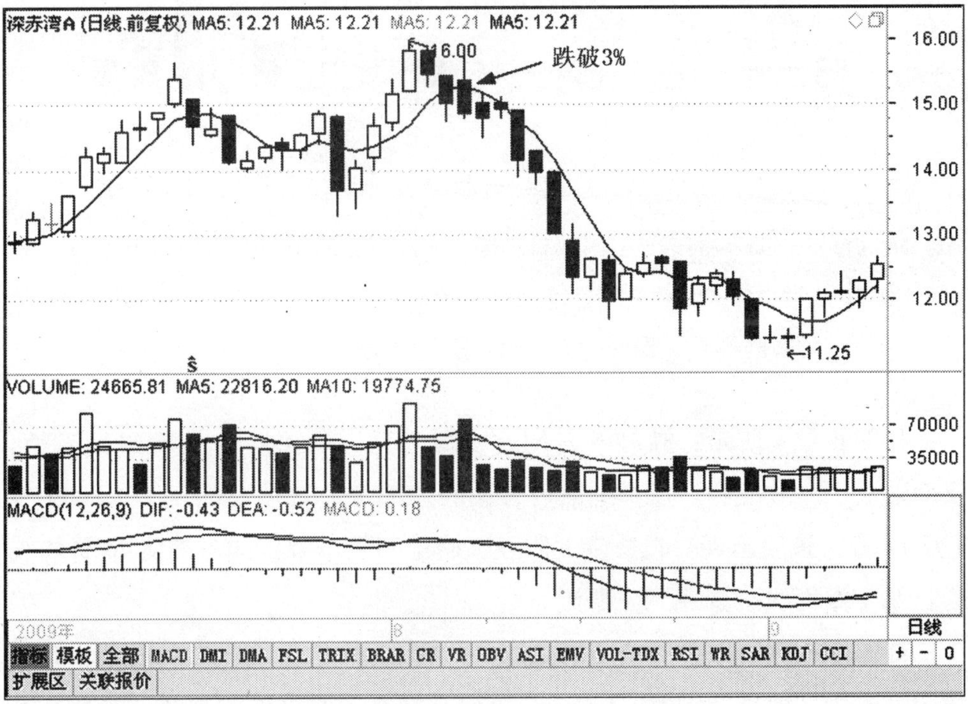

图6－12 深赤湾A 000022

如图6－13所示，2009年2月18日，深深房A跌破5日均线支撑，一波涨势结束了。由于此时MACD还处于0线之上，说明市场仍在多头控制之中，因此接下来的关注重点就是回调。一旦发现回调结束，不仅可以重新择机入场，还可以确定出应采用的长期均线的周期。

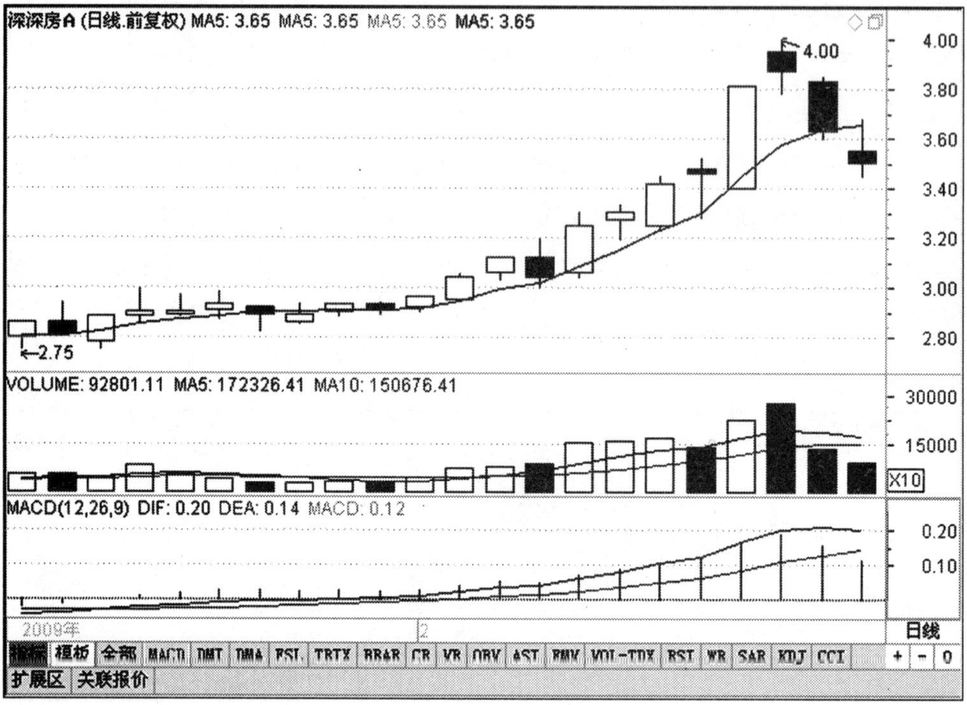

图 6－13　深深房 A　000029

如图 6－14 所示，跌破 5 日均线支撑之后，深深房 A 没有继续下跌，反而形成了一波反弹。反弹结束后，该股才形成一波明显的回调。2009 年 3 月 17 日，该股出现一根放量大阳线，确定回调结束，同时确认 40 日均线为长期支撑均线（采用三三原则）。

如图 6－15 所示，回调结束之后，深深房 A 进入到一波缓慢上涨的行情中。采用之前确认的 40 日均线，可以很好地应对这样的走势。当然，参与这样的行情费时费力。2009 年 5 月 8 日，该股出现一根涨停阳线，突破前高压力，一波加速行情开始。此时，应该换成 5 日均线。2009 年 5 月 18 日，该股出现一根十字线，跌破 5 日均线，加速上涨的行情结束。

如图 6－16 所示，跌破 5 日均线之后，深深房 A 进入到一波整理行情中。进入整理行情后，重新采用 40 日均线。长话短说，2009 年 8 月 12 日，该股跌破了 40 日均线的支撑，中级调整行情开始了，耐心空仓等待。接下

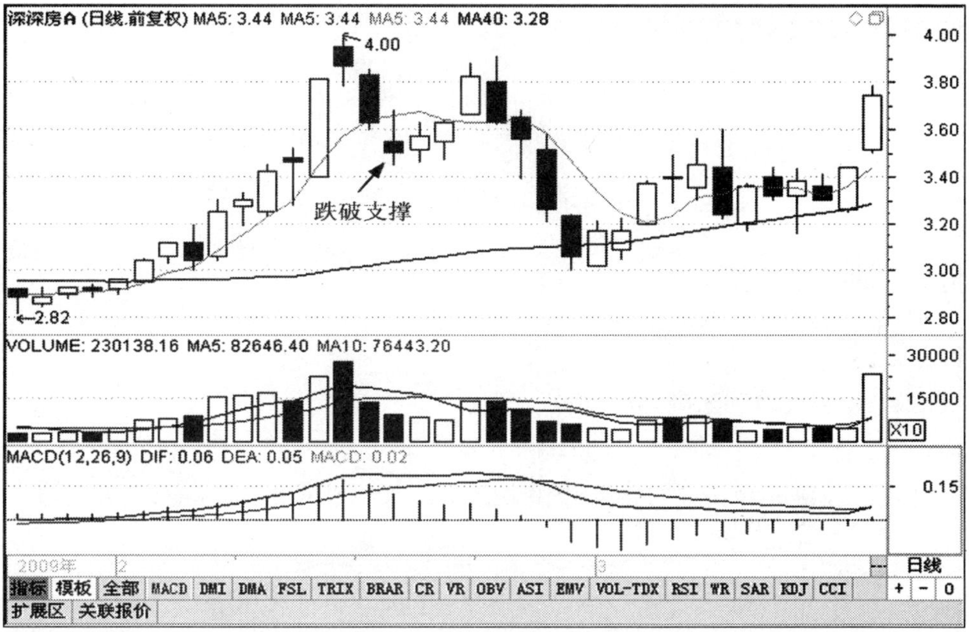

图6－14　深深房A　000029

图6－15　深深房A　000029

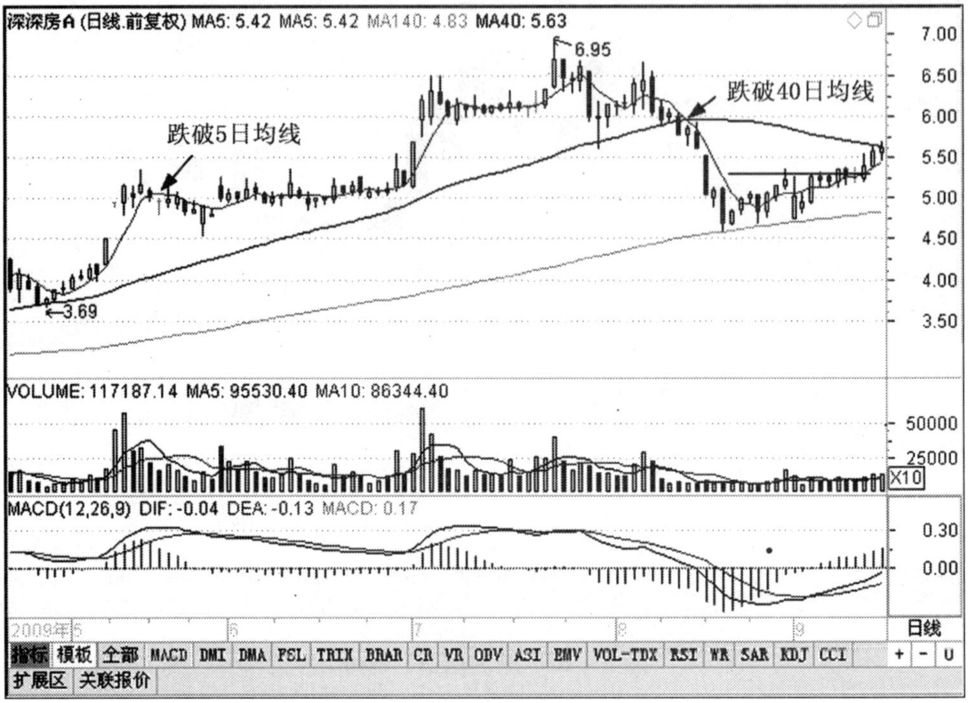

图 6－16　深深房 A　000029

来，关注的重点就是中级调整何时结束。

经过一段时间的下跌之后，该股在 4. 50 元附近止跌反弹。利用这波反弹的低点，确认出新的支撑均线——140 日均线。

如图 6－17 所示，2009 年 10 月 13 日，深深房 A 出现一根涨停阳线。虽然此时还没有突破前高压力，不过距离前高只有咫尺之遥，次日顺势冲高突破的几率很大。因此，投资者已经可以考虑介入了。

2009 年 10 月 14 日，该股继续涨停，顺利突破前高压力，标准买点出现。连续两根涨停阳线，说明一波加速上涨开始了，5 日均线应该重新得到重用。

如图 6－18 所示，连续两根涨停阳线出现之后，深深房 A 开始直线飙升。2009 年 11 月 6 日，该股出现一根小 K 线，跌破 5 日均线支撑，这波加速行情结束。此后，经过一段时间的整理，该股向下破位，开始了一波回

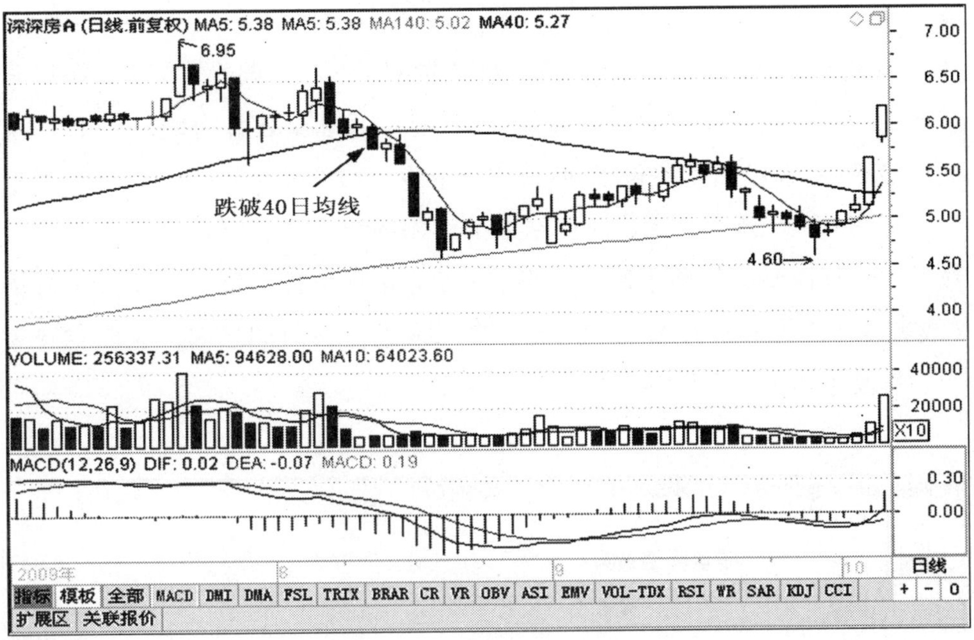

图6－17　深深房A　000029

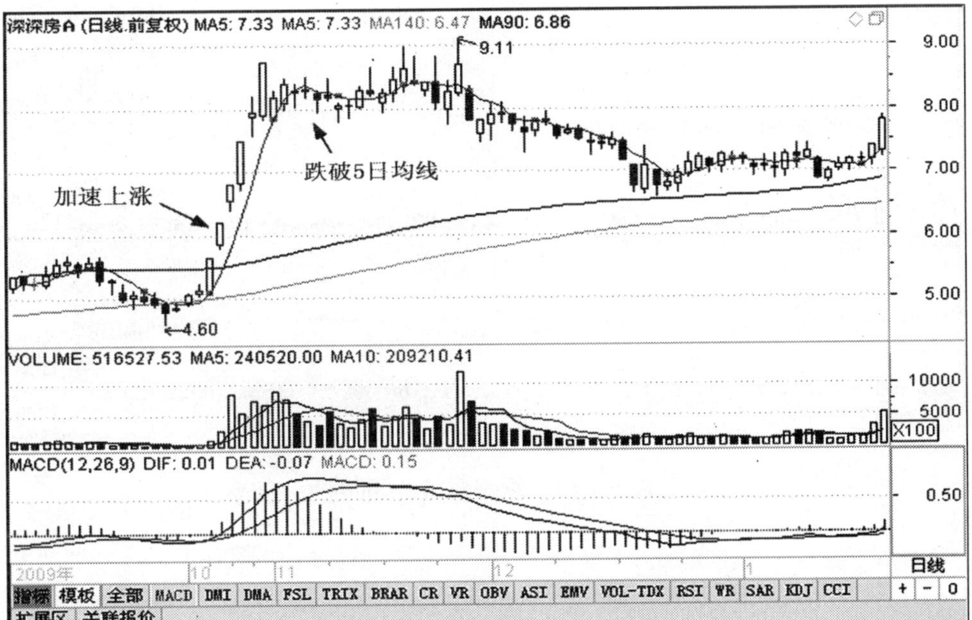

图6－18　深深房A　000029

调行情。

2010 年 1 月 21 日，该股出现一根放量大阳线，回调行情结束，可以确认新的支撑均线——90 日均线。至于 40 日均线和 140 日均线，40 日均线已经被跌破，140 日均线位于 90 日均线下方，均可以忽略。

如图 6－19 所示，确认回调结束的大阳线出现之后，深深房 A 没有继续反弹，反而调头开始下跌。当股价跌破 90 日均线支撑，长期回调行情（或者说下跌行情）开始了。因此，在未来的一段时间之内，应以空仓为主，轻易不要再入场做多。

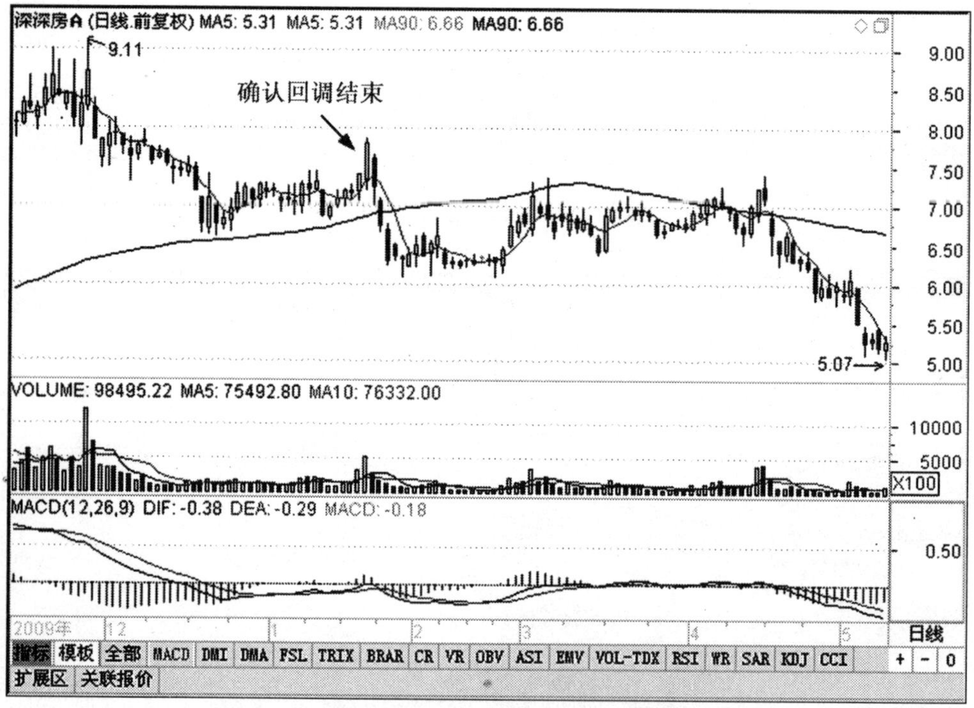

图 6－19　深深房 A　000029

二、移动平均线压力

1. 招式图解

移动平均线压力，是指当K线运行在移动平均线之下时，移动平均线具有压制K线的作用。不同周期的移动平均线，对K线的压制作用不同：短期移动平均线，主要配合快速打压的行情，见图6-20；长期移动平均线，主要配合缓慢下跌的行情（期间也会有快速打压行情），见图6-21。

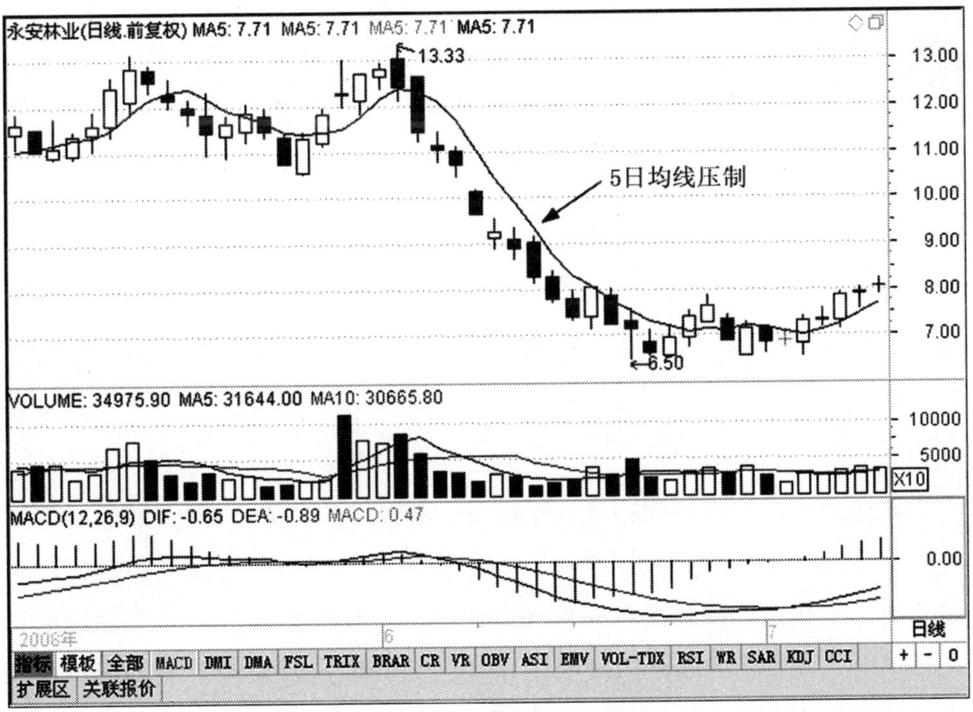

图6-20　永安林业　000663

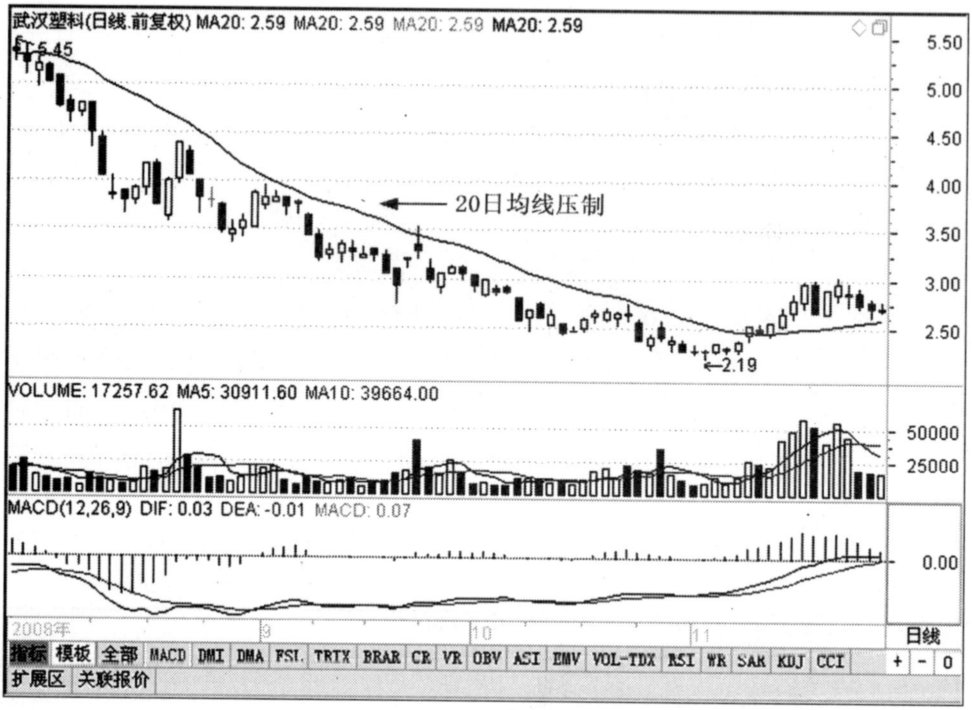

图 6－21　武汉塑料　000665

2. 操作要点

利用移动平均线压力可以发现两种信号：一是持币信号，只要股价运行在移动平均线之下，空仓；二是建仓信号，一旦股价向上突破移动平均线压力，买入。

具体而言，不同周期的移动平均线，其信号的含义还有所差别。

（1）如果是短期移动平均线，其压制的是一波没有明显反弹的快速杀跌行情。因此，当股价在短期均线之下时，空仓；当股价向上突破短期均线压力时，建仓。判断是否突破均线压力的标准是收盘价，只要收盘价还在均线之下，即使上影线破线也不算突破。

（2）如果是长期移动平均线，其压制的是数波下跌行情（也会有快速杀跌行情），期间有明显的反弹行情。因此，当股价运行在长期均线之下，同时运行在短期均线之下时，空仓；当股价运行在长期均线之下、短期均线之上时，观望，谨慎抢反弹；当股价向上突破长期均线时，考虑建仓；当股价在长期均线之上突破短期均线时，买入。

如图 6－22 所示，2008 年 11 月 10 日，经纬纺机出现一根大阳线，向上突破 5 日均线的压力，买入信号，随后形成一波明显的涨势。必须提醒注意的是，这里选的例子看着很好，实际上利用 5 日均线突破建仓的失败案例比比皆是，投资者切莫大意。

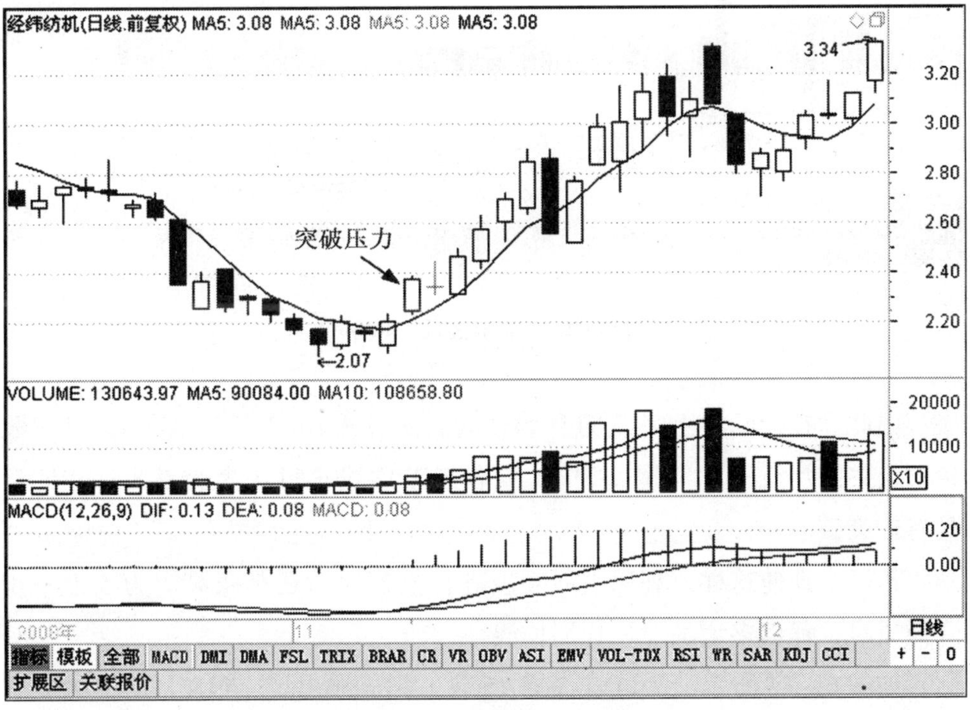

图 6－22　经纬纺机　000666

如图 6－23 所示，2010 年 4 月 23 日，荣丰控股出现一根小阳线，突破 5 日均线压力。然而，股价并未就此形成一波反弹，反而很快就进入到更加猛烈的跌势中。如果投资者在突破均线压力时入场做多，能够及时止损离场就是最好的结果了。

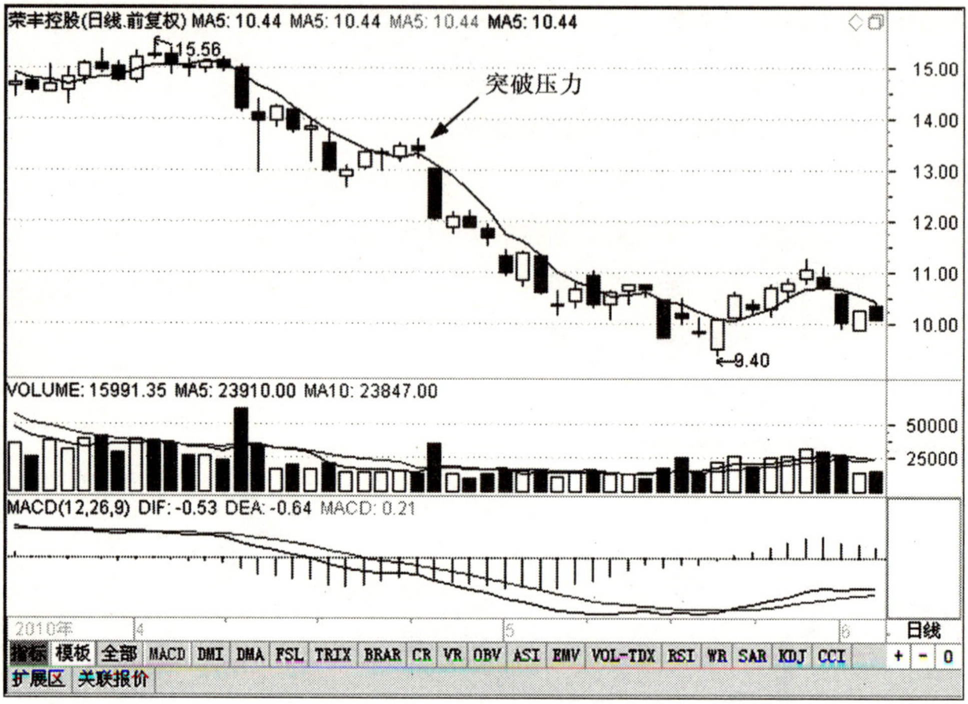

图 6－23　荣丰控股　000668

因此，在判断向上突破的有效性时，必须采用“三三原则”：只有股价向上突破均线的幅度超过3%，或者突破均线超过3个交易日，才能算是有效突破。

不过，即使这样，利用均线突破进行投资风险还是很高。为了进一步降低风险，那就多增加一根长期均线。

如图6－24所示，2011年9月15日，阳光城出现一根阳线，有效突破了5日均线的压力，这是买入信号。可是，要根据这个买点入场，只能止损离场了，否则就会被深深套牢。其实，只要增加一条30日均线，就可以避免在反弹的最高点入场做多了。

通常而言，除非股价运行在长期均线之上，否则突破5日均线的买点必须谨慎应对，切莫着急跟随入场。

同样，一个完整的下降趋势也不可能一波下跌行情完事儿，也是要经

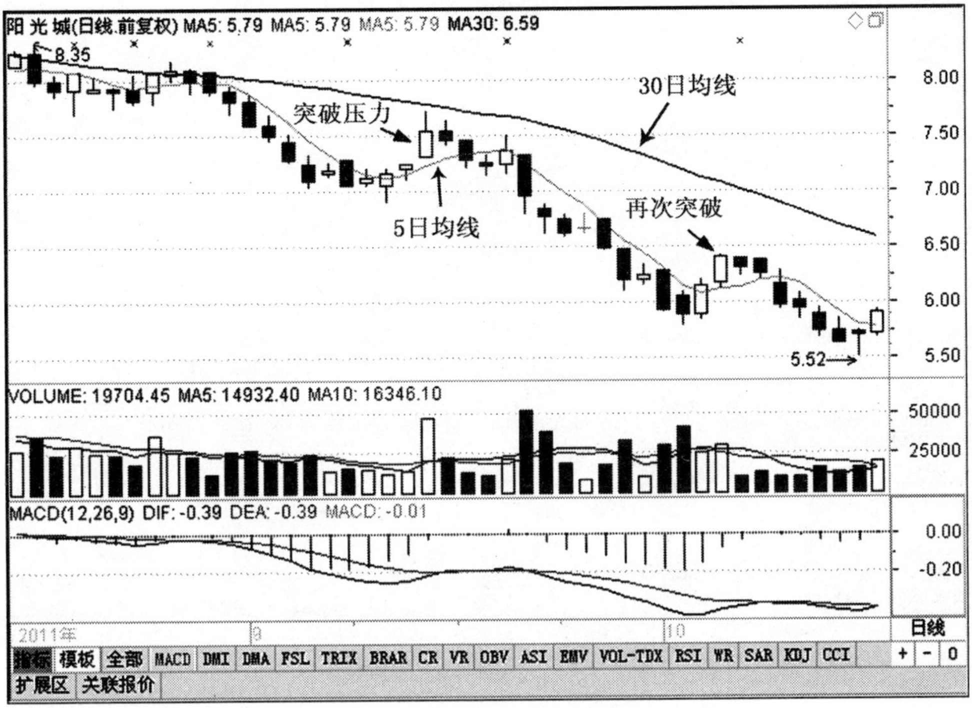

图 6－24　阳光城　000671

历涨涨跌跌的洗礼。因此，投资者除了利用短期均线跟踪一波快速杀跌行情之外，还应该选择合适的长期均线跟踪一个完整的下降趋势。在图 6－25 中，采用 60 日长期均线可以很好地应对下降趋势。

3. 实战解析

如图 6－26 所示，2010 年 4 月 30 日，经过一段时间的高位整理之后，远兴能源出现一根跌停大阴线，跌破前低支撑和 5 日均线支撑，一波加速下跌行情开始了。接下来，就该 5 日均线粉墨登场了。只要股价运行在 5 日均线之下，这波跌势就不算结束。

如图 6－27 所示，跌停阴线出现之后，远兴能源进入到一波加速下跌行情中，始终运行在 5 日均线之下。2010 年 5 月 21 日，该股出现一根阳线，有效突破 5 日均线的压制，此前的这波跌势结束了。不过，这只是表

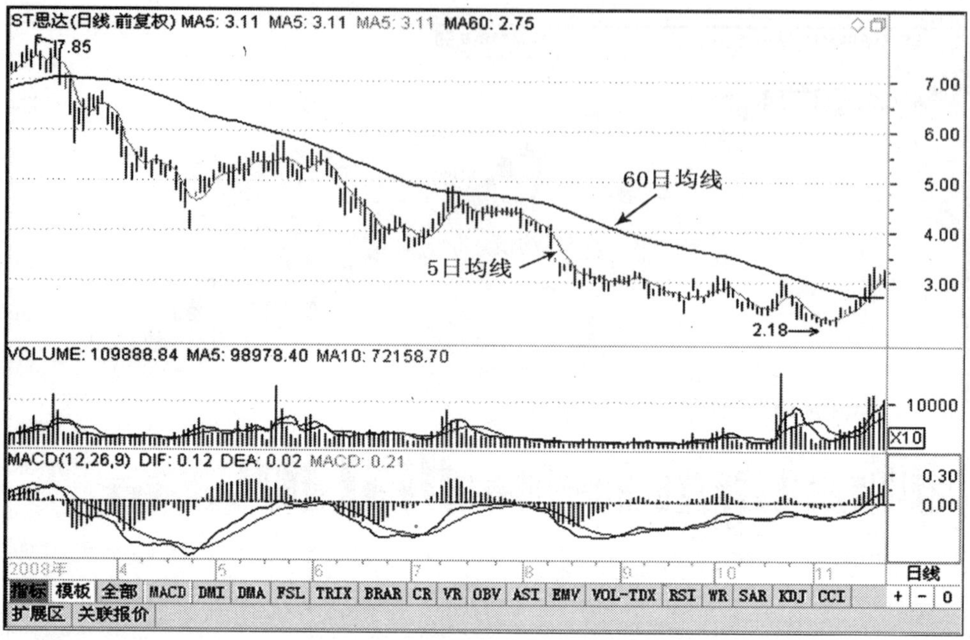

图6－25 ST思达 000676

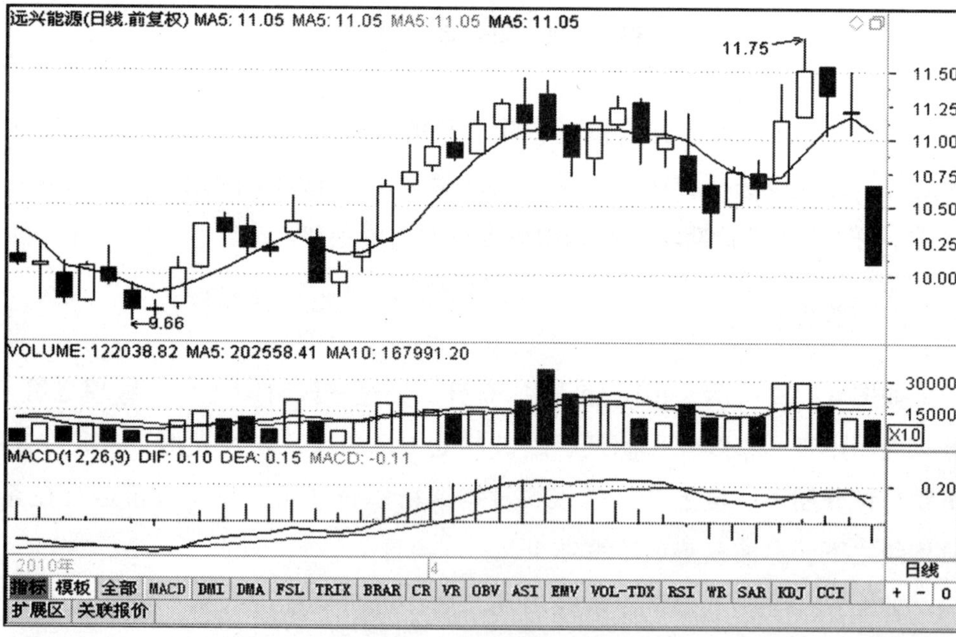

图6－26 远兴能源 000683

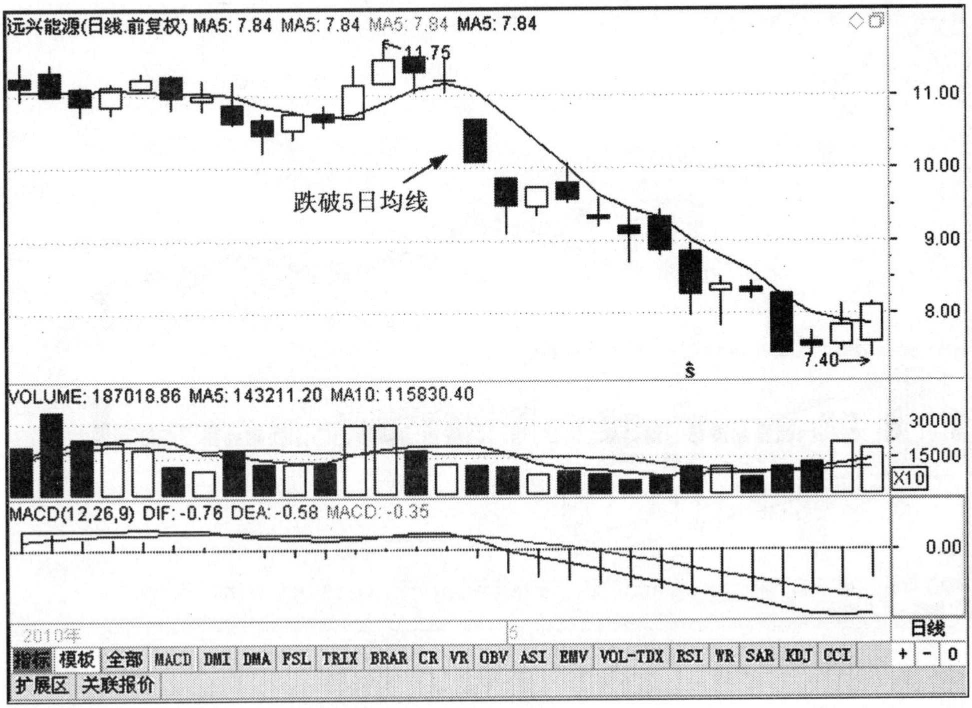

图6－27　远兴能源　000683

示股价就此止跌，并不表示后市将有一波良好的涨势。

如图6－28所示，向上突破5日均线之后，远兴能源又冲高了一个交易日就见反弹高点了。此后，该股一路走低。2010年6月25日，该股出现一根大阴线，跌破前低支撑，又一波跌势开始了，继续用5日均线进行跟踪。

如图6－29所示，跌破前低支撑之后，远兴能源在5日均线的压制之下快速走低，形成又一波杀跌行情。2010年7月6日，该股出现一根涨停大阳线，突破5日均线压力，宣告此前的那波跌势结束了。此后，该股逐渐转入到上升趋势中。

如图6－30所示，2010年4月10日，中山公用出现一根大阴线，跌破前低支撑，一波跌势开始了。不过，此后数个交易日该股并没有继续下跌，反而是横盘整理，而且还突破了5日均线压力，属于反弹行情。

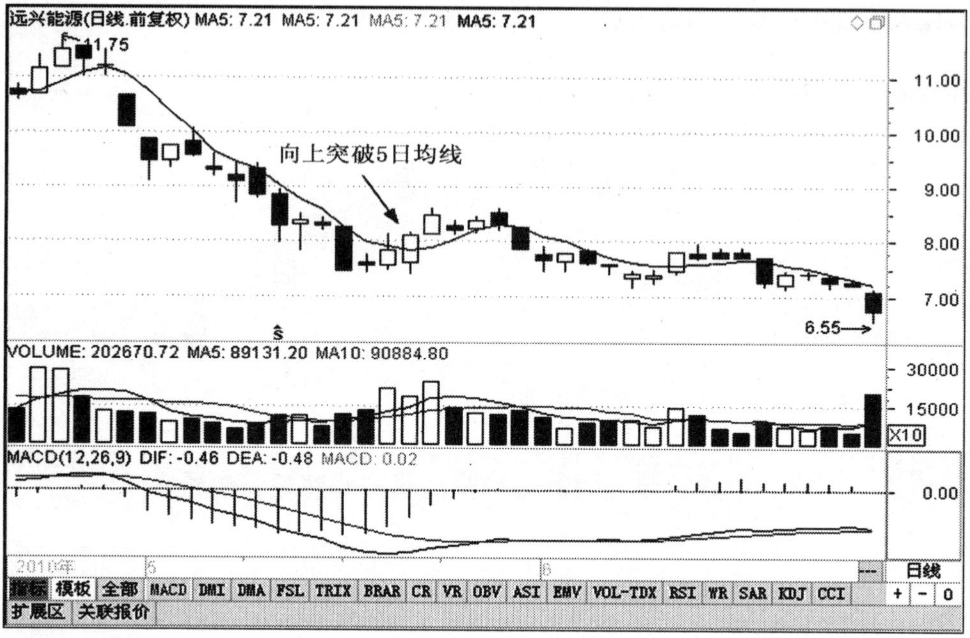

图 6－28　远兴能源　000683

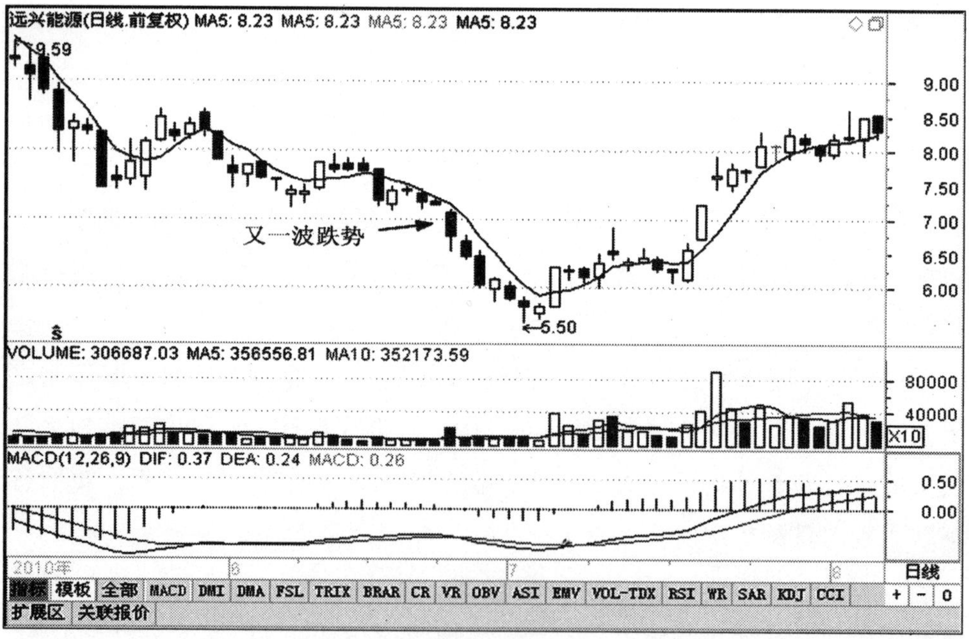

图 6－29　远兴能源　000683

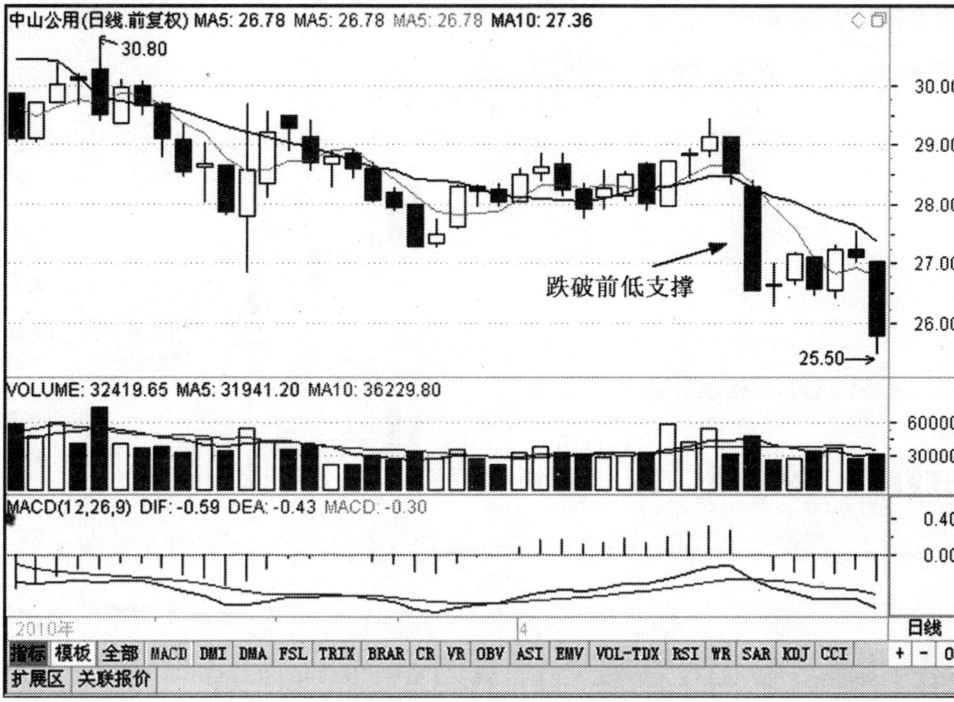

图 6－30　中山公用　000685

2010 年 4 月 27 日，该股又出现一根大阴线，创出新低点，下降三部曲组合成形，后市看跌。由于这波反弹的出现，可以选择将 10 日均线作为短期均线使用。

如图 6－31 所示，下降三部曲开始之后，中山公用进入到一波快速下跌行情中。本来，这样的杀跌行情都是采用 5 日均线跟踪。不过，由于 10 日均线高于 5 日均线，而且两者间的距离较小，对于奉行抄底要慢一些的投资者而言，完全可以采用 10 日均线跟踪。

2010 年 5 月 24 日，中山公用出现一根放量大阳线，向上突破 10 日均线压力，这是买入信号。面对这个买点，投资者要做的就是加强关注，股价可能要见底了。至于入场做多，还是再等等比较好，毕竟上面还有作为长期均线压力的 30 日均线，该股的中期趋势仍为下跌。

突破 10 日均线压力之后，该股没有继续冲高，而是很快再次开始下

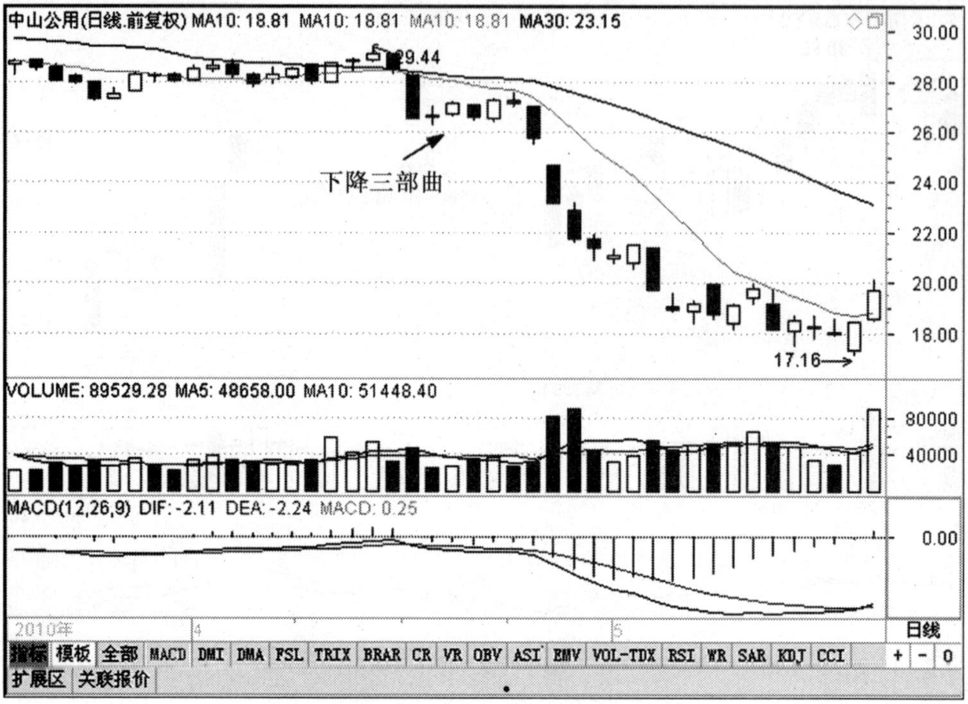

图 6－31　中山公用　000685

跌。利用这次反弹，可以将此前的 30 日长期均线替换成更加紧密的 20 日均线。在 20 日均线的压制下，该股又持续下跌了很长时间。

如图 6－32 所示，2010 年 7 月 19 日，中山公用出现一根放量大阳线，同时突破了 10 日均线、20 日均线以及 W 底颈线，说明 20 日均线压制的下降趋势结束了，后市将进入中级反弹行情中。由于中级反弹的空间往往还不错，因此可以择机入场了。

如图 6－33 所示，三重突破大阳线出现之后，中山公用进入到一波不错的涨势中。如果投资者在大阳线出现时入场，从中获利可以说是肯定的，差别就在于获利的多少。由此可以看出，选择正确的时机入场是多么重要的事情。

在上涨趋势的回调行情中，股价也会运行在短期均线之下。当股价向上突破短期均线压制时，说明回调行情结束，买点出现，通常值得入场追

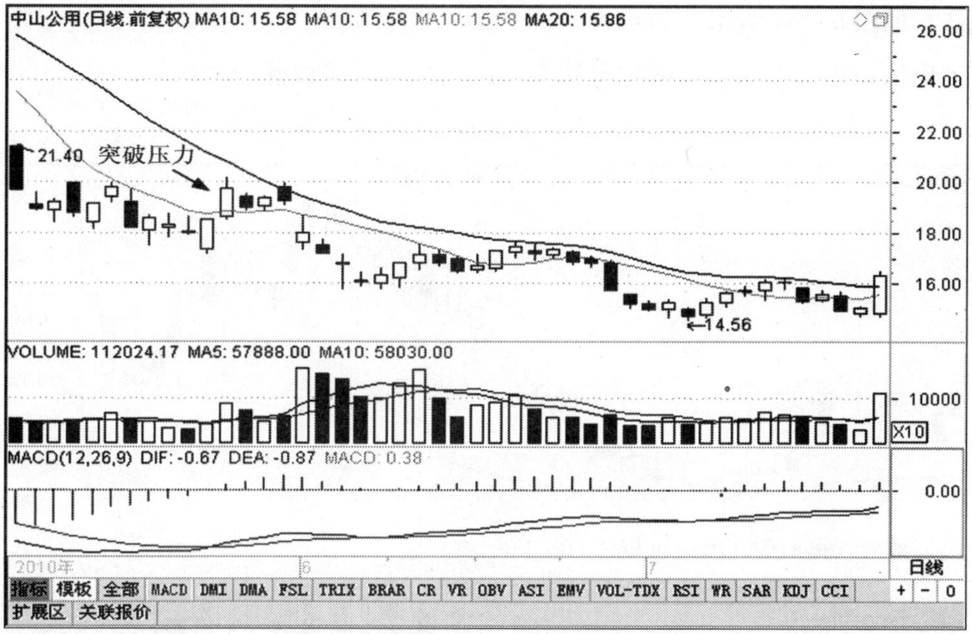

图 6－32　中山公用　000685

图 6－33　中山公用　000685

涨。如图 6－34 所示，2009 年 3 月 5 日，在长期均线的支撑之上，沈阳化工出现一根大阳线，有效突破短期均线的压制，可以建仓了。

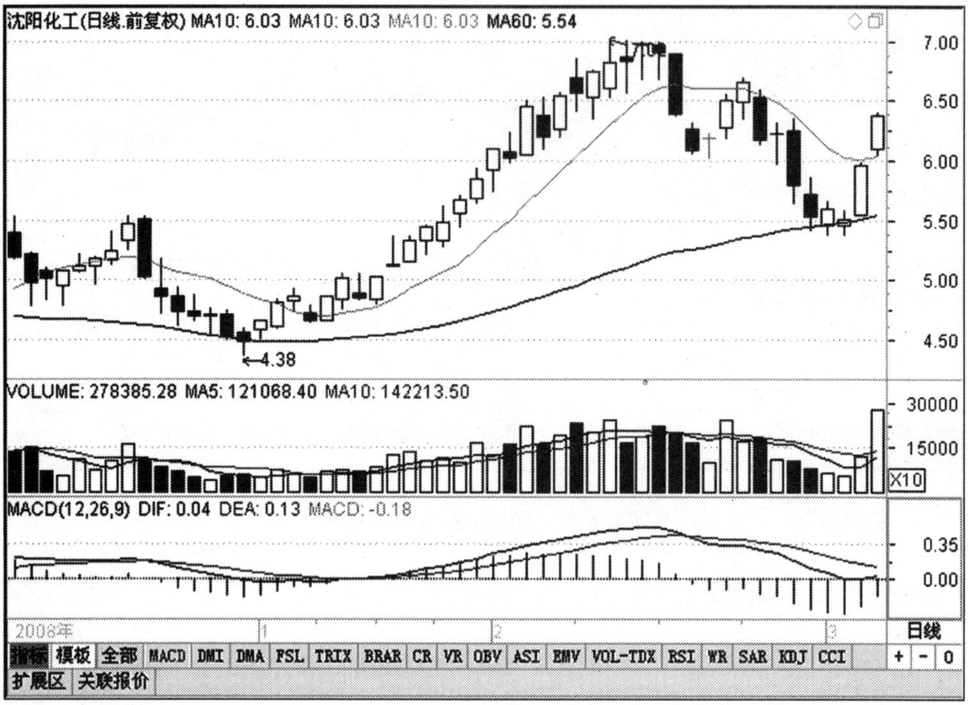

图 6－34　沈阳化工　000698

如图 6－35 所示，突破短期均线压力之后，沈阳化工没有直接开涨，而是进入了多个交易日的整理行情中。由于这段整理行情始终保持在短期均线之上，始终没有出现卖点，因此还是很考验投资者持股耐心的。如果一不耐烦亏损离场，除非后市突破整理位时重新入场，否则那波涨势是赶不上了。

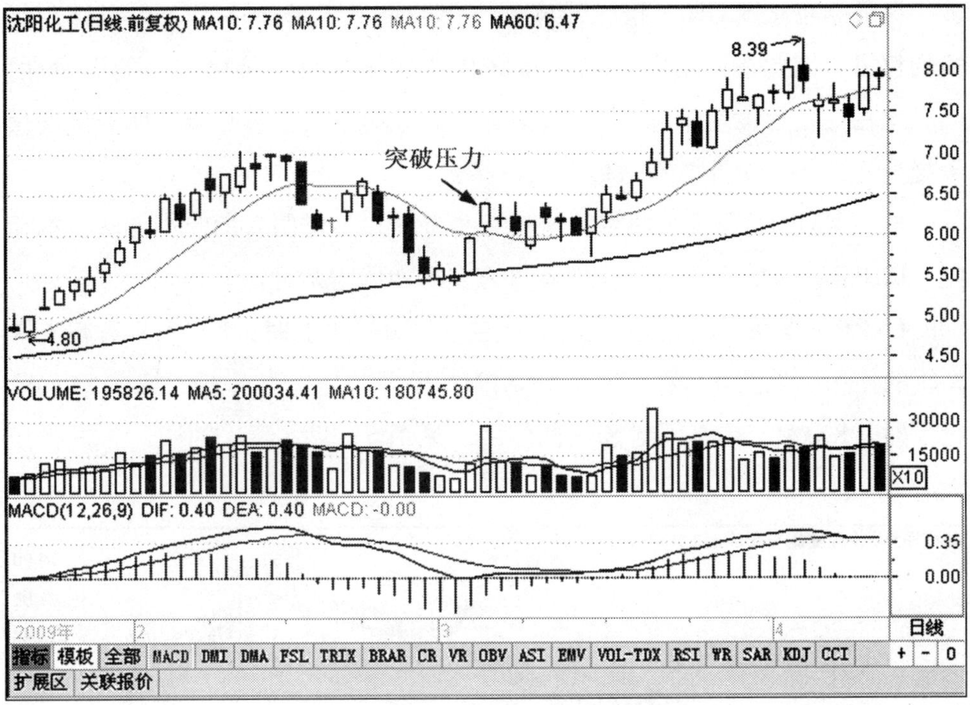

图 6－35　沈阳化工　000698

三、指数平均线

1. 招式图解

指数平均线，即 EXPMA，是指对股票收盘价进行算术平均，并对计算结果进行分析，用于判断价格未来走势的变动趋势。

EXPMA 与 MA 是按照不同计算方法得出的平均线。从统计学的观点来看，只有把移动平均线（MA）绘制在价格时间跨度的中点，才能够正确地反映价格的运动趋势，但这会使信号在时间上滞后，而 EXPMA 指标是对移动平均线的弥补。

另外，由于EXPMA指标计算公式中着重考虑了价格当天（当期）行情的权重，因此在使用中可克服MACD指标信号对于价格走势的滞后性，同时也在一定程度上消除了DMA指标在某些时候对于价格走势所产生的信号提前性，是一个非常有效的分析指标。

虽然EXPMA与MA两者的走势有些差异，不过两者的使用方法基本相同。EXPMA与K线的关系也主要分为支撑和压力两种。

EXPMA支撑，是指当K线运行在EXPMA之上时，EXPMA具有支撑K线的作用，见图6－36。相反，EXPMA压力，是指当K线运行在EXPMA之下时，EXPMA具有压制K线的作用，见图6－37。

图6－36　浦发银行　600000

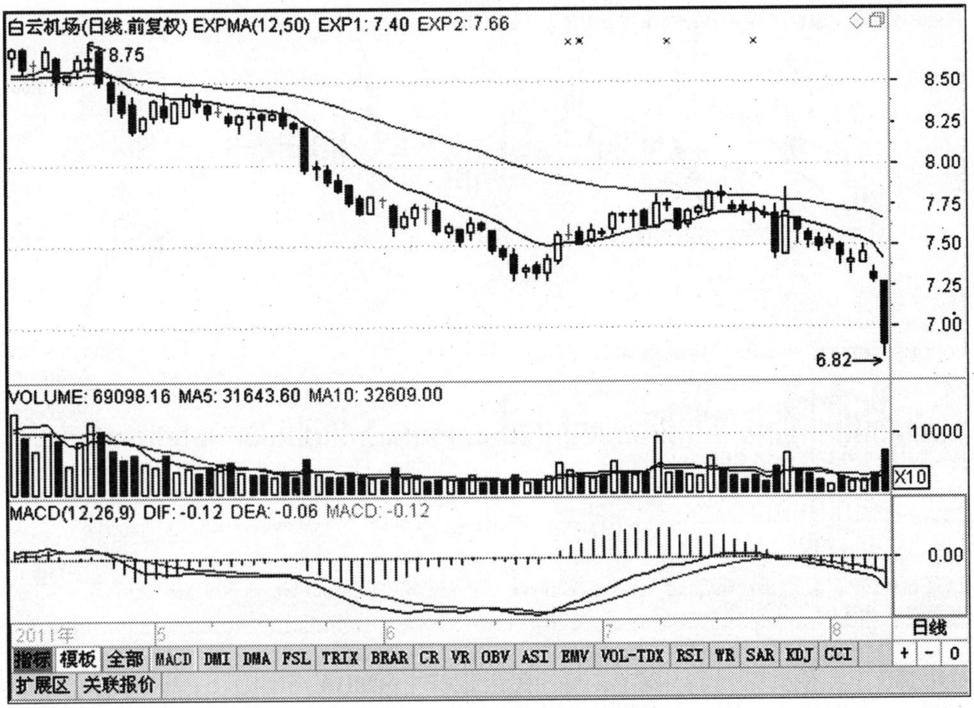

图6－37　白云机场　600004

2．操作要点

EXPMA支撑可以提供持币和卖出两种信号，EXPMA压力可以提供空仓和买入两种信号。

在一些常用的股票行情软件中，EXPMA指标默认两条曲线，默认参数是（12，50），已经能够应付大部分行情，通常不需要像移动平均线一样经常调整参数，使用简单。当然，使用简单的代价，就是操作的精确度会有所下降。

如图6－38所示，2011年5月5日，民生银行出现一根伪阳线，跌破了12日EXPMA的支撑，一波涨势结束了，这是卖出信号。此后，该股转入整理行情中。在振荡整理过程中，EXPMA的参考价值较低。当12日EXPMA跌破50日EXPMA，一波下跌行情开始了，这是持币信号。

如图6－39所示，2011年2月14日，中国医药出现一根阳线，向上有

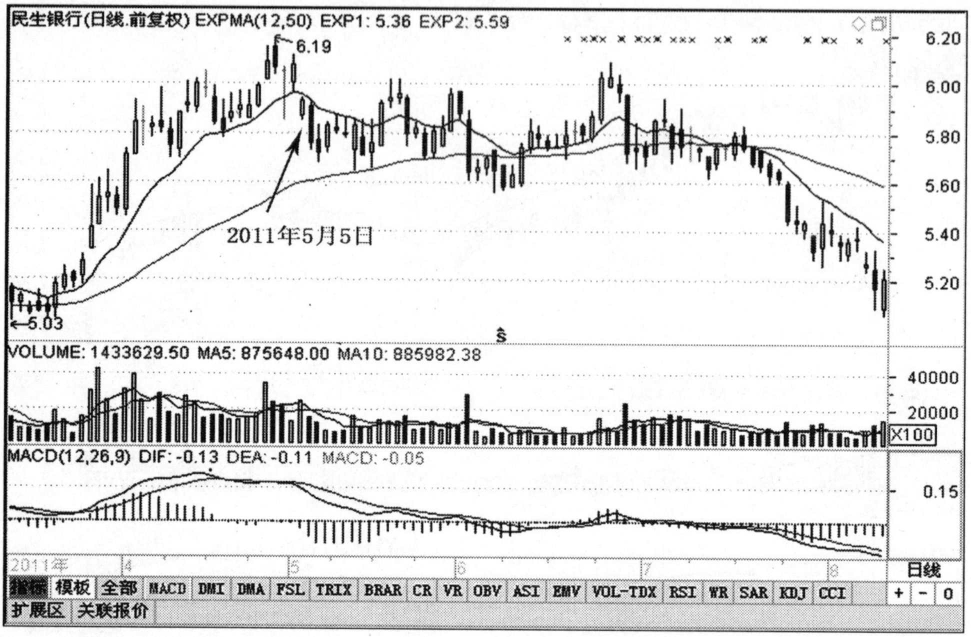

图 6－38　民生银行　600016

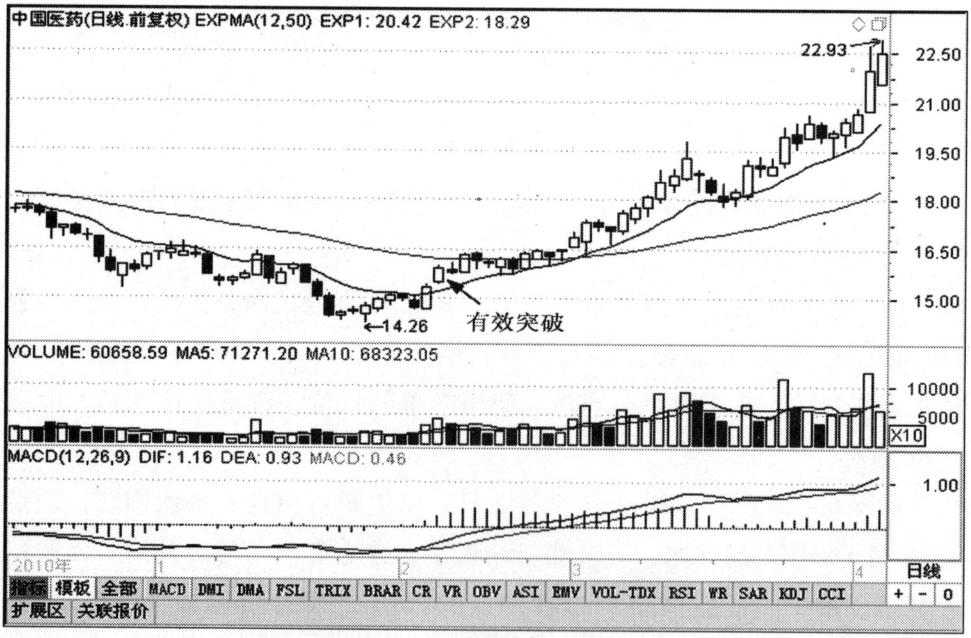

图 6－39　中国医药　600056

效突破 EXPMA 压力（三三原则），一波反弹开始了，这是买入信号。随着反弹行情的发展，12 日 EXPMA 向上突破 50 日 EXPMA，一波上涨行情开始了，这是持股信号。

3. 实战解析

如图 6－40 所示，2009 年 7 月 29 日，南京高科出现一根大阴线，跌破 12 日 EXPMA 支撑，说明此前的一波涨势结束了，调整行情开始，这是卖出信号。不过，此时该股仍然处于 50 日 EXPMA 之上，如果后市出现新的买点，还是可以重新逢低介入。

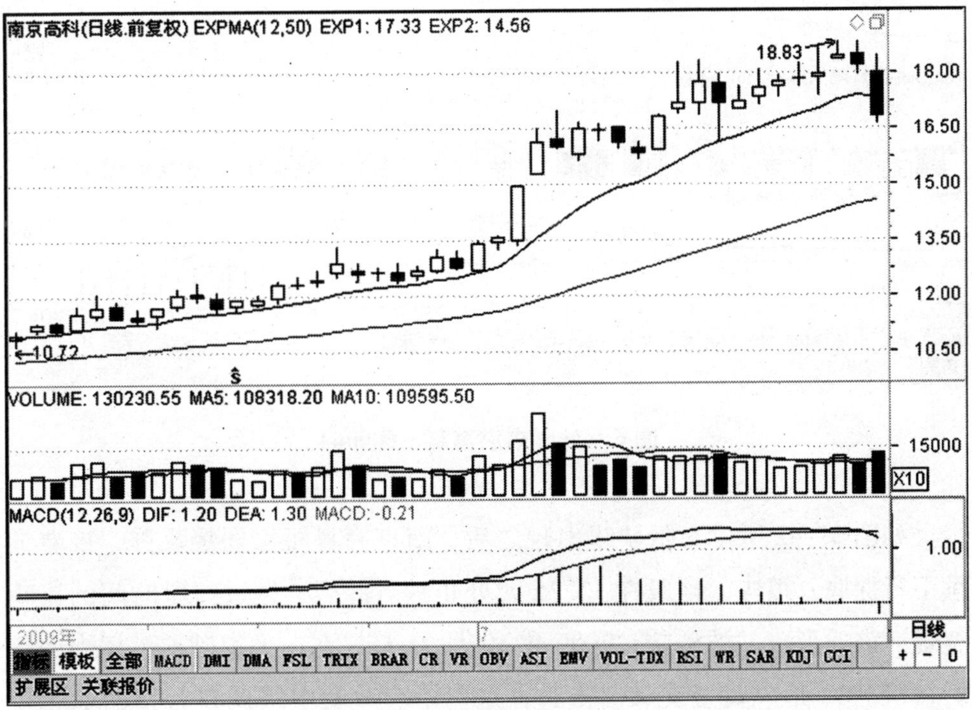

图 6－40　南京高科　600064

如图 6－41 所示，跌破 12 日 EXPMA 支撑之后，南京高科进入到一波跌势中。经过一段时间的下跌，该股跌破 50 日均线支撑，中级调整行情开始了，不要再轻易入场了。2009 年 8 月 20 日，该股出现一个阴孕线组合，这是见底信号。由于此时 EXPMA 接近死亡交叉，说明调整行情仍将持续，因此这样的买点不考虑也罢，毕竟抢反弹风险很大。

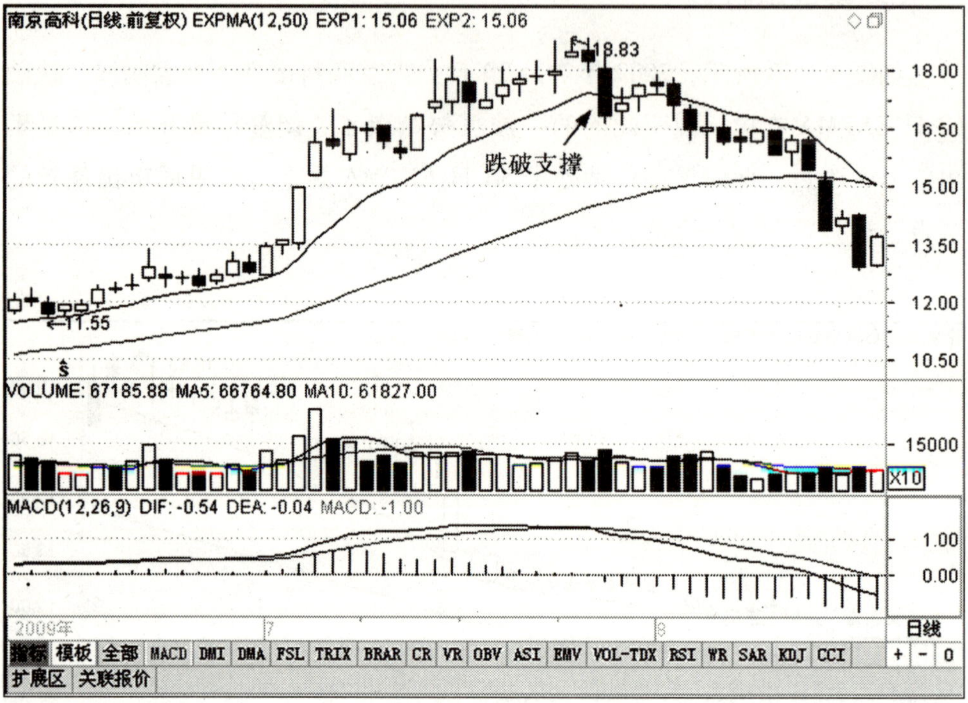

图 6－41 南京高科 600064

如图 6－42 所示，阴孕线出现之后，南京高科短暂弱势反弹，接着继续下行探底。很快，该股在 12.25 元处止跌。此后，经过一段时间的振荡整理，该股形成一波涨势。2009 年 10 月 21 日，在向上突破前高压力的同时，EXPMA 形成黄金交叉。不过，这仍不会改变中级调整行情的运行模式，只是说明调整行情中的上涨行情开始了。

如图 6－43 所示，EXPMA 黄金交叉之后，南京高科继续振荡走高，不过始终受制于前高 18.83 元的压力。2010 年 4 月 19 日，该股出现一根大阴线，跌破整理区支撑，同时 EXPMA 再次死亡交叉。至此，中级调整行情

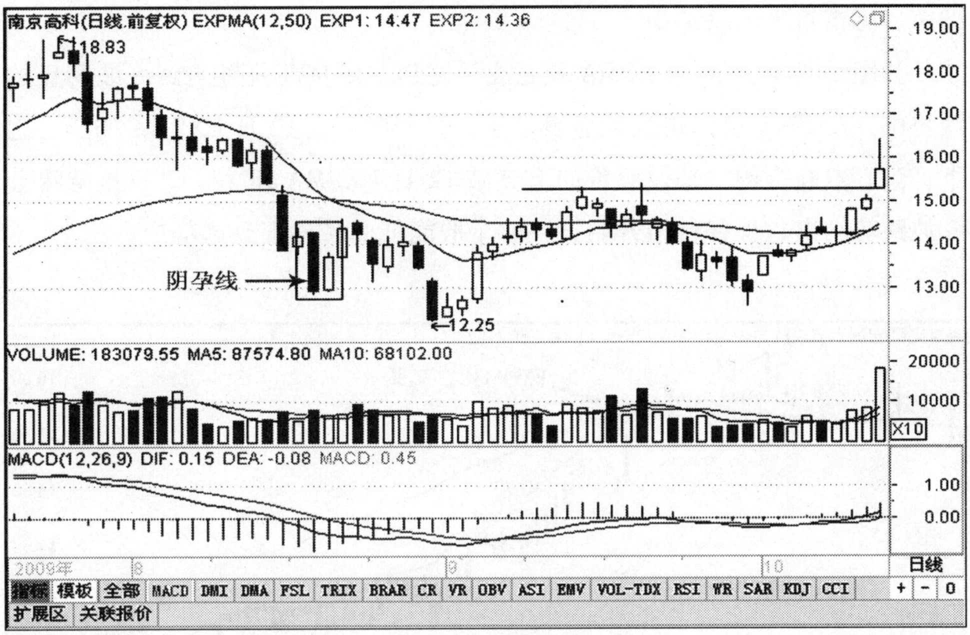

图6－42　南京高科　600064

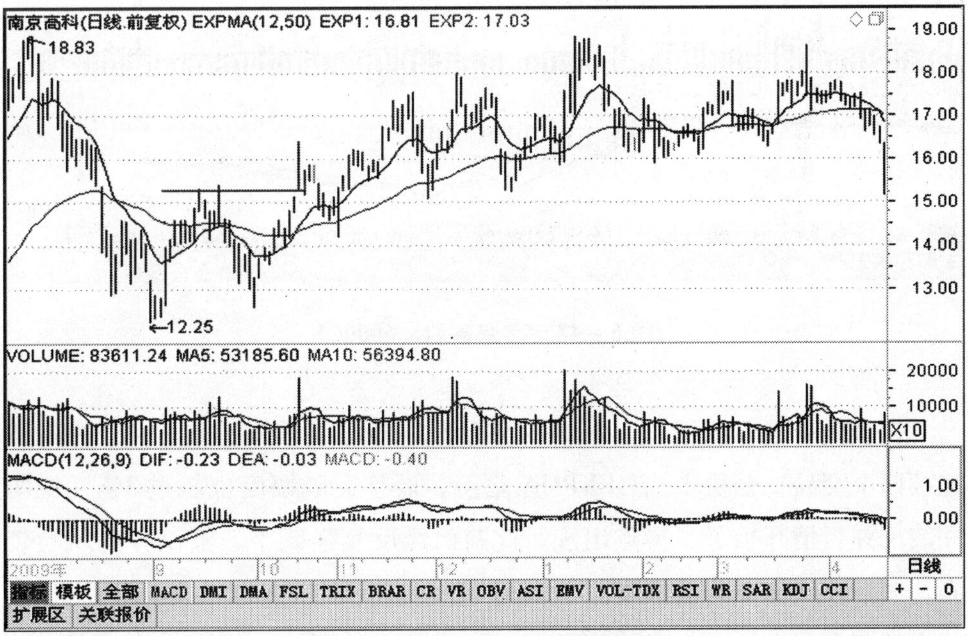

图6－43　南京高科　600064

结束，后市将进入跌势中。

如图6－44所示，EXPMA死亡交叉之后，南京高科进入到一波明显的跌势中，EXPMA可以再次大显身手了：只要股价在12日EXPMA的压力之下，耐心空仓等待。即使股价向上突破12日EXPMA压力，也只是意味着一波跌势结束，反弹行情开始，并非个股能就此转入上升趋势中。

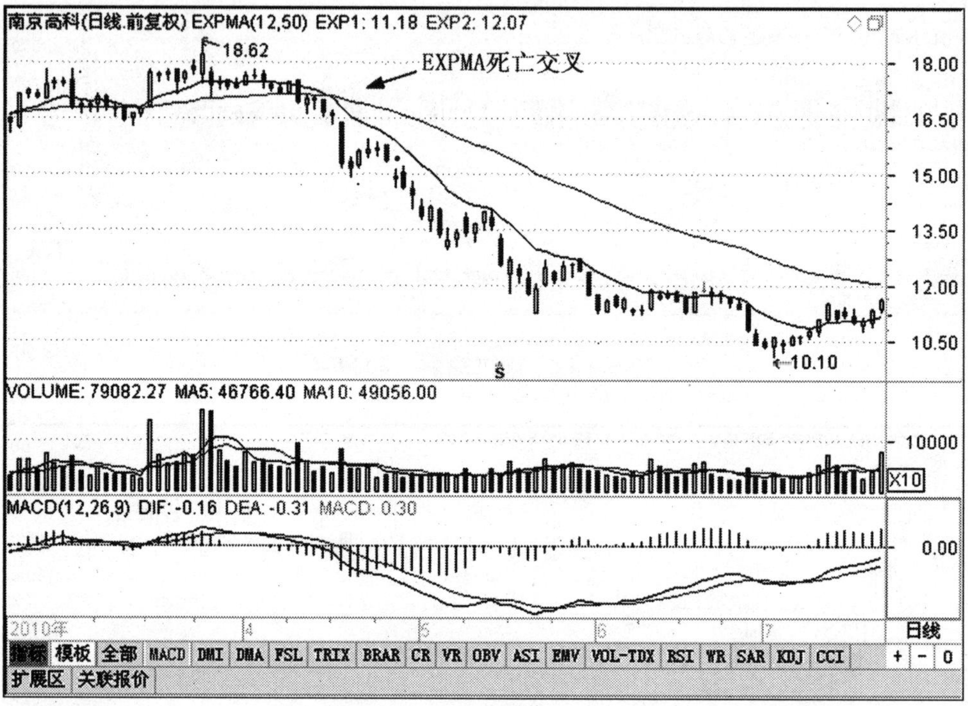

图6－44　南京高科　600064

换个例子进行分析。如图6－45所示，2008年11月13日，上海梅林连续四个交易日企稳12日EXPMA之上，而且突破幅度也超过3%，说明一波反弹行情开始了，买点出现。此前已经反复强调了，抢反弹的风险较高，一旦发现抢不到赶快逃。

如图6－46所示，确认突破12日EXPMA之后，上海梅林形成了一波反弹。这波反弹改变了原有的下降趋势，将该股拉入到整理行情中。经过

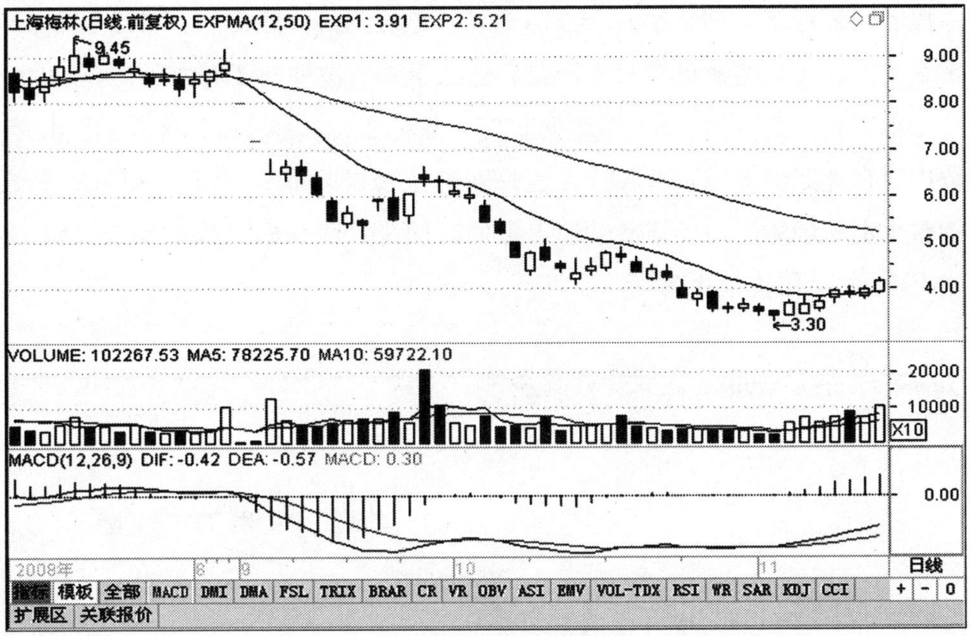

图 6－45　上海梅林　600073

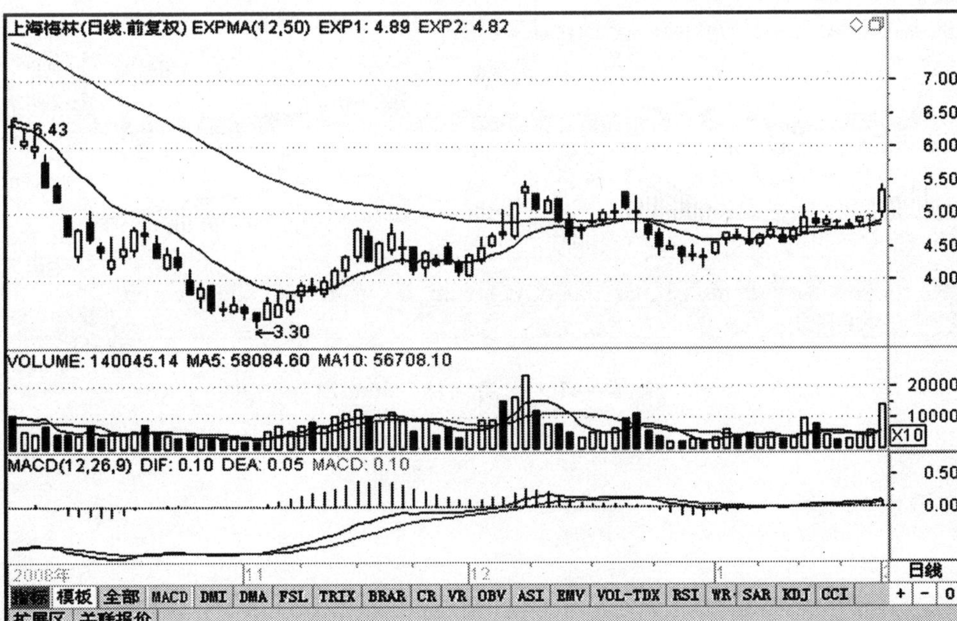

图 6－46　上海梅林　600073

一段时间的振荡整理，2009 年 2 月 2 日，该股出现一根阳线，带动 EXPMA 黄金交叉，而且距离前高只有咫尺之遥，看来一波涨势要开始了。

如图 6－47 所示，EXPMA 黄金交叉出现之后，上海梅林进入到上升趋势中。在此期间，12 日 EXPMA 支撑快速上涨的行情，50 日 EXPMA 线支撑整个上升趋势。由于该股快速上涨的时间少，缓慢爬高的时间长，50 日 EXPMA 的使用价值更高。

图 6－47　上海梅林　600073